中国海洋大学一流大学建设专项经费资助

STUDY ON MULTI-DIMENSIONAL & DOUBLE-ENTRY ACCOUNTING MODEL

# 多维复式会计研究

钞天虎 ◎ 著

中国财经出版传媒集团
经济科学出版社
Economic Science Press

**图书在版编目（CIP）数据**

多维复式会计研究/钞天虎著．—北京：经济科学出版社，2019.6

ISBN 978-7-5218-0494-2

Ⅰ.①多… Ⅱ.①钞… Ⅲ.①会计信息-财务管理系统-研究 Ⅳ.①F232

中国版本图书馆CIP数据核字（2019）第078811号

声明：未经作者本人同意，任何组织或个人不得将本书提出的系统开发思路用于商业目的。

责任编辑：程辛宁
责任校对：杨　海
责任印制：邱　天

**多维复式会计研究**

钞天虎　著

经济科学出版社出版、发行　新华书店经销

社址：北京市海淀区阜成路甲28号　邮编：100142

总编部电话：010-88191217　发行部电话：010-88191522

网址：www.esp.com.cn

电子邮件：esp@esp.com.cn

天猫网店：经济科学出版社旗舰店

网址：http://jjkxcbs.tmall.com

固安华明印业有限公司印装

710×1000　16开　24印张　370000字

2019年6月第1版　2019年6月第1次印刷

ISBN 978-7-5218-0494-2　定价：118.00元

# 序

2019年1月19日，在人本会计价值管理研究所的启动仪式和发展研讨会期间，我指导的博士研究生钞天虎，告知我《多维复式会计研究》的书稿已通过中国学术数字出版联盟组织的专家评审，并请我为该书作序，我欣然接受。

钞天虎是中国海洋大学招收的首届（2007年）会计学方向博士研究生，因工作原因未能按时入学。他一面工作，一面围绕博士论文选题持续学习与思考。在2010年春季学期正式成为我的博士研究生之前，钞天虎曾作为中国海洋大学（原青岛海洋大学）首届硕士研究生，师从倪均援教授从事会计电算化方向的学习和研究，并在其硕士毕业论文中，为解决企业现金流量表及其补充资料的计算机实时编制问题而提出了二重确认会计思想，后又结合高校财务工作实际，基于天财高校软件的“额度控制”功能解决了预算经费的实时控制问题，期间有多篇会计信息化应用方面的学术论文在核心期刊发表。在他看来，会计确认、会计计量和会计报告等方面的诸多理论纷争和实务难题，都源于以会计科目为唯一分类标识的传统会计范式与日益增长的多元化会计需求之间的冲突，并且均可基于现代信息技术通过变革会计记录形式予以解决。

会计是一个人造价值管理系统，其运作方式和运行效率在很大程度上取决于人们基于特定会计环境所进行的具体设计。纵观数千年来的会计发展，无论是会计账簿设置，还是记账符号使用；无论是会计账户分类，还是期末损益结转；无论是复式记账产生，还是财务会计分化；无论是生产费用归集，还是责任会计核算……，会计程序和会计方法的每一次进步，无不倾注着会计前辈们的心血和汗水。然而无论多么好的会计程序和会计方法，不管其首创者付出了多少心血并多么为之自豪，也不管其继承者做了多么大的改进并抒发了多少感慨，终将因社会制度变迁和会计技术变革而为时代所抛弃。今天，我们已步入信息时代，在这个通信高度发达、市场瞬息万变、技术日新月异的时代，一方面是不断增长的多样化会计需求，另一方面是日益强大的会计供给能力，在此背景下，基于手工会计技术条件所产生的借贷复式会计范式，又怎能不受冲击呢？

会计学是一门应用学科，会计研究既要立足现实着力解决实务难题，也要高瞻远瞩竭力引领会计发展；既要总结实践经验以发展会计理论，又要完善会计理论以指导会计实践。《多维复式会计研究》一书，紧紧围绕企业现金流量表及其补充资料的计算机编制、外币报表折算、人本价值核算以及公共部门权责发生制会计改革、实时预算控制等会计难题，在总结提炼会计信息化应用实践的基础上，将REA会计模型的多维会计元数据组织思想与借贷复式记录相结合，通过扩大会计元数据的采集及科学组织，基于现代信息技术创建了一种可满足日益增长的多元化会计需求的新型会计范式，实现了财务会计与管理会计、企业会计与公共部门会计、物本会计与人本会计的理论整合和不同会计程序、会计方法的有机融合，其理论创新性和实际应用价值曾得到博士论文答辩专家的一致认可和高度评价。尤其值得关注的是，作者创建的基于“权责发生制”和“现金收付制”的二重确认会计模式，以及通过确立“项目”的会计主体地位并赋予“项目”更多核算属性的会计元数据组织方式，较之《政府会计制度》所采用的双分录会计模式而言，不仅能彻底解决公共部门权责发生制会计改革所面临的财务会计与预算会计的兼顾难题，而且理论上更加完善、操作上更加简便。这无疑可为完善《政府会计制度》，进而推动我国公共部门权责发生制会计改革提供重要参考。

多维复式会计研究是一个开拓性研究课题，涉及内容较多，所需知识很广，虽历时已有十余年之久，但相关研究还不够深入，错误之处也在所难免，研究结论更需实践检验。作为钞天虎博士的指导老师，在其博士论文将以著作形式面世之时，我乐于为之作序，一来为他的持续努力感到欣慰，二来借助此书求教于同行，帮助他进行更全面、更深入地研究。

**徐国君**

于 2019 年 1 月 19 日夜

# 前　　言

当教师四载，干会计十余年；脱产读硕三载，在职攻博七岁；国企实务六个春秋，高校实务十余冬夏，大学毕业二十多年来，一直未离开会计这一行当。学中干、干中思，偶有所得，成文发表，不想已成习惯。做学问虽非本业，但热情依旧不减。带着一份执着，时续时断，时松时紧，吐故纳新，充实完善，历时四余载，终将学位论文熬成拙著。

二重会计确认思想源于解决现金流量表及其补充资料的计算机实时编制问题。笔者师从倪均援教授攻读硕士学位期间，适逢《现金流量表会计准则》发布，探究现金流量表及其补充资料的计算机实时编制问题，便是一项既紧迫又具现实意义的研究课题。基于对“权责发生制”和“现金收付制”两种确认基础的差异分析，本人在硕士论文《现金流量表的编制与两制结合核算模式的运用》（2000）中，提出了将“权责发生制”和“现金收付制”融为一体，通过业务处理时的二重会计确认，以使现金流量表及其补充资料得以实时编制的现金流量表编制方法，并为之取名为“两制结合——凭证标识法”。后续研究发现，当有债务重组、非货币性资产交换、存货改变用途等特殊业务事项发生时，该方法的优越性将得到进一步彰显。

在有幸成为徐国君教授的门生并致力于人本会计研究之前，笔者已有三年高校实务工作经历，并多次成为《政府及非营利组织会计》等课程的教学补缺，期间不仅成功地运用天财高校财务软件的“额度控制”功能解决了预算经费的实时控制问题，而且还就财务软件“项目核算”功能的完善、借助“项目核算”功能优化账务系统设置和公共部门权责发生制会计改革路径选择等问题，进行了较为深入地研究探索，并发现会计确认、会计计量和会计报告等方面的很多理论纷争和实务难题，都源于以会计科目为唯一分类标识的传统会计范式与日益增长的多元化会计需求之间的冲突，并且均可通过扩大会计元数据的采集范围和改进会计元数据的组织方式予以解决。故此，本人便围绕人力资源业绩计量、外币报表折算、通用会计报表重构、公共部门权责发生制会计改革和实时预算控制等相关问题，以变革会计记录为切入点、以探寻适用于信息技术应用的新型会计范式为目标、以“多维复式会计研究”为题展开了深入研究。

从博士论文选题到本书成稿，多维复式会计研究历时十余年时间，期间正好见证了我国权责发生制政府会计改革的艰难历程。从理论界对我国公共部门会计引入权责发生制确认基础的必要性、引入程度以及引入方式的大讨论，到《高等学校会计制度》（第一次征求意见稿）中“平行设置财务会计科目与预算会计科目”的设想提出和《行政单位会计制度》《事业单位会计制度》《高等学校会计制度》及其他行业会计制度有差异的运用“双分录”，再到“财务会计与预算会计适度分离并相互衔接”的会计模式在《政府会计制度——行政事业单位会计科目和报表》中确立，我国会计界一直致力于解决公共部门权责发生制会计改革中所面临的财务会计信息与预算会计信息的兼顾难题，但在制度层面上始终未能冲破在一维会计科目体系中容纳多重会计分类需求的传统会计范式的禁锢。

本人提出的多维复式会计范式，是在继承传统复式记录科学性和汲取会计电算化应用实践精髓的基础上，为兼顾日益增长的多元化会计需求而基于现代信息技术创建的一种集企业会计与公共部门会计各自优势、融财务会计与管理会计于一体的新型会计范式。在企业会计领域，多维复式会计可用于解决现金流量表及其补充资料的计算机实时编制、会计计价和人力资源业绩计量、外币业务处理与外币报表折算等会计难题；在公共部门会计领域，多维复式会计能以低成本高效率模式彻底解决公共部门权责发生制会计改革中所面临的财务会计信息与预算管理信息的兼顾难题，并且因能实现会计核算与预算控制的联动而可极大地提高公共部门组织的预算管理水平。相信本书能为会计界同仁提供一个看待会计理论纷争的新视角和解决会计实务难题的新思路，能为政府监管部门完善相关会计规范提供理论参考，能为财务软件开发商进行系统升级提供技术支持，能为财务软件用户优化账务系统设置提供操作范例。

感谢恩师徐国君教授，读博征程磕磕绊绊，每觉茫然无助，总有恩师指点迷津。恩师为我费心劳神，非言语能够表达、非亲历难以理解。恩师志存高远、克己奉公，事事以大局为重、处处为人着想，与之相处无不令人折服。修身、正心、明道、求真，恩师身体力行、率先垂范。回想博士论文写作过程中的点点滴滴，从选题立意到谋局布篇，从遣词造句到标点符号，恩师所倾注之心血，常让我汗颜。在获知书稿评审通过之际，喜闻由恩师发起并亲任所长的人本会计价值管理研究所正式启动。遂以此书祝贺并向恩师和师母夏虹教授致以最诚挚的感谢。

感谢中国海洋大学会计系罗福凯教授，正是罗老师在我初为人师时给予的“当老师要耐得住清贫、耐得住寂寞”等一席教诲，才有我今天对专业的热爱和在学业上的孜孜追求；读博期间，罗老师更是大力支持、鼎力相助。感谢我的硕士论文指导老师倪均援教授，倪老师对会计问题所持的独到见解，使我深受启发并极大地开拓了研究视野。

感谢中国海洋大学会计系张世兴、李雪、房巧玲、王舰、樊培银、刘秀丽和马广林老师；感谢中国海洋大学管理学院研究生秘书马昆老师；感谢青岛理工大学杨荣本教授和青岛大学国际商学院周国钢副教授，在博士论文开题、写作和答辩过程中，各位老师给予了很大帮助。

感谢中国海洋大学王剑敏总会计师，感谢中国海洋大学财务处崔越峰和许志昂前后两任处长以及各位同事；感谢中国海洋大学文科处金天宇处长和徐晓琨、龙井老师，本书写作和出版过程中，得到了各位领导和同事的大力支持和热情帮助。

感谢一同学习的姜毅、李晓辉、李艳玲、王怀庭同学，感谢孙玉甫、谢宜豪、姜宏青、韩斌、胡春晖、邱兆学、蔡晓慧等师兄师姐、师弟师妹。

感谢父母妻儿，多年以来，父母总以辛苦劳作的方式解我后顾之忧，助我学业有成；爱妻于海鹰博士，随我东奔西走而无怨辞，伴我粗茶淡饭而无悔意；聪慧儿子钞祎权，勤奋好学让我省心，揉肩踩背消我疼痛。正是家人的理解和支持，我才未因经济窘迫而舍弃初心；正是家人的无私奉献，我才未为琐事烦扰而影响学业。

最后，特别感谢中国学术数字出版联盟、北京钟书堂文化传播有限公司廖彦副总编，及经济科学出版社周国强主任、程辛宁编辑的辛勤付出，没有中国学术数字出版联盟组织的专家评审、没有廖彦副总编的积极协调、没有周国强主任的精心组织、没有程辛宁编辑的认真审阅，本书终稿恐将还处于沉睡之中。

**钞天虎**

2019年1月19日

# 目录
CONTENTS

第一章

# 导　论

## 第一节　选题背景与研究意义

### 一、选题背景

通过两个或两个以上账户进行关联记录的借贷复式簿记，较之单式簿记所具有的无可比拟的优越性，使其一经产生便随商务活动的扩展而迅速传播。在借贷复式簿记从意大利经由德国、荷兰、法国、英国向美国的传播过程中，伴随后世学者对《簿记论》的传承和持续变革，会计账簿在经历账户分割和账页分栏两个方向的演进之后，会计记录日趋系统化和规范化并逐步形成了较为健全的金融和商业簿记。工业革命及其社会化大生产所引发的制度创新和技术变革，将簿记发展为会计并将会计的确认基础由早期的现金收付制发展为权责发生制、将会计的服务对象由单纯的财富提供者或受托管理者扩展到组织内外广泛的利益相关者，进而也就有了财务会计与管理会计之分和企业会计与政府（公共部门）会计之别。伴随会计职业发展和人们对会计理论的持久探索，以资产、负债、所有者权益、收入和费用为要素的复式会计等式逐步建立，以会计主体、持续经营、会计分期和货币计量为内容的会计假设体系逐步形成，以权责发生制确认基础、历史成本计价属性、收入实现和费用配比等会计原则为基本特征的现代企业会计模式逐步确立。缘于经济全球化以及欧美会计理论与会计实务的世界性影响，借贷复式记账法逐步取代其他记账方法而成为一种世界范围内通用的记账方法。

自借贷复式记账法产生至计算机应用于会计领域之前，会计实务一直局限于以纸张为储存载体、以算盘（计算器）为计算工具的手工会计技术。在此背景下，人们为满足日益增长的多元化会计需求，或基于不同组织规模，或针对不同生产工艺，或配合不同管理模式，就会计账户设置和会计数据处理流程进行了持续不断地改进。然而几乎所有的改进均未改变以会计科目为唯一会计分类标识的复式记录原理。当人们需要多维视角下的会计信息却固守于一维复式会计记录形式时，会计确认、会计计量和会计报告等方面的几乎所有变化，不是以牺牲会计实践之合理成分为代价，便是因本身存在缺陷而引发新的会计难题，借贷复式会计范式由此也就饱受人们的质疑和批评。

计算机的问世及其在会计中的应用，引发了人们对传统会计范式的思考和对借贷复式记录模式的变革，随之而来的便是以数据库会计、矩阵会计、事项会计和REA会计模型为代表的多维会计思想和会计方法的提出及其对电算化会计系统开发的影响。与借贷复式记账法产生和长期演化过程中以笔墨、纸张和算盘为代表的会计技术相比，电算化会计系统赖以存在的技术条件是以计算机、网络通信和数据库为代表的现代信息技术。“信息时代的到来，现行会计模式正面临着前所未有的挑战”（汤云为、陆建桥，1997）；“信息技术革命已经并将继续对会计理论的发展产生积极而深远的影响”（王军，2005）。尽管人们无不深信现代信息技术将会给传统会计理论和会计方法带来巨大冲击，但无论是从会计理论研究和会计规范制定来看，还是从电算化会计系统的开发与应用来看，人们在很大程度上依然未能冲破手工技术条件下借助增设会计科目以满足多元化会计需求的传统会计思维习惯的禁锢。毫无疑问，这不仅阻碍会计理论和会计实务发展，而且也影响现代信息技术在会计领域中的应用。

“会计的真正危险是处在一个变化的世界中而力图保持不变”（纳什，

2001)。面对来自各方面的质疑和批评，面对与日俱增的理论纷争和实务难题，会计将何去何从？“如果我们的思想是根据现代信息技术的发展来构造现代会计理论和方法体系，那么，传统会计所接受的将不是和风细雨式的修补，而应当是一场全面而深刻的洗礼”（薛云奎，1998）。为了能够运用现代信息技术最大限度地满足日益增长的多元化会计需求，探索并构建基于多维视角的新型会计系统，将是一项极富挑战性又颇具现实意义的研究工作。为此，本书选择从变革会计记录形式入手，基于现代信息技术探寻一种可兼容不同会计需求的多维复式会计范式。

## 二、研究内容

使用者偏好的差异性和会计需求的无限增长性，决定了会计确认、会计计量、会计报告和会计控制等方面的多维并存性和“维”的持续扩张性，进而也就决定了多维复式会计范式的创建必是一个持续深入的过程。鉴于确立“关联主体”“职能部门”“组织成员”和“经费项目”的会计主体地位并据以创建多元主体会计，发挥“权责发生制”与“现金收付制”的各自优势并据以创建二重确认会计，兼顾“历史成本”与“现时价值”的各自优势并据以创建二重计价会计，以及通过嵌入预算控制科目和预算控制额度并据以创建实时预算控制会计，可谓是既有实践基础和现实需要又能彰显多维复式会计基本特征的四个相互关联的研究主题，所以本书主要针对会计确认、会计计价、会计报告和会计控制这四个方面的理论纷争和实务难题，结合会计信息化应用实践对传统借贷复式会计范式的冲击，以满足日益增长的多元化会计需求为导向，以现代信息技术为手段，以变革会计记录为切入点，在继承借贷记账法和增减记账法所蕴藏的复式记录科学性的基础上，通过汲取事项会计、REA 会计模型的会计元数据组织思想，围绕以多元主体会计、二重确认会计、二重计价会计和实时预算控制会计为核心内容的多维复式会计范式的创建及其应用展开研究。

## 三、研究意义

本研究具有以下两方面的研究意义：

本研究的现实意义主要表现在：(1) 多元主体会计的创建，将使会计系统在会计核算、会计报告和会计控制方面既能着眼于由专业化分工所产生的不同层次的“组织体”，又能着眼于由社会化协作或为限定特定资源用途或业务范围而产生的“项目体”，进而可为财务会计与管理会计、传统会计与人力资源会计的融合提供一个实现途径。(2) 二重确认会计的创建，将使会计系统在会计记录层面上能够实时采集基于不同确认基础的会计分类数据，进而可解决长久以来困扰会计界的现金流量表计算机实时编制问题，同时为本轮政府及公共部门组织会计（以下简称公共部门会计）改革所面临的财务会计信息与预算管理信息的兼顾难题提供一个更富有成效的顶层设计思路。(3) 二重计价会计的创建，将使会计系统在会计记录层面上可针对使用者的不同计价偏好同时获得基于过去投入视角和现时产出视角的会计计价信息，并进一步为物价变动、外币报表折算和人力资源业绩计量等会计难题的解决提供一个综合性方案。(4) 实时预算控制会计的创建，将使会计系统在会计记录层面上可实现会计核算与预算控制的联动，从而可极大地提高公共部门组织的预算精细化管理水平。概而言之，紧紧围绕会计确认、会计计量、会计报告和会计控制等方面的现实需要所进行的多维复式会计研究，对于解决诸多会计实务难题、指导电算化会计系统开发、提升会计信息化应用水平有着非常重要的意义。

本研究的理论意义表现为多维复式会计是对传统会计理论的继承和发展。多维复式会计是在挖掘诸多会计信息化应用实践之理论价值、继承传统会计理论之精华、汲取人本会计相关研究成果的基础上，以满足日益增长的多元化会计需求为导向，以现代信息技术为手段，将借贷复式会计记录形式与事项会计、REA 会计模型的多维会计元数据组织思想相结合而提出的一种新型会计范式。相对于传统会计范式而言，多维复式会计范式在会计核算范围方面确立了不同层次的组织实体和项目化任务的会计主体地位，在会计确认方面提出了基于“权责发生制”与“现金收付制”的二重会计确认思想，在会计计价方面提出了基于“历史成本”与“现时价值”的二重会计计价思想，在会计控制方面提出了通过“项目”实现控制科目与核算科目联动的实时预算控制思想。并且为创建这一新的会计范式，本研究还对会计职能、会计对象、会计本质、会计假设、会计目标等会计基本理论问题进行了深入探讨，指出了会计信息质量特征与会计原则的异同，构筑了会计要素体系，从借贷复式记录的最一般形式中提出了复式记录的数学表达，较为系统地建立了会计主体理论、会计质量评价标准理论和会计控制理论，较为完整地勾勒出了会计理论的逻辑框架，等等。相关研究无疑可丰富会计理论成果，推动会计理论发展。

## 第二节　研究现状与文献述评

会计确认、会计计量、会计记录和会计报告，是会计系统运行过程中依次继起并相互影响的四个环节。在这四个环节中，会计确认和会计计量是会计记录的先导，会计报告是对会计记录结果的结构化描述，而最能体现会计学科特征的会计记录，不仅在数据采集层面上影响会计确认的广度和会计计量的精度，而且还在数据输出层面上决定着会计报告所能列示的内容以及会计报表的编制效率。秉承财务会计与管理会计分离、企业会计与公共部门会计相异的传统理念，当前的会计理论研究可以说是重财务会计而轻管理会计、重企业会计而轻公共部门会计、重会计确认与会计计量而轻会计报告与会计记录。在此背景下，尽管会计理论研究方面的文献之多可谓汗牛充栋，但真正能够认识到信息技术对传统会计范式的冲击并通过变革会计记录以解决有关会计确认、会计计量和会计报告难题的文献却并不多见。由此，下面仅就与多维会计思想和会计模式变革有关的文献作以简要回顾。

## 一、国外研究现状与文献述评

会计技术变革既提高了会计的供给能力，又唤醒了人们长久被压抑的多元化会计需求，进而引发了会计理论和会计方法创新。在国外，多维会计思想几乎与计算机同步产生，而有关变革会计记录的呼声，则随信息技术的发展而日渐高昂。针对传统借贷记账法的局限性，戈茨早在1939年就提出了客观、全面地记录企业发生的交易（包括交易时间等元素）的全面会计记录思想，并认为基于法律和会计原则所做的会计调整，只能作为会计记录的补充而不应喧宾夺主，进而提出了数据库会计模式，并认为企业的所有经济活动，都应以基本信息单位储存起来并以开放数据库方式由阅读者根据自己设定的决策模型去获取（张天西，2006）。在数据库会计思想的基础上，部分学者开始尝试运用数据库技术建立储存强大的非汇总和多维数据的会计信息系统。戈兰特奈（Golantoni，1970）等人描述了可以将每个事项用货币与非货币特征进行编码的工具，并用层次数据结构图将通用会计科目表与已编码的事项类型进行了对应列示。利伯曼（Lieberman，1975）、温斯顿（Whinston，1975，1976）和哈瑟曼（Haseman，1976）等人，基于20世纪70年代先进的数据库技术，提出了事项会计信息系统的逻辑框架。伊维斯特（Everest，1975）和韦伯（Weber，1977），将戈德（Codd，1970，1972）提出的关系数据库模型概念用于会计领域，采用结构化分解法，对传统会计体系结构进行分解后导出了管理会计和财务会计的关系模型，进一步还阐明了如何运用关系代数操作从数据库中获取信息，从而形成了多维会计的数据库会计模式。此间，研究者还建议运用先进的数据结构，描述会计对象本身而不是仅描述与复式记账体系有关的数据，以使会计信息系统可以产生多个与会计事项相关的视图。

为满足不同使用者的信息需求，为使会计系统能够提供具有多种属性特征的会计信息，井尻雄士（1966）提出了多维会计理论和方法，并将多维会计概念归结为以下三方面的原因：（1）为发展一个几乎不需要价值的会计系统；（2）为适应不同使用者的信息需求；（3）利用功能强大的计算机及网络技术（张天西，2006）。戈茨和井尻雄士的开创性研究，不仅指出了通用财务报告的局限性，而且为满足不同利益相关者的差异化信息需求，探讨了如何创建用途更为广泛的会计模式。在此基础上，乔治·索特（George Sorter，1969）提出了事项会计理论。索特将传统的会计方法称为“价值法”，并认为这种方法最为根本的前提假设，是会计信息用户的需求是已知的并能够充分且明确地被说明，因而可以通过会计理论，推断出为用户的决策模型产生最优的输入；而“事项法”建立在会计人员可能对决策者如何使用信息一无所知这一完全不同的假设之上，因而会计的目的就是“为不同的可能决策模型提供可能相关的经济事项信息，而不是直接为不可知或假设知道的决策模型提供价值输入”。为达到这一会计目的，索特提出了事项会计的两项操作原则：（1）使用者能够按照事项解构资产负债表中的汇总数据，并按照要求重新汇总数据；（2）在收益表中对事项的描述信息，应有助于使用者在设定外生变量变化的情况下，对未来发生的同类事项进行预测。另外，索特还提出按照事项的不同计量属性和可控性进行分别报告的多栏式会计报告思想。事项会计理论所主张的，通过重构会计报表以使人们能够演绎出相关事项信息并用以满足多元化信息需求的会计报告思想，与当时刚刚兴起的管理信息系统理论相结合，便催生了多维会计的事项会计模式。事项会计实质上是多维会计的数据库模型，是突破了复式记账法框架的多维事项数据处理系统（庄明来，2007）。事项会计对经济事件多重属性值的关注，对以事件驱动的REA 会计模型的建立有着重要影响。

20 世纪 80 年代之后，多维会计思想及其应用主要体现为 REA 会计模型的提出和发展。1982 年，麦卡锡（McCarthy）在事项会计概念基础上，运用E－R（实体—关系）建模方法，对资源（resources）、事件（events）和参与者（agents）及其相互关系，进行建模后提出了 REA 会计模型。随着数据库和网络技术的迅速发展，REA 会计模式在20 世纪90 年代受到了美国学术界、实务界和教育界的极大关注（Walker & Denna，1997）。许多学者在麦卡锡所创立的基本模型的基础上，对其应用进行了探讨，并将其应用范围从会计事项拓展到组织内的全部经营事项。特纳（Denna，1993）认为，获得某一事项发生地点（locations）的数据非常重要，从而把 REA 模型发展为 REAL 模型。特纳和杰斯珀森（Denna & Jasperson，1994）研究了生产过程的建模问题，并对捕鱼、钢铁和石油生产过程，用 REA 进行了建模；格茹伯斯克和玛仕（Grabski & Marsh，1994）研究了基于 REA 概念模型的会计信息系统（AIS）与制造信息系统（AMS）的整合问题；盖斯和麦卡锡（Geerts & McCarthy，1997）把 REA 用于供应链和工作流任务，在解释了原始 REA 模型和波特（Porter，1985）的价值链概念之后，提出了过程（process）概念；豪珍（Haugen，1998）设计了一个以 REA 为基础的工业企业价值链计划管理系统；戴维（David，2000）提出了业务事件、信息事件和协作关系（synergy relationship）概念，从而将 REA 模型拓展为三事件模型。

从戈茨的全面记录思想，到索特的事项会计报告，再到麦卡锡的 REA 模型，有关多维会计思想和多维会计记录模式的研究，既让人们看到了传统借贷复式会计记录和通用会计报告的局限性，也为人们指出了基于信息技术变革会计记录和会计报告模式的必要性。基于数据库会计和事项会计理论发展起来的最能体现多维会计思想的 REA 会计模型，对多维会计元数据采集的关注，将无可辩驳地能够满足日益增长的多元化会计需求，并且随着大型数据库、大容量存储设备和高速计算机的发展，其应用亦不存在任何技术上的障碍。那为什么这一极具潜力的会计模式至今也未能主导电算化会计系统的开发呢？“商业秘密”的存在，使得会计系统绝不可能毫无保留地对外提供所有的会计元数据；而主张将信息处理工作完全交由使用者的报告理念，也就意味着会计系统不可能在更广泛的意义上针对不同会计需求提供便捷且有效的分类汇总和查询工具。关注会计需求多元化却忽视通用会计信息的提供，倡导信息透明化却回避商业秘密的难以逾越，强调技术可行性却淡化制度约束性，寻求会计元数据的科学组织却否定复式记录的合理之处，这种激进到另起炉灶式的改革设想，难免会遭到那些或因漠视信息技术发展，或因顾虑被人动了“奶酪”，从而要极力捍卫传统会计范式的“权威”人士和“主流”学者的质疑、批评乃至学术排挤，进而也就不可能取代传统会计范式并引领会计理论的发展。

## 二、国内研究现状与文献述评

近年来，随着我国会计改革的推进和会计准则国际化趋同步伐的加快，我国会计理论研究主要集中于会计假设、会计目标、会计信息质量特征、会计要素、会计报告、财务会计概念框架、会计准则建设和政府权责发生制会计改革等方面，相对而言，有关多维会计思想及其应用方面的研究也就鲜有人问津。下面仅就涉及二重会计确认、二重会计计价以及与会计记录、会计报告和会计系统变革有关的文献作以简要回顾。

在会计确认方面，针对单一权责发生制确认基础的缺陷，张俊瑞（1992）认为两种会计确认基础各有利弊，集二者之优的双重复合确认是我国企业会计制度的合理选择；孙宝成（1992）认为向外部使用者提供多重会计确认基础的报告，比采用单一的权责发生制基础或现金流动基础，更能满足不同目的使用者经济决策的需要，更有助于实现财务会计目标；袁树民、吴旺盛（1999）主张企业会计中对成本、费用的会计处理应按权责发生制的要求进行会计处理；而对收入、收益的会计处理则应改为收付实现制；葛家澍（2005）从会计假设层面上指出应采用“权责发生制”和“收付实现制”二重确认基础。戚艳霞等人（2010）在论及我国政府会计准则体系构建问题时指出，政府预算会计和财务会计宜采用不同的会计基础，即侧重于提供预算批准和执行信息的预算会计，应采用收付实现制确认基础，而用以全面反映政府财务状况和运行绩效的政府财务会计，则应采用权责发生制确认基础；张琪等人（2010）在总结我国政府会计改革重大理论问题研讨成果时指出，政府会计从收付实现制到权责发生制的转变是一个必然趋势，未来预算会计体系的设计应以收付实现制为主，财务会计体系的设计应以权责发生制为主，并且权责发生制应分阶段、分项目、分主体渐进式引入。而从相继出台的医院、行政单位、事业单位、高等学校、科学事业和中小学等分行业会计制度来看，我国公共部门权责发生制会计改革的基本思路，亦然还停留在借助

“双分录”或“平行记录”兼顾基于不同确认基础的列报需要。且不说将基于不同确认基础的会计分类标识混为一体对会计要素理论的冲击以及收入类科目之下大量冠以支出科目之名所产生的认识混乱，仅就会计科目数量和凭证数据库记录数量几乎成倍地增加来说，将用以满足财务状况和运营成果列报需要的财务会计科目，与用以满足预算管理需要的预算会计科目，混为一体并通过“双分录”或“平行记录”兼容两种确认基础的会计改革思路，必将占用大量的系统资源并降低系统的运行效率。总体来看，虽然人们已经认识到了单一会计确认的局限性和采用二重会计确认的必要性，但就如何弥补单一会计确认的局限性以及如何进行二重会计确认，相关研究不是回避了具体的会计记录问题，便是无意触动以会计科目为唯一分类标识的传统复式记录形式。如此一来，即使所提出的会计改革方案能够兼顾两种确认基础的各自优势，其所带来的操作成本也不容忽视。

在会计计价方面，人们就不同计价基础孰优孰劣的争论可谓是持续不断。针对单一历史成本计价基础的缺陷，谢芳（1995）认为面对错综复杂的经济行为，单一计量属性构成的计量模式无法实现各方提出的多元化信息要求，并认为应该以现实经济生活中对会计信息的需求及会计目标为前提来构建计量模式；王世定（1998）认为应该使历史成本与公允价值或现时成本计价并存；袁树民、吴旺盛（1999）认为，原始成本计价与其他的计价原则将同时存在于知识经济时代的会计中。美国次贷危机发生之后，会计计价方面的争论更多地聚焦于“历史成本”与“公允价值”的选择。在“公允价值”越来越受到人们推崇甚至被一些学者或机构视为是未来会计应采用的唯一会计计价基础时，谢荣（2008）提出了基于“历史成本”和“公允价值”的二重计价会计改革设想；葛家澍、叶丰滢（2009）虽建议采用“历史成本”和“公允价值”并存的两栏会计报告模式，但就每一具体计价项目而言仍是一元会计计价，即或按“历史成本”计价，或按“公允价值”计价。总体来看，虽然已有学者认识到了多重会计计价的必要性，但绝大多数会计界人士似乎还是赞同目前实务中广为应用的基于不同报表项目采用不同计价基础的混合计价模式。且不说“公允价值”能否作为一个独立的计价属性与“历史成本”

相提并论，仅就讨论二重会计计价的文献来看，研究者的视角还多局限于会计报告层面。将二重计价思想仅仅局限于会计报告环节而不能延伸至会计确认和会计记录环节，也就谈不上二重计价会计的创建问题。

在会计记录方面，虽说会计科目设置和账簿体系完善曾是复式簿记传播过程中会计前辈们的关注焦点，但自借贷复式记账法成为国际通行的记账方法之后，会计记录形式已很少引起会计界的关注，并且即使是人们对会计确认、会计计价和会计报告等问题的研究涉及会计记录时，人们似乎也并没有想到要变革以会计科目为唯一分类标识、以“有借必有贷、借贷必相等”为记账规则的复式记录形式。当然，这并不是说没有人对借贷复式记账法提出质疑和批评，如薛云奎（1997）就认为“借”与“贷”是计算机无法分辨的记账符号；韦沛文（2003）建议把我国一度使用过的增减记账法发展为“+、-记账法”，并认为在电算化会计不断发展普及的今天，“+、-”记账法确是比借贷记账法更合理、更科学的记账方法；徐国君（2003）基于三维会计的创建需要，认为“有必要彻底放弃借贷记账法”而应用“三式关联记账法”。仅仅局限于对记账方法的评价而缺乏对完善记账规则、优化会计数据处理流程以及会计元数据科学组织的深入探讨，也就难以引发会计记录模式的变革。

在会计报告方面，针对现行会计报告模式的缺陷，王松年、薛文君（1999）认为在以知识经济为标志的新时代，对企业财务报告加以改进势在必行，并提出了全面业绩报告、充分揭示和大众传媒报告三种改革策略；薛云奎（1999）认为满足不同用途信息需求的会计系统，应当是一个多“频道”的会计系统，并认为未来财务报告有从单一报表体系向多元报表体系转变、从历史成本到历史成本与公允价值并重、从主体信息到主体与关联信息并重、从货币计量到货币与非货币计量并重等十大发展趋势；葛家澍、陈少华（2002）认为传统财务报告所提供的信息无法真实反映企业价值，并提出了包括推行全面收益表在内的六条具体改进建议；杜兴强、章永奎（2005）认为事项会计及因特网上财务报告，将逐渐成为改进现行财务会计和报告模式缺乏及时性的有力措施之一；汤云为等（2005）基于投资者的决策需要，建议取消统一报表格式；黄晓波（2008）基于广义资本概念，提出了能够兼顾可靠性与相关性、区分硬资产（历史成本计量）与软资产（公允价值计量）的综合资产权益表和包括经营收益与非经营收益的综合收益表。总体来看，人们习惯于把由“待摊”和“预提”等会计程序所产生的资产负债表“杂音”归咎于权责发生制确认基础、把由通货膨胀和物价变动等原因引发的会计计量偏差归咎于历史成本计价属性，却很少认真地反省用以传递会计信息的会计报表格式是否存在缺陷。如果在不同会计报表之间不能理顺因会计确认时点不同所产生的列报冲突、在同一会计报表内部不能协调因会计计价属性不同所产生的列报冲突，那么无论是寄希望于在通用会计报表中容纳更多的会计确认和会计计价结果，还是试图扩大会计报告的内涵以求多元化会计需求的满足，恐怕都难以建立起科学完整的会计报告理论并据以指导通用会计报表体系的完善。

在会计模式变革方面，韦沛文（2003）参照戴维（David）、杰拉德（Gerard）和麦卡锡（McCarthy）等人的研究成果，从构架、模型、方法和应用四个方面，系统地介绍了 REA 会计模型的基本概念及其扩展；林宝玉（2006）基于作业会计，按照 REA 会计模型的基本原理，探讨了作业会计模型（RAA，即资源、作业和参与者）的建立；庄明来（2007）从会计信息系统发展角度，探讨了网络会计、事项会计、REA 会计和价值链会计对传统会计的冲击；李松青（2010）在论及会计信息系统发展方向时，指出了事项会计、网络会计、数据库会计和 REA 会计的可用之处。总体来看，相关研究要么只是局限于对国外研究成果的介绍，要么只是提出框架性构想，从而也就不能将多维会计思想融入传统会计范式之中并借以变革传统会计模式。

会计确认、会计计量和会计报告等方面的诸多理论纷争和实务难题，其深层次原因在于“信息系统论”之会计本质观念和传统财务会计理论，尤其是体现其精髓的财务会计概念框架理论对会计界长久而深刻的影响，以及基于手工技术条件的传统会计思维模式对人们思想的禁锢和主流会计研究人员对现代信息技术的漠视。狭隘的会计本质观必将使研究者的目光过多地聚焦于组织外部信息需求而忽视组织内部控制需要；过多地受传统会计理论和手工会计思维的影响以及缺乏对现代信息技术应有的关注，难免会使研究范围过多地局限于会计确认、会计计价和会计报告环节而忽视对会计记录的变革和对会计控制的探索，研究思路也就很难逾越“二分法”下非此即彼式的权衡取舍，研究方法也就很难在理论上博采众长、在技术上兼容并蓄，研究结论也就只能是对传统会计范式的修修补补。

过多地受传统会计思维模式的禁锢和对现代信息技术的漠视，既无助于现实会计难题的解决，也无法有效地满足日益增长的多元化会计需求；与之相反，倡导多元化会计需求却试图否定现行会计范式的合理之处、强调技术可行性却刻意回避难以逾越的制度障碍，亦不可能引领会计理论和会计实务发展。从会计理论研究的诸多矛盾性观点中挖掘出各自所具有的合理成分，从会计信息化应用实践中提炼出各种创新会计程序和创新会计方法所蕴含的理论精髓，在继承传统复式会计记录模式的基础上，通过汲取事项会计、REA 会计模型的数据处理思想，基于现代信息技术探寻财务会计与管理会计、企业会计与公共部门会计、物本会计与人本会计以及不同会计理论观点和会计方法的融合，进而创建新的会计范式并用以指导电算化会计系统的开发和应用，应当说才是解决诸多会计实务难题和推动会计理论发展的一条正确而又有效的会计变革思路。

## 第三节 研究方法、创新点和局限性

### 一、研究方法

科学研究分为理论研究和应用研究两个分支，理论研究是应用研究的基石，应用研究是理论研究的延伸。由于会计是一门应用学科，并且会计研究的终极目的是为了指导会计实践，所以会计研究兼有理论研究和应用研究两重性质。就多维复式会计研究而言，诸如为什么要创建多维复式会计、应从哪几个维度构建多维复式会计，以及如何构建多维复式会计理论体系等问题，应当属于规范性会计理论研究；而诸如怎样构建多维复式会计的数据模型、如何开发多维复式会计系统，以及如何应用多维复式会计等问题，则应看作是应用性会计研究。研究性质的不同决定了研究方法的不同，本书除综合运用归纳与演绎、分析与综合、比较与分类、抽象与概括等常用研究方法外，还注重马克思哲学方法、系统科学方法、创新理论方法的运用。尤其值得一提的是，本书还从波尔的“互补原理”得到启示，提出了新理论构建的“博长互补法”。下面仅就系统科学方法、多屏幕法和博长互补法的应用作以简要说明：

第一，系统科学方法及其应用。系统科学方法是运用系统科学的理论和观点，从要素、结构、系统整体、外部环境的相互联系和相互作用中对研究对象进行考察、分析和研究，进而揭示系统的本质和规律并寻求具体系统问题最优化解决方案的一种科学研究方法。既然会计是一个人造系统，并且其结构和功能完全取决于人们的“设计”，那么对其研究就不应排除系统科学方法的应用。就多维复式会计研究而言，基于系统科学关于系统整体性与层次性的认识，可将传统会计理论中仅仅基于组织整体视角的会计主体内涵，扩展为基于专业化分工并着眼于人的“组织整体”“组织分体”“组织个体”以及基于社会化协作并着眼于事的“项目体”，进而将现行的一维主体会计扩展为多元主体会计。

第二，多屏幕法及其应用。多屏幕法是基于 TRIZ 理论[①]的一种创新思维方法，是指在分析和解决问题时，不仅要考虑当前的系统，还要考虑它的超系统和子系统；不仅要考虑当前系统的过去和将来，还要考虑超系统和子系

① TRIZ 是俄文英音 Teoriya Resheniya Izobreatatelskikh Zadatch 的首字母缩写，英文全称是 theory of inventive problem solving，中文译为“发明问题解决理论”。该理论由苏联发明家根里奇·阿奇舒勒（Genrich S. Altshuller）创建，因被认为是可以帮助人们挖掘和开发创造潜能、最全面系统地论述了发明创造和实现技术创新的新理论而被欧美专家称之为“超级发明术”。目前，该理论已成为在全世界广泛应用的一套解决新产品开发实际问题的成熟理论和方法体系。参见：王亮申，孙峰华，等. TRIZ 创新理论与应用原理［M］. 北京：科学出版社，2010：1-3。

统的过去和将来。多屏幕法的实质是系统科学所要求的多维、多目标、动态思维方法在发明创造领域的具体运用。作为一种创新思维方法，多屏幕法有助于克服惯性思维，有助于人们从多层次、多角度思考问题并探寻解决问题的新途径。就多维复式会计研究而言，运用多屏幕法对诸如会计职能、会计本质、会计假设和会计目标等问题进行研究，有助于形成有关会计基本理论问题的较为全面的认识；运用多屏幕法对诸如“权责发生制”与“现金收付制”、“历史成本”与“现时价值”、“资产负债观”与“收入费用观”等具体会计观念、会计方法各自所具的优缺点及其适用条件进行研究，有助于从诸多矛盾性观点中挖掘出可资借鉴的有用成分，进而可为多维复式会计范式的创建提供坚实的理论基础。

第三，博长互补法及其应用。本研究方法由互补原理①发展而来。互补原理的方法论意义在于，对同一现象分别从互不相容的两个方面予以考察所各自得出的结论，从单方面看总是正确的和完备的，并且当人们不能同时考虑或兼顾两个方面的情况时，就必须在二者之间进行取舍，在这个意义上二者是互斥的；另一方面，绝对地舍弃二者中的任何一个又是不可取的，因为它们各有用处，并且人们必须根据具体条件来决定选取结果，在这个意义上二者又是互补的。诸如“权责发生制”与“现金收付制”、“历史成本”与“现时价值”、“资产负债观”与“收入费用观”等会计理论研究中的很多争议，显然与人们所选择的单一研究视角直接相关。如能在会计理论研究中选择不同的研究视角并基于互补原理博采众长，无疑可激发人们在更高层面上寻求更具包容性的会计理论，并通过实现不同会计程序和会计方法的兼容并蓄而更好地满足人们的差异化会计需求，这无疑会推动会计理论和会计实务的发展。

---

① 互补原理由丹麦物理学家尼尔斯·玻尔（Niels Bohr）于1927年9月提出。玻尔提出互补原理的事实依据是：微观粒子在某些实验条件下只表现出波动性，而在另一些实验条件下只表现出粒子性，并且粒子的波粒二象性不能在同一实验条件下表现出来。由于微观世界的粒子和波这两种图像既相互排斥又缺一不可，因而波尔认为必须把二者综合起来并通过相互补充才能完整地描述微观粒子。参见：李建珊. 科学方法概览［M］. 北京：科学出版社，2002：155－157。

## 二、研究创新

本研究的创新之处主要体现在以下三个方面：

第一，基础理论创新。通过将多维会计思想融入传统借贷复式记录之中，较为系统地提出了以多元主体、二重确认、二重计价和实时预算控制为基本组成内容并可进一步扩展的多维复式会计理论。该理论可为人们认识会计这一人造财富管理系统的社会功用提供新的视角，可为人们借助信息技术实现财务会计与管理会计、人本会计与物本会计、企业会计与公共部门会计的融合提供新的途径，可为人们开发功能强大、设置灵活的电算化会计系统提供理论支撑。

第二，会计理论框架创新。通过对会计职能、会计对象与会计本质之间逻辑关系的探究，通过对会计职能与会计目标、会计对象与会计要素、会计假设与会计目标、会计核算与会计控制之间逻辑关系的探究，通过提出会计主体理论、发展会计假设理论、创建会计控制理论以及理顺会计目标、会计质量评价标准和会计原则之间的逻辑关系，较为系统地提出了一个由会计基本理论、会计基础理论和会计应用理论为组成内容的会计理论框架，实现了会计职能与会计目标、会计对象与会计要素、会计假设与会计目标，以及会计确认、会计计量、会计记录、会计报告和会计控制的相互贯通。

第三，会计变革路径创新。基于现代信息技术所具有的超强数据处理能力，通过将多维会计元数据组织思想融入传统复式会计记录之中，提出了一条可融合不同会计理论观点、可兼顾不同会计程序和会计方法进而可满足不同会计需求的会计变革思路。相对于长久以来人们所固守的以会计科目为唯一会计分类标识并通过增设会计科目以满足不断增长的多元化会计需求的传统会计变革思路而言，基于现代信息技术创建多维复式会计更易于实施；相对于倡导多元化会计需求却试图否定复式会计范式的合理之处、强调技术可行性却刻意回避制度约束性的激进式会计变革思路而言，创建多维复式会计更易于为人们所理解和接受。

## 三、研究局限性

因本书着力于多维复式会计理论体系的创建和多维复式会计系统的开发与应用，故而针对相关会计基本理论问题进行的文献梳理略显不足，也未就人力资源计量、现时价值取得等相关问题进行专题讨论。另外，因受专业知识、个人能力和开发经费等方面的限制，本书就多维复式会计系统的开发，只是提出了系统模型、数据逻辑和主要数据表文件的设计而未能开发出可供操作的系统软件，这难免影响人们对多维复式会计的直观认识和对本研究所具商用价值的正确评判。

第二章

# 社会组织与组织中的会计

社会组织是人类生存和发展的基础。现代社会是一个高度组织化的社会，人们利用社会组织这种形式，把包括自身在内的各种资源汇集起来，从事政治、经济、文化、宗教等各种社会活动。在学术研究史上，人类学、社会学、政治学、管理学、经济学、心理学等，都曾把组织作为热点问题来研究。组织理论研究方面所取得的成就，无疑可为我们认识社会组织、探讨与社会组织相关的会计问题提供不同的视角。会计存在于社会组织之中，会计程序、会计方法乃至具体运作模式，与组织环境、组织类型、组织规模及其利益相关者的具体构成不无相关，因而从社会组织角度研究会计，对于平息诸多会计理论纷争，基于现代信息技术应用探寻新的会计程序和会计方法，进而通过重构会计范式以解决诸多会计实务难题，或许可为人们提供一个新的视角。

## 第一节　社会组织及其运作

个体能力的有限性决定了人类必须结成群体才能实现单个人无法达到的目的。人类为实现特定目的而结成的群体就是社会组织。如今随处可见的学校、医院、企业、政府机构以及各类社会团体等，都是社会组织的表现形式。在这些不同形式的社会组织中，会计所能发挥的作用、会计核算和会计控制的覆盖范围、会计处理的程序和方法、会计报告的内容和形式等等，可以说是各具特点。由此，系统、全面地认识社会组织及其运作，应该成为我们探讨会计理论问题、揭示会计发展规律的逻辑前提。

## 一、社会组织的含义

“组织”一词源于医学生理学，是指生理器官，即自成系统的具有特定功能的细胞结构，希腊文原意是和谐、协调的意思。随着人们对组织认识的加深和实际工作需要，“组织”一词不断地被引用并扩展到社会生活领域，其词性也由名词扩展为动词。在社会学和管理学上，名词的组织通常是指客观存在的社会实体以及基于网络而存在的所谓虚拟组织，而动词的组织通常是指作为管理职能的组织工作。由于观察角度、研究目的的不同，不同学者对社会组织给出了不同的定义。

弗雷德里克·泰勒（Fredrick W. Taylor）、法约尔（H. Fayol）等古典组织理论的早期贡献者，视组织为一个围绕任务或职能而将若干职位或部门联结起来的整体；马克思·韦伯（M. Weber）视组织为一架精心设计的机器，并将组织定义为“组织成员在追逐共同目标和从事特定活动时，成员之间法定的相互作用方式”。[①] 巴纳德（C. I. Barnard）以系统观念为依据，从人与人相互合作的角度理解和解释组织，将组织定义为“将两个或两个以上人的活动或力量加以有意识地协调的系统”。[②] 20 世纪 60 年代，F. E. 卡斯特和 J. E. 罗森茨韦克，运用一般系统论将组织定义为一个开放的社会技术系统，并认为组织是由目标和价值分系统、技术分系统、社会心理分系统、结构分系统和管理分系统组成的大系统，它从外部环境接受能源、信息和材料的投入，经过转换并向外部环境输出产出。20 世纪 70 年代初，美国组织理论学家斯蒂芬·P. 罗宾斯（Stephen P. Robbins），在对历史上各个流派的组织定义进行

① 转引自：侯光明．组织系统科学概论［M］．北京：科学出版社，2006：103。

② 转引自：胡河宁．组织传播［M］．北京：科学出版社，2006：5。

分类的基础上，将组织定义为“人们为了一定目标的实现而进行合理的组织和协调，并具有一个相对可识别的边界的社会实体”。20 世纪 90 年代，美国著名组织理论学家理查德 · H. 霍尔（Richard H. Hall），在《组织：结构、过程及结果》一书中，将组织定义为“一个有着相对可识别边界、规范的秩序（规则）、职权层级、沟通系统和成员协调系统的集合体，它以相对持续的环境为基础而生存，从事着与一系列目标相联系的某些活动，为组织成员、组织本身和社会做出贡献。”另外，组织还被视为控制系统、生命系统、结构系统、网络系统，等等。

如此之多的组织定义，正如赫伯特 · A. 西蒙（H. A. Simon）和詹姆斯 · 马奇（J. G. March）所说的那样，“组织的定义并没有多少目的，一个更为理性的认识是，他们提供了我们理解所研究对象的基础”。对此，本书基于系统科学理论，把社会组织定义为一定数量的社会成员，为实现某种共同目的而有意识建立起来的，依照明确的规章制度，经由分工和协作以及不同层次的权力与责任安排而运作的社会群体。为了论述的方便，本书按照组织成员间联系的紧密程度，将社会组织分为微观社会组织（后文简称社会组织）和宏观社会组织系统（后文简称社会系统）两大类型。前者诸如学校、医院、企业、政府机构等具有法人资格的组织实体以及具有相对独立的财产支配权并进行独立核算的各类法人分支机构；后者诸如国家、地区、省、市、县、镇等在一定地域范围内由众多社会组织及其成员组成的规模宏大、联系松散的社会群体。

## 二、社会组织的基本特征

当今社会是一个经济全球化、资本国际化、管理信息化、变革加剧化的社会。在此背景下，社会组织的结构日趋复杂、组织环境愈加开放、组织间的交往日益频繁。全面、系统地认识社会组织的基本特征，对于正确认识会计本质、合理设定会计目标，进而提出会计假设、构建会计理论以及完善会计规范、组织会计核算均有重要的意义。从系统科学的角度来看，社会组织具有以下基本特征：

1. 目的性

社会组织的目的性，是指社会组织的存在是为了实现特定的目的。目的是指行为主体在行动之前心目中想要实现的行为目标或预期达到的行为结果。作为观念形态，目的反映了人对客观事物的实践关系。当人们把这种对未来行为结果主观、抽象的描述，转化为针对特定环境、在特定期间所设定的量化标准或其他形式的表述时，目的也就转化成了目标。明确的目的性是社会组织与初级群体最显著的差别。社会学家将社会群体分为初级群体和次级群体，并认为初级群体是一个相对较小、有多重目的、成员亲密无间并存在强烈认同感的社会群体，而次级群体是为达到特殊目标而特别设计的群体。作为一种人们为追求特定目标或实现某种特定功能而有意识建立起来的有正式结构的次级群体，社会组织以明确的目的为指引，依靠自身内在功能去实现针对特定环境而制定的分阶段目标，进而完成组织的使命。明确了社会组织的目的性，也就明确了研究会计目标的必要性，以及设定会计目标对于会计系统开发定位的影响。

2. 整体性

社会组织的整体性，是指社会组织是一个由一系列相互联系、彼此影响的要素或部分按一定结构组织起来的有机整体。社会组织的整体性包含两层含义：一方面，社会组织是由若干要素或部分组成的，要素或部分是构成社会组织系统的基本组成成分；另一方面，社会组织是一个有机整体，组织系统中的要素、部分之间存在有机的联系。社会组织的整体性特征要求对组织的管理必须树立全局观念，解决组织所遇到的问题必须从总体上把握，正确处理组织中局部和整体的关系，并通过提高组织系统中关键要素和薄弱环节的功能以提高系统的整体功能，防止因部分要素功能低下而产生“木桶效应”。从这个意义上说，会计系统的建立必须纳入到组织管理系统的建设之中，也就是要基于组织整体统筹规划，通过组织再造和流程重组建立集业务、信息和管理于一体的集成化管理系统，通过消除组织内部的“信息孤岛”以实现各部门的协同工作和信息共享。

3. 层次性

社会组织的层次性，是指社会组织是一个具有层级结构的有机整体。层次是事物在结构或运动形式上所具有的等级次序性态。群体中的分工与协作以及权力与责任的分配，决定了社会组织在结构上具有层次性。社会组织是一个多级别、多层次的有机整体，不同层次的子系统和同一层次的不同子系统相互联系、相互作用。系统整体的存在和发展与子系统的存在和发展互为前提、相互影响，低层系统是高层系统的构成单元，低层系统的运行、演化和发展以高层系统的运行、演化和发展为前提并对高层系统的运行、演化和发展产生影响；高层系统以低层系统为载体，高层系统的运行、演化和发展为低层系统的运行、演化和发展创设了基本的制度规范和运行环境，高层系统目标的实现有赖于低层系统功能的发挥。正确认识社会组织的层次性，是科学组织会计核算的前提。因为由多元化会计需求所引发的会计科目或核算项目设置，在很大程度上就取决于人们对会计核算对象以及会计系统在会计数据组织方面所具的层次性的认识。

4. 有界性

社会组织的有界性，是指社会组织具有明确可识别的边界。界是分隔系统与环境的分界面。凡是系统均有边界，没有边界，系统既无法存在，也无从演化和发展。界不仅把系统与环境分隔开来，而且还把系统与子系统、子系统与子系统分割开来。界既是隔离组织与环境的屏障，又是联结组织与环境的媒介。系统与环境之间的物质、能量和信息，通过界进行交换并借助界进行隔离。正因为界可用以限定组织或管理的范围，所以我们可通过识别或塑造界以设立和区分不同形式、不同规模的会计主体。

5. 时限性

社会组织的时限性，是指社会组织在存续时间上有一定的限度。纵观人类历史，几乎所有的社会组织，都要经历一个从产生、成长、壮大到衰退、消亡的发展演化过程。当今世界，竞争日益加剧、监管不断增强，不仅组织间自发的兼并、重组时常发生，而且政府对组织的强制分拆也屡见不鲜。社会组织的这一特征，要求我们在设定会计前提时，既要考虑组织运作的持续性，又要顾及组织出现意外终止的可能性。

## 三、社会组织运作

社会组织运作，是指处于特定制度环境和技术环境中的社会组织，在组织目标的指引下，经由各子系统相互配合、相互协作，以促进组织演化和发展的过程。社会组织的运作过程，具体表现为组织与其环境所进行的物质、能量和信息交换。在社会组织运作过程中，组织制度为组织成员设定了行为规则，是组织运作的基本前提；组织技术为组织成员提供了技术装备，是组织运作效率的保证。基于前文对社会组织的分类，下面分别从微观社会组织和宏观社会系统这两个层面，分析社会组织运作过程中的基本活动及其与会计子系统间的关系。

### （一）社会组织运作的基本活动及其关系

社会组织是构成社会系统的基本单位，无论是以营利为目的的企业组织，还是以提供公共管理为目的的政府组织，抑或是介于企业组织与政府组织之间、以提供公共产品或公共服务为目的的公益性非营利社会组织（我国多称为事业单位），尽管在目标设定、职能划分、技术装备、运作方式和组织文化等方面有着显著的不同，但就其与环境所进行的物质、能量和信息交换而言，所有组织的运作活动，均可按照组织成员的工作内容与组织目标之间的关系，分为业务活动、管理活动和信息活动。

（1）社会组织运作的业务活动，是社会组织为实现组织目标而从事的一系列有关资源获取、价值转换和服务提供活动。社会组织的业务活动是组织运作过程中最基本的活动，具体表现为组织系统与所处环境进行的人力、物力、财力交换活动和组织系统内部的投入、产出活动。为了生存和发展，组织系统必须能够不断地为社会提供有用的产品、服务或其他有意义的输出，而要能够持续不断地提供这些有意义的输出，组织系统就必须能够持续不断地获得必要的人力、物力、财力、技术和信息等资源，并以组织的技术装备为基础，实现人力资源与物力资源的有效结合，进而把输入转换为可为环境所接受的输出。组织系统与其环境所进行的人力、物力和财力交换活动，是一个双向式等价互惠活动，即组织系统在获得所需资源的同时，承担着对资源提供者付款或偿还的义务；而组织系统在向客户提供产品或服务的同时，则享有收取价款的权利。这种具有互惠性质的组织运作活动，进一步可分为采购与支付、内部转换和销售与收款三类具体活动。

（2）社会组织运作的管理活动，是为实现组织目标而对组织的人力、物力、财力以及信息等资源所进行的计划、组织、指挥、协调和控制活动。①计划是为实现组织目标而对未来活动的预先筹划。具体包括分析组织内外环境、确立组织中长期目标、拟定具体行动方案等一系列具体工作。②组织是为实现组织目标而对各种资源所进行的制度化安排。具体包括机构设置、权责划分、人员配备等一系列具体工作。③指挥是指各级管理人员在其职权范围内对下属及其成员的指导和激励。具体包括领导魅力展示、工作方式方法指导、与组织成员有效沟通以及对组织成员适当激励等一系列具体工作。④协调是组织运作过程中对利益的平衡和对冲突的化解。具体包括资源调配、纷争平息、利益平衡等一系列具体工作。⑤控制是为确保组织目标实现而对运作异常的监视和对运作偏差的纠正。具体包括过程监控、差异分析和偏差纠正等一系列具体工作。组织系统运作的管理活动，贯穿于组织运作的各个环节，触及组织运作的各个方面。

（3）社会组织运作的信息活动，是组织系统收集、加工、处理、储存和传递信息所涉及的相关活动。信息是人们对所感知的事物性态的一种描述，信息可以通过某种有意义的数字、文字、声音、图表、图像等方式予以表达和传递。社会组织内部各子系统在执行业务活动或从事管理活动过程中形成的各种会计数据、统计数据、分析汇总资料、会议记录等，均是信息的表达方式；而组织系统中上层系统对下层系统所进行的目标分解、指令下达、权力分配，或是下层系统对上层系统所做的情况汇报、意见反馈，抑或是同级次不同子系统之间的单据流转、文件传阅等，则是信息的传递方式。在信息技术领域，用于描述事物特征并可存储于某种介质上的数字、文字、声音、图表、图像等物理符号，统称为数据。数据是信息的表达形式，信息是对数据所做的有意义的解释。组织系统收集、加工、处理、储存和传递信息的过程，就是数据的采集、维护和输出过程。数据采集是对业务活动数据的记录、存储；数据维护包括对业务活动数据的更新、为预防数据遭到破坏而对系统数据的备份，以及在系统数据遭到破坏后所进行的数据恢复；数据输出是按使用者的需要对数据进行分类、汇总、计算和分析后，按照某种有意义的图、表方式进行表达和传递。

组织系统运作过程中的业务活动、管理活动和信息活动相互渗透、相互交融、相互影响。业务活动的有序开展、高效运行，取决于管理活动的正确决策、精心组织、有效指挥、充分协调和严密控制；管理活动目标的实现、职能的发挥，有赖于信息活动对各种数据的及时采集、正确处理和快速传递。组织系统内的业务活动、管理活动和信息活动，纵向上贯穿不同层次、横向上跨越不同部门。包括会计系统在内的每一子系统，都在各自的职能范围内，分别承担着上述三类活动。组织系统正是通过各子系统的相互配合和分工协作，实现组织系统的运行、演化和发展。组织系统运作中的业务活动、管理活动和信息活动及其相互关系，如图 2-1 所示。

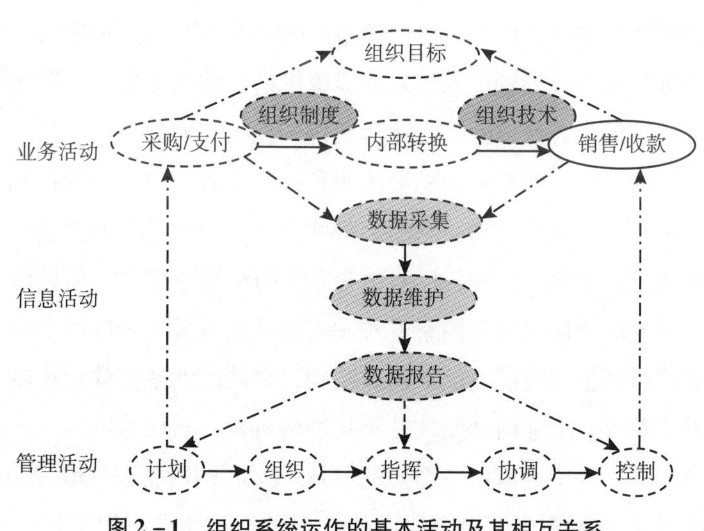


**图 2-1　组织系统运作的基本活动及其相互关系**

### （二）社会系统运作与会计子系统的关系

社会系统是与其构成单位具有“自相似性”的放大了的社会组织。目的不同、使命相异的众多社会组织，因物质、能量和信息交换的需要而联结成不同规模、不同层次的社会系统。基于社会分工而处于社会组织网络中的每一个结点组织，无论是营利性企业组织、非营利性政府组织，还是介于两者之间的各类公益及非公益性社会组织；无论是从事农副产品生产、工业零部件加工或机电设备装配，还是从事金融保险、教育培训、医疗保健或咨询代理，当它们与环境进行物质、能量和信息交换时，就会与其他社会组织或社会成员发生这样或那样的联系。通过这些联系，相对独立的各个微观社会组织，便被联结成了更大的社会系统。

在社会系统中，营利性的企业组织和非营利性的政府组织，是最具典型的两类社会组织。前者通过从事物质产品或精神产品的生产和销售，以求自身的生存发展并实现出资者的财富增长；后者则通过提供公共管理或公共服务，以获取必要的经济资源并寻求自身的长久存在。就企业组织的运作而言，筹资活动使其获得生产经营所必需的资本，并使其与权益或债权性投资主体建立联系；采购活动使其获得必要的设备、原料和服务，并使其与设备制造、原材料供应和服务提供等商品或劳务供应商建立联系；招聘活动使其获得必要的人力资源，并使其与劳务公司或劳动者个人等人力资源供给主体建立联系；销售活动使其产品和服务得到消费者认可的同时使所费得到补偿、使财富得以增长，并使其与代理商、消费者建立联系；分配活动使利益相关者的财富需求得到满足，并使其与政府征收及监管机构建立联系；除此之外，企业还因职员培训、代理咨询、鉴证评级等活动而与各种各样的中介服务组织建立联系。而就政府组织的运作而言，征缴活动使其代表国家占有一定的社会资源，分配活动为其所属单位或代理机构行使公权提供提供了物质基础，举债活动使财政预算收支间的缺口得到弥补，等等。上述活动使政府及其所属机构，与国家立法、司法、各党派、各社会团体、企事业单位乃至公民个人，建立了错综复杂的广泛联系。

社会系统是更大规模、更高层次的社会组织，社会组织运作中的业务活动、管理活动和信息活动，在社会系统运作中亦是相互渗透、相互交融、相互影响。各企事业单位业务活动的有序开展，有赖于政府部门在宏观层面上借助各种各样的政策工具进行必要的干预和引导，而公共政策的制定、公共管理职能的发挥，则有赖于对包括会计信息在内的各种资讯进行及时收集和系统分析。社会系统运行中的业务活动、管理活动和信息活动，纵向上亦是贯穿于不同层次，横向上亦是辐射到不同领域，每一层次、每一领域的各个子系统，无论是具有法人资格的社会组织，还是没有法人资格的各种分支机构和社会成员，都会自觉不自觉地参与到社会系统运作的三类活动之中。社会系统正是通过微观层面上的各个社会组织、各组织内部的各个子系统，以及游离于各组织系统之外的社会成员之间的相互配合、分工协作，实现社会系统的运行、演化和发展。在社会系统运作过程中，会计可以说无处不在、无时不发挥作用。尽管会计程序和会计方法会因组织环境、组织性质、组织规模和运作模式的不同而有极大的差异，但对组织的财富及其变动进行有序记录、适度控制和定期报告，却是会计所具有的共同特征。正是由于会计能够对发生于组织系统内外的各种交易、事项的财富影响进行系统记录、适度控制和定期报告，各种社会契约才能得以维持，利益相关者才能相安无事，社会系统才能有序演化和发展。社会系统运作中各类组织系统及其与会计子系统之间的相互关系，如图 2-2 所示。

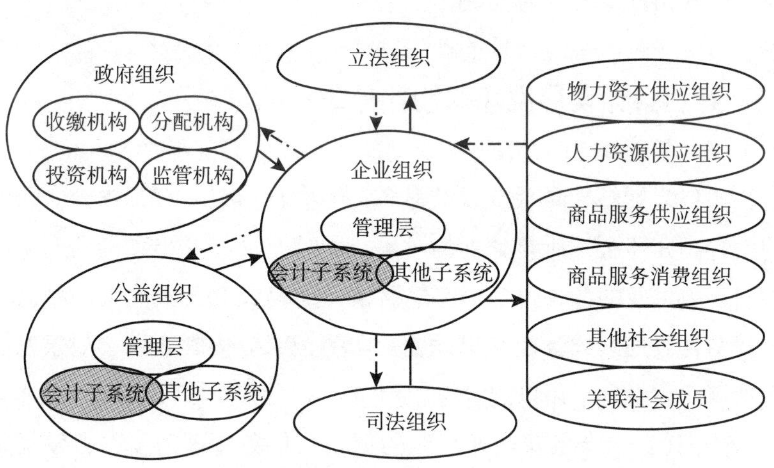


**图 2-2 社会系统运作与会计子系统的关系**

## 第二节　社会组织演进与会计发展

物质资源是人类赖以生存的基础。物质资源的自然属性，即资源能够满足人类需求的特性，决定了人类对物质资源的天然占有欲望。受社会生产力发展水平的制约，人们能够实际拥有的物质资源的种类和数量，与人们的期望总会存在一定程度的差距，从而使物质资源呈现出相对的稀缺性。资源稀缺性和人类需求无限性之间的矛盾，必将激发人们对物质资源的私人占有欲望和私有财产观念的产生，进而随着个体或群体对物质资源的排他性“拥有”而赋予物质资源一定的社会属性。当社会生产力进一步发展、物质资源日益丰富之后，个体需求的差异性和个体拥有资源的差别性就会引发交换行为的发生，进而引发货币、信用的产生和社会组织的分化。伴随财富增加和社会组织的演化发展，会计也就从人类早期仅仅针对物质财富的计量、记录，逐步发展为基于特定社会组织并对其所拥有或控制的自然和社会形态之财富及其变化的记录、控制和报告。由于会计的运行方式总是与社会组织的性质、规模、运作方式及其所拥有或控制的财富形态密切相关，因而我们可从社会组织演进的视角推演会计的发展。

### 一、开启会计发展规律的钥匙：账户演进

会计账户（账簿）的设立及其命名源于会计所要记载的内容。会计所要记载的内容，亦即会计所要处理的对象，不外乎交易、事项的财富影响。无论是人们触手可及的各种自然形态之财富，还是仅存于观念上的社会形态之财富，其会计表现形式就是账户设置及账簿记录。史料表明，奴隶制国家的财政管理需要，引发了用以记录金银财宝、兵马粮草之类自然形态之财富的“物名”账户设置；金融及商业组织的债权、债务管理需要，引发了用以记录“人欠”“欠人”之类社会形态之财富的“人名”账户设置。在会计发展

史上，无论是早期的“物名”账户，还是之后的“人名”账户，其在命名方面均有直观、具体等显著特点。之所以如此，一方面可能缘于人类实践活动所能涉猎的物质财富还相对贫乏，进而所建立的经济关系还相对简单；另一方面则可能缘于人类对客观世界的认识还处于初级阶段。随着人类实践活动水平的日益提高、人类活动地域范围的逐步扩大，需要会计予以记录的“物质”种类——即自然形态之财富就会日益增多；而随着人们交往的日益频繁和商业、信用的进一步发展，需要会计予以记录的社会形态之财富，相应地也就变得日益复杂。在落后的会计技术条件下，由环境变迁和技术变革所引发的财富数量增加和财富形态变化，必将影响到会计账户的设置和会计记账方法的变革，进而促进会计的演化和发展。

因分类账户增加所产生的账务结转和会计报告编制问题，必将引发账户格式乃至账簿体系的演化和发展。“费用”和“收入”账户渐次从“物名”账户中分离出来；“物名”账户开始沿着纵向分户和横向分栏两种不同的路径演化发展；不同性质的“人名”账户开始分化，而同质的“人名”账户则逐步归并；包括现金日记账、销货日记账和购货日记账在内的特种日记账，开始产生并与传统的日记账逐步发生分离；“待摊费用”和“预提费用”等与权责发生制确认基础、收入实现和费用配比原则等会计程序相关的过渡性账户，“本年利润”和“利润分配”等用以确定经营成果并对其进行分配的汇总计算账户，也相继出现并在账户体系中有了独有的设置；等等。在上述账户演进过程中，“费用”和“收入”账户的独立设置，负债与权益类账户的分化，以及同质“人名”账户的归并，可以说对会计实务和会计理论的发展有着特别的意义。因为“费用”和“收入”账户的独立设置，使损益计量变得更为容易；负债与权益类账户的分离，则为权益理论的产生奠定了实践基础；而同质“人名”账户的归并，则使具有控制作用的总分类账户得以出现。

对新账户或账户类别共同特性的恰当描述或定义，必将引发人们对会计概念的思考和探寻。“应收账款”和“应付账款”等账户，开始取代此前的“人名”账户；“财产”“积极财产”“消极财产”“资产”“负债”“资本”

“成本”“费用”“收益”等会计概念，或被会计前辈们所创造，或被大师们从其他学科中引入。新概念的产生和运用，在实务层面上有助于人们合理设置会计报表项目和优化会计报表结构，在理论层面上有助于人们描述账户之间的关系并探寻会计系统的运行规律。《簿记论》之后研究借贷复式簿记的会计学家，无不借助诸如资产、负债、业主权益或类似抽象概念来构建会计等式、解释簿记规则和编排报表内容。由此可见，正是人们的财富管理需要，才引发了用以系统记录财富及其变化的账户设置；正是会计记录范围的扩大及其分类、汇总计算工作量的增加，才使会计账户格式不断演化并使会计账簿体系逐步完善；正是会计概念的产生、会计等式的创建和会计惯例的承继，才推动了会计实务和会计理论的发展。由此，本书认为账户及其记录形式的演进，可作为开启会计发展规律的钥匙。

## 二、社会组织演进与会计发展的基本规律

会计源于人类早期的计量、记录行为。恶劣的自然环境和个体能力的有限性，迫使原始人类必须结成群体才能维持生存。群体这种生活方式为个体赋予了社会性，进而也就有了人类的分工与协作、竞争与合作。分工与协作必将促成人们生产技能的提高、必将激发人们对经验的总结和对知识的探索。当生产力水平的发展使产品出现剩余，并且当产品剩余从偶尔发生变得日益经常化后，人们对物质财富的占有欲望就会使“私有”观念与自然物建立联系，从而使物的社会属性开始凸显。随着私有制的产生和阶级、国家的出现，私有观念必将得到不断地强化。无论是政府性的国家组织，还是非政府性的寺院组织，抑或是由自由民所建立的从事社会生产、交换活动的各种独资或合伙组织，拥有一定数量的物质财富便是其生存和发展的基础。通过构建会计系统对所拥有的各种物质财富，以及对由物质财富让渡所产生的产权变化进行计量和记录，必将逐渐成为各类组织控制其财富不致因疏于管理而流失的有效手段。由于不同时期、不同性质的社会组织所拥有的财富规模和财富形态并不相同，所以不同时期、不同组织的会计，在账户设置方面也就表现

出了很大的差异。随着组织财富规模的扩大、财富形态的变化和组织间交往的日益频繁，不同的社会组织必将在账户设置方面相互影响、相互借鉴，进而推动会计的演进和发展。

在奴隶制和封建制社会的较长历史时期内，由于政府组织在整个社会中相对来说居于主导地位，所以古代会计的发展就更多地体现为官厅会计的发展。到了中世纪，由于意大利城邦金融业和商业的发展，会计发展便更多地表现为银行会计和商业会计的发展。工业革命之后的会计发展，则主要表现为现代工业会计的发展。相对于早期的金融组织、商业组织和手工业组织来说，由于政府组织赖以存在的物质基础在很大程度上来源于政府对社会财富的强制征收而非来源于同其他主体的互惠交易，所以政府组织在会计对象方面便具有财富的自然形态极其复杂而社会形态极其简单的特点，由此决定了政府组织只需进行“物名”账户设置，并通过对实物或货币增减的连续记录就能实现对财富的管理。与政府组织不同，从事银钱保管和货币借贷业务的金融组织，其会计对象则具有财富的社会形态极其复杂而自然形态极其简单的特点，由此决定了金融组织只需进行“人名”账户设置，并通过对权益的变化进行连续记录就能实现对财富的管理。两种极端典型的会计对象特点，决定了单式会计记录的有效性和长久性。

当商业信用、银行信用高度发达之后，中世纪商业组织的会计对象便呈现出了财富的自然形和社会形态均复杂的特点，这一特点决定了商业组织既要进行“物名”账户设置以记录和控制商品库存的增减，又要进行“人名”账户设置以记录和控制债权债务的增减。商品、货币、债权和债务两两之间所存在的此增彼减关系，使得传统的单式会计记录和实物盘存方法已不能满足商业组织的财富管理需要。由此引发的会计变革，便是复式会计记录的产生和发展（下节详述）。

当工业革命的号角先后在欧美国家吹响之后，以从事纺织品生产、工业品制造、钢铁冶炼和铁路运营的大型工业组织，开始在社会经济生活中占据主导地位。相对于传统的商业组织而言，以大额资本需求、大量商品库存、大规模固定资产占用和公司制组织形式为主要特点的现代工业组织，既要通过对生产过程和生产耗费的控制以追逐更高的经营收益，又要将运营的结果向股东、债权人以及其他外部利益相关者进行报告以获得更好的社会评价。这就使得工业组织的会计处理对象和会计服务对象，较之政府组织、金融组织和商业组织更为复杂。随着成本会计的产生并与财务会计的逐步融合，商业会计开始迈向工业会计。工业投资的快速增长和股份公司的快速发展、官商勾结的日益严重和证券投机的日益泛滥、资本市场的高度发达和金融危机的频繁暴发、会计政策的随意选择和政府监管的日益加强，催生了会计职业并推动了会计研究。随着会计实务的不断发展和会计职业的不断壮大、会计思想的广泛传承和会计研究的日益繁荣，工业会计逐步确立并进一步对商业会计、金融会计和政府会计产生影响。

综上所述，从账户（账簿）设置及其演进来看，社会组织演进与会计发展之间存在图 2－3 所示的逻辑关系。

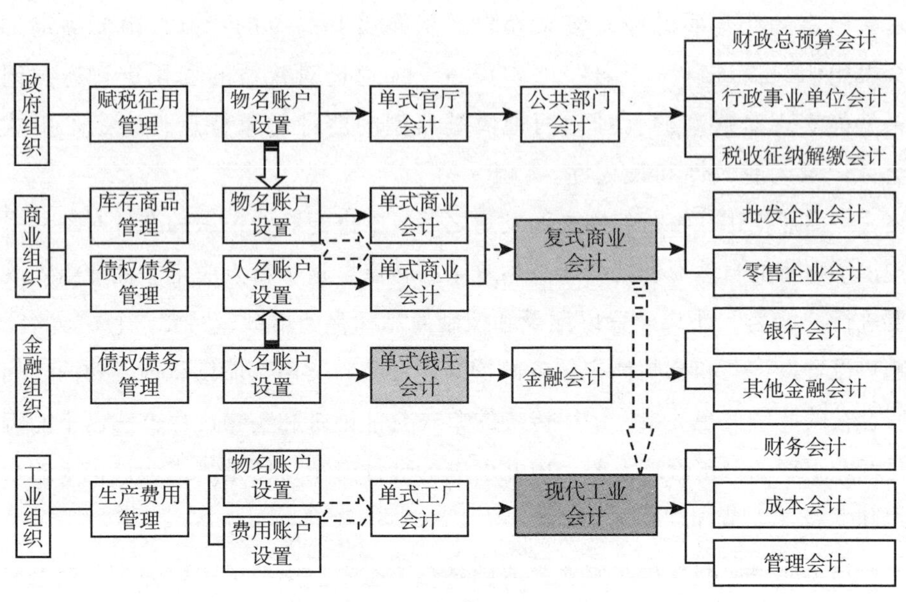


**图 2－3　社会组织演进与会计发展**

## 第三节　借贷记账法的产生和发展

沿用数千年的单式记账法何以能在中世纪发展为复式记账法，至今仍是会计发展史上的一个不解之谜。为解开这一会计之谜，帕乔利之后的簿记著者可谓是前仆后继，然而所提出的诸如“拟人说”“一账系说”“二账系说”“三账系说”“借贷对照表说”“等式说”和“资本循环说”等学说，似乎均难以让人信服。“拟人说”把物名账户看作是拟人化的结果，这不免让人感觉有些牵强；仅着眼于财产和损益两个账系的“二账系说”，与只强调记录财产及其变化的“一账系说”，无疑有失偏颇；既然“借贷对照表”是对账户的系统分类，那么其出现必然晚于借贷记账规则的形成，因而“借贷对照表说”可以说是有违历史逻辑。至于“等式说”“资本循环说”和其他借贷学说，亦不免让人生疑。下面从账户演进视角推演借贷复式记账法的产生和发展。

### 一、金融组织演进与银行会计的发展

金融组织源于远距离贸易和银钱保管的需要。商品交换催生商业组织出现和商业发展，进而促成信用、货币的产生和金融业的产生与发展。源于古罗马的私有产权保护观念，西方金融业较早地便开始了“人名”账户的设置。“人名”账是“流水账”分化的结果，这种具有分类账性质的账户设置，因能对同一客户的存贷款及其清偿业务进行集中记录而有助于对债权债务的管理。在记账工具和记录载体尚处于相对粗笨的时代，会计演化的显著表现便是记账符号的使用。记账符号有着悠久的历史，在“借”（debit）、“贷”（credit）之前，奴隶制时代的罗马银钱业曾使用“ratio accepti”和“ratio expensi”，13 世纪佛罗伦萨的银行簿记曾使用“di dare”和“di avere”。记账符号的使用，不仅使账簿记录更为直观简洁，而且在表达簿记思想和提高簿

记效率方面也发挥着重要作用。

虽说“人名”账户设置和“借”“贷”记账符号的使用有助于金融组织债权债务的管理，但当存贷款业务日益增加时，对“人名”账户所采用的序时记录方式，无论是从汇总效率还是从账簿记录明晰性的角度来看，簿记实务不能满足管理需要的矛盾都将日渐明显。在计算技术还不发达的情况下，改进账簿记录的方式应当是早期人们的一个必然选择。西式“拼音文字”“纸草”等记录载体以及受此影响的“横式”书写习惯，在为集中记录提供便利的同时，也使数据加总效率变得日益低下。当簿记员出于汇总需要开始把“借主”固定于“人名”账户的“上方”“左方”或账簿的“前部”，而将“贷主”固定于“人名”账户的“下方”“右方”或账簿的“后部”[①]后，因“上”和“下”、“左”和“右”、“前”和“后”，与记录贷存款业务所使用的“借”和“贷”一样，均表示矛盾的两个对立面，所以与账户（簿）“借主”和“贷主”记账方位相对的记账方位，就可用“贷”和“借”作为记账符号，分别表示客户借款的偿还和存款的提取。这样，伴随记账方位的固定，作为记账符号的“借”与“贷”所蕴涵的本意就部分消失。之所以说是部分消失，原因在于就“借”反映金融组织对客户贷款和“贷”反映获得客户存款来说，“借”和“贷”依然有着明确的含义；但当“借”表示客户提款和“贷”表示客户还款时，“借”和“贷”则仅仅为“贷”和“借”的对立面反映相应的减少而已。

基于落后簿记技术条件的记录分离思想和记账符号的使用，在增强账簿记录明晰性和提高汇总计算效率方面所表现出来的独特优势，必将使“划分记账方位”和“使用记账符号”成为一种簿记惯例。由于金融组织的存贷款

---

① 在佛罗伦萨，公元1211年的银行簿记是将账页分为上、下两部分，并以“上”为“借主”而“下”为“贷主”；1296～1305年里尼埃罗与巴尔多·菲尼兄弟商店的分类账和1300～1345年佩鲁齐银行的账簿，则被分为前、后两部分，并以前半部分记“借方”而后半部分记“贷方”；1335～1410年弗朗西斯科·德马尔科·达蒂尼商行的簿记，却是将账页分为左右“两侧”，并采用左记“借”而右记“贷”的记录形式。与在意大利城邦共和国所发现的史料相似，14世纪至15世纪初法国、德国的簿记也有“垂直型”和“两侧型”账簿记录形式。参见郭道扬《会计史研究》第44、249、252、254、255、257、272页。

及其清结业务所体现出的产权关系，是一种仅存于金融组织与客户之间的“一对一”产权转移关系，并且当金融组织贷记“人名”账户时必有货币资金的增加，借记“人名”账户时必有货币资金的减少，故而在无其他差错的情况下，总有“人名”账户的借贷之差与货币资金的净变动额（通过盘点可获得实存数）实时保持一致，同时在“人名”账户出现“贷差”时必有等额货币资金的增加，在“人名”账户出现“借差”时必有等额货币资金的减少。当“人名”账户贷记表示客户权益的增加或金融组织债权的减少而借记表示金融组织债权的增加或客户权益的减少成为一种实务惯例后，由金融组织代客户转账所引起的客户权益变动，自然就可记录于已有“人名”账户之中。这是因为，从会计的角度来看，金融组织代客户转账，实质上是把发生于客户之间的产权转移关系，转换成了金融组织分别与转出客户（即付款人）和转入客户（即收款人）之间的两个“一对一”产权转移关系，并且这种转换等同于转出客户在金融组织的权益减少和转入客户在金融组织的权益增加。当簿记员依照客户权益的增减对转账业务做借记付款人账户和贷记收款人账户时，簿记结果必然表现为同时存在借贷两笔记录。会计史学家通常以此类史料为据，将复式簿记产生之前的簿记形式称之为不完全的复式簿记（类似的中式簿记被称为“三脚账”），并认为“借贷记账法”产生于金融组织的转账业务。本书认为，既然金融组织对客户转账的处理并未对积习已久的借贷单式记录提出任何挑战，那么也就不可能引发会计思维的创新，进而复式簿记也就不可能产生。史料所呈现的复式记录形式，之不过是两笔单式簿记结果的外在表现而已。

当金融组织发展到一定规模，从而使得仅有一名簿记员难以担负起所有的簿记工作时，金融组织内部必然会出现分工和协作①。在金融组织采用类似于现代银行业的“柜台”核算方式时，此前由一名簿记员全权负责的代客户转账业务，此后就可能落到两个以上簿记员的头上，这样，不同簿记员所

① 从《簿记论》（第 9 页）“由于银行客户众多，为了能在你需要的时候及时提取存款，请记下那位保管你账户的银行职员的姓名”可推知：中世纪意大利城邦金融组织中已有明确的分工。

分管的“人名”账户的借贷记录之差，与其经手的现金变动净额就不再总能保持一致，并且借记付款人账户的簿记员因没有现金付出而会出现“长款”，而贷记收款人账户的簿记员则因没有现金入库而会出现“短款”。在没有其他差错发生的情况下，因不同簿记员的“长款”与“短款”正好可以抵消，故而在金融组织层面上，所有“人名”账户的借贷之差亦能与现金库存变动额保持一致。由此可以推想，此种情形下的银行转账业务也不足以引起簿记方法的改进。当金融组织出于内部管理需要而将官厅会计的“钱账分管”内部控制措施引入组织管理之后，日常工作的任何差错，无论是源于现金出纳的收付差错，还是源于簿记员的记录或汇总差错，都将使每日营业终了时的账实核对工作难以顺利开展。现金出纳所担负的损失赔偿责任，决定了现金出纳相对于簿记员来说更加关注差错发生的原因。为了能够预判对账差错是否源于自身的收付错误，一个有效的办法便是对所经手的每一笔收付业务进行序时登记。一旦出纳员对现金收付进行了这种序时记录（史料未能证实这种“现金序时记录”存在的一个可能原因，也许是它仅限于出纳员用于验证收付差错而非金融组织应予设置和保存的正式账簿），对同一笔业务自然就出现具有复式记录特征的双重记录。当然，这种由簿记员记录的“人名”账户与由出纳员记录的“现金序时记录”共同构成的具有复式特征的业务处理方法，如同我们从佛罗伦萨银行账簿记录中所看到的对转账业务的处理一样，亦是单式簿记思维的结果。

## 二、商业组织演进与复式记账法的产生和发展

在商业发展的早期阶段，即时清结的交易方式，无论是对从事远地贸易的行商来说，还是对稳居原地不动的坐商来说，由于购货总要减少现金而销货总能增加现金，所以借助单式购销业务记录并辅之以对现金和商品的实际盘存，商人总能对商业活动实施控制并对盈亏状况做出评判。当商业信用的产生和发展，使得商业组织的现金实有数与商品库存数因赊销赊购业务的发生而不再此增彼减时，对由此产生的债权债务进行完整的记录便是商人维护

其私有财产权益的一项明智之举。受金融簿记“人名”账户设置和债权债务记录方法的影响，商业簿记自然也会发展到“人名”账户的规范化设置阶段。处于这一发展阶段的商业组织，其交易和事项的财富影响，不仅突破了早期商业组织发生于现金与商品之间的此增彼减业务，而且也会超越金融组织发生于现金与客户权益之间的此增彼减业务。此时，借助完整的“人名”账户记录并辅之以对现金和商品的实际盘存，依照“现金库存+商品库存+人欠-欠人=净财富”这一数量关系，商人亦能在任何时点确定其财富存量，并通过比较两个时点的财富存量确定一定时期的盈亏状况。很显然，此时的商业组织发展还不足以引起记账方法的变革。

当商业组织发展到一定规模，使得仅凭“人名”账户记录和实物盘存法不再能够及时、准确地确定财富的存量和增量时，官厅会计的“物名”账户设置惯例和“钱账分管”的内部控制思想就会被引入到商业组织，从而激发商业组织进行独立的“现金”和“商品”账户设置。由此引发的会计问题，便是为这两个“物名”账户确立记录规则。当人们基于“人名”账户的记账惯例为“物名”账户确立记账规则时，奇迹就会发生。由于商业债权债务的清偿，与金融业存贷款及其清结业务具有相同的财富影响，即收回赊销债权所引起的现金增加及其相应“人名”账户“人欠”的减少，与金融组织获取客户存款所引起的现金增加及其相应“人名”账户“欠人”的增加具有相同的财富影响；而清偿赊购债务所引起的现金减少及其相应“人名”账户“欠人”的减少，与金融组织客户提款所引起的现金减少及其相应“人名”账户“欠人”的减少亦是具有相同的财富影响，这样，沿袭金融业贷记“人名”账户时收取现金而借记“人名”账户时支付现金的传统簿记习惯，以及对作为记账符号的“借”与“贷”所反映的矛盾对立面的认识，“现金”账户的记录形式就会被确定为“借方”（也许表述为“左方”更为恰当）表示增加而“贷方”表示减少。进一步，由于商业组织的购货业务在减少现金的同时必有商品库存的增加，而销货业务在增加现金的同时必有商品库存的减少，所以由“现金”账户的记录方式，就可自然地推演到“商品”账户的记录规则，即“借方”表示增加而“贷方”表示减少（《簿记论》中的“商品”账户，“借方”记录购货成本而“贷方”记录销货收入)。更进一步，由“现金”和“商品”账户的记账方式，就可推演出包括“资本”“收入”和“费用”等账户在内的所有账户的记账规则。此时，作为记账符号的“借”与“贷”，在用于商业组织的“现金”“商品”“资本”“收入”和“费用”等账户时，如同早期用于金融业簿记“人欠”和“欠人”账户的“贷”与“借”一样，其原本反映借贷活动之权利与义务的含义就彻底消失，即就是完全退化为仅仅作为财产或权利增减变动的一种标记。由“人名”账户和“物名”账户以及“资本”“收入”和“费用”账户所组成的账户体系，不仅能够对现购现销业务在两个关联的账户中予以记录，而且对赊销赊购业务乃至其他交易和事项亦可通过两个关联的账户予以记录，并借助这些记录实现对包括现金、商品在内的自然形态之财富和包括应收、应付在内的社会形态之财富进行有效管控。自此，簿记形式也就由先前基于单式记录思维且仅覆盖转账业务的不完全复式记录，演化为基于复式记录思维且覆盖所有交易和事项的完全复式记录。正因为如此，本书认为，以“物名”账户和“人名”账户设立和簿记规则形成为标志的借贷复式记账法，极有可能是在受到金融组织钱庄会计的“人名”账户设置和政府组织官厅会计的“物名”账户设置的共同影响下，产生于具有一定规模且兼营金融业务的商业组织，并且“物名”“资本”“收入”和“费用”账户的记录规则，应是“人名”账户记录惯例的自然推演结果。

将会计主体所有的交易和事项通过两个或两个以上账户进行关联记录的这种新式簿记方式，不仅在会计层面上可对账簿记录的正确性进行独立验证，而且在组织层面上亦可对自然形态之“实物”财富和社会形态之“权益”财富（“债务”可视为负财富）进行有效管控。与历经数千年所惯用的单式簿记相比，借贷复式簿记所具有的无可比拟的优越性，必将使这种簿记方法一经产生便会随商务活动的扩展而在商业组织中广泛传播，并随商贸中心的转移而在地区间、代际间广泛流传。在借贷复式簿记从意大利经由德国、荷兰、法国和英国向美国的传播过程中，“销售收入”逐步从“商品”账户中分离出来，“应收账款”和“应付账款”逐步从“人名”账户中分离出来，“现金日记账”“销货日记账”和“购货日记账”逐步从“普通日记账”中分离出来，财产清单日趋演化为“资产负债表”，从日记账到分类账再到会计报表的西式账务处理程序日渐形成并使商业簿记日臻完善。

## 三、工业组织演进与现行会计范式确立

当借贷复式商业簿记法在西欧大地广为传播并被不断完善的过程中，新兴的资产阶级革命又为这一科学记账法开辟了新的天地。随着工业资本主义在德国、西班牙、葡萄牙、荷兰、法国和英国等西欧国家的兴起，手工业开始得到快速发展。地理大发现后的海外殖民扩张和奴隶贸易、财富的大量积聚和城市的快速发展、人口的不断增长和居民消费结构的变化，使得人们对工业品的需求急剧增加，进而引发了纺织、制造、钢铁和铁路等工业生产的迅猛发展。工业革命助推了商业资本向工业资本的转变，并对会计核算提出了新的要求。随着工业化进程的加快、劳动生产力的提高和竞争的日益加剧，借助会计记录实现对生产过程的控制，必将受到实务界和理论界的高度重视和广泛关注。出于对内管理控制和对外销售定价的需要，与费用归集和成本计算相关的“制造费用”和“生产成本”等账户开始出现并被融入传统商业簿记系统之中；出于损益计量和对外报告的需要，与固定资产折旧、权责发生制确认基础和稳健性会计原则相关的“折旧”“待摊费用”和“准备”等账户开始出现并日渐流行。

工业革命之后出现的诸如制造费用、固定资产折旧、权责发生制、划分资本性与收益性支出、会计主体、持续经营、稳健性、重置成本、预提和待摊等一系列会计观念、会计程序和会计方法，是复式商业簿记方法适用于工业组织财富管理需要并随工业组织不断演化和发展的结果。经济史学家莱维和辛普森（Levy & Sampson，1962）在总结美国南北战争前的会计问题时曾指出：“工业革命与早期的商业革命一样，都对会计簿记产生了重大影响……为了满足日益增加的资金需要，公司制受到了青睐……公司制企业可以持续经营，且所有者只对债务负有限责任，这就使得公司要仔细区分投资资本和获得的收

益……如果要把收益和资本分开核算，每个会计期间的生产成本就必须相当精确地包括固定资产的折旧。”①

有了与工业组织发展相关的一系列会计观念、会计程序和会计方法的产生及其相互碰撞，也就必然会有工业会计的产生和发展；而不同会计观念、会计程序和会计方法的并存以及实务中的大肆滥用，必然引发会计的“统一化”需求，进而催生会计规范制定、激发会计理论研究、推动会计职业发展并促成借贷复式会计范式形成。

---

① 转引自：加里·约翰·普雷维茨（Gary John Previts），巴巴拉·达比斯·莫里诺（Barbara Dubis Merino）. 美国会计史：会计的文化意义［M］. 杜兴强，于竹丽，等译. 北京：中国人民大学出版社，2006：101。

第三章

# 会计理论发展与会计范式重构

会计理论，是会计活动、会计现象和会计发展规律的系统化、逻辑化表述。会计理论研究，不仅要实现认识过程的第一次飞跃，即为人们提供一个解释会计现象的逻辑框架，帮助人们更好地理解会计实务，更重要的是要实现认识过程的第二次飞跃，即指导人们运用已有的会计知识探索更好的会计程序和会计方法，帮助人们更为有效地进行财富管理。信息技术的飞速发展及其在会计实务中的运用，已在诸多方面彰显了现行会计范式的固有缺陷。为解决日益增长的会计实务难题并平息相关的会计理论纷争，我们不仅要探索会计发展规律，更要关注会计技术变革，以满足日益增长的多元化会计需求为导向，在继承借贷复式记录科学性的基础上，通过汲取事项会计、REA会计模型的多维会计元数据组织思想，基于现代信息技术创建一种适应时代要求的新型会计范式。

## 第一节　会计理论及其结构

### 一、会计理论及其发展

作为一种理性认识结果，会计理论来源于会计实践并随会计实践的发展而发展。就会计实践而言，基于不同制度背景和技术条件下的具体会计程序和会计方法，在不同地域、不同时期总是呈现出不同的特点并发挥着不同的作用；而就会计理论而言，处于不同时代、出于不同目的、基于不同经历的理论研究者，即使是就同一会计活动或会计现象，也会因研究视角的不同、研究方法的差异而形成不同的会计理论观点，进而构建出不同的会计理论体系。会计实务、会计惯例、会计规范、会计环境以及不同会计理论观点之间相互影响、相互渗透，推动了会计理论的不断发展。

### （一）会计理论

理论是人们关于自然和社会的系统化认识。理论通常表现为一套相互联系、结构严密的逻辑化体系。人们把从实践中获得的有关自然和社会的认识，运用概念、判断、推理等思维方法经由理性思考而形成的关于某一领域的系统化知识体系，便被称之为某一领域的理论。《韦氏新国际大辞典》将理论解释为“某一探究领域的通用观点所构成的一套前后一贯的假设性、概念性和实用性的原则”；《牛津英语辞典》将理论解释为：“用来解释、叙述一组事实或现象的一系列概念体系或陈述方案”；《辞海》给出的解释是：“概念、原理的体系，是系统化了的理性认识”；“有道词典”给出的解释是：“对事物内在本质、必然规律的反映”；而“百度百科”则将理论解释为：“人们对自然、社会现象，按照已知的知识或者认知，经由一般化与演绎推理等方法，进行合乎逻辑的推论性总结”。由此不难看出，表述各异的“理论”定义，无不说明该词应有的概念性、逻辑性和系统性内涵。

将理论的定义应用于会计领域，就有了“会计理论”的定义。美国会计学会在 1966 年将会计理论定义为“由一套紧密相连的假设性、概念性和实用性原则所构成的用以探索会计问题的总体性参考框架”；亨得里克森（1970）将会计理论解释为“一套以原则为形式的逻辑推理”，并指出“会计理论虽可以用来说明现行实务以获得对它们的更好理解，但其最重要的目的则在于提供用以评价和开拓完善会计实务的通用观点所构成的一套前后一贯的、合理的原则”；哈利·L. 沃尔克等人将会计理论定义为“会计准则所赖以制定的基本规则、定义、原则和概念，以及这些基本规则、定义、原则和概念的由来（相应的假设和理论也包括在内）”，并从实用主义的角度指出：“会计理论的目的旨在提高改进财务会计和财务报告”。综合各家所言，我们可以把会计理论定义为用以解释会计现象、揭示会计内在规律并指引会计发展的系统化知识体系。

（二）会计理论发展

若从结绳记事、绘图计数等原始人类的计量、记录行为算起，会计实践已经历了数千年的发展，然而会计理论的形成却还不到百年的历史。即使把第一本系统论述复式簿记原理及其运用方法的簿记著作——《簿记论》的出版视作是会计理论的开端，会计理论的产生也不过五百多年的时间。

会计史学家通常把会计发展分为古代会计（1494 年之前）、近代会计（1494 年至 19 世纪末）和现代会计（20 世纪初到现在）三个历史发展阶段。

在会计发展的第一阶段，随着生产力水平的提高和组织规模的不断扩大，组织拥有和控制的财富数量逐步增加。日益增加的财富数量和日趋复杂的产权关系，迫使人们不断地寻求更为有效的计量和记录方法。从货币计量单位的运用、分类账户的设置、记账符号的使用、记账方位的固定，到账页分栏式登记、账目顺序式结转，等等，实务中不断出现的会计创新，在历经大范围和长时间的跨组织、跨地域传播并得以持续改进之后，便成了一个个会计实务应用惯例。可以说，在会计发展的较长历史时期里，对会计实务产生影响的正是那些源自于会计实践并随会计实践的发展而不断地被修正和传承的会计惯例，而其中被广泛认可的会计惯例，在特定的历史时期就会由官厅机构或民间行会上升为会计规范。

以《簿记论》的问世为标志，会计进入了第二个发展阶段。随着《簿记论》在意大利、荷兰、德国、法国和英国等西欧国家的传播，借贷复式记录形式被持续地改进并由商业组织逐步扩展至修道院、政府机构等非营利性社会组织，会计记录理论也随之不断发展。20 世纪初之前的簿记著作，不仅是西欧学者们对《簿记论》的传承和改进，更是对会计惯例的系统总结和对会计观念的理论升华。这些簿记著作虽说在借贷记账法起源问题上众说纷纭

（目前也无定论），但其中所涉及的诸如复合会计分录、账户系统化分类、定期结账等会计程序和会计方法，还是极大地推动了会计实务和会计记录理论的发展。至于说有关会计定义、会计目的和会计职能的论述，有关会计主体、持续经营、会计分期、权责发生制和定期报告等会计观念的形成，有关折旧计提、成本计算和费用分摊等会计程序及会计方法的产生，有关资产、权益、收入和费用等会计概念的出现及会计等式的创建，等等，则为现代会计理论的创立奠定了基础。在此期间，会计实务不仅受那些已经被制度化为强制性会计规范的约束，而且还自觉不自觉地受会计观念、会计思想和会计理论（确切地说是会计记录理论）的影响。

随着世界经济中心的转移，美国于20世纪初取代英国把世界会计的发展引入到第三个阶段。当会计实务尚处于由实用主义所主导的自由放任阶段（30年代之前），早期的会计理论工作者便开始了会计方法的科学化探索和会计理论的系统化构建。随着会计思想的积淀和会计教育的发展，会计理论在美国便沿着斯普瑞格的《账户原理》（1907）—哈特菲尔德的《现代会计学》（1909）—佩顿的《会计理论》（1922）—坎宁的《会计学中的经济学》（1929）—迈克尼尔的《会计中的真实》（1939）—吉尔曼的《会计中的利润概念》（1939）—佩顿和利特尔顿的《公司会计准则导论》（1940）—利特尔顿的《会计理论结构》（1953）—爱德华兹和贝尔的《企业收益的理论和计量》（1964）—会计研究部的《会计基本假设》（穆尼兹，1961）和《企业广泛适用的暂行会计原则》（穆尼兹和斯普劳斯，1962）—亨得里克森的《会计理论》（1965）—美国会计学会的《基本会计理论说明书》（1966）—会计原则委员会的《企业财务报表的基本概念和会计原则》（1970）—特鲁伯罗德委员会的《财务报表的目标》（1973）—美国会计学会的《会计理论和理论认可》（1977）再到财务会计准则委员会（FASB）的第1至第7号系列《财务会计概念公告》（1978，1980，1984，1985，2000）这一大致的演进路径而不断地发展。在此过程中，会计理论的发展不仅受到已有的会计理论文献和不断创新的会计实务的影响，而且还广受来自经济学、管理学等理论研究成果的影响；而会计实务的发展，则既受会计惯例和会计规范的约束，又受会计教育和会计研究的影响。

一般来说，但凡一种新的会计程序或会计方法产生，不是出于应对组织因制度变迁或技术变革所引发的财富管理问题，便是源于解决长期困扰会计从业人员的实务难题。处于特定制度环境和技术环境的特定社会组织，当所沿用的会计程序和会计方法难以有效地满足组织管理的特殊需要时，新的会计程序和会计方法就会产生，并且经实践检验被认为是合理的或富有成效的会计程序或会计方法，就会在不同组织间传播并被其他组织仿效用于处理类似会计问题，进而变成一种会计惯例并在更大地域、更长时间内跨组织、跨地域、跨时代传播。随着制度变迁和技术变革，会计惯例将不断地经受“优胜劣汰”法则的考验。凡有助于社会经济发展并无损于强势利益集团经济上占有、政治上统治的会计惯例，经权威机构认可后就会成为具有强制约束力的会计规范。处于特定时代的会计理论工作者，通过对现实所存在的和史料所反映的会计惯例、会计规范进行观察和思考，便可获得关于会计活动、会计现象的基本认识并形成独特的会计思想；而借助会计教育（这一过程又可把会计理论应用于会计实践），会计理论研究人员又可从已有的会计文献中获得他人的见解并增进对相关问题更为深入地认识。在此基础上，会计理论工作者基于自身的价值判断，在对不断涌现的实务精华进行归纳和提炼之后，在对广泛认可的理论精髓进行甄别和汲取之后，经由系统化思考和逻辑化组织，一种基于独特观察视角并可用以解释和指导会计实务的会计理论便可得以创建。会计理论与会计实务、会计惯例、会计规范及会计环境之间的上述关系，可用图 3 –1 予以描述。

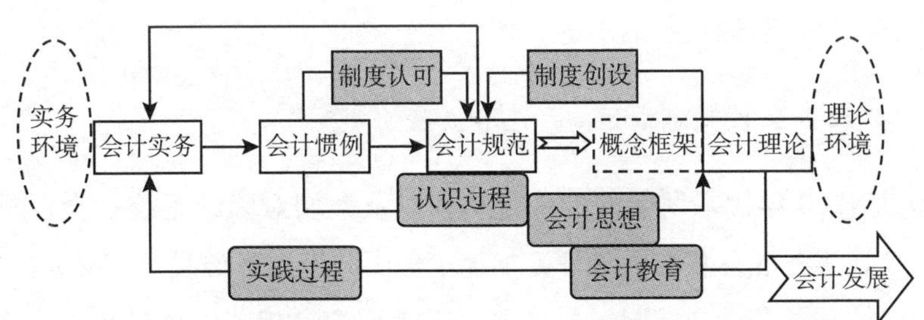


**图 3 –1　会计理论与会计实务、会计惯例、会计规范的相互关系**

现代会计理论和会计模式的确立和发展，正是理论界持续不断地会计理论创建、会计理论扬弃以及实务界持续不断地会计方法创新和会计流程优化的结果。在此过程中，一个不容忽视的理论分支，当属汲取了多维会计思想和事项会计方法的 REA 会计模型理论。为满足日益增长的多元化信息需要而产生的多维会计思想，为克服传统会计模式局限性而倡导的事项会计、矩阵会计、数据库会计和 REA 会计理论和方法（后文统称为“多维会计理论和会计方法”），不仅在认识层面上冲击着人们对传统会计范式的看法，而且在实践层面上也改变了传统会计的运行方式。虽然笔者不敢妄言围绕多维会计所进行的理论研究将能产生像《簿记论》那样的影响并引领会计的发展，但可以肯定的是，在这一富有活力的领域内所取得的理论成果，必将随着信息技术的发展而具有广阔的应用前景。

## 二、财务会计概念框架及其理论属性

财务会计概念框架是美国会计规范发展过程中因对会计理论的需要而逐步发展起来的。目前，包括加拿大、英国、澳大利亚、爱尔兰和新西兰在内的英语系国家，以及国际会计准则委员会（IASC），都制定了用以指导会计准则制定的财务会计概念框架；并且，为了制定一套全球通用的高质量会计准则，财务会计准则委员会（FASB）与国际会计准则理事会（IASB）也已着手联合概念框架的制定工作。由于财务会计概念框架的组成内容及其发展对会计理论研究有着重要影响，因而正确认识财务会计概念框架的理论属性，应成为完善会计理论体系的前提。

### （一）财务会计概念框架的产生和发展

20 世纪 20 年代末发生的经济危机，以及人们对因缺乏统一会计规范所导致的会计实务混乱状况的批评，加速了美国政府对证券发行与交易的监管，由此也就拉开了会计规范制定的序幕。在美国会计规范发展过程中，当会计程序委员会（CAP，1936 ~ 1959 年）和会计原则委员会（CAP，1959 ~ 1973

年）先后被取代之后，成立于1973年的会计准则委员会（FASB）接替了会计规范的制定工作。为解决准则制定与理论研究的脱节问题，FASB汲取了其前任CAP失败的教训，在准则制定思路上改弦易张。FASB不是采用准则制定与理论研究的“双轨制”运行模式，而是既负责制定会计准则，又从事相关会计理论研究。1976年12月，FASB在其发表的《经营企业财务报表目标的暂行结论》(*Tentative Conclusions on Objectives Financial Statements of Business Enterprises*)、《财务会计与报告的概念框架：财务报表要素及其计量》(*Conceptual Framework for Financial Accounting and reporting*: *Elements of Financial Statements and Their Measurement*）和《概念框架项目的范围和内涵》(*Scope and Implications of the Conceptual Framework Project*）三份文件中，开始使用“财务会计概念框架”这一术语。在就前两份文件经过两次听证会讨论之后，FASB发表了《关于经营企业财务报告目标和财务报表要素的财务会计概念公告的征求意见稿》(*The Exposure Draft of Proposed Statement of Financial Accounting Concepts on* “*Objectives of Financial Reporting and Elements of Financial Statements of Business Enterprises*”)，并经多次意见反馈和修订之后，以系列财务会计概念公告（Statements of Financial Accounting Concepts，SFAC）的形式正式发表。由FASB所发布的系列财务会计概念公告，便是会计界所熟知的财务会计概念框架（Conceptual Framework of Financial Accounting，CF）。

自1978年11月发表第1号财务会计概念公告《经营企业财务报告的目标》起，FASB已经发布了8份财务会计概念公告。在FASB财务会计概念框架的影响下，加拿大、英国、澳大利亚、爱尔兰和新西兰等英语系国家以及国际会计准则委员会（IASC），也都制定了用以指导会计准则制定的财务会计概念框架。不过在称谓上，相关国家和IASC的概念框架，与FASB的“财务会计概念公告”并不相同。如加拿大的概念框架被称作“财务报表概念”，英国的概念框架被冠名为“财务报告原则公告”，而IASC的概念框架则以“编报财务报表的框架”为题。1988年10月，加拿大特许会计师协会（CICA）公布了《财务报表概念》(*Financial Statement Concepts*)，其中“财务报表概念：第1000节”，用61段描述了加拿大的会计目标、质量特征、财务报表要素、会计确认标准、会计计量标准和公认会计原则；1989 年 7 月，国际会计准则委员会（IASC）公布了《编报财务报表的框架》（*Framework for the Preparation and Presentation of Financial Statements*），就财务报表的目标、会计假设、财务报表的质量特征、财务报表的要素、财务报表要素的确认、财务报表要素的计量以及资本和资本保全等内容作了系统论述，这一概念框架经改组后的国际会计准则理事会（IASB）于 2001 年 4 月正式认可；1999 年，英国会计准则委员会（ASB）发布了《财务报告原则公告》（*Statement of Principles for Financial Reporting*），内容涉及财务报表的目标、报告主体、财务信息的质量特征、财务报表的要素、财务报表的确认、财务报表的计量、财务信息的列报和对其他主体权益的会计处理；1990 年，澳大利亚会计准则委员会（AASB）发布了第 1 份会计概念公告"报告主体的定义"，截至 2005 年，澳大利亚共发布了四份会计概念公告和两份"AASB Release"，内容包括报告主体的定义、通用财务报告的目的、财务信息的质量特征、财务报表要素的定义与确认、会计准则的评估标准和计量程序的应用。随着会计准则国际趋同步伐的加快，IASB 所制定的《国际财务报告准则》（IFRS），成了各国会计准则竞相与之趋同的目标。在此背景下，FASB 与 IASB 于 2002 年 10 月签署了《诺沃克协议》，开始共同致力于制定一套可在全球范围内通用的高质量会计准则，并于 2004 年 10 月在联合合作项目中增加了"概念框架项目"（Conceptual Framework Project）。作为两个理事会"概念框架项目"的成果之一，FASB 于 2010 年 9 月发布了第 8 号财务会计概念公告，与此同时，IASB 也发布了《财务报告概念框架：2010》（*Conceptual Framework for Financial Reporting* 2010）以取代由 IASC 于 1989 年所发布的《编报财务报表的框架》。目前，两个理事会正就联合概念框架的其他内容积极地展开研究。可以推想，联合概念框架的相关研究成果，必将对会计理论发展和会计准则制定产生重要影响。

### （二）财务会计概念框架的理论属性

由于财务会计概念框架囊括了会计目标、会计信息质量特征、会计要素，以及会计要素确认、计量和报告原则等会计基本理论问题，并且相关的论述可以说是继承并发展了以前研究的理论成果，所以人们对财务会计概念框架在指导会计准则制定、推动会计理论发展方面所能发挥的作用，给予了高度的评价。正因为如此，有关财务会计概念框架理论属性的争论也就甚嚣尘上。美国著名会计学者贝克奥伊（Ahmed Riahi Belkaoui，1993），认为概念框架是会计准则制定过程中所采用的一项“章程”；而高德弗雷（Jayne Godfrey，1994）等人则认为，概念框架可看成是一种会计理论结构。在我国，葛家澍（1996）认为，财务会计概念框架不是会计准则，它应是会计理论的组成部分，但这个理论是密切联系实际、直接用来评估、制定和发展准则的理论；杜兴强、章永奎（2005）认为“财务会计概念框架的主要功效在于评估现存准则和指导未来会计准则的指定。因此，财务会计概念框架首先涉及的是财务会计的基本概念，这些基本概念实质上是非常重要的会计理论问题，而且是会计实务中亟须取得一致认可和解决的实际问题。……在本质上，财务会计概念框架并非准则，而属于应用性的会计理论”。总体来看，较为普遍的认识是，概念框架不代表整个会计理论体系，它只是属于会计理论的一部分（汪祥耀、绍毅平，2010）。

从指导会计准则制定和推动会计理论发展来看，财务会计概念框架所具有的理论价值不容置疑，但若因此而把财务会计概念框架视为会计理论，恐怕还是有失偏颇。就 FASB 迄今为止所发布的 8 项财务会计概念公告而言，第 1 号《经营企业财务报告的目标》和第 4 号《非商业机构财务报告的目标》所讨论的是会计目标问题，第 2 号《会计信息的质量特征》所讨论的是会计质量评价问题，第 3 号《经营企业财务报表的要素》和取代该公告的第 6 号《财务报表的要素》所讨论的是会计要素问题，第 5 号《经营企业财务报表中的确认和计量》所讨论的是会计要素的确认与计量问题，第 7 号《在会计计量中使用现金流量信息和现值》只是对第 5 号会计计量问题的补充，而第 8 号（2010）则是对前述第 1 号和第 2 号的取代。从内容上看，构成 FASB 概念框架的这 8 项概念公告，只是从企业会计报告的角度论述了会计目标、会计信息质量特征、会计要素以及会计要素的确认、计量和报告问题，并未系统地阐明会计对象、会计职能、会计本质、会计假设、会计原则、会计记录和会计控制等基本会计理论问题，因而离系统化的知识体系还相去甚远；从逻辑上看，由于FASB在其概念框架中未能就针对会计系统运行结果的会计信息质量评价标准，与针对会计系统运行过程的会计原则进行区分，因而所描绘的从会计目标到质量特征、从会计要素到要素的确认、计量和报告的逻辑关系还不够严密；再从功用上看，FASB开发财务会计概念框架的主要目的，在于指导会计准则的制定而非用以解释会计实务、揭示会计演进规律并引领会计发展，因而还远不能与会计理论的作用相提并论。相对于会计理论而言，概念框架只是为避免歧义理解而力图对会计规范所涉及的会计概念内涵予以明确；相对于会计规范而言，概念框架则只是为抵御外界指责而力图对会计规范所用到的会计概念提供理论支持。由此，本书认为，财务会计概念框架更像是介于会计理论与会计规范之间的“章程”（见图3-1）而非会计理论。

## 三、会计理论结构

结构指的是事物的各个组成要素在空间或逻辑上的排列顺序。《现代汉语词典（第7版）》将结构解释为：各个组成部分的搭配和排列。由此，会计理论结构可描述为会计理论各个组成部分及其逻辑化安排。作为一种直观简洁的描述方式，会计理论结构能够清晰地反映会计理论的逻辑起点、会计理论的组成内容及各组成部分的逻辑关系。正因为如此，众多的会计理论著作中都绘有会计理论结构图。由于人们就会计理论的逻辑起点、会计理论的构成内容以及会计理论各个组成部分之间的逻辑关系的认识存在较大分歧，故而所呈现出的会计理论结构图可谓是五花八门。

会计是一门应用学科，会计研究的目的不仅要回答存在于社会组织中的会计是什么、做什么等一系列基本理论问题，还要解决会计为谁而做、怎样去做等一系列实践问题。基于这一认识，本书认为一个完整的会计理论体系，应包括会计主体、会计职能、会计对象、会计本质、会计假设、会计目标、质量标准、会计原则、会计要素、会计确认、会计计量、会计控制、会计记录以及会计报告等几个主要组成部分。其中，会计职能、会计对象和会计本质，关乎人们对会计基本问题的认识，所以可称之为会计基本理论；会计主体、会计假设、会计目标、质量标准和会计原则，是会计系统赖以建立的理论基础，所以可称之为会计基础理论；而会计要素、会计确认、会计计量、会计记录、会计控制和会计报告，则决定着会计系统的运作方式，所以可称之为会计应用理论。

由于会计广泛地存在于社会组织之中，并且其运行方式要受社会组织的性质、规模、结构、运作模式以及利益相关者的影响，因而社会组织以及由其所决定的会计主体，应成为会计理论研究的逻辑起点。从这一逻辑起点出发，结合会计在服务于组织利益相关者财富管理方面所能发挥的作用，便可获得有关会计职能的认识；通过考察会计账户（簿）及其演进，便可获得有关会计对象的认识；有了对会计职能和会计对象的认识，就可形成会计本质观。意欲创建基于特定会计本质观指导下的系统化会计理论，就必须提出会计假设、确立会计目标并设定会计要素。因会计目标是会计供求双方就会计职能发挥程度达成的共识，所以会计目标理论可看作是会计职能理论的自然延伸；因会计要素源于对会计账户的系统化分类和逻辑抽象，所以会计要素理论可看作是会计对象理论的逻辑延伸。为指导会计系统开发并借以衡量会计系统的运行效果，在设定会计目标后就必须确立会计质量评价标准并明确应当遵守的基本原则，这就逻辑地引出会计质量评价标准理论和会计原则理论。围绕会计确认、会计计量、会计记录、会计控制和会计报告所进行的会计程序和会计方法选择，必将涉及会计确认理论、会计计量理论、会计记录理论、会计控制理论和会计报告理论，并且由于反映会计系统运行结果的会计报告理应成为评判会计目标实现程度的依据，所以会计报告理论就应看作是会计应用理论的终结。这样，会计理论各个组织部分及其之间的逻辑关系，就可用图3－2予以描述。

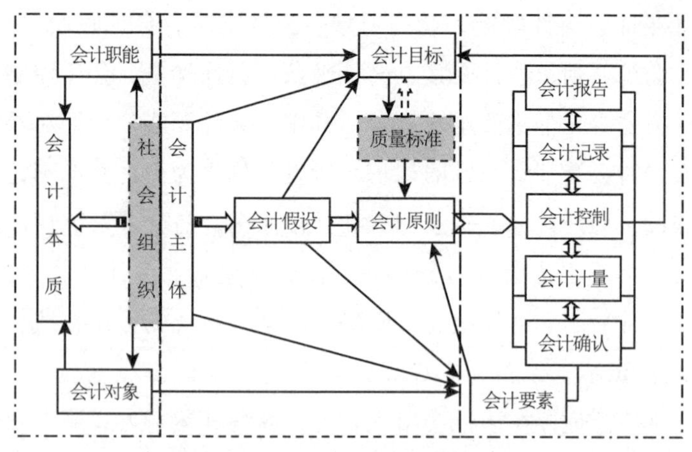


图3－2　会计理论结构

## 第二节　会计范式危机与会计变革思路

源于商业组织财富管理需要的借贷复式会计，在历经数百年的演化发展之后，现已成为会计理论研究的基石和会计实务应用的典范。然而诸多的会计理论纷争和基于现代信息技术应用的会计实务创新，却让人们看到了传统借贷复式会计范式的局限性以及由此带给人们的各种困惑。日益增长的多元化会计需求与借贷复式会计范式固有的一维会计分类之间的矛盾，决定了会计变革的路径选择只能是基于现代信息技术重构会计范式。

### 一、一维复式会计范式及其局限性

“范式”一词最早由美国哲学家托马斯·库恩（Thomas S. Kuhn，1962）于1962年在其《科学革命的结构》一书中提出，其英文表达paradigm源于希腊语paradeig-ma，原意是指语法中的词性变化规则，英文意指“模范”或“模型”。库恩借用范式一词，主要用以概括和描述科学发展的基本规律。库恩在科学发展问题上持历史主义观点，他通过对科学史的研究，认为每一个科学发展阶段都有特殊的内在结构，而体现这种结构的模型就是“范式”。库恩认为，在科学的每个领域中都存在着某种基本规范，它是科学家进行讨论、对话、相互沟通、写文章、进行实验或者对一个理论进行判断的基本模式，但是这些基本规范并未由科学家给予明确地说明，也常常没有理论的阐释，专业教师和专家们更是不做明示而只是不自觉地渗透到他们的行为、语言、操作、试验设计、争论和批评中。为了概括科学家在思考、发言、行动、评价以及批评等科学活动中所遵循的那些基本规范，库恩提出了“范式”一词，并将其定义为“特定的科学共同体从事某一类科学活动所必须遵循的公认的‘模式’，它包括共有的世界观、基本理论、范例、方法、手段、标准等等与科学研究有关的所有东西。”① 由于库恩的范式概念既相当宽泛又非常模糊，因而受到了来自多方面的批评。为此，库恩在《再论范式》一文中，将以前的多种用法概括为两种含义或两种集合，“一是广义的，包括一个科学领域所共有的全部规定的集合；另一个是狭义的，是前者中特别重要规定的集合，是前者的一个子集。”② 这一定义在《科学革命的结构》第二版中，又被明确地表述为——术语“范式”主要用于以下两个不同的方面：一方面，它意味着是被某一特定群体所有成员分享的信念、价值、技术的集合体；另一方面，它意味着该集合中的一类因素，即具体问题的解决方法，当被用作模型或例子时，他可作为解决一般科学中的那些未决问题的基础来取代具体的规则（Kuhn，1970）。瑞泽尔（Ritzer，1975）解释道：“范式是一门科学内受支配的内容的基本表象。它能起到定义应该问什么，以及在解释所得到的答案中应当遵守什么样的规则和作用。范式是指一门科学内的一致意见的最宽广的单元，能起到区分某一科学群体（或子群体）与其他群体的作用。范式涵盖、界定存在于范式中的范例、理论、方法和工具，并使之相互

① 李建华．科学哲学［M］．北京：中共中央党校出版社，2004：219。

② 库恩．必要的张力［M］．福州：福建人民出版社，1981：290。

关联。”[①] 简而言之，范式是科学家群体或专业成员所具有的共同信念，是人们认识世界和改造世界的一种方式。

纵观中世纪以来的会计实务和会计理论发展，以会计科目为唯一分类标识、以“有借必有贷、借贷必相等”为记录规则、以凭证—账簿—报表为会计数据处理流程的借贷复式会计，可以说是数百年来会计实务应用的典范和会计理论研究的基石。帕乔利之后的簿记作者们，不是为借贷复式记录方法寻求合理性解释，便是致力于扩大借贷复式记录方法的应用范围；而传统会计理论的奠基者和现代会计理论的追随者，无论是出于会计理论创建，还是缘于会计难题解决，几乎很少有人对借贷复式记录方法提出质疑。对照范式的基本内涵，能够体现会计专业特征并不乏溢美之词的借贷复式会计，可称之为是一种最具影响力的会计范式。这一会计范式有两个基本特征：一是会计账户（科目）是唯一的会计分类标识，即所有会计分类都通过会计科目予以实现；二是复式记录，即所有交易和事项的财富影响都要通过两个或两个以上账户（科目）进行关联记录。由于这一会计范式具有一维会计科目分类和复式会计记录两个基本特征，所以后文将其称为一维复式会计范式或传统会计范式。

在一维复式会计范式的主导下，20 世纪以来的会计实务与会计理论发展可以说是一片繁荣，然而这种繁荣带给人们的却是理论界的无休止争论和实务界的无所适从。在会计确认方面，会计确认基础在经历了从收付实现制到修正的收付实现制再到权责发生制的演化之后，两种确认基础长期以来在企业和公共部门两大领域各占主导地位的局面开始被打破，然而就如何发挥这两种确认基础的各自优势，会计界仍然是莫衷一是，这不仅使企业会计的现金流量表实时编制问题至今未能得到有效地解决，而且也使以引入权责发生制确认基础为主要内容的本轮公共部门会计改革举步维艰。在会计计价方面，历史成本在历经恶性通货膨胀和金融危机的冲击之后，重置成本、可变现净值、现值和公允价值等计价基础，便先后登上了会计计量理论的殿堂并被广

---

① 转引自：陈良华，张昉，李东．会计范式革命［M］．大连：大连出版社，2011：27。

泛应用于会计实务之中，然而意欲满足多种决策偏好的多元混合计价模式，却因“可加性”缺失而受到来自社会各方面的批评。在会计报告方面，不同利益集团就会计确认、会计计价所进行的持续博弈，引发了资产负债观与收入费用观的理论纷争和实务差异，从损益表到综合收益表，收入费用观在经受人们对权责发生制确认基础和混合计价模式的诟病之后，又呈现出了向资产负债观的回归之势。会计确认、会计计价和会计报告等方面的诸多理论纷争和实务难题，表明一维复式会计范式在满足日益增长的多元化会计需求方面存在难以克服的局限性。

## 二、会计信息化应用实践对一维复式会计范式的冲击

会计信息化是计算机应用于会计实务的产物。数据运算、数据存储和数据交换等方面的技术变革，已在很多方面对传统的一维复式会计范式提出了挑战。其中，来自复式记账规则、账务处理流程和会计元数据组织方式三个方面的变化，对传统会计范式的冲击尤为明显。

1. 红字会计分录对复式记账规则的冲击

会计实务中，红字多用于错账更正。手工技术条件下，红字分录一般用于更正年度内发现的因会计科目填制错误，或会计科目使用正确但金额多计而导致的错账。对于前一种情形的错账，更正时要先填制一张与原分录相同的“红字”记账凭证，再填制一张正确的“蓝字”记账凭证；而对于后一种情形的错账，更正时只需就多计的金额填制一张“红字”记账凭证。按此错账更正方法，即使所更正的错账仅涉及一个会计科目的误用，完成一笔错账更正所需要的会计记录数量也是四条，其中本无错误的账簿中就会出现两行可自行抵消的会计记录。这一手工条件下需要四条记录才能完成的错账更正，在电算化条件下只需两条记录，即只需以“红字”冲销误用的会计科目并以“蓝字”补记正确的会计科目，就可达到错账更正的目的。这样一来，用于错账更正的会计分录形式，就记账符号的使用而言不是“同借”便是“同贷”。这种更为简洁的会计分录形式，因不符合“有借必有贷”的复式记账

规则而常常被人们所排斥。在电算化会计系统中，当记账凭证所涉及的会计科目发生额均可记在借方，并且至少有一个会计科目的借方发生额为负数，从而使所有会计科目的借方发生额之合计为零时，系统会默认该记账凭证的贷方为零，从而按“借贷相等”的校验规则亦可将其判定为“合法”的会计凭证；相反，当所涉及的会计科目均可记在贷方，并且至少有一个会计科目的贷方发生额为负数，从而使所有会计科目的贷方发生额之合计为零时，系统会默认该记账凭证的借方为零，从而按“借贷相等”的校验规则也属“合法”的会计凭证。可见，能为电算化会计系统所接受的复式会计分录，只要求满足“借贷必相等”而无须强求“有借必有贷”。这一记录特点不仅为“红字”分录的应用拓宽了空间，更为重要的是对传统会计范式下的复式记账规则提出了挑战。

2. 账簿和报表数源的同一性对账务处理流程的冲击

经由会计实务长期演化而产生的从原始凭证到记账凭证再到分类账和会计报表的账务处理流程，可以说是手工技术条件下人们所能选择的最为有效的数据分类与浓缩方法。在这一数据处理流程下，会计账簿既使零乱的交易数据条理化和系统化，又使会计报表的编制便捷化，由此决定了不仅会计账簿不可或缺，而且转账与结账也是会计系统运行的必经步骤。然而在电算化条件下，会计账簿的存在不是为了累积交易数据，而是仅仅为了照顾人们的视觉习惯所提供的一种数据显示或输出方式；所谓的记账，也不再是对凭证数据的重复抄录，而是仅仅为凭证数据表文件记录赋以特定的检索标识，由此决定了结账也就变得可有可无。如就损益类科目结转与损益表的编制而言，如果在日常处理时把收入类账户的记载方位限定为贷方而把成本费用类账户的记账方位限定为借方，并在处理诸如销售退回等需要冲减收入、成本和费用的会计事项时一律用“红字”记入已限定的记账方位，那么即使不进行损益结转，损益表也能得以实时编制。电算化会计系统所独有的会计账簿与会计报表的数源一致性，不仅使会计报表的编制不受会计账簿的影响，而且还将数据处理流程转化为从凭证数据表文件记录分别到会计账簿和会计报表，这显然对由记账、过账、转账和结账所组成的传统会计处理流程提出了挑战。

3. 多重辅助核算对一维会计科目分类的冲击

自会计产生以来，会计账户几乎成了亘古不变的会计分类标识。在这一会计思维模式主导下，但凡因环境变迁而引发新的会计需求产生，就会有新的账户出现并被融入原有的账户体系之中。远的不说，仅就《簿记论》之后的会计理论与会计实务发展而言，当借贷复式记录应用工业组织之后，会计账户体系中便出现了“制造费用”“生产成本”等与费用归集和成本计算有关的账户；当权责发生制取代现金收付制成为企业会计的确认基础之后，会计账户体系中便出现了“累计折旧”“待摊费用”“预提费用”“递延收益”等与期间损益计算有关的账户；当人们需要了解有关存量资产的价值变动及其对期间损益的影响时，会计账户体系中便出现了“坏账准备”“存货跌价准备”“持产损益”“公允价值变动损益”等与资产重计价有关的账户；当企业管理层需要内部业绩评价方面的责任会计信息时，会计账户体系中便出现了以“部门”“车间”“班组”“个人”和“产品”为名的与责任会计核算有关的账户；当政府财政部门将“项目化”管理模式引入公共预算管理后，行政、事业单位的会计科目体系中便出现了以“基本支出”和“项目支出”为名的明细科目；当双基混合会计模式作为我国政府权责发生制会计改革的基本思路后，行政、事业和高等学校等分行业会计制度中便出现了名为净资产却实为兼顾两种会计确认基础的“资产基金”和“非流动资产基金”等协调类会计科目……如今，无论是在企业会计领域，还是在公共部门会计领域，呈现在人们面前的均是一个数目庞大且持续增加的会计账户体系。当信息技术应用于会计领域之后，以会计科目为唯一分类标识的传统会计范式便发生了根本性变化。被称作“往来核算”“个人核算”“部门核算”和“项目核算”以及可由用户“自定义”的诸多辅助核算，可以说已经取得了几乎与会计科目平等的分类标识地位。尽管现行的电算化会计系统依然将上述诸多分类标识定位于辅助核算，并且在系统设计时还可能隐含有科目针对性，但基于关系型数据库技术所进行的凭证数据库文件设计，却是将这些不同的分类标识看作是相对独立的分类字段。这一技术处理使得用户既可按照传统会计思维通过增设会计科目以满足管理上的多维视角，又可针对不同会计科目设置不同的辅助核算属性以应对管理上的特殊需求。当大量的明细核算从明细科目转化为辅助核算项目之后，会计主分类所具有规范性就能与会计次分类所需要的灵活性进行优势互补。这一会计科目与辅助核算项目并存的会计元数据组织方式，显然是对传统一维会计科目分类的冲击。

## 三、会计发展的路径选择

诸多的会计理论纷争和大量的会计难题，使传统会计范式已陷入库恩所说的“范式危机”。由于权责发生制着眼于不同形式的财富及其变化而现金收付制只关注现金的收付，所以基于不同的确认基础必将产生两套各有用途的分类标识。既然如此，为什么不能在会计记录层面上将两套分类标识进行科学组织以使会计报告层面上能实现两种确认基础的优势互补呢？由于成本关注的是投入而价值关注的是产出、历史着眼于过去而现时着眼于当下，所以基于不同的计价基础就会得出各有用途的会计信息。既然如此，为什么不能在会计记录层面上突破单一会计计价以使会计报告能同时满足不同的计价偏好呢？由于资产负债表关注资产和负债的正确计量而损益表关注收入和费用的恰当归属，所以当有不符合实现原则的资产增加或不符合配比原则的资产耗费时，基于不同收益计量观念就会得出不同的资产负债状况和收益水平。既然如此，为什么不能在会计报表之间理顺因会计确认时间不同、在会计报表内部协调因会计计价基础不同所产生的列报冲突呢？另一方面，信息技术对一维复式会计范式的冲击，既表明会计实务中已经出现了不能为传统会计范式所容纳的“反常”，也显示出传统会计思维模式正阻碍着信息技术在会计领域中的应用。如何破解长期困扰会计界的诸多实务难题？如何平息传统会计范式下的诸多理论纷争？如何容纳会计电算化应用实践中的诸多方法创新？会计发展的正确出路，也许只能是冲破传统会计范式的羁绊而基于现代信息技术重构会计范式。

## 第三节 借贷复式记账法的科学性评价

借贷记账法，是以“借、贷”为记账符号，以“有借必有贷、借贷必相等”为记账规则，以“资产 + 费用 = 负债 + 所有者权益（净资产）+ 收入”为平衡等式的一种世界范围内通用的记账方法。借贷复式记账法相对于单式记账法和收付记账法、增减记账法等复式记账法所具有的独特优势，使其曾赢得会计界的一片赞誉，然而伴随信息技术在会计中的应用，对其质疑和批评之声也是不绝于耳。由此，在重构会计范式之前，有必要对借贷复式记账法的科学性进行全面审视。

### 一、复式记账法相对于单式记账法的科学性

按照处理同一笔经济所涉及的账户数目或记录条目，人们把簿记分为单式簿记（single-entry）和复式簿记（double-entry）两种。前者是指仅用一个账户或一条记录记载经济活动的财富影响；后者则是通过两个或两个以上关联账户反映经济活动的来龙去脉及其财富影响。如前文所述，借贷复式记账法是在商业组织和金融组织融合发展并受官厅会计“物名”账户设置与金融会计“人名”账户设置的共同影响下，为解决“物名”账户和“人名”账户的贯通问题而逐步发展起来的一种最早应用于大规模商业兼金融组织的会计记录形式。历经五百多年的发展，借贷复式记账法已成为目前世界范围内广为采用的一种记账方法。

在手工技术条件下，复式记账法相对于单式记账法所具有的科学性，主要体现在账户系统化设置、依据账户记录进行损益计算和借助账户之间的对应关系验证账簿记录正确性三个方面。（1）就账户的系统化设置而言，复式记账法下的账户，既有反映财富自然形态的“物名”账户和反映财富社会形态的“人名”账户，又有反映财富增减变动的“收入”账户和

"费用"账户；并且，因不同性质的账户在结构上被赋予了不同的增减记账方位，因而账户之间便形成了严密的逻辑关系。借助账户之间的这种逻辑关系，人们不仅能够很容易地识别经济业务的来龙去脉，明确经济活动的财富影响，而且在理论上还可抽象出会计要素并借以构建会计等式。（2）就依据账户记录进行损益计算而言，由于复式簿记为财富的增减变动专设了"收入"和"费用"账户，所以一定时期的经营成果，也就是财富的净增加，就可通过"收入"减去"费用"计算得出。相对于单式簿记方法下必须首先对钱、物进行实地盘点，然后按照"现金库存+商品库存+人欠-欠人"确定净财富，最后通过比较两个时点的净财富变化以确定经营成果的损益计量方法而言，仅凭账户记录就能确定特定时期的经营成果，复式簿记法无疑更为科学性。（3）就借助账户之间的对应关系验证账簿记录的正确性而言，系统化的账户设置、不同类别账户预置不同的增减方位以及严格的簿记规则等，使得正确的会计记录，必然会出现"所有账户借方发生额之合计等于所有账户贷方发生额之合计"和"账户借方余额之合计等于账户贷方余额之合计"这两种结果，从而可据此验证账簿记录的正确性。

复式记录相对于单式记录的科学性，与落后的手工技术条件不无相关。在落后的记载、计算条件下，借助双重记录和从凭证（普通日记簿、特种日记账）到明细账再到总账的数据浓缩机制，大量的分类、汇总工作可被分散到日常工作之中，从而能够动态提供各种经营活动细节数据并提高期末报表编制的及时性。正因为如此，借贷复式记账法曾赢得会计界的一片赞誉。如赵玉珉（1982）认为对每项经济业务都在两个或两个以上的账簿中作记录，不仅可以了解每一项经济业务的来龙去脉，可以通过账户计量完整、系统地反映经济活动的过程和结果，对结果可以进行试算平衡，是一种比较科学的记账方法，借贷记账法作为记录经济业务的一种特殊方式，实践已经证明它是科学的；葛家澍（1980）指出借贷记账法是人们创造的第一个科学的记账方法，主要优点是比较科学、严密、适应性较强；汤云为、钱逢胜（1997）认为借贷复式簿记是会计发展史上的一种科学的复式簿记，它突破了单式簿记的局限性，从而使会计记录体现了全面、辩证的观点等等，对借贷复式记账法的溢美之言可谓是不胜枚举。不过也有批评之声，如当代著名会计学家A. C. 利特尔顿就曾不无遗憾地指出："借贷记账法则给我们留下一个令人困惑的特征，这种安排太复杂了，这种记账规则对于初学者来说确实是件令人困惑的事"。邵享林等人认为借贷记账的会计信息及其复杂的会计科目体系使得明晰性不足，借贷记账法则的奥秘及其合理化，一直是困惑中外会计学界的难题，等等。

面对众说纷纭的褒贬之声，我们在基于现代信息技术重构会计范式时，究竟是应当对复式记账法全面继承呢？还是应当彻底抛弃呢？抑或是对其适当"扬弃"呢？这需要结合会计目标的具体定位和会计元数据的组织方式对其进行审视。(1) 如果我们把会计系统的运行目标仅仅定位于满足外部利益集团的财富管理需要，即把会计仅仅看成是一个对外提供财务报告的"经济信息系统"，那么当我们基于关系型数据库技术将凭证数据表文件的结构，由单一的会计科目字段和借、贷两个金额字段，转变为借、贷两个会计科目字段和单一金额字段，记录一笔经济业务所涉及的两个会计科目（当经济业务涉及两个以上会计科目时需作必要的拆分），就会由现行的纵向分行布局形式，转变为横向分栏布局形式，这样，复式会计相对于传统单式会计所具有的优势，将会因会计技术和会计元数据组织方式变革而荡然无存。这是因为，基于关系型数据库技术改造后的前述单式会计记录形式，只需记录描述经济业务不同属性的必要数据，大量冗余数据的消除，无疑可极大地节约存储空间并提高系统的运行效率。举例来说，当把"借：会计科目、金额；贷：会计科目、金额"这一传统两行式会计记录形式，基于关系型数据库技术转化"（借）会计科目，（贷）会计科目，金额"这一单行式会计记录形式后，"凭证日期""凭证编号""摘要""制单人"和"复核人"等字段的数据，就会分别由复式记录模式下的两个存储单元，转化为单式记录模式下的一个存储单元。改变的只是会计元数据的组织方式和会计报表的定义方法，带来的却是数据存储量几乎成倍地减少和系统运行效率的显著提高。(2) 如果我们把会计看成是组织中的一个财富管理子系统并通过"报告"和"控制”职能的发挥服务于不同利益相关者的财富管理需要时，会计系统也就自然地担负着基于不同视角对组织的经济活动及其财富影响进行多重分类的任务。这就意味着凭证数据表文件中的“会计科目”，并非会计数据的唯一分类标识。事实上，现行会计系统中处于辅助核算地位的“往来核算”“个人核算”和“项目核算”等，不管是仅仅针对某些特定会计科目，还是可与所有会计科目实现关联，均是对单一会计科目分类不足的弥补。多元化会计需求所引发的分类视角的增加，要求为凭证数据表文件增加更多的会计分类字段。在这种情况下，若是采用前述改造后的单式记录形式，所增加的凭证数据表文件的字段数量，就随核算属性的增加而成倍地增加。但这种横向上的过度扩展，却是既受屏幕显示技术制约，又模糊会计分类主次之别。对此，若是转而采用分行记录模式，也就是利用复式记录模式所具有的纵向延伸性，便可以一定程度的数据冗余为代价，换得屏幕数据显示的完整性和主次会计分类的相互区分。可见，若是考虑日益增长的多元化会计需求所引发的系统扩张，复式会计相对于单式会计所具有的科学性还是毋庸置疑。

## 二、借贷记账法相对于收付记账法和增减记账法的科学性

在借贷记账法被确定为唯一通用的记账方法之前，我国会计实务中还曾长期采用收付记账法和增减记账法这两种复式记账方法。收付记账法，是以“收”和“付”为记账符号、以“同收同付”和“有收有付”为记账规则、以“收入－付出＝结存”为平衡等式的一种复式记账法，按其应用行业的不同，具体又分为应用于行政事业单位的资金收付记账法、应用于银行业的现金收付记账法和应用于农村社队的钱物收付记账法；增减记账法，是以“增”和“减”为记账符号、以“同增同减”和“有增有减”为记账规则、以“来源与收入＝占用与支出”为平衡等式的一种复式记账法。既然这两种复式记账法在长达数十年的时间里能与借贷记账法分庭抗争，那么其中必有合理之处。其合理之处在哪里？又有哪些合理之处能

为借贷记账法所吸纳并使其更加科学？等等，均是重构会计范式之前不容回避的问题。下面从账户分类、账户结构、记账规则、记账符号的语用含义和试算平衡这五个方面，对三种复式记账法各自所具有的优缺点作以比较。

1. 账户分类方面的差异比较

在账户分类方面，收付记账法（这里以钱物收付记账法为例）将所有账户分为“收入”“付出”和“结存”三大类；增减记账法将所有账户分为“占用与支出”和“来源与收入”两大类；而借贷记账法则将所有账户分成“资产”“负债”“所有者权益（净资产）”“收入”和“费用”五大类。进一步考察，增减记账法下的“占用与支出”，其实是对收付记账法下的“结存”与“付出”的归并；而借贷记账法下的“资产”和“费用”则分别相当于增减记账法下的“占用”和“支出”，“负债”和“所有者权益”则相当于增减记账法下的“来源”。另外，为了确定各账户的增减记账方位，增减记账法和收付记账法都要求事先对所有账户进行固定分类；但在借贷记账法下，由于允许设置具有双重性质的往来账户，即根据余额方向判定账户的性质，所以借贷记账法并不像收付记账法和增减记账法那样，事先必须对账户作严格地分类。综上，从账户分类的简单性来看，增减记账法优于收付记账法和借贷记账法；而从账户分类的灵活性来看，借贷记账法则优于增减记账法和收付记账法。

2. 账户结构方面的差异比较

在账户结构方面，三种记账法都采用左、右分立式账户结构，其中左方分别为“借方”“收方”和“增方”，右方分别为“贷方”“付方”和“减方”，但左、右两方所表示的账户增减方位，在三种记账法下却是不尽相同。具体来说，收付记账法和增减记账法下的账户左方表示增加而右方表示减少；借贷记账法下的资产和费用类账户的记账方位是左增右减，但负债、所有者权益和收入类账户的记账方位却是右增左减。综上，从账户结构及其记账符号所表示的增减记账方位的确定性来看，收付记账法和增减记账法均优于借贷记账法。

3. 记账规则方面的差异比较

在记账规则方面，收付记账法所遵循的“同收”“同付”和“有收有付”，与增减记账法所遵循的“同增”“同减”和“有增有减”，除了表述和具体应用上略有差异之外，并无本质上的不同。表述上的差异主要源于收付记账法的“收”和“付”仅代表钱物的收付，而增减记账法的“增”和“减”却还反映收入、费用和权益的增减。为了能够全面地反映所有交易和事项的财富影响，收付记账法对于不涉及钱物收付的转账业务，只能通过“虚拟”钱物的收付，来确定相关“收入”“付出”“往来”和“权益”类账户的记录形式，这也就使得收付记账法的记账规则，在具体应用上较之增减记账法略显复杂。与收付记账法和增减记账法不同，借贷记账法的记账规则最为简洁，一句朗朗上口的“有借必有贷、借贷必相等”，就能涵盖所有的业务类型。综上，从记账规则的简洁性来看，借贷记账法优于收付记账法和增减记账法。

4. 记账符号语用含义方面的差异比较

在记账符号的语用含义方面，增减记账法下的左增右减，无论是对于“占用与支出”大类下的结存、费用和债权性质的往来账户，还是对于“来源与收入”大类下的收入、所有者权益和债务性质的往来账户，增减含义都非常明确；因收付记账法对于不涉及钱物收付的转账业务要按照“虚拟”钱物的收付确定相关账户的记录方法，所以收付记账法下的左收右付，仅就记录实物资产的“结存”账户而言，才有明确的含义；如第二章第三节所述，当借贷记账法由单式记录形式演化为复式记录形式并在由“人名”账户的记录惯例确立“物名”“收入”和“费用”账户的记账规则时，借贷符号所表示的借贷本义就逐步消失，因而借贷复式记账法下的借贷符号，仅就“人名”性质的往来和权益账户而言，才有明确的含义，而就其他性质的账户而言，则已转化为仅仅用以标明账户的增减方位。正因为借贷符号在除“人名”之外的账户中不再反映借贷关系，并且同一记账符号并不始终如一的代表增减含义，所以借贷记账法常常让人费解，进而也成了人们对其诟病的主要原因。综上，从记账符号语用含义的明确性来看，增减记账法优于收付记账法和借贷记账法。

5. 试算平衡方面的差异比较

在试算平衡方面，由于收付记账法把所有账户分成了“收入”“付出”和“结存”三类，并用“收方”表示增加而“付方”表示减少，所以对涉及“结存”和“收入”类账户的业务记“同收”，对涉及“结存”和“付出”类账户的业务记“同付”之后，其结果必然满足“收入－付出＝结存”这一会计等式；而对涉及“结存”类账户内部项目的钱物转换和不涉及“结存”类账户的转账业务记“有收有付”之后，“收入－付出＝结存”这一会计等式亦能得到维持。由此，收付记账法既可采用“发生额差额平衡法”进行试算平衡，亦可采用“余额差额平衡法”进行试算平衡。具体来说，就是既可按“收入”及“付出”类账户的“收方发生额”之合计与“付方发生额”之合计的差数等于“结存”类账户的“收方发生额”与“付方发生额”之差进行试算平衡，也可按“收入”类账户的“收方余额”之合计与“付出”类账户的“付方余额”之合计的差数等于“结存”类账户的“收方余额”之合计进行试算。由于增减记账法在账户分类方面将“结存”类与“付出”类进行了归并，而“左增右减”的账户结构和“同增同减、有增有减”的记账规则与收付记账法并无本质差别，所以增减记账法亦有“发生额差额平衡法”和“余额平衡法”这两种试算平衡方法，即按照“占用与支出＝来源与收入”这一基本会计等式，得到“占用与支出”类账户的“增方发生额”之合计与“减方发生额”之合计数的差数等于“来源与收入”类账户的“增方发生额”减“减方发生额”，以及“占用与支出”类账户的“增方余额”之合计等于“来源与收入”类账户的“增方余额”之合计。由于借贷记账法针对两类不同性质的账户分别规定了截然不同的增减方位和余额计算方法，所以当所有业务都遵循“有借必有贷、借贷必相等”的记账规则并且没有过账差错时，所有账户的“借方发生额”必定等于“贷方发生额”；又因为“资产”类账户的期末余额要按照“期初借方余额＋本期借方发生额－本期贷方发生额”计算确定，而“负债”和“所有者权益”的期末余额要按照“期初贷方余额＋本期贷方发生额－本期借方发生额”计算确定，所以期末结转之后必有“资产”类账户的“借方余额”等于“负债”和“所有者权益”类账户的“贷方余额”。由此，借贷记账法就可按照“借方发生额 = 贷方发生额”和“期末借方余额 = 期末贷方余额”进行试算平衡，即按照“发生额平衡法”和“余额平衡法”进行试算平衡。综上，从试算平衡的简便性来看，借贷记账法优于增减记账法和收付记账法。

从上文分析中不难看出，三种记账法在账户系统化分类、账户结构、记账符号语用含义、记账规则和试算平衡等方面可以说是各有优缺点，但若从应用上的广泛性、记账规则的简洁性、试算平衡的便利性和计算机运行的效率性等方面考察，借贷记账法似乎更具优势。三种记账方法的优劣比较见表3－1。

**表3－1　收付记账法、增减记账法和借贷记账法的差异比较**

| 序号 | 比较项目 | | 记账方法 | | |
|---|---|---|---|---|---|
| | | | 收付记账法 | 增减记账法 | 借贷记账法 |
| 1 | 账户分类 | | 收、付、存三类 | 来源和占用两类 | 资产、负债、所有者权益、收入和费用五类 |
| 2 | 账户结构 | 记账方位 | 左收右付 | 左增右减 | 左借右贷 |
| | | 增减方位 | 左增右减 | 左增右减 | 占用类：左增右减<br>来源类：右增左减 |
| 3 | 记账规则 | | 收入与结存：同收<br>付出与结存：同付<br>结存内部：有收有付<br>转账业务：有收有付 | 两类账户：同增/同减<br>同类内部：有增有减 | 有借有贷<br>借贷相等 |
| 4 | 记账符号语用含义 | 结存账户 | 明确 | 明确 | 不明确 |
| | | 往来账户 | 不明确 | 明确 | 明确 |
| | | 权益账户 | 不明确 | 明确 | 明确 |
| | | 收入账户 | 明确 | 明确 | 不明确 |
| | | 费用账户 | 明确 | 明确 | 不明确 |

续表

| 序号 | 比较项目 | 记账方法 | | |
|---|---|---|---|---|
| | | 收付记账法 | 增减记账法 | 借贷记账法 |
| 5 | 试算平衡 | 发生额差数平衡法 | 发生额差数平衡法 | 发生额平衡法 |
| | | 余额差数平衡法 | 余额平衡法 | 余额平衡法 |
| 6 | 综合评价 | 较差 | 次优 | 较好 |

借贷记账法较之收付记账法和增减记账法所具有的科学性，并不意味着在重构会计范式时，沿袭已久的借贷复式记账规则、账务处理流程和报表定义方法等内容，可全部为新会计范式所继承。从会计电算化应用实践对传统会计范式的冲击来看，借助现代信息技术所提供的数据多重分类和实时汇总能力，借贷记账法完全可以汲取增减记账法和收付记账法的合理之处，从而使基于现代信息技术应用的借贷复式会计范式在会计记录方面更加明晰、在会计运作方面更加顺畅和在数据检索方面更富有成效。

## 第四节　多维复式会计范式及其理论基础

借贷复式记录的科学性决定了它的可继承性，而数据库会计、事项会计和 REA 会计所体现的多维会计思想以及日益增长的多元化会计需求，则显现出了传统会计范式的局限性和重构会计范式的必要性。由此，本书认为，会计变革的基本思路，应是基于现代信息技术将多维会计思想融入传统复式会计记录之中，通过会计分类与会计计量的维度扩张，以解决传统会计范式因会计确认和计量维度不足所引发的各种实务难题和理论纷争。

### 一、多维复式会计范式提出及其创建思路

会计学是一门应用科学，会计实务和会计理论的发展，既受会计环境变

迁、会计技术变革和会计自身演化规律的影响，又受经济学、管理学、组织行为学、系统科学、系统工程学等领域的实践发展和理论创新的影响。既然传统会计范式的根本缺陷在于一维会计科目分类和单一会计计价与日益增长的多元化会计需求间的冲突，并且现代信息技术又为多重会计分类和多重会计计价的并存提供了技术支撑，那么会计变革的基本思路，就应当是基于现代信息技术重构会计范式。为此，本书认为可在继承借贷复式记录的基础上，通过汲取数据库会计、事项会计和 REA 会计的多维会计思想以及价值链会计、人力资源会计等领域的创新成果，基于现代信息技术创建一种可满足多元化会计需求的多维复式会计范式。其中，“复式”是对借贷复式会计记录形式的继承，即对每一笔经济业务采用至少两行的记录形式，而“多维”①则是对多维会计思想的吸纳，即在每行数据记录中容纳更多的与多元化会计需求相关的会计分类与会计计量等方面的元数据②。

会计理论和会计方法具有继承性。从单式会计记录到复式会计记录，从商业簿记到工业会计，从企业会计到公共部门会计，从财务会计到管理会计，从传统会计到人本会计，从历史成本会计到现时价值会计，等等，基于手工会计技术的许多会计程序和会计方法，都可为多维复式会计范式所承继；从模拟会计系统到事项会计理论和 REA 会计模型，从核算型软件到管理型软件，从管理信息系统（MIS）到企业资源计划（ERP），从关系型数据库到多维数据模型，等等，基于信息技术应用的诸多会计实务创新和先进的系统开发理念，均可为多维复式会计范式所吸纳。多维复式会计的创建思路如图 3－3。

---

① 不同学科对维（demension）有不同的解释，几何学指空间独立又相互正交的方位数，通常认为点是零维、线是一维、面是二维、体是三维；代数学指描述一个数学对象所需要的变量个数，几个参数就被称作几维，如 $n$ 维向量；物理学指描述一运动物体所需要的参数，如确定航行中的飞机位置时所需要的经度、维度、高度、速度和方向等。这里指凭证数据表文件中用以进行定性分类的会计分类标识个数。

② 元数据（metadata）是随互联网发展而产生的一个概念，该词最先出现在美国国家航天局（NASA）的“目录交换格式”（directory interchange format，DIF）中，是人们为解决网络资源无序化问题而提出来的。对元数据最常见的解释是“有关数据的数据”。参见：英汉双解微软计算机辞典（第 3 版）［M］. 章鸿猷，主译. 北京：清华大学出版社，1999：532。

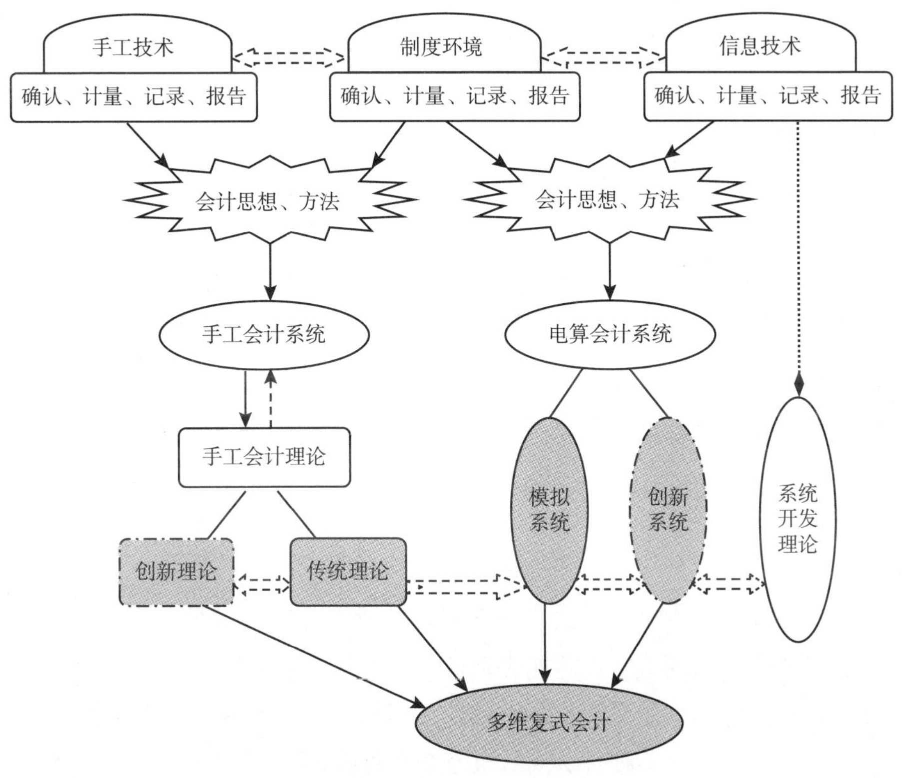


**图 3－3　多维复式会计范式的创建思路**

## 二、创建多维复式会计范式的理论基础

任何一种理论的形成，都会自觉不自觉地继承或应用其他学科的理论观点并将其作为研究的逻辑基础或理论支撑。这一逻辑基础或支持理论，通常被称之为理论基础。既然会计是一个人造系统，并且参与这一系统运作并借以进行财富管理的不同利益相关者之间存在广泛而又复杂的委托代理关系，那么系统科学理论、利益相关者理论和委托代理理论就可作为重构会计范式的理论基础。另外，为满足多元化会计需求所进行的系统开发，还涉及多维会计元数据的采集和科学组织，因而 REA 会计模型和多维数据模型亦应成为多维复式会计范式的理论基础。

1. 系统科学理论

系统科学是关于系统及其演化规律的科学。以《系统论》《控制论》和《信息论》为代表的“老三论”，与以《耗散结构论》《协同论》和《突变论》为代表的“新三论”，以及超循环理论等系统科学理论，都是在抽取了系统的具体形态及其特定的结构和功能后，着眼于一般形态的系统类型、性质及其运动规律的具有高度抽象性和广泛综合性的科学理论。《系统论》主要研究系统的一般模式、结构和规律，它由理论生物学家贝塔朗菲于1945年创立。这一科学理论的提出，使人类的思维方式发生了深刻变化，它不仅为现代科学的发展提供了理论和方法，而且为解决现代社会中的政治、经济、军事和科学等方面的复杂问题提供了方法论基础。《信息论》主要研究信息的本质和传输规律，它由美国数学家申农于1948年创立。这一科学理论的提出，为控制论、自动化技术和现代化通信技术奠定了理论基础，为人们研究生命系统、社会管理系统开辟了新的途径并提供了思想武器。《控制论》主要研究各类系统的调节和控制规律，它由美国数学家罗伯特·维纳于1948年创立。这一科学理论是自动控制、通信技术、计算机科学、数理逻辑、神经生物学和行为科学等多种科学技术相互渗透而形成的一门横断学科，其理论、观点可成为研究各门科学问题的科学方法。《耗散结构论》主要研究系统从混沌走向有序的机理、条件和规律，它由比利时科学家普利高津创立。这一科学理论的提出，对当代哲学思想产生了深远影响，它有助于人们更好地理解有序和无序、整体和局部、简单和复杂等诸多哲学范畴，指导人们以科学态度对待所要研究的问题。《协同论》主要研究协同系统从无序到有序的演化规律，它由德国理论物理学家赫尔曼·哈肯于20世纪70年代创立。这一科学理论已被广泛应用于自然科学和社会科学的研究。《突变论》主要研究客观世界非连续性的突变现象，它由法国数学家雷内·托姆于1972年创立。这一科学理论的提出，有助于人们正确地认识渐变和突变关系，有助于人们正确对待社会实践和科学理论的跨越式发展。

系统科学关于一般系统及其演化规律的认识，对于研究各种具体系统问题具有重要的方法论意义。无论是宏观社会系统、还是微观组织系统、抑或是处于组织系统之中的各个子系统，都具有系统的一般特点，都要遵从系统演化的基本规律。由此，对处于组织系统之中并可向外扩张、向内延伸的会计这一人造系统的研究，自然也就离不开系统科学理论的指导。基于系统科学理论看待会计，有助于我们正确地认识会计本质、创设会计主体、界定会计职能、确立会计目标、设立会计要素、寻求差异化会计需求并创建可满足不同会计需求的新型会计系统。

2. 利益相关者理论

利益相关者理论是20世纪60年代左右发展起来的一种企业理论。该理论认为公司的发展离不开各种利益相关者的投入或参与，故而公司不仅要为股东利益服务，同时也要保护其他利益相关者的利益。斯坦福大学研究所（Stanford Research Institute，SRD，1963）最早明确地将“利益相关者”（stakeholder）定义为“对企业来说存在这样一些利益群体，如果没有他们的支持，企业就无法生存。”这一定义意味着企业存在的目的并非只是实现股东财富的最大化，在企业周围还存在许多支持企业生存并需要企业予以关注的利益群体。随后，瑞安曼（Eric Rhenman）认为“利益相关者依靠企业来实现其个人目标，而企业也依靠他们来维持生存”，从而使利益相关者理论成为一个独立的理论分支。进入20世纪80年代以后，随着经济全球化发展和企业竞争的日益加剧，人们开始意识到仅从是否影响企业生存的角度界定利益相关者有很大的局限性。于是，一个更为权威的定义由弗里曼（Freeman，1984）提出，他在《战略管理：利益相关者管理的分析方法》一书中，将利益相关者定义为“任何能够影响组织目标实现或受组织实现过程影响的可辨认团体或个人”。这一定义不仅将影响企业目标实现的团体和个人看作是利益相关者，而且还将企业目标实现过程中受企业活动影响的所有团体和个人视作是利益相关者，从而大大拓宽了利益相关者的内涵，并为人们提供了一个全面的利益相关者分析框架。由于弗里曼的利益相关者定义在实证研究和实践操作方面有很大的局限性，所以克拉克森（Clarkson，1995）进一步将利益相关者分为主要和次要利益相关者，并将前者定义为“有了他的参与公司才能持续经营”，将后者定义为“那些对公司产生潜移默化或直接影响，或者是受到公司潜移默化或直接影响，但并不参与公司交易、对公司的生存也不是必需的人和组织。”① 之后，布莱尔（Blair，1999）从资产专用性、资源依赖理论及利益相关者作为关键资源提供者的角度，将利益相关者定义为“所有那些向企业贡献了专用性资产，以及作为既成结果已经处于风险投资状况的人或集团”。布莱尔的狭义利益相关者概念强调专用性投资，并指出了哪些利益相关者对企业具有直接的影响进而需要企业必须加以考虑。

自“利益相关者”作为一个明确的理论概念由斯坦福大学研究所提出后，在瑞安曼、弗里曼、弗雷德里克、查克汉姆、克拉克、森布莱尔等学者的共同努力下，利益相关者理论形成了规范（道德或伦理）的和实证（管理）的两个比较完善的理论分支，并被广泛地应用于公司治理、公司社会责任和公司报告等方面的研究。利益相关者理论的道德分支，倾向于接受弗里曼的广义利益相关者定义，认为所有的利益相关者均有权利受到组织的公平对待，并且组织对待利益相关者的态度不应与利益相关者的权力直接挂钩。循此逻辑，作为反映和控制组织财富变动的会计，其目标定位无论是推崇英美模式的“决策有用观”，还是拘泥于法德模式的“受托责任观”，均难免有所偏废。当我们基于利益相关者的道德理论分支关注组织利益相关者的财富管理需要时，如实反映组织财富的变化过程及其结果、有效控制组织的财富不被个别利益相关者以“假公济私”“扭曲分配”或其他手段不当攫取等，也许更能体现不同利益相关者寄予会计的共同诉求。这种基于不同利益相关者利益冲突情境下的会计目标，必将进一步合乎逻辑地演绎出“中立性”以及基于“中立性”的其他会计原则。如果我们接受“如实反映和有效控制”这一会计目标定位，以及由此所决定的“中立性”等会计原则，倡导多维会计思想并构建基于不同利益相关者财富管理需要的多维会计模式，也许正是人们苦苦寻觅的可破解诸多会计理论困局、可推动会计实务发展的会计变革之路。然而，由于会计系统运行成本方面的限制，追求完全意义上的“如实

① 转引自：克雷格·迪根．财务会计理论（第三版）[M]．方红星，等译．东北财经大学出版社，2010：58。

反映”和“有效控制”并构建能够满足所有利益相关者差异化会计需求的多维会计模式，显然是一个不可企及的目标。为此，我们不妨求助于利益相关者理论的管理分支，以识别特定制度环境和技术条件下应予关注的关键利益相关者。利益相关者理论的管理分支，倾向于接受布莱尔的狭义利益相关者定义，并运用实证方法验证不同利益相关者团体的期望会对组织的经营和披露政策产生的影响。虽然组织不会平等地对所有的利益相关者做出回应，但是会回应那些人们认为有权势的利益相关者（Bailey，Harte & Sugden，2000；Buhr，2002），组织开展的包括公共报告在内的各项活动，将直接与特定利益相关者团体的期望相关。由此可见，即使我们遵从利益相关者理论的管理分支，也应当借助于日新月异的现代信息技术，对汇集不同管理需要的会计源数据，进行多视角观察和多方位采集，即通过加大会计核算精度，在更广泛意义上满足不同利益相关者的差异化需求，而不是仅仅眷恋特定的利益相关者。这样，有限程度上的“如实反映”和“有效控制”，仍不失为次优意义上的会计目标，进而创建多维复式会计范式，亦不失为推动会计理论发展的有效途径。

3. 委托—代理理论

委托—代理理论是新制度经济学契约理论的重要内容之一。伯利和米恩斯（1932）在《现代公司与私有财产》中，首次提出了“所有权与控制权分离”命题，5 年之后，罗纳德·科斯（Ronald H. Coase，1937），在其经典论文《企业的性质》中提出了交易费用说。随着奥立佛·威廉姆森（Oliver Williamson）、阿尔钦（Alchain）、德姆塞茨（Demsetz）和伍德沃德（woodward）等人对交易费用学说的发展，公司制组织中的经理与股东之间的委托—代理问题（pincipal-agent problem），便逐步引起了人们的关注。20 世纪 60 年代末到 70 年代，以威尔逊（Wilson，1969）、斯宾塞（Spence，1971）、泽克豪瑟（Zeckhauser，1971）、罗斯（Ross，1973）、莫里斯（Mirrlees，1974，1976）和霍姆斯特姆（Holmstrom，1979）等人为代表的西方经济学家，围绕企业内部信息不对称和激励问题展开了较为深入地研究并建立了各种博弈模型，从而使委托—代理理论逐渐发展成为现代企业理论的一个重要分支。

现代意义上的委托—代理概念由罗斯（Ross，1973）提出，他认为如果当事人双方，其中代理人一方代表委托人一方的利益行使某些决策权，就会产生代理关系。詹森和迈克林（M. Jensen & W. Meckling，1976）认为“委托—代理关系”是指一个或多个行为主体（委托人）根据一种明示或隐含的契约，指定、雇用另一些行为主体为其提供服务并授予该主体一定的决策权利，然后根据后者提供的服务数量和质量对其支付报酬，由此所产生的授权者（委托人）与被授权者（代理人）之间的契约关系。普拉特和泽克豪瑟（J. Pratt & R. Zeckhauser）等经济学家，认为只要一个人依赖于另一个人的行动，就会产生委托—代理，其中采取行动的一方为代理人，而受影响的一方为委托人。一般认为，在委托—代理关系中，委托人和代理人是具有不同效用函数的相互独立的利益主体，由于环境的复杂性和不确定性，委托人不能直接观察到代理人的所有行为，代理人也不能完全控制自身的行为结果，效用函数的不一致必将产生委托人与代理人之间的利益冲突，而缺乏有效的制度安排则可能引发“逆向选择”和“道德风险”，从而使代理人危及委托人的利益，这样就产生了委托人与代理人之间在信息不对称情况下的相互博弈。建立在不对称信息（asymmetric information）博弈论基础上的委托—代理理论，主要就是研究在利益冲突和信息不对称情况下委托人如何设计最优契约以激励代理人。

现实生活中委托—代理关系的普遍存在，使得委托—代理理论一经产生便被广泛应用于社会科学研究的各个领域。除了被广泛用于研究企业组织两权分离下的公司治理和会计信息披露等问题之外，该理论还被多纳休（Donahue）、欧文·E. 休斯（Owen E. Hughes）等人引入公共部门用以研究公共组织的低效率问题。人类活动的社会性决定了委托—代理问题的广泛性，就营利性的企业组织而言，我们能够很容易观察到广泛存在于公司制企业中的股东与董事会、股东与监事会、董事会与经营管理层、监事会与内部审计、高级管理层与中间管理层、中间管理层与业务经办人员等诸多形式的委托—代理关系；就非营利性的公共组织而言，诸如中央政府与地方政府，各级政府与其所属机构、各政府机构与所属办事人员，等等，也是广为人知的委托—代理关系；就宏观社会系统而言，来自各种营利、非营利性组织中的社会公众与政府之间，特定社会组织或个人与社会中介机构之间，等等，亦是不同形式的委托—代理关系。在上述诸多委托—代理关系中，有限理性和机会主义倾向的普遍存在，使得具有“自利”特性的代理人或代理人集团，难免会在缺乏制度有效约束的情境下采取损害委托人利益的行为。现实中，会计人员或为过往甚密的人员办理“人情账”，或与高层领导、相关职能部门“合谋”以侵吞组织资源或提供虚假业绩，经理层与大股东“合谋”以损害中小股东或债权人的利益，外部审计机构或审计人员被“收买”后出具虚假审计报告以欺骗社会公众，等等，林林总总的代理人或代理人集团损害委托人利益的事例屡见不鲜。为了最大限度地防范（不可能完全消除）代理人的“逆向选择”和“道德风险”，委托人应当建立起包含信息披露与业务控制在内的各种控制制度，并确保所建立的控制制度得到有效执行。在这一制度设计过程中，运用委托—代理理论所提供的分析框架，我们可从众多的利益相关者中识别出会计应当对那些利益相关者进行报告和报告什么，以及应当在哪个环节上实施会计控制和怎样控制，从而为确定多维会计中的“维”的规模提供理论依据。

4. 多维数据模型理论

多维数据模型是由多个多维数据模式（dimensional data schema）按照星形连接而形成的一种数据模型①，它是人们为创建数据仓库系统而提出的一种建模方法。在多维数据模型中，每一多维数据模式均由一个事实表（fact table）和一组维表（dimension table）组成。事实表处于星形模式（star schema）

① 数据模型既是数据库技术的理论基础，也是应用系统设计的重要工具。在开发数据库系统时，为使用户无须了解数据库文件的存储结构、存储位置、存取方法就可实现对数据的自由存取，数据库系统需要对数据进行抽象化概念表示。实现数据抽象化概念表示所使用的工具，便是数据模型。通过使用对象、对象属性和对象联系等一系列逻辑概念模拟现实世界，数据模型可清晰地描述数据、数据之间的联系、数据的语义和完整性约束，进而决定数据库系统的基本结构、数据定义和数据库设计方法。

的核心，事实表存放具有数值特征的业务事实，其主码为外码的组合并唯一地标识各条事实记录，事实表的外码对应各维表的主码，事实表是维表查询的对象，由事实表可产生按不同维度、不同粒度汇总的各种分析型数据；维表处于事实表的周围，用以在事实表中选择数据行，维表存储的多为具有字符特征的文本数据，其主码是事实表的外码，维表中除主码之外的列是维的属性，维的属性值提供了关于事实表中每一行数据的描述信息，这些描述信息通常作为事实表的检索条件。利用事实表和维表之间的对应关系，可得到按不同维进行查询的信息。由于事实表和维表分别存储业务数据和业务数据的描述属性，并且事实表具有很大的数据量而维表只有较小的数据量，因而把事实表和维表结合在一起，不仅可以查询到大量的检索信息，而且因表连接具有较好的性能而提高查询效率。

相对于实体—关系模型而言，多维数据模型在系统前端工具设计、满足用户不可预知的查询操作以及系统扩展方面，具有无可比拟的优势。(1) 在系统工具设计方面，多维数据模型所具有的标准化数据结构，为系统前端工具的设计提供了规范且优越的基础。多维数据模型是已知的标准化结构，在包含多个多维数据模式中，每一多维数据模式都对应一个事实表和多个维表，并且查询的约束条件一定源自维表，从而使查询工具、报告生成工具及其他面向最终用户的前端分析工具的设计，更易实现直观、友好的用户界面和高效处理的目标。(2) 在支持不可预知的用户操作方面，由于多维数据模型的各个维具有逻辑等价性，所以无论以哪一个或哪几个维为约束条件查询事实表，都不影响查询的设计。与实体—关系模型只能支持预知的、固定的数据操作不同，以维为切入点但不依赖具体维的查询设计方式，既不依赖于用户对维约束条件的选择，也不依赖于用户对特定事实项的选择，因而即使系统开发时并未预见到用户所要进行的具体操作，多维数据模型已知的多维结构也能支持不可预知的用户操作。(3) 在系统扩展方面，由于多维数据模型的查询设计不依赖于某一个具体维并且支持未能预见的用户操作，所以无论是为事实表增加新的事实记录或新的数据项，还是为维表增加新的维属性，抑或是为系统增加全新的维，均不影响原有系统的运行，也不必对前端工具进行修改，从而表现出良好的扩展性。多维数据模型所具有的上述优势，使它更容易实现多维会计元数据的科学组织和会计系统的开发，因而可作为多维复式会计范式的理论基础。

5. REA会计模型理论

REA会计模型由美国密歇根州大学会计系教授麦卡锡于1982提出。在《REA会计模型：共享数据环境中的会计系统的一般框架》[①] 一文中，麦卡锡运用E-R（实体—关系）建模方法，对组织中的资源（resources）、事件（events）和参与者（agents）及其相互关系，进行建模后设计了多维会计的数据模型，即REA会计模型。在REA图中，经济活动所涉及的实体（entity）被分为资源、事件和参与者三类，而描述上述三类实体之间的关系，则被分为资源—事件、事件—事件、事件—参与者和内部参与者—内部参与者四类。麦卡锡认为业务过程和事件的本质决定了如何采集、存储和使用数据，并认为以REA模型构造的会计系统，可把组织中全部事件的所有重要的属性值，即将包括财务和非财务的事件内容、资源和当事人等，按其原本的实际语义（semantic）而不是人为加工而成的借贷分录存储于数据库中，从而能够得到各种视图的管理信息，并且不会产生诸如数据重复存储、数据不一致和应用彼此重复之类的问题。

尽管REA会计模型并不强调数据记录的复式性，但所描述的事件与事件之间的二元关系，事实上却与传统的借贷复式会计记录有着异曲同工的效果。通常情况下，交易和事项的财富影响，不是涉及两个参与者（其延伸形式就是不同层次的会计主体），就是涉及不同形态的两种资源，因而在对事件的内涵及其核算属性进行必要的扩展之后，传统借贷复式会计就可与REA会计模型实现完美对接。由此，REA会计模型理论亦可作为多维复式会计范式的理论基础。

① 美国会计协会于1996年授予该论文“第一个有开创性贡献的会计信息系统文献奖”。

第四章

# 多维复式会计基本理论

作为一个人造财富管理系统，会计系统的运行方式及其在财富管理方面所能发挥的作用，一方面取决于人们对会计主体、会计对象、会计职能和会计本质等会计基本理论问题的认识，另一方面又对人们的会计观念、会计思想的形成产生直接影响。毋庸置疑，一个在理论上更具包容性、实务上更具操作性的新型会计范式的创建及应用，必将对人们已有的会计理论认知产生冲击并有赖于人们对相关会计基本理论问题的深刻理解。为此，本章首先探讨多维复式会计范式赖以建立的会计基本理论。

## 第一节 会计主体理论

针对特定主体进行会计核算和报告的实务惯例，在由佩顿抽象为“营业主体”并作为一项会计假设之后，“会计主体”便被作为一个重要概念为会计界所广泛关注。并且，受佩顿、莫尼茨等早期理论先驱研究思路和研究结论的影响，会计界多将“会计主体”视为是一项会计假设而非一个相对独立的会计理论组成部分。由于会计主体不仅关乎组织利益相关者的识别、会计目标的定位、会计核算和控制范围的设定，而且还关系到会计理论发展和会计模式变革，因而本书将其视作一个独立的会计理论组成部分。

## 一、会计主体在会计理论体系中的地位

自佩顿视“营业主体”为一项会计假设之后，史蒂芬·吉尔曼（1939）、利特尔顿（1953）以及较早对会计假设理论进行系统研究的莫里斯·莫尼茨（Maurice Moonitz，1961），几乎都将“会计主体”视为是一项会计假设。如在莫尼茨构建的会计假设体系中，就有“A3 主体——经济活动是通过具体的单位或主体进行的”和“B3——会计处理的结果应按照具体的单位或主体来反映”之类的表述。受佩顿、莫尼茨等早期理论先驱研究思路和研究结论的影响，人们多从业主组织、合伙组织和公司组织的会计报告方面，将基于特定组织实体进行核算和报告的实务惯例，抽象为“会计主体”假设，并将其视作为会计假设理论的一个组成部分。

从实务的角度来看，会计主体总是呈现为人们对特定层次的社会组织实体或特定范围的人类活动的限定。既然不同层次的社会组织实体和不同范围的人类活动，都是人们基于财富管理需要而设定的具有明确可识别边界的客观存在，那么会计主体就不应当看作是一个“不言自明”、具有“公理”性质的会计假设。由于会计主体不仅在实务层面上可限定会计核算、会计控制和会计报告的范围，而且在理论层面上还影响到会计目标定位和与之相关的会计假设的创建，所以会计主体就不仅应当从会计假设理论中脱离出来，而且还应当先于会计假设和会计目标进行研究，并且对会计主体的研究，还应当由会计报告层面，扩展至会计记录和会计控制层面。这是因为，出于公开财务报告目的的“报告主体”，既不能涵盖文献中经常出现的“主体”“核算主体”和“基金主体”，亦无法解释实务中广为应用的基于部门、个人和项目的责任会计核算。由此，本书认为，在会计理论体系中，会计主体应作为一个独立的理论组成部分而独占一席之地。

事实上，美国财务会计准则委员会（FASB）在 20 世纪 80 ~ 90 年代曾试图发展“报告主体”概念（FASB 主席 Robert H. Herz，2005），只是因为这一项目未能完成，才导致已发布的财务会计概念公告中一直未有关于会计主

体的专门论述。不过值得庆幸的是，美国财务会计概念框架在会计主体研究方面的缺失，并没有影响到澳大利亚、英国的会计准则制定机构对会计主体问题的应有关注。如澳大利亚第 1 号会计概念公告《报告主体的定义》和英国《财务报告原则公告》的第二章“报告主体”，就从企业财务报告编制的角度对会计主体进行了界定。受此影响①，在美国财务会计准则委员会（FASB）和国际会计准则理事会（IASB）于 2004 年着手开发的联合概念框架中，“报告主体”（reporting entity）项目就被列为联合概念框架 D 阶段的工作，并已于 2010 年发布了讨论备忘录 ED。在两个委员会拟议的联合概念框架中，没有“会计假设”项目却把“第二章”这一重要位置留给“报告主体”，足见会计主体问题已经引起了两大权威准则制定机构的高度重视。尽管相关准则制定机构对会计主体的认识还仅限于会计报告层面，但对会计主体所做的超乎寻常的关注，预示着会计主体极有可能脱离会计假设而成为会计理论体系中的一个独立组成部分。

## 二、矩阵组织结构中的会计主体形态

矩阵组织是一种较为复杂的组织结构。如就高等学校而言，就既有按职能部门化形成的具有长期和相对稳定性的职能部门和专业院系，又有为完成特定科研或其他任务而组成的临时性研究团队或工作组，亦有研究中心之类名义上是一个专设机构，但其成员却同时属于校内其他机构进而出现同一成员使用两个以上机构的资源并在两个以上机构进行业绩考评的情形。另外，就纳入国家财政预算体系的高等学校而言，通常还可能因承担国家科技项目而与国家部委、预算体系内的其他高等学校以及相关科研院所发生错综复杂

① FASB 和 IASB 在其联合声明（2005）中指出：澳大利亚会计准则委员会确实在 1990 年发布了一份概念公告《报告主体的定义》，为经济主体给出了定义并检验了这个概念的含义。在该公告中，经济主体被定义为在共同控制下的一群主体，使用者依据通用财务报告做出有关这群主体共同经营的资源分配决策。委员会发现这份概念公告对于形成一个完整、趋同的报告主体概念是有用的。参见：克雷格·迪根．财务会计理论［M］．大连：东北财经大学出版社，2010：161。

的资金转拨关系，进而使高等学校的会计核算，不仅要满足自身的财务管理需要，而且还要满足预算体系内其他预算单位乃至政府整体的财政报告需要。由于高等学校既要按《会计法》等相关会计规范的要求以组织整体的名义进行会计核算，又常常出于内部管理需要基于“部门”“个人”和“项目”进行核算、控制和报告，从而使高等学校会计实务中出现了不同形式的会计主体。对此，我们可从以下两个视角进行考察。

### （一）基于管理导向的组织体、项目体和融合体

按照组织运作活动的可重复性，实践中出现了“职能化”和“项目化”两种不同形式的管理导向。职能化导向的结果是在组织中建立了层级明确的科层式组织结构，而项目化导向的结果则使组织出现了可跨越职能部门的工作团队。针对“部门”或“个人”的业绩考核，使得会计系统应当基于不同层次的组织群体或组织个体进行核算和报告，进而产生了“组织体”形态的会计主体；而针对“项目”所进行的核算与控制，则要求会计系统基于“项目”或“子项目”进行核算、控制和报告，进而产生了“项目体”形态的会计主体。因“组织体”与“项目体”在操作层面上总是呈现为“人”与“事”的融合，因而又衍生出了“融合体”形态的会计主体。

1. 组织体

组织体是基于社会分工而产生的具有明确可识别边界的机构或个人。传统会计假设理论中的会计主体，就是组织体的一种典型代表。这种以实务惯例为背景并着眼于组织整体观念的会计主体，是人们基于法律和外部利益相关者信息需求的观察结果。伴随组织规模扩大所产生的专业化分工、基于分权管理所产生的权责划分，不仅促成了以部门业绩评价为主要内容的责任会计的兴起，而且还因市场化运作模式的引入而使业绩评价的着眼点从“部门”延伸到了“班组”乃至“个人”。会计系统为提供相关内部管理信息而基于“部门”或“个人”所进行的会计核算，在本质上其实是对会计主体内涵的扩展，即把传统观念上基于组织整体的会计主体，扩展为基于社会分工而产生的不同层次的结构化单元。除内向延伸之外，组织体形态的会计主体

还常常因为债权债务管理、合并报表编制的需要而向外扩展到关联单位或个人（可统称为“外部关联体”）。

2. 项目体

项目体是基于项目化管理（management by projects，MBP）而设定的会计主体。当把组织的临时性或非临时性、一次性或重复性任务采用“项目化”管理后，传统的基于管“人”的科层组织，便被扩展为既着眼于管“人”又着眼于管“事”的矩阵组织。在这种纵、横交错的组织结构中，包括群体层面上的“部门”和个体层面上的“个人”，每一“组织体”均可能共同或单独参与不同的“项目”，而每一“项目”也可能被明确地分配于组织中的不同“部门”和“个人”。出于矩阵组织的管理需要，会计系统除了要将“组织体”形态的会计主体，基于社会组织所具有的层次性扩展至“部门”或“个人”，还常常基于“事务”管理要针对一个个独立的“项目”进行会计核算并实施会计控制，由此也就出现了一种有别于传统“组织体”形态的会计主体。这种形式的会计主体，既可能涉及一组自求平衡的账户体系，也可能是仅仅出于控制或成本计算需要而对特定收入、支出或成本费用类科目的限定；它既可能在宏观上跨越不同法律实体，也可能在微观上仅涉及若干职能部门或个人。这种形式的会计主体，在公共部门会计中通常称作“基金会计主体”①。鉴于“基金会计主体”只着眼于从政府预算管理的角度强调资源耗费的专用性而难以涵盖它所具有的项目化管理载体之意，因而本书从更一般意义上将这种形式的会计主体称之为“项目体”。

3. 融合体

融合体是由“组织体”与“项目体”在组织运作层面上合二为一所衍生的会计主体。这种会计主体反映了组织运作活动中“人”与“事”的结合。

---

① 美国全国城市会计委员会（NCMA）对基金的定义是：“一个基金是这样一组金钱或其他资源，他们被专用于实行某些行为或达到某些目的，以符合特别的规制、禁止或限制，并构成一个独立的财政和会计实体。”（NCMA，Municipal Accounting Statements，Chicago，the Committee，1941，p168）转引自：马骏，刘亚平．美国进步时代的政府改革及其对中国的启示［M］．上海：格致出版社，2009：153。

组织的运作活动，从组织任务的执行主体来看，由组织目标所确定的“事”，必定由特定的“群体”或“个体”所承担；而从组织中“人”的活动内容来看，组织中的“人”总是要从事组织目标所确定的“事”。当把组织目标所确定的“事”项目化后，“事”就变成了“项目”，并且承担“项目”任务的人，亦是隶属于不同“组织体”的组织成员。如同“组织体”可依其职责分工和成员的规模细分为“部门”和“个人”一样，“项目”亦可按照管理上的需要细分为子项目、工作包、工作单元、任务和活动几个层次。这样，“组织体”与“项目体”在不同的组织运作层面上就会合二为一，从而衍生出兼具“组织体”与“项目体”特征的新型会计主体，即为“融合体”形态的会计主体。

### （二）基于资源管理权限分工的报告体、核算体和受控体

资源所有权（或监督管理权）与资源使用权的分离，使资源所有人（或监管人）与资源使用人处于不同的地位并承担不同的责任。通常，资源提供人出于自身受托责任解除的需要，享有对资源接受人的监督管理权；而资源接受人在接受资源的同时，则担负着按照限定用途使用资源并报告资源使用情况的义务。源于所有权（或监督管理权）与使用权分离而产生的委托代理关系，不仅普遍存在于具有独立法人资格的实体组织之间，而且还广泛存在于同一组织内部不同层级的组织“群体”和“个体”之间，由此也就产生了报告体、核算体和受控体这三种形态的会计主体。

1. 报告体

报告体是负有资源管理和报告责任但并不直接使用资源的会计主体。在我国现行财政体制和国家重大科技项目管理模式下，若某一高等学校作为主持单位连同其他单位共同承担一项国家重大科技专项，那么无论是作为“组织体”的该高等学校，还是作为“项目体”的该科研任务，就合作单位所承担的项目任务及其对应的专项经费而言，就均是“报告体”形态的会计主体。这是因为，作为“组织体”的该高等学校，既是项目的主持单位，就理所当然地负有向科技主管部门全面报告项目进展和预算执行情况的义务，即

在定期或不定期的专题汇报和财务报告中，要将转拨于合作单位的那部分专项经费的使用情况纳入其中，但具体的会计核算与会计控制却只能交由合作单位负责。而就作为“项目体”的该科研专项而言，该高等学校对主管部门进行全面报告时所指陈的“项目”，亦是包含有与外拨经费相对应的那部分子项目任务，这样，就合作单位所承担的项目任务而言，该高等学校也只是“报告体”形态的会计主体。

2. 核算体

核算体是因在名义上使用资源或行使对资源的某种管理权而必须由财务部门对其进行核算与报告的会计主体。如就前述高校作为主持单位承担国家重大科技专项而言，高校对收到的与所承担项目任务相对应的专项经费（即不含外拨经费），无论是从“组织体”还是从“项目体”的角度来看，均是“核算体”形态的会计主体。从“组织体”的角度看，作为科技项目的“名义”承担者和专项经费的“名义”使用者，该高校既负有以学校名义向项目主管部门进行财务报告的义务，又享有按项目主管部门的要求对专项经费使用情况进行监督管理的权利。之所以说该高校是“名义”的项目承担者和专项经费的“名义”使用者，是因为它只在法律意义上承担项目任务并使用专项经费，而实际执行项目任务并决定专项经费开支去向的，是高校内部不具有法人资格的研究团队或课题组成员。可见，对非校级财力的科研专项经费而言，尽管高校要按照相关规范对其进行管理并纳入学校财务统一组织核算，但作为“组织体”的该高校，因其并不决定该经费的具体使用而只能看作是“核算体”形态的会计主体。再从“项目体”的角度看，为满足专题报告需要而按“专款专用”原则所设立的一个个明细科目或核算项目，不过是为专门归集项目收支而设立的一些核算单元而已，这些专门设置的核算单元，就是“核算体”形态的会计主体。

3. 受控体

受控体是为满足会计控制需要而人为设定的能够作为基本控制单元的会计主体。组织管理模式的不同，决定了控制层次和控制范围设定的不同。在集权管理模式下，通常意义上的组织体和项目体均可独立作为“受控体”。

其中，由部门负责人行使“一支笔”职权的，将使“部门”这种组织体形态的会计主体成为“受控体”；而由项目负责人行使“一支笔”职权的，则使项目体形态的会计主体成为“受控体”。然而在分权管理模式下，由于“项目”通常被分解为若干“子项目”，并且有些“项目”需针对组织群体——即在“部门”层面上实施控制，而有些“项目”需针对组织成员——即在“个体”层面上实施控制，所以“项目”在“子项目”层面上就常常呈现为“多支笔”状态，并使组织体与项目体在组织运作层面上呈现为“多对多”关系。由于细分组织体和细分项目体均难以解决由“多对多”关系所产生的会计控制问题，因而在技术上便可将项目体与组织体进行融合进而塑造出“融合体”，即以“项目”为依托，通过“项目+部门”或“项目+个人”衍生出融合体，以兼顾“项目”层面上的会计报告与“子项目”层面上的会计控制。这种为实施会计控制而由组织体与项目体衍生出的“融合体”，就是“受控体”形态的会计主体。

上文述及的这三种形态的会计主体，“报告体”“核算体”和“受控体”的内涵依次递增。“报告体”仅涉及对资源使用的报告而不涉及对资源使用的核算和控制；“核算体”是会计核算与会计报告的基本单位但不涉及对资源使用的控制；“受控体”既是会计控制的承载主体，又是会计核算与会计报告的基本组成单元。一般来说，“受控体”一定是某一层次的“核算体”和“报告体”，“核算体”一定是某一层次的“报告体”，但“报告体”却未必是“核算体”，“核算体”也未必是“受控体”。

## 三、传统会计主体理论及其局限性

组织系统与其社会环境之间的相互作用机制，使得组织系统的边界具有模糊性和可变性。当组织系统与其环境中的某一组织系统的物质、能量和信息的交换密切到一定程度时，这两个组织系统在管理上就会被视为一个更大的组织系统中的两个子系统；而当组织系统的某一部分与组织系统整体之间的物质、能量和信息交换缺乏效率时，管理上就可能将该子系统从系统整体中剥离出去，从而使组织的管理边界可突破法律边界并使组织系统具有层次性特征。明确识别不同层次上的组织边界，是确立会计核算、会计控制和会计报告范围的前提。当以法律边界作为识别会计主体的标志时，会计主体就只包括那些具有法人或类似法人资格的各类社会组织实体；而当以管理边界作为识别会计主体的标志时，会计主体就可能向外扩展至企业集团（就企业会计而言）或政府整体（就公共部门会计而言），向内延伸至各职能部门、各产品或地区分部、各外派机构及至每一组织成员。法律意义上的会计主体，是人类社会最早出现的集会计核算、会计控制与会计报告于一体的会计主体。当法律实体随着组织规模的扩大而产生内部核算与控制需要时，或者当法律实体之间因投资或行政隶属关系而产生合并报告需求时，法律边界的会计主体就会由管理边界的会计主体所取代，从而使会计主体呈现为多元化形态。

秉承财务会计与管理会计分离、企业会计与政府会计相异的传统理念，涉及会计主体理论的大量文献，最为普遍的认识，就是基于社会分工结果并把社会组织系统中的一个个结点组织，包括法人实体和独立运作且单独核算的法人实体的分支机构，视为一个个会计主体。落后的生产技术与小规模的社会生产，简单的组织结构与粗放的管理模式，模糊的产权关系与低效率的会计实务等等，无不使存在于社会组织之中的会计，只能将核算与控制的范围，限定于特定的组织整体。尽管基于特定组织整体的会计主体概念已经超越了法律意义上的主体观念，但这种超越无非是为了更好地满足组织外部的信息需求。如企业会计中将“核算体”或“受控体”由独立的法人实体，扩展至超越单一法人实体并涵盖企业集团所有成员的“报告体”，就是为了满足企业集团外部投资者、债权人的信息需求；而将“报告体”延伸至特定的地区或经营分部，则是为了方便企业外部投资者、债权人更为全面地评估企业可能面临的风险。

传统的会计主体理论，即基于社会分工结果并把社会组织系统中的一个个结点组织视为一个个会计主体的会计主体理论，既是对数千年来因落后的生产技术条件和粗放的管理理念所形成的会计惯例的理论升华，也是人们对其赖以存在的形形色色的社会组织缺乏系统、全面地认识的集中体现。从系统科学的角度来看，传统的会计主体理论，只看到组织系统明确、可识别的外边界，却未正视组织系统内部各子系统之间的内边界；只看到特定层次上的组织整体，却未看到这一特定组织整体的向外扩展和向内延伸。从管理学的视角来看，传统的会计主体理论，只看到组织运作的职能化导向，却未看到组织运作的项目化导向。这种只看到系统边界的明确性却未能看到系统边界的模糊性、只看到组织运作的职能化导向却未看到组织运作的项目化导向、只关注会计报告而忽视会计核算与会计控制、只在特定层面上认识组织系统却未能横向拓展与纵向延伸的会计主体观念，可以说是既不能解释实务中客观存在的多样化会计主体形态，也难以顾及不同利益相关者的财富管理需要。

## 四、多维视角下的会计主体

如果没有工业革命所带来的大规模社会化生产，企业组织也许就无须筹集巨额资本和建立庞大的组织结构，进而也就不会产生复杂的责任核算问题；与此同时，如果没有对社会化生产进行监管的必要，政府组织也许就不可能急剧扩张，预算管理也许就不会受到人们的重视，进而“基金会计”也许就不会产生。如果上面所假定的一系列“没有”或“也许”，时至今日也没有出现，基于社会分工并着眼于组织整体的会计主体理论，也许就“无懈可击”；超越于组织整体之外的会计核算，也许就是“画蛇添足”。然而，正是工业革命的出现和随之带来的大型组织管理，才把基于组织整体的会计核算，延伸到了组织内部的不同职能部门以及特定批次的产品与服务；正是“进步时代”的预算与会计改革，才使政府会计领域出现了“基金会计”和“预算会计”这两种独特的控制工具。[①] 实务中相继出现的基于部门、个人的责任

---

① “进步时代”的美国改革是从预算改革开始的（卡恩，2008），政府预算和会计制度改革是进步主义运动的重要组成内容之一，进步主义时代的政府会计改革除引入权责发生之外，还引入了两类会计工具——基金会计和预算会计，以服务于与商业会计不同的政府会计目的。参见：马骏，刘亚平．美国进步时代的政府改革及其对中国的启示［M］．上海：格致出版社．2009：120－139，142－164。

核算，基于产品、服务和工程的项目核算，不时地冲击着人们对传统会计主体理论的认识；文献中大量出现的“核算主体”“报告主体”和“基金主体”，也无不在丰富会计主体的内涵；而电算化会计系统所开发的“部门核算”、“个人核算”和“项目核算”等诸多辅助核算，则不仅为弥补基于传统会计主体概念进行会计核算所产生的信息缺失提供了技术支撑，而且还向人们展示了多种会计主体并存性的可行性。

为了能够有效地满足多元化会计信息需要，为了能够科学地组织会计核算并实施会计控制，我们应当以系统科学为指导，在充分认识社会组织所具有的有界性、整体性和层次性特征的基础上，正视与日俱增的多元化会计需求和日新月异的会计技术变革，兼顾管理实践中的职能化导向与项目化导向，将目前基于社会分工结果并着眼于组织整体的单一会计主体理论，发展为基于“组织体”和“项目体”并着眼于不同利益相关者财富管理需要的多元会计主体理论。当我们从系统科学和管理科学的视角考察会计主体时，无论是基于管理导向的“组织体”和“项目体”，还是基于不同管理边界并超越法律实体的各种“控制体”“核算体”和“报告体”，本质上不过是人们基于财富管理需要而对特定层次的组织实体或特定范围的人类活动所做的限定，并且这种限定完全取决于人们意欲反映和控制的财富范围。从这个意义上说，会计主体可被定义为人们基于财富管理需要而对不同层次的组织实体或特定范围的人类活动的限定。

## 第二节　会计对象理论

会计对象，是会计实践活动主体所指向的客体。这一西方学者很少关注的会计理论问题①，在苏联、东欧社会主义国家和我国会计理论研究中却几

① 从所能收集到的资料来看，只有德国会计学者塞尔，美国会计学者佩顿、斯蒂文森（1918）、利特尔顿（1954）的研究涉及会计对象问题。

度成为热点。若从苏联20世纪30年代针对会计核算对象的讨论算起，有关会计对象的研究已有90多年的历史。然而从已有的文献来看，会计界并未就此达成广泛的共识。由于会计对象既关系人们对会计本质的认识，又影响到会计系统的进一步拓展，因而在会计理论体系中，会计对象绝不能是一个含混不清甚或是一个可以忽视的问题。

## 一、会计对象的含义

按照《现代汉语词典（第7版）》的解释，对象是指“行动或思考时作为目标的人或事物”。这里，“行动”和“思考”分别指的是实践活动和认识活动，而“作为目标的人和事物”则是主体指向的客体。据此，我们可从会计实务——即实践活动层面上的会计工作对象和会计理论——即认识活动层面上的会计学研究对象把握“会计对象”的内涵。其中，前者用以界定会计系统的涵盖范围，后者在于揭示会计学的发展规律。然而令人遗憾的是，会计理论研究中常常对会计对象的内涵不作明确界定。对此，葛家澍（1961）曾明确指出：“首先需要说明，在这篇文章里，我提出讨论的主题是社会主义会计的对象，而不是社会主义会计学的对象。……在会计与会计学之间是既有密切的联系，又有严格的区别，而它们的质的区别，恰好表现为对象的不同”。毋庸置疑，只有明确了会计职业的工作对象，会计人员才能知道自己在组织中的地位和所能发挥的作用，进而不致因部门间的协作需要而使会计实务工作无所不包；只有界定了会计学的研究对象，会计理论研究才能聚焦于会计领域的特殊矛盾运动，进而不致因学科间的相互渗透而使会计理论研究迷失方向。

1. 会计学的研究对象

会计学的研究对象，是会计理论研究主体在会计理论研究活动中所指向的客体。毛泽东在《矛盾论》中指出：“科学研究的区分，就是根据科学的对象所具有的矛盾的特殊性。因此，对于某一现象的领域所特有的某一种矛盾的研究，就构成某一学科的研究”。一般来说，会计理论研究应当揭示会计现象背后所隐藏的特殊矛盾及其运动规律，而能够作为会计理论研究对象的，自然应当是那些能够把会计学与其他学科进行区分的特殊矛盾。换句话说，会计学的研究对象应该能够界定会计学的学科属性、限定会计理论研究的边界。由于会计学与统计学、管理学等社会科学的不同之处，主要表现为会计在记录、控制和报告组织财富及其变动时有其独特的程序和方法，因而会计学的研究对象，就应当是与会计确认、会计计量、会计记录、会计控制和会计报告相关的理论、程序和方法。

2. 会计职业的工作对象

会计职业的工作对象，俗称会计核算对象或会计对象，是会计实践活动主体即会计人员从事日常实务工作所指向的客体。与会计学的研究对象不同，会计职业的工作对象所关注是会计实践活动，是对会计人员工作内容的一种抽象描述。会计的工作内容，不外乎会计记录、会计控制和会计报告的具体内容。由于会计记录、会计控制和会计报告的涵盖内容与辐射范围，在不同的社会制度、不同的历史背景下有着不同的具体构成和表现形式，所以有关会计对象的认识也就难免会出现分歧。在以私有制为基础的市场经济国家，作为微观社会实体的企业组织，其运作目的无非是要通过为社会提供适销对路的产品或服务以增加物力资本所有者的财富，所以当美国著名会计学家利特尔顿在《会计理论结构》（1953）中将会计对象描述为“企业财富（具有不同形式）可以用货币价格统一量化的方面”① 之后，西方会计学者并未就此展开过多的讨论。然而在以公有制为基础的苏联、东欧社会主义国家和改革开放（1978 年）之前的我国，因过分渲染意识形态的不同而对“资本”进行了刻意回避，因过分强调调控手段的不同而对“市场”进行了强制打压，由此呈现在人们面前的，其实是功能不全的市场、产权不明的组织和作用有限的会计。以美、苏为代表的两大社会阵营间，制度环境的巨大差异和意识形态的强烈对峙，不仅模糊了人们的视听，而且还常常迫使人们在很多问题上表明“阶级立场”。在此背景下，会计理论研究也就不可避免地会被

---

① 转引自：陈国辉．会计理论研究［M］．大连：东北财经大学出版社，2001：55。

打上“阶级”烙印，有关会计对象的认识也就难免存在历史局限性。

## 二、会计对象认识的代表性观点回顾及其评价

在苏联、东欧社会主义国家会计理论研究的影响下，我国会计界于20世纪50年代开始了会计对象问题研究，并于80年代掀起了会计对象研究的热潮。从“再生产过程说”“社会劳动耗费说”“财产说”，到“资金运动说”“劳动量说”“财产变动说”“经济活动说”和“经济信息说”等等，一时间可谓众说纷纭。90年代之后，虽说人们对会计对象的关注日趋减少，但诸如“产权说”“产权价值运动说”等一些较为新颖的观点，还是不时地引发人们的思考。由于会计对象的基本内涵不仅影响人们对会计要素、会计本质的认识，而且还涉及会计等式的创建和会计系统的变革，因而在获得一个较为全面的会计对象认识之前，有必要对文献中的诸多代表性观点进行历史回顾和客观评价。

1. 再生产过程与财产说

“再生产过程与财产说”曾是苏联一种典型的会计对象观。我国最早提出“再生产过程说”的是邢宗江和黄寿宸，而最早明确提出“财产说”的则是葛家澍。苏联高教部（1950）批准的《会计核算原理课程提纲》中写道：“会计核算的对象是各企业和各组织范围内，按货币方式来反映监督和总结有计划社会主义扩大再生产过程及其物质基础——社会主义财产。”① 邢宗江、黄寿宸（1951）撰文指出：“社会主义会计以……经营资金的周转、经营资金等于资金来源的理论来阐明发生在各个企业中的社会主义再生产过程”。葛家澍（1956）认为会计核算的对象是社会主义社会产品再生产的一切现象过程和物质要素在社会主义财产的量的方面。丁洪范（1957）认为构成社会主义会计对象的一个要素，是社会主义社会中那部分用货币估价的财产的变动。而在由财政部（1963）组织多所院校编写的《会计原理》中，会

① 转引自：葛家澍．关于会计基本理论与方法问题［M］．北京：经济科学出版社，2004：5。

计对象被定义为“在社会主义制度下，会计对象就是在企业、事业、机关等单位中能够用货币表现的社会主义再生产过程以及社会主义财产。”① 针对会计对象问题上的诸多认识分歧，吴水澎（1980）认为：“为了使会计对象的提法适用于各部门各单位，还是以‘财产’为会计对象的提法比较灵活。”②

基于特定的社会背景进行考察，上述会计对象观可以说并非没有道理。在社会意识形态强调集体利益高于个体利益，在产权制度崇尚全民所有而非私人所有，在宏观调控依赖全面计划而非自由市场的大背景下，由于个体利益已被刻意淡化，产权观念已被过度弱化，所以会计的工作重心，也就自然会从微观组织的财富管理，转向通过为编制社会综合计划提供信息而间接地参与社会再生产过程的管理，由此引出会计对象认识上的“再生产过程说”“财产及其变动说”和“再生产过程及其财产说”，也就顺理成章。然而，当我们不再刻意强调会计的阶级性，也不再过分夸大会计的宏观管理作用时，“再生产过程与财产说”及其类似表述的局限性，也就显而易见。就“再生产过程说”而言，由于社会再生产过程是对宏观社会系统运作过程所涉及的生产、流通、分配和消费四个主要环节的描述，而会计却仅仅是对处于宏观社会系统之中的一个个结点组织的财富及其变化的描述，因而把针对微观组织财富及其变化进行确认、计量、记录、控制和报告的会计，看成是对宏观社会系统运作过程的描述，不能不说有言过其实之嫌；再就“财产及其变动说”而言，由于通常意义上的“财产”仅指金钱、物资、房屋和土地之类具有实物形态的物质财富，而会计所要记录、控制和报告的内容，除了前述意义的“财产”之外，还有那些作为金钱、物资转化形态的应收或预付款项，因投资、借贷或政府特许等活动所产生的观念财富以及表明财富归属的负债和所有者权益，所以只看到财富自然形态而漠视其社会形态的“财产及其变动说”，则有以偏概全之嫌。

---

① 转引自：吴水澎，陈汉文，谢德仁．中国会计理论研究［M］．北京：中国财政经济出版社，2000：5。

② 转引自：中国会计学会．中国会计研究文献摘编（1979～1999）：会计基础理论［M］．大连：东北财经大学出版社，2002：98。

2. 资金运动说

“资金运动说”由闵庆全提出，经管锦康、葛家澍等学者发展后成为20世纪80年代最为流行的观点，并且至今仍见之于很多会计原理类教材中。虽然葛家澍教授早在1954年就曾指出在社会主义企业中，会计核算处理的对象是企业经营资金的周转、经营资金的构成及其来源，但葛教授的此番描述却意在解释会计对象的“劳动耗费说”（见后文）。最早明确将会计对象概括为“资金运动”的是闵庆全（1956），他在《社会主义会计核算的对象与方法》一文中指出，社会主义会计核算的对象是社会主义扩大再生产过程中资金的运动。之后，管锦康（1957）撰文指出，社会主义公共财产是在社会主义生产资料公有制基础上的财产，在会计名词中称财产为资金，称财产所有制关系为资金来源，因而社会主义会计核算的对象，也可称为社会主义资金及资金运动。针对丁洪范（1957）重提会计核算的对象是社会主义再生产过程，张子伊（1958）撰文认为会计记录和监督的对象是资金及其活动状况，殷宗鄂（1958）认为会计的精神实质在于有意识地反映资金运动。葛家澍于1961年开始认同“资金运动说”，他在《关于社会主义会计对象的再认识》一文中总结到：最能确切表述社会主义会计对象的提法，是社会主义扩大再生产过程中的资金运动。80年代之后，“资金运动说”得到进一步发展并开始被广泛接受。葛家澍、黄忠堃（1980）撰文认为，社会主义会计的对象是资金运动。具体到企业，是经营资金运动。丁平准（1981）指出，资金是运动的，讲资金就一定要讲资金运动，因此会计的对象就是资金运动。之后，阎达五（1981）也支持“资金运动说”，阎教授指出“会计对象就是会计所核算和监督的内容。它可以从两个方面说明，一是从各会计主体会计对象的共同点来说明会计的一般对象；二是从各会计主体会计对象的特点来说明会计的具体对象。……会计的一般对象是社会主义再生产过程中的资金运动。……工业企业会计对象是工业企业再生产过程中的资金运动；商业企业会计对象是商业企业商品流通过程中的资金运动；事业、行政单位的会计对象是预算资金收支运动，即预算资金的领取和使用。这就是从各不同单位的特点说明会计的具体对象。"[①] 此后，邓延芳（1984）、朱小平、周明德、刘筱青（1988）等人在所编著的《会计学原理》教材中，均持“资金运动说”。

资金有广义和狭义之分，广义的资金是财产物资的货币表现，而狭义的资金仅指一定数量的货币；广义的资金运动表现为资金在社会再生产过程各个环节的分布及其变动，而狭义的资金运动则为货币资金在不同主体之间的流入和流出。由于货币是商品交换发展到一定阶段的产物，所以资金概念只能产生于货币出现之后。这样，无论是从广义上考察还是从狭义上理解，“资金运动说”均无法说明货币产生之前的会计实务。即使把会计实务聚焦于货币产生之后，“资金运动说”仍具有很大的片面性。这是因为，源于意识形态上的冲突而刻意用“资金”取代“资本”如今已无必要，而与国际会计惯例接轨的会计改革思路也已使苏联模式下的资金平衡表不复存在。虽说行政、事业单位出于预算控制需要还在强调“专款专用”原则，但与之相伴的“专户存储”要求却早已在相关会计规范中没了踪影[②]。在会计环境变化之如此巨大的现实情况下，基于特殊历史背景下的“资金运动说”，用以表述会计对象显然已不合时宜。

3. 价值运动说

“价值运动说”由吴水澎（1981）提出。吴教授认为会计对象可以被认为是经济活动过程中能够用价值量来表示的方面，并认为用可以用价值的量表示的方面作为会计的对象可以弥补“资金运动说”的不足。吴水澎、龚光明（1988）撰文指出会计的对象是价值运动的信息，会计反映的是价值运动的数量方面便是顺理成章的解说。林志军（1985）将会计对象的共性特征称之为“会计对象一般”，并认为在商品经济里表现为商品生产者的主体范围

① 阎达五．新形势下会计工作和会计科学面临的新课题［J］．财会通讯，1981（8）：85。

② 葛家澍教授在论及“资金运动说”时曾指出：“首先资金的提法可以避免使用资本这个当时认为只有资本主义才有的概念；其次以资金运动的静态和动态表现形式作为基础，可以较好地解释会计上的资金平衡表、利润表、成本表及其相互间的联系，从而为会计教材的编写，为我国计划经济模式下的会计实践，如‘专款专用’财务体制下会计问题的处理等，提供了较好的理论依据”。转引自：刘常青．中国会计思想发展史［M］．重庆：西南财经大学出版社，2005：187。

内的价值运动，在资本主义社会是作为个别资本运动，而在社会主义社会则表现为企业和其他单位的资金运动。王正德、张兆国、叶陈刚（1987）基于不同社会制度背景进一步指出："把会计对象的范围限定在价值运动方面，这并不意味着限制或削弱了会计可能发挥的作用，相反，这正是会计对象演化发展的客观要求，是经济管理学科统一与分化的必然趋势"，并认为"价值运动则是会计对象的一般。在资本主义条件下，价值运动表现为资本运动；在社会主义条件下，价值运动则表现为资金运动。"①

"价值"一词有两个不同的含义，当用以表示特定物品所具有的能够满足人们的某种需要时，所指的是物品的使用价值；而当用以表示由于拥有某种物品而可以换取其他有价值的物品时，所指的是该物品的交换价值。在人类社会发展的不同阶段，交换有着不同的目的和形式。在物物交换时期，交换的目的是为了实现物品效用上的余缺互补。如果把这种交换活动称之为价值运动，那么此种情形下的价值运动显然只是使用价值的运动。当交换的目的超越了效用调剂之后，以出卖而非自用为目的的生产、购买以及诸如有价证券买卖之类不涉及任何实物标的的交换，就均可成为商业社会的常见交换形式。仅就货币产生之后的商品买卖而言，无论是"为卖而买"，还是"为买而卖"，交换总是表现为物品与货币的互换，物品的价值也总是表现为一定数量的货币，并且当物品的归属发生变动时，总是伴有货币数量的增减。如果把这种交换活动称之为价值运动，那么价值运动就既涵盖使用价值的运动，又涵盖交换价值的运动。假如我们所考察的交换是纯粹的资金借贷以及诸如有价证券买卖等不涉及实物标的的产权买卖，那么运动中的价值就只剩下交换价值了。由于价值在不同历史时期有不同的内涵，所以会计对象就不宜以价值运动笼而统之。即使是基于现代会计实务考虑而把价值限定为交换价值，"价值运动说"亦有不当之处。这是因为，物品的交换价值对于交易双方而言有着不同的称谓，销售方称之为"价值"的东西，在购买方看来就是"费用"或"成本"。由于"价值""费用"和"成本"对会计来说都很

① 王正德，张兆国，叶陈刚．会计哲学概论［M］．昆明：云南科技出版社，1987：21。

重要以至于不能对它们厚此薄彼，所以如果会计对象可以被描述为“价值运动”的话，换个角度就可说成是“费用运动”或“成本运动”，这不就又回到了葛家澍教授 1954 年提出的“社会劳动耗费说”了吗？可见，“价值运动”亦不能囊括会计对象的真正内涵。

4. 产权说

“产权说”是产权会计理论所持的会计对象观。产权会计理论是基于经济学中的产权理论而产生的一个会计理论分支。其代表人物有伍中信、田昆儒等人。赵士信（1995）撰文指出：“只有‘产权’才可以成为真正的会计对象。所谓‘产权’，即指财产的所有权，它所表明的是特定的产权主体（个体或群体，自然人或法人）与其所属客体（被其占有和支配的财产）之间，主体对客体可以主张的那种权利。而这种权利所指的，就是社会经济关系中的财产关系。”[①] 田昆儒（2000）将产权理论指导下的会计对象，表述为产权及其运动中能用货币形式表现的方面。郭道扬（2004）也极力倡导产权会计观，并将会计对象概括为产权价值运动。

“产权”是财产权利的简称。新制度经济学家德姆塞茨（H. Demsetz）认为产权包括一个人或其他人受益或受损的权利。这句话可解释为，产权是界定人们如何利用自己的财产获取收益、如何避免自己的财产受损以及收益获取与损失补偿的原则。虽然产权因人对物的所有关系而产生并随以物为标的的人与人之间的交换关系的发展而发展，但产权经济学家对物品背后所隐藏的权利的关心，远远胜过对物品本身的关心。如在费雪（I. Fisher）看来，产权是享有财富的收益并且同时承担与这一收益相关的成本的自由或者所获得的许可，它不是有形的东西或事情，而是抽象的社会关系。产权经济学研究产权的目的，在于通过产权界定和产权的实施与控制，以实现对稀缺资源可能用途的测度、监督和保护。若由此认为会计的对象就是产权及其运动的话，不免有以偏概全之嫌。产权最基本的形式是所有权，而所有权源自于人对物的合法占有，并且也只有在人们失去对物的实际控制时才有必要通过某种形

① 赵士信. 会计对象之探讨［J］. 会计研究，1995（7）：14－18。

式展现这种权利。皮之不存，毛将焉附？所以在强调产权的重要性时，绝不能忽视其赖以产生的财产本身。从会计的角度来看，产权所展示的只是社会形态的财富，而自然形态的财富一直以来都是会计记录和会计控制的重要内容。从这个意义上说，“产权说”亦不能概括会计对象的应有内涵。

5. 财富说

“财富说”由“财产说”发展而来。谢步生（1980）认为社会主义的会计核算对象是社会产品及其扩大再生产过程的物质运动，社会产品是劳动生产物，一般叫财富。许义生（1989）较系统地论述了“财富说”，他指出：“会计的发展经历了一个由低级到高级，由不完善到比较完善的过程，实物财富会计与价值财富会计则分属于会计发展的低级阶段与高级阶段。价值运动只是对商品经济阶段特定会计对象的抽象，只有社会财富运动才是对自然经济阶段与商品经济阶段一般会计对象的抽象，也就是说，只有社会财富运动才可称为会计的一般对象。”并进一步指出：“会计以社会财富及其运动为其反映与控制的客体，是会计区别于其他经济核算形式的重要特征，把会计对象一般归结为再生产过程或经济活动，不指明会计对象所具有的特定实体，就抹杀了会计与其他经济核算形式的区别，同时也难以说明会计学与其他经济管理学的区别。”①

尽管“财富说”的倡导者对财富一词作了不同的诠释，如谢步生用以表示“社会产品”，许义生将其从“实物形态”扩展到“价值形态”，但是今天看来，那只不过是处于特定历史时期的人们，因研究视角的不同而对财富内涵的片面理解而已。财富是一个比财产、资金和产权更具丰富内涵的概念，按照《现代汉语词典（第 7 版）》的解释，财产是指“拥有的财富，包括物质财富（金钱、物资、房屋、土地等）和精神财富（专利、商标、著作权等）”。而财富是具有价值的东西。当我们把这里的价值理解为使用价值时，财富一词可涵盖会计产生以来诸如钱粮、物资、房屋、土地等具有实物形态

① 转引自：中国会计学会．中国会计研究文献摘编（1979～1999）：会计基础理论［M］．大连：东北财经大学出版社，2002：98。

的财产和诸如知识产权、商标等不具实物形态的权利性财产；而当我们把这里的价值理解为交换价值时，财富一词则可涵盖现代社会中由投资、借贷、结算和其他原因而形成的产权形式的财富（债务是对总财富的抵减）。财富本是一个经济学概念，用以泛指一切经济物品。受费雪、坎宁等经济学家的影响，包括财富在内的诸如财产、资本、收益和成本等概念，也被用以解释会计现象。如首先提出会计对象的德国会计学者塞尔，就明确指出个别经营的财富的循环是会计的对象。在钱伯斯（1961）所列举的40条会计假设中，财富一词或被用于表述假设，或被用于解释假设的就达27处之多。台湾学者朱国璋（1976）对钱伯斯所提的40条会计假设进行分类后认为：第12~23条可归结为“财富及其环境之影响”，所做的解释是“人借由财富满足其欲望，因而会有尽力占有、扩增财富的动力。又因财富的稀有和欲望的无穷，制定各种规则及其他约束，来限制对财富的支配。会计记录可以反映财富的配置使用、增值和分配情况，以及对财富的支配权利”；第24~32条可归结为“交换及市场情形”，并解释为“财富创造和增值活动，通过交换和生产来完成。……交换的价格和货币的购买力时时变化，掌握和使用财富具有风险。会计记录为估计交换行动的后果提供了依据，由此可调整经济活动”；第33~40条可归结为“财务状况之报道”，并解释为“组织财富创造活动的最终目的是为了获取更多的财富。会计记录除了反映财富创造过程之外，更需要反映财富的来源、权属状况。通过货币这个统一转换媒介，财富的积累、增值和分配集中地体现在报表之内。”① 杜兴强（2005）在评说钱伯斯的会计假设时认为，钱伯斯的假设体系的独到之处是以人为切入点，抓住会计记录在人创造和分配财富过程中的不可或缺性，渐次展开对有关人的经济活动和会计活动的基本认识。在钱伯斯看来，企业以及记录企业经济活动的会计处理，只不过是人获取更多财富的手段和工具。上述引文虽说是有关会计假设的研究，但其中对财富一词的广泛使用和对会计记录作用的说明，可以说也是对会计对象的阐释。由于财富一词可纵贯不同历史时期、横跨不同社会制

① 杜兴强，章永奎．财务会计理论［M］．厦门：厦门大学出版社，2005：63-66。

度，所以“财富及其变动”更适合在一般意义上概括会计的对象。下面从账户演进视角对其作深入分析。

## 三、账户演进视角下的会计对象

会计账户是会计记录的载体。从早期的“物名”账户设置，到产权发展到一定阶段的“人名”账户设置，再到出于损益计量目的的“虚”账户设置，会计账户设置及其记录内容的变化，无不反映财富内容及其形式的演变。由此，本书认为可从账户演进视角考察会计的对象及其演化发展。

1. “物名”账户设置与财富的自然形态

物名账户是最早甚至可以说唯一的账户形式。史书记载的西周初年用牲记录、秦朝官厅用以记录各种粮谷和钱币的“籍书”、《居延汉简》中的“肉簿”与“腊肉钱簿”、《吐鲁番出土文书》中唐天宝十三年（公元 754 年）的“交河郡郡坊草料账”、宋朝官厅所设置的“入库簿”与“出入物料簿”；古埃及早期官厅记录官所登记的“日记簿”和托勒密王朝时期（公元前 305 ~ 前 30 年）所编制的“牲畜清单”与“国王房产和花园清单”，古印度孔雀王朝时期（公元前 4 世纪 ~ 公元前 2 世纪）所设置的各种名目的税收账和支出账，等等，大量会计史料表明，在会计发展的很长时期里，“物名”账户一直是会计最重要的账户形式。

纵观会计的早期发展，无论是家庭用以维持生计的衣食住行所需，还是国家用以维护皇族统治的兵马粮草之用，能为人们所关注并应由会计予以记录、控制和报告的，只能是那些能够满足组织或个人需要并具有一定实物形态的自然物或人造物。在私有产权制度下，归属于特定组织或个人的自然物或人造物，常常被称之为财产。随着社会生产力的发展，财产的内涵不断扩大，物名账户也随之不断地演化和发展。现代会计中的库存现金、库存材料、低值易耗品、库存商品和固定资产等反映实物财富的账户，均是早期物名账户发展演化的结果。财产是财富的基本内涵，所表征的正是自然形态的财富。因此，物名账户可看作是记录自然形态之财富的账户。

2. “人名”账户设置与财富的社会形态

人名账户是会计发展到一定阶段的产物。会计发展进程中出现过两种不同性质的人名账户：一是用以反映责任关系的人名账户；二是用以反映产权关系的人名账户。第一种性质的人名账户早在公元前3100至公元前2686年就已经出现，如在古埃及第一、第二王朝时期，对国库财物的核算，就要求除按财物名称设置分类账户之外，还要按保管人设置人名账户。这种从属于物名账户的人名账户，可以说是最初形式的责任会计，其设立的目的是为了明确财产保管人所肩负的受托责任；第二种性质的人名账户，在公元前后的古罗马金融业已达到相当高的水平，这一因物的归属发生变化而产生的人名账户，可以说是最初形式的产权会计，其设立的目的无非是为了明确借贷关系人的权利与义务。

借贷就其本质而言是基于偿还承诺的暂时性财富让渡。以借入人做出偿还承诺为前提的暂时性财富让渡，使财富的所有权与占有权（或使用权）发生了分离，从而使自然形态的财富因被赋予了社会属性而产生了社会形态的财富。借贷关系中的每一权益主体，无论是出借人还是借入人，其所拥有的自然形态的财富与社会形态的财富，总是存在着此增彼减的数量关系。社会形态的财富是一种权益财富，即因人对物的占有关系发生改变而产生的反映人与人之间权利与义务关系的观念财富。为使这种形态的财富不致因遗忘或其他原因无端丧失，出借人有必要通过设立“人欠”账户对其增减变化进行记录；为使这种形态的财富不致因疏于管理而污损信用，借入人就有必要通过设立“欠人”账户对其增减变化进行记录。这些用以反映借贷关系中“人欠”与“欠人”的人名账户，正是产权关系的最初体现。随着产权关系的进一步发展和产权形式的日益复杂，人名账户开始沿着分化与合并这两种截然不同的路径演化和发展。现代会计中的银行存款和其他货币资金（存放于金融机构的货币财富）、预付账款、应收账款、其他应收款、短期投资、长期投资、银行借款（来自于金融机构的货币财富）、预收账款、应付账款、其他应付款、应付债券和实收资本等账户，均是早期“人名”账户的演化结果。产权也是财富的基本内涵，所表征的正是社会形态的财富。因此，“人名”账户可看作是记录社会形态之财富的账户。

3. “虚”账户设置与财富的变化

“虚”账户是相对于反映自然形态之财富的“物名”账户和反映社会形态之财富的“人名”账户而言的。虚账户一词最早可能由希斯（Sheys，1818）提出，他在《美国簿记员》一书中把账户分为三类：“实账户用来核算资产；人名账户用来核算与有交易往来的人的债权债务；虚账户是人为创造的用于核算损益和利息等项目的账户”（Sampson，1960）。数十年之后，托马斯·琼斯以及其他学者明确界定了虚账户和实账户之间的区别。[①] 我国著名会计学者潘序伦在《高级商业簿记教科书》中，对“虚账”所做的定义是“表示商品买卖及营业损益之各账”。由于损益是收入与费用的差额，所以虚账户又进一步被分为收入和费用两类账户。

“虚”账户是物名账户的演化结果，其出现时间至少可以追溯到复式记录鼻祖卢卡·帕乔利所处的时代。因为《簿记论》就曾提到“营业费用”“家务费用”“非常费用”“收入”“收入和费用”等形式的虚账户。《簿记论》第22章写道：“之所以要设立‘营业费用’账户，是因为你不能将任何细小的项目都记入商品账户。……假如你分别为其（指支付搬运工、过磅员、包装工、船员、驾驶员等雇工的报酬）设立账户，那就会过分繁琐而且得不偿失。……你雇用他们在港口装卸不同的商品，并且一次付清所有的劳务报酬，但显然无法毫不费事地将这些费用分别计入各种不同的商品账户中去。因此，你应该设立一个称为‘营业费用’的账户。”[②] 不难看出，“营业费用”是物名账户——即商品账户的演化结果。在该章的后半部分和第25章，帕乔利还论述了用以记录柴米油盐等家务耗费、海难火灾等非常损失、娱乐耗费、社交馈赠等其他收支的“家务费用”“非常费用”和“收入”账

① 参见：加里·约翰·普雷维茨，巴巴拉·达比斯·莫里诺．美国会计史［M］．杜兴强，于竹丽，等译．北京：中国人民大学出版社，2007：57－58。

② ［意］帕乔利．簿记论［M］．林志军，等译．上海：立信会计出版社，2009：57－58。

户的设置。不过那个时代的“收入”，还仅限于礼品之类的非经常性营业性收入。

“收入”是“收”和“入”的同义叠加，“费用”是“花费”和“耗用”的同义叠加。“收”与“付”和“入”与“出”，是人们较早使用的两对记账符号，在单式簿记时期，由于“收”和“付”、“入”和“出”的对象正是那些反映财富自然形态的财和物，因而以“收”与“付”和“入”与“出”作为记账符号的单式会计记录，反映的正是实物财富的增减变动。复式簿记产生之后，自然形态与社会形态之财富的增减变动，除了可通过“物名”和“人名”账户的借、贷两方得以完整反映之外，还可通过专设的具有统计性质的“收入”和“费用”予以总括反映。基于复式记账机理而产生的“收入”和“费用”账户，因其所反映的财富变化在结账时因已转至“人名”账户而无余额，故而浪得“虚”名。正如潘序伦先生所言：“在结账之日，已无该项实物（此处为所售商品，笔者注）之存在，不过将经过情形，以为统计已耳”。有了“收入”和“费用”这种“虚”账户，人们对组织运营成果——即净财富变动的测度，就不必再拘泥于事先的实物盘存。除了人们熟知的损益类账户之外，现代会计中的“待摊费用”“长期待摊费用”和“递延收益”等账户，其实也是“虚”账户的一种。因为这些由复式平衡机理、权责发生制确认基础、收入实现和费用配比原则所产生的账户，亦是反映财富的增减变动并具有过渡性质的账户，只不过所反映的财富增减不能归属于“当期”而已。总之，所有“虚”账户均可看作是记录财富之增减变动的账户。

综上所述，现代会计中的资产、负债、所有者权益（净资产）、收入和费用账户，无非是反映自然形态之财富的“物名”账户、反映社会形态之财富的“人名”账户以及反映财富增减变动的“虚”账户历经数千年的演化结果。由于财富一词可纵贯不同历史时期、横跨不同社会制度，所以“财富及其变动”更能在一般意义上概括会计的对象。由此，账户演进视角下的会计对象，可表述为会计主体的财富及其变动。

# 第三节　会计职能理论

会计职能是关于会计“干什么”这一基本理论问题中的“干”。会计是一个人造系统，会计“干什么”决定了会计“是什么”，进而又反过来决定会计“怎么干”才能实现人们创建这一系统意欲达到的目的。由此，正确认识会计的职能，既是人们正确认识会计本质即会计“是什么”的前提，也是人们设定会计目标即确立会计职能发挥程度的基础。会计服务于社会组织运作，会计职能界定了会计在社会组织运作过程中的职责范围和会计人员的工作内容。尽管会计工作的外在形式无不表现为对微观社会组织的财富及其变动的记录、控制和报告，但由于处于不同时代、不同制度背景和不同生产技术条件下的人们意欲借助会计所要管理的财富内容和形式并不相同，加之会计机构和会计人员在不同组织中所能发挥的作用存有很大差异，所以人们对会计职能的认识，时至今日仍存有较大的分歧。既然会计服务于社会组织运作，那么基于社会组织运作过程中不同利益相关者的财富管理视角，也许能够在会计职能问题上获得更为全面、系统的认识。

## 一、会计职能的代表性观点回顾

对会计职能问题的研究，中、西方会计界可谓是冰火两重天。尽管佩顿（1922）、利特尔顿（1953）等西方会计学者在其研究中也曾涉及会计职能问题，如佩顿在《会计理论》中认为会计的职能就是记录、分类、整理与提供价值的数据，以便（主体的）所有者和代表（即管理者）在处置时能周全地使用资本（陈国辉，2007），利特尔顿在《会计理论结构》中认为探求真相和反映真相是会计职能的重要部分，会计师的基本责任是要为证明事实真相而付出审慎的努力（劳秦汉，2002），但美国以及受其影响的整个西方会计界，却在实用主义哲学的指导下，围绕会计规范的制定而将会计理论研究先后聚焦于会计假设、会计目标和财务会计概念框架，因而在会计职能研究方面所能取得的成果也就少之甚少。与西方会计理论研究状况截然不同，受苏联会计理论研究的影响，我国会计界早在20世纪50年代就展开了会计属性、会计对象、会计职能和会计本质等基本会计理论问题的探讨，其中有关会计职能的研究，还在70年代末到80年代初达到高潮。从“一职能说”“二职能说”，到五花八门的“多职能说”，学术争论可谓异常激烈，理论成果可谓格外丰硕。

1. 一职能说

“一职能说”主要关注会计在提供信息方面所能发挥的作用。如谈惠（1963）认为会计工作只有反映职能，王正德（1988）认为会计的唯一职能是提供信息。谈惠提出“一职能说”的社会背景，既是“会计工具论”在苏联和我国会计界风靡之时，也是“大跃进”之后我国会计工作开始恢复之际。“大跃进”时期，我国会计界曾一度出现过取消会计监督的倾向，“彻底放权、大力简化”的错误方针在事实上造成了会计秩序的空前混乱和会计监督职能的严重削弱（王建忠，2003），时值国民经济和会计工作恢复时期，无论是出于宏观社会管理，还是出于微观组织管理，强调会计核算或者说反映职能，显然比关注会计的控制或监督职能更为迫切，所以谈惠将会计职能描述为“反映”虽说不无片面，但基于当时的会计环境考虑，应当说还是比较符合会计的现实需要。王正德在论述会计职能的唯一性时，正值“信息系统论”和“管理活动论”激烈争论、会计职能内涵不断扩大之际。中共十一届三中全会之后我国经济建设和会计工作的全面恢复，既为会计理论研究营造了宽松的学术氛围，也为会计作用发挥搭建了广阔的展示舞台，由此会计职能的“三职能说”“四职能说”“五职能说”“六职能说”乃至“七职能说”“八职能说”等不同观点相继涌现。在此背景下，指出盲目扩大会计职能外延的不良后果将使会计“该管好的没管好，不该管的也去管了”，并由此将会计的唯一职能限定为“提供信息”，应当说不无时代意义。

2. 二职能说

“二职能说”源于马克思关于会计（簿记）是“过程的控制和观念的总结”的著名论断。在我国20世纪80年代的会计理论研究中，持“二职能说”的学者可谓人数最多。然而，由于对马克思原话翻译和理解上存有差异，“二职能说”在具体表述上却是分歧巨大，其中以“反映监督论”“核算监督论”和“反映控制论”最具代表性。

“反映监督论”和“核算监督论”深受苏联会计理论的影响。列宁在《国家与革命》《怎样组织竞赛?》等著作中所提到的核算（计算）与监督对于防止资本主义复辟、建设社会主义所发挥作用的论述，为苏联会计界有关会计职能、会计本质的认识奠定了基础（王德礼、杜建菊，2006）。在1955年我国出版的由苏联马卡洛夫和别洛乌索夫合著的《会计核算原理》中，会计核算（又称会计和簿记）被描述为在完成国民经济计划的各个部门中反映和监督经济活动的方法。这可谓是“反映监督论”的渊源。对会计“监督”职能的强调在我国还有其特殊的历史背景，1978年国务院颁发了《会计人员职权条例》，《人民日报》在其发表的评论员文章中，针对“文化大革命”期间曾出现的“只讲会计服务、不提会计监督”，指出会计具有反映经济情况、监督经济活动、促进经济发展等方面的作用，促进是反映和监督的结果，反映是为监督和促进提供系统、完整的资料（陈国辉，2007）。此后，会计工作在经济管理中的地位和作用、会计监督的职能和作用便得到了理论界的高度重视，“反映”和“监督”也成了会计职能的经典表述。改革开放后，我国会计立法被提到了议事日程，在起草会计法的过程中，考虑到“反映”只包括事后而“核算”则包括全过程，并且“反映”比“核算”小，所以选择了以“核算”和“监督”作为会计职能的官方表述并据以建立会计法的整体框架体系（杨纪琬，1984）。之后，杨纪琬在《关于“会计管理”概念的再认识》一文中，进一步论述了核算与监督的关系，认为核算和监督是会计的两大基本职能，离开了核算就无所谓会计，监督也无从谈起，它是整个会计工作的基础，而离开了监督，会计也就失去了生命，它是整个会计工作的灵魂。自此，“核算监督论”便成了会计“二职能说”的主流观点。

对“过程的控制和观念的总结”中的控制的不同理解，使“二职能说”中还出现了另一代表性观点——“反映控制论”。在葛家澍（1980）主编的《会计学基础（修订本）》中，对会计职能的表述是反映和控制，并认为会计监督是一个相对独立的控制职能。葛家澍、唐予华（1983）在论及反映与控制的关系时指出，会计的主要职能是反映和控制，反映是基本的和第一位的，只要有会计就会有反映，如果失去反映的作用，所谓会计控制就无从谈起，会计也就不存在了。在《会计的基本概念——一个以提供财务信息为主的经济信息系统》一文中，葛教授进一步指出，从会计产生的时候起，不论它原来是生产的附带工作或是后来由于分工变成了一项专职工作，它总是反映的职能。随着生产的发展和人们对会计信息的充分利用，它又起着控制（包括监督）的职能，反映和控制是会计的两项基本职能。

在“二职能说”的其他表述或解释中，李宝震（1982）认为反映和监督两个职能，实际上已经包含核算、计划、保证、促进、分析、检查等许多功能的含义（陈国辉，2007）。郝振平（1982）将会计的职能分为基本职能和具体职能，并认为基本职能是指会计的管理职能，具体职能分为预测、计划、反映、控制、分析和组织职能；朱鸣皋（1983）将会计的职能归纳为反映和管理，并认为管理职能包括会计工作组织（分工、协作、协调）、控制、监督、预测、决策，反映职能指处理信息（包括分析）。郭道扬（1989）在论及会计的两大基本职能时指出，会计的反映职能包括会计的计量、记录、分类核算、分类检查与分类编报等内容，会计的控制职能包括会计预测、决策、计划、设计、分析及会计监督等内容，并认为控制是目的，反映是为达到会计的控制目的服务的，控制是以反映所提供的会计信息作为依据的，反映是进行会计控制不可缺少的基础。

3. 多职能说

“多职能说”主要受内涵不断扩大的“二职能说”“会计管理思想”和“管理活动论”之会计本质观的影响。改革开放后我国会计工作的全面恢复，使会计人员的地位和会计人员在组织运作管理中所发挥的作用日益增强，“会计管理”概念的适时提出和会计本质问题上的长久争论，使人们对会计的职能有了新的认识，进而出现了包罗万象的“多职能说”。如姚树人（1982）提出了计算过去、控制现在和预测未来是会计的三个职能；裘宗舜（1987）将会计职能归纳为计量经济效益，收集记录经济事项，传递财务、成本信息，分析预测、参与管理和决策四个方面；而在众多的“六职能说”中，徐政旦（1982）认为是预测、反映、控制、监督、挖潜和决策，林万祥（1982）认为是反映、监督、预测、控制、分析、参与经济决策，李天民（1983）认为是会计规划、会计制度、会计核算、会计控制、会计分析和会计检查，孔祥桢（1983）认为是反映、分析、决策、预测、控制及监督”，阎达五（1985）概括为预测经济前景、确定经济责任、反映经济情况、控制经济活动、促进经济发展和监督经济业务，成圣树（1985）在继承“核算监督论”的基础上又增加了预测、决策、控制和分析。进入21世纪之后，尽管会计职能问题已不再是理论研究的热点，但“多职能说”仍被一些会计学者所推崇。仅就会计原理类教材中所出现的“五职能说”而言，赵宝柱（2004）认为会计的基本职能是核算和监督、其他职能是会计预测、会计决策和会计预算（计划）；伍中信（2004）将会计的基本职能表述为反映和监督、将会计的扩展职能表述为预测、决策和计划；葛家澍（2006）将会计的职能表述为反映经济活动、控制经济活动、评价经营业绩、参与经济决策和预测经营前景。

从“一职能说”到“二职能说”，再到表述各异的“多职能说”，既是改革开放后会计机构和会计人员在组织机构中的地位日益增强、在组织运作管理中的作用日益显现的结果，也是理论界对会计职能、会计本质等会计基本理论问题认识日益深化的体现。“二职能说”的主要分歧源于人们对“反映”与“核算”、“控制”与“监督”内涵的不同理解，以及对它们之间关系的不同认识；而不同形式的“多职能说”，则在很大程度上源于人们对“管理职能”的不同理解和对会计人员所能发挥作用的过度寄予。“会计管理”概念的提出，把人们对会计职能的认识引向了组织管理视角。然而，如同其他重要理论问题一样，“管理职能”也是管理学界长期争论的一个话题，从法约尔（1916）的“计划、组织、指挥、协调和控制”，到孔茨的“计划、组织、人员配备、领导和控制”，再到“分析”“预测”“决策”和“创新”的提出，人们对管理职能的认识也是莫衷一是，进而不可避免地会对会计职能的研究产生影响。

## 二、社会组织运作与会计的职责

社会组织运作中基于内部专业化分工而设立的财务（会）部门，其业务活动表现为既要对组织的货币性财富进行保管，又要在组织的授权范围内代表组织办理货币资金收付；其管理活动表现为既要对组织过去的财务业绩进行分析评价、对组织未来的财富变动进行预估测算，又要在职权范围配合相关部门对组织运行中的财富变动实施控制；其信息活动表现为既要对已经发生的交易事项进行系统、有序地记录，又要对记录的结果按照不同利益相关者的财富管理需要进行适当地分类、汇总并进行有差别地报告。从财务（会）部门的日常工作内容来看，作为组织内部机构的财务部门，其实担负着“财务”“会计”和“出纳”的职责。其中，财务预测、财务预算、资金筹集、资金投放、绩效评价和盈余分配等，当属财务的职责；货币资金收付和库存现金保管，当属出纳的职责；而对证明经济活动的单证进行审核，对经济活动的财富影响进行记录，以及根据记录结果提供有针对性的报告等，则是会计的职责。可见，要正确地界定会计的职能，首先还应就财务与会计、会计与出纳之间的关系有一个正确的认识。

1. 社会组织运作中财务与会计的关系

一般而言，财务侧重于对组织活动进行财务筹划和对组织运行绩效进行财务评价，而会计侧重于对经济活动的财富影响进行记录和报告。作为组织管理活动的一个重要组成部分，财务活动的开展，需要会计为其提供信息；而财务意图的贯彻，也离不开会计的密切配合。试想一下，如果不进行相应的会计处理，意欲达到特定财务评价目的而惯常被运用的盈余管理、财务报告粉饰乃至虚假财务报告等手法，将如何得以实施又怎能不被发现？毫无疑问，将财务与会计同设为一个机构并由财务领导会计，更有利于财务活动的开展和某些财务意图的实现。然而，组织机构设置上的归并，绝不意味着财务与会计具有相同的职责并发挥同样的作用。财务有别于会计，这一点早已由古典组织理论家亨利·法约尔在《工业管理与一般管理》中作过论述。法约尔把企业的全部活动分为技术活动、商业活动、财务活动、安全活动、会计活动和管理活动，其中的财务活动包括筹集和最适当地利用资本，会计活动包括财产清单、资产负债表、成本和统计等，而安全活动则包括保护财产和人员（郭咸纲，2004）。财务与会计所肩负职责的不同，从财务部门的内部机构设置及其发展态势就可窥见一斑。在“大财务”观念，被冠以“会计处”“会计科”“会计中心”和“核算中心”等称谓的职能科室，与被冠以“投融资处”“理财科”等称谓的职能科室，在实务中之所以常常作为财务部门内部的并行科室，原因就在于财务与会计肩负着不同的使命。财务与会计在现代大型工商企业集团、金融组织中日益呈现出的这种分离态势，应当说为我们认识现代组织运作中财务与会计的关系并界定会计的职能，提供了坚实的实践基础。

2. 社会组织运作中会计与出纳的关系

出纳是“出”与“纳”的合义词，意指实物财产的收付与保管。现代意义上的出纳（cashier），仅限于货币资金的收付和库存现金的保管。组织内部专司于货币资金收付和库存现金保管的出纳，与专司于库存物资收付与保管的仓管员，其实肩负着同样的职责并发挥着同样的作用。按照法约尔的说法，这二者同属组织的安全活动。出纳与会计所肩负职责的不同，其实早已为古人所知。《周礼·天官·冢宰》所记载的我国西周王朝的组织机构设置中，“司会”之下的“司书”和“职币”，实质上就是现代意义上的会计和出纳。随着以银钱保管、金银兑换、资金借贷、异地结算为主要业务的金融组织的出现和相关信用、汇兑、结算制度的发展，经济组织只需保持少量的库存资金就能满足日常经营上的需要；并且，当纸币取代金属货币成为法定货币之后，储存这种观念上的货币也就只需很小的物理空间。维持日常运营所需货币数量的大幅减少和保存必要数目货币所需物理空间的大幅缩小，使得专门设置仓储性质的“出纳”已无必要。当人们意识到通过缩短出纳与会计的空间距离可使会计在完成对经济业务的审查和记录后便可立即交由出纳办理货币资金的收付时，规模较大的经济组织就可能率先将出纳与会计合并为一个组织机构。这种由机构设置变化所带来的业务流程优化，必将随着组织规模的日益扩大和组织间的相互仿效而变得日益盛行。出纳与会计“合署办公”

的结果，将使原本应由出纳与会计分别记录货币收付的双重记账惯例，简化为仅由出纳单独进行序时逐笔登记。换句话说，出纳与会计在机构设置上的归并，使得出纳所登记的日记账可用来替代会计对货币资金收付的相应记录。试想一下，为什么现代组织对原材料、库存商品等有形物资的收发需要会计与仓管员分别予以记录而对货币资金的收付却只由出纳独自进行记录呢？其中的可能原因，应该是基于复式记录内在平衡机理的总账与日记账的定期核对、现金日记账与库存现金的逐日核对，以及随机性查库盘点等内部控制制度的建立，可有效地防止出纳通过虚构收付记录侵吞现金。出纳与会计所肩负职责的不同，还可从内部控制视角加以说明。内部控制理论所强调的岗位分离，最为基本的要求之一就是记录与收付的分离，就货币资金业务而言，也就是会计与出纳的分离。由此可见，为了正确界定会计的职能，还应当将“大会计”观念下的会计与出纳予以分离。

3. 社会组织运作与会计的职能

“职能”是对“功能”（function）一词的变称，意指某一职业活动特有的功能，其中的“职”是指职位、职责，而“能”则有功用、功效之意。就会计职业而言，会计职能应当是组织系统中的会计部门及其会计人员所担负的职责和所能发挥的作用。会计是一个人造管理系统，人们构造这一系统的目的，无非是要从财富管理的角度确保组织目标的实现。尽管组织的性质和规模不同、组织的结构和运作模式各异，但作为组织管理的一个子系统，会计机构和会计人员却承担着几乎相同的工作、发挥着几乎相同的作用。不同组织中的会计机构和会计人员所担负的那些具有共性的职责及其所能发挥的共同作用，才称得上是会计的职能。

在识别不同组织中的会计机构及其会计人员的共性职责和共同作用时，我们既不能因为某些组织的外部利益相关者更多地关注会计报告而把会计的职能仅仅局限于“提供信息”或归结为“反映”，也不能因为某些会计人员经常承担预测、决策、分析、评价等方面的工作而将财务管理方面的职能误以为是会计的职能，更不能因为会计学隶属于管理学而将管理的职能随意嫁接于会计，或是因为组织管理需要会计人员的广泛参与而把管理层寄予会计人员的厚望强加于会计，导致会计的职责无边无界。除了提供信息，会计既非“别无所能”，也非“无所不能”。将会计的职能仅仅局限于提供信息，会计应有的作用将难以充分发挥；但盲目扩大会计职能的内涵，其后果不是因会计机构或会计人员“越俎代庖”而引发更多的内部矛盾，便是因其肩负过多的职责而疲于奔命以致“该管好的没管好”。

既然会计产生于社会分工、服务于人们的财富管理，那么基于组织的协同运作划定会计的职责范围、基于利益相关者的财富管理需要探寻会计的功用，也许更能获得关于会计职能的正确认识。如果我们从专业的角度把“财务”与“会计”分开、把“会计”与“出纳”分离，那么财务部门中能够归为会计职责范围的，就应是对证明经济活动合法、有效性的会计凭据进行审查，依据合法、有效的会计凭据记录经济活动的财富影响，依据会计记录结果针对不同利益相关者提供差异化会计报告。当我们把系统、有序地记录经济业务的行为称为会计记录，把提供会计报告的行为称为会计报告，把会计人员审查经济业务、针对不同使用者确定会计报告内容以及利益相关者利用会计记录和会计报告进行财富管理的行为称为会计控制，那么社会组织系统运作与会计职能的逻辑关系，就可用图 4－1 予以描述。

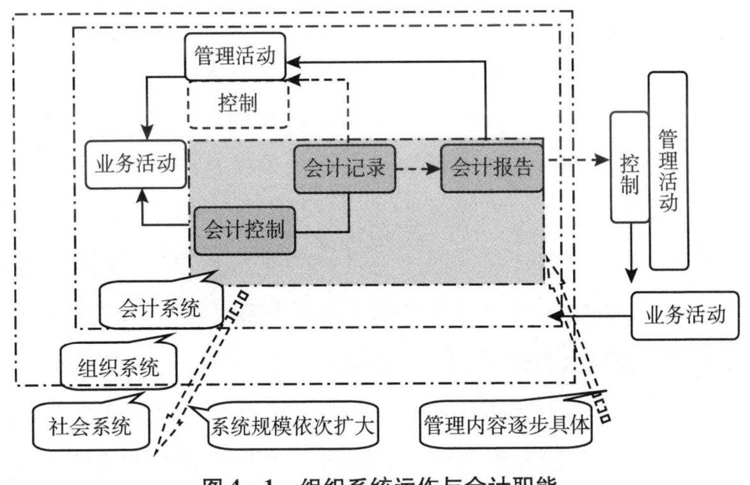


**图 4－1　组织系统运作与会计职能**

图4－1中，从特定组织系统中的会计子系统向外依次扩展，经过组织系统到更大、更高层次的社会系统，随着系统规模的逐步扩大，与特定组织存在利害关系的社会主体越来越多，相关社会主体所关注的财富范围越来越广，但利益相关者与特定组织中的会计系统的密切程度却越来越小。在诸多的利益相关者中，组织内部的业务人员和各级管理人员，利用会计系统所提供的基于特定管理主体的会计报告，在职权范围内对组织运行过程实施控制，对组织成员的业绩进行考核，并对组织的运行效率和效果进行评价；组织外部的出资者和债权人，借助会计系统所提供的通用目的或特定目的财务报告，结合其他方面的信息制定具体的投融资和信贷决策，以实现财富的保值和增值；作为社会监管机构的相关政府部门，利用社会组织所提供的财务报告和从其他渠道获得的信息，或从行政管理的角度评价监管政策的执行效果，或从施政的角度确定政府参与财富分配的强度。总括而言，不同利益相关者出于财富管理需要而对组织系统之中的会计子系统的期望，不外乎系统和完整的会计记录、相关和明晰的会计报告以及适时和有效的会计控制。

## 三、利益相关者财富管理视角下的会计职能

社会组织是不同利益相关者的联结纽带。组织的不同利益相关者，既向组织贡献资源，又向组织索要回报。利益相关者向组织贡献资源的多少以及贡献资源的方式和方法，利益相关者从组织获取财富的依据以及获取财富的手段和多少，无不对组织财富管理的效率和效果以及对会计所能发挥的作用产生影响。虽说会计存在于不同社会组织之中并服务于不同的组织运作目的，但就会计在满足人们财富管理方面所能发挥的作用来看，我们还是能够从不同利益相关者的财富管理视角，获得会计这一人造系统应当具备的基本职能。

1. 外部利益相关者视角下的会计职能

不同的组织实体有不同的利益相关者。现代企业组织的投资者、债权人、人力资源供给主体和政府监管机构；政府组织的上级主管部门和社会公众等，都是常见的外部利益相关者。对于所有不能直接控制组织财富及其变动的外

部利益相关者而言，满足于各自财富管理需要而意欲会计系统所能发挥的作用，不外乎希望会计能够提供相关和明晰的财务（会计）报告。组织外部利益相关者的会计报告需求，就以提供公共产品和公共服务为目的的公共部门组织而言，通常源于公权行使所需要的强制性财富分配；而就以营利性为目的的企业组织而言，则源于私财让渡所产生的契约性财富管理。(1) 就强制性财富分配所产生的会计报告需求而言，当社会成员为获得公共产品和公共服务而建立起政府组织之后，为其提供公权行使所需要的物质财富便成了社会成员的基本义务。这种以公权行使名义所进行的财富分配，是一种基于法律、法规的强制性财富分配，并且分配的强度既取决于政府及其所属机构正常运作所产生的财富需求，也受制于社会成员有能力的财富供给。为使政府及其所属机构能够在法律的约束下针对特定个体“公平地”获得公权行使所必需的财富数量，立法机关就会强制要求相关社会组织向政府及其代理机构提供据以实施强制性财富分配的会计报告。(2) 就自愿性财富让渡所产生的会计报告需求而言，当组织外部资源提供者将所拥有或控制的财富让渡于特定企业之后，财富的所有权与使用权便发生了分离。这种分离使财富所有者在失去财富使用或支配权的同时，获得了对组织运作施加影响并分享财富增值的权利。在市场高度发达、资源自由流动的现代商品货币经济中，财富所有者管理财富的方式，显然已不再拘泥于财富的物质形式。换句话说，人们对财富的关注，更多地是以货币度量的财富的量的增减而非财富的物质形式及其具体分布。如在期指投资中，人们关心的是由指数涨跌所产生的财富盈亏而非指数背后的财富标的。当组织的外部利益相关者，更多地把注意力集中于以货币度量的财富数量增减并确信任何利益相关者都不能随意或独自主张所拥有的财产权益时，其对自身财产权益的关注，就会由会计发展早期的财富个别和物质形态，转化为财富的共有和观念形态，这也就使得组织的外部利益相关者，只需或只能借助于会计报告，间接地实施财富管理。概而言之，组织的外部利益相关者，无论是基于公权行使所产生的财富分配，还是基于私财让渡所产生的财富管理，均寄希望于会计为其提供相关和明晰的会计报告。从这个意义上说，会计报告最能表达组织外部利益相关者视角下的会计职能。不过需要说明的是，由于强制性财富分配只可能出现于公权组织产生之后、自愿性财富让渡只可能出现于社会富裕到一定程度之后，因而会计报告只能是会计发展到一定历史阶段之后才出现的职能。

2. 内部管理者视角下的会计职能

当我们把观察视角从组织的外部利益相关者移至组织内部的各级管理人员时，会计系统所能发挥的作用便被赋予了新的内涵。大型组织在管理上所需要的分工与协作，使得财富（财产）的管理权与使用权，在组织内部随着管理级次的延伸而层层分离，从而使处于委托代理链条上的各级管理人员，既要借助会计报告解脱其对委托人所肩负的受托责任，又要借助会计报告和会计记录行使对其代理人的监督和控制权利。如就企业组织的最高管理层而言，其对外所承担的财产受托责任，迫使其要借助会计报告展示其所掌控的组织在财富管理方面所取得的成就，并以此获得相应的管理报酬和社会评价。会计报告在解脱管理层受托责任方面所发挥的作用，无疑将使组织最高管理层视会计报告为会计的一项基本职能。为使具有自利性倾向的各下级代理人，在保管财富时不"监守自盗"，在承办业务时不"假公济私"，"开源"而不"截流"，从而使组织运行能够取得良好的绩效，使会计报告能够揭示实际运行结果，追求最大管理报酬和谋求良好社会评价的最高管理层，就需要建立内部控制制度和内部报告机制，实现对组织运行过程的监控、对组织成员业绩的测度和对组织绩效的干预。由授权与经办、保管与记录等一系列不相容职责相互分离所产生的会计部门与其他业务部门之间的相互牵制机制，将使会计系统成为组织系统中的一个基本控制单元，并对组织的财富变动及其信息传递，实施一定程度的干预和控制。这样，最高管理层视角下的会计系统，就会超越于经济信息系统而变为财富控制系统，从而使会计职能也会由会计报告扩展至会计控制。由于会计系统能够基于不同层次的管理单元、针对不同利益相关者提供差异性会计报告，所以相对于外部利益相关者而言，组织内部各级管理人员对会计报告职能的认识，就会从基于组织整体的通用目的的对外报告，扩展为基于组织内部不同管理单元、具有特殊目的的对内报告，从而使其对会计报告职能的认识，较之外部利益相关者更具丰富的内涵。由于管理层不仅可以通过创建内部牵制制度以发挥会计系统的财富控制功能，而且还可通过虚构交易、授意会计部门改变会计政策等不当手段发挥会计系统的信息控制功能，所以内部管理人员视角下的会计控制职能，还可能把控制的范围由对财富的控制扩展到对信息的控制。由此决定了组织内部管理者视角下的会计职能，除了会计报告之外还有会计控制。由于会计的财富控制只可能出现于会计机构独立设置之后、会计的信息控制只可能出现于财富所有权与经营管理权分离之后，因而会计控制也只能是会计发展到一定历史阶段之后才出现的职能。

3. 会计人员视角下的会计职能

组织内部的会计人员，经年累月地从事着凭证审核、账簿登记和报表编制工作。从信息论的角度看，会计系统依次继起的会计确认、会计计量、会计记录和会计报告，是对组织财富变动信息的采集和传递。其中，会计确认从自然和社会属性两个方面识别和判定组织财富“质”的变化；会计计量从货币与非货币方面衡量和测度组织财富“量”的变化；会计记录是对组织财富变动过程的系统和有序记载；会计报告是向利益相关者报告组织的财富变动过程及其结果。既然不同利益相关者所关注的财富范围和管理财富的方式并不相同，那么能够满足不同利益相关者财富管理需要的会计报告，在会计确认和计量的标准方面就理应有所选择、在会计报告的内容和形式方面就理应有所变化。由此决定了组织内部会计人员视角的下的会计报告职能，必将是在更为广泛的意义上向组织的利益相关者提供有关组织财富变动过程及结果的信息。当组织内部会计人员基于组织运作看待会计时，会计系统就不仅仅是一个信息系统，而且还是一个控制系统。作为组织系统不可或缺的一个控制单元，会计系统除了在授权范围内依据相关会计规范和预设的量化标准，采用定性和定量两种方式防范相关部门提出的不当或越权支付之外，还通过会计报告向组织内部各个控制节点传递相关的控制信息，以使组织内部各个子系统能够协同运作并确保组织运作始终处于管理当局的掌控之下。由此，组织内部的会计人员，不仅当然地视会计控制为会计的一项基本职能，而且对控制的理解，还较之组织内部各级管理人员更为深刻和全面。譬如在电算化条件下，当把会计核算科目与预算控制科目对接之后，借助系统软件就可对预算收支实施实时控制，这必将极大地提高预算管理水平。由于会计记录是会计报告的依据和会计控制的前提，并且系统有序和全面完整的会计记录还有明确经济责任和保全交易证据的功用，所以组织内部会计人员视角下的会计职能，就既不像组织外部利益相关者那样只关注会计报告，也不像组织内部各级管理那样将会计职能仅仅扩展至会计控制，而是基于组织的有序运作和利益相关者的财富管理需要，将会计的职能进一步扩展至会计记录。会计记录在明确经济责任和保全交易证据方面所发挥的独特作用，说明将会计记录与会计报告简单地归结为会计的“反映”或“信息”职能并不合适。由此，组织内部会计人员视角下的会计职能，就应当包括会计记录、会计控制和会计报告，并且因会计记录与会计相生相伴，所以会计记录应视为是会计的固有职能而会计控制与会计报告只能看作是会计发展到一定阶段的产物。

在现代社会中，组织外部利益相关者之所以对会计报告职能的关注要胜过对会计控制和会计记录职能的关注，不是因为会计没有或是这两种职能与他们的财富管理无关，而是因为置身于组织之外的利益相关者，对组织内部的会计控制与会计记录几乎不能施加任何直接影响；组织内部各级管理人员之所以对会计报告与会计控制的关注远胜于会计记录，不是因为他们无视会计记录的存在或者说会计记录可有可无，而是因为置身于会计系统之外的各级管理人员，在进行资源配置和绩效评价时，所能依赖的只能是有针对性的会计报告和特定范围内的会计控制。现代组织运作过程中的会计记录、会计控制和会计报告，可以说是相互联系、相互作用和相互影响。如果没有系统、完整的会计记录，会计报告将是无源之水、会计控制将是无本之木；如果会计记录不以会计报告和会计控制为目的，会计记录也就失去了存在的意义；而如果会计报告不能反映会计控制的结果，不仅会计控制的效果无法评价，而且要想完善会计控制也是无从下手。由此，从社会组织运作过程中各利益相关者的财富管理需要来看，更为一般意义上的会计职能，可概括为会计记录、会计控制和会计报告。

## 第四节　会计本质理论

会计本质是关于“会计是什么”的问题。本质是事物本身所固有的决定事物性质、面貌和发展规律的根本属性，是一事物区别其他事物的内在规定性。在近代会计的演进过程中，由于所处制度环境、技术环境以及人们构建会计系统意欲解决的实际问题的不同，所以会计在不同时期、不同地域、不同国家乃至不同行业都呈现出了不同的形式并发挥着不同的作用。由此也就形成了不同的会计本质观。对其中的代表性观点加以回顾并探寻其演化逻辑，应该说既是我们探究会计发展规律并确立正确的会计本质观的前提，也是我们发展会计理论并据以构建新型会计系统的基础。

### 一、会计本质的代表性观点回顾

在现代会计理论发源地的美国，曾先后出现过“工具论”“技术论”“道德论”“科学论”“艺术论”和“信息系统论”等多种会计本质观，并以“信息系统论”的影响最为广泛；而受苏联和美国会计理论研究成果及现代企业理论的影响，我国会计界则出现了“工具论”“管理活动论”“信息系统”“控制论”和“契约论”等代表性观点，并以“管理活动论”与“信息系统论”之间的争论最为长久。上述诸多的会计本质观，在今天看来难免存在历史局限性，但若基于特定的时代背景和特定的研究视角，学者们对会计本质的认识也不无道理。前辈的会计思想，是后人深化认识的基础；翔实的历史文献，是探索会计发展规律的基石。下面仅对会计理论和会计实务发展有重要影响的几种代表性观点加以简要回顾。

1. 会计艺术（技术）论

会计艺术（技术）论有深厚的历史背景。在美国，昌西·李（Chauncey Lee，1797）在《美国会计人员》中认为，簿记是日常生活中的一门艺术，也是所有商业中最重要的一门艺术（郭道扬，2008）。弗雷德里克·克朗赫尔穆（Cronhelm，1818）在《从单式簿记到复式簿记》一书中，将簿记定义为记录财产的艺术，可以显示整个资本及其各组成部分在任何时候的价值。亨利·梅特卡夫（Henry Metcalfe，1885）在《制造成本与工厂管理》中，从艺术与科学的比较视角，认为艺术是寻求产生确定的影响因素，而科学则主要是调查这些影响因素形成的原因，并就工厂会计而言，认为科学地进行分类，在分类的基础上用艺术来处理计量、记录与成本归集问题，便可以使未来的管理活动更加效率。由于早期的执业者依靠道德来维持可接受的技术标准，因而会计一度被认为在本质上是道德的而不是科学的。当亚历山大·史密斯（Alexander Smith，1912）在《销售证券中的审计滥用》中指出会计是或者应该是一门科学而不是道德体系，可以按照明确的公理来确定并且能够在适当的实践中产生明了精确的结果时，因担心一旦标准的程序被引入，公共会计师就会被非执业人士取代而立即遭到来自执业界的阿瑟·洛斯·迪金森等人的激烈回应；1912 年 5 月《会计杂志》的一篇社论指出，大多数执业会计师的见解是会计从来不是，也不可能是一门精确的科学。之后执业者所发起的公共教育运动认为，在商业世界中遇到的情况会有很大的不同，因而最好应视会计为一门艺术。会计艺术论由此开始逐渐成为美国会计界的主流观点。1943 年，乔治·O. 梅在《财务会计》中指出会计并非科学，而是一门艺术，一门具有广泛且多种用途的艺术。1949 年，F. 塞韦尔·布雷（F. Sewell Bray）在《收益计量》中，将会计定义为是把每一天进入社会的商业事务的若干和多种多样的交易按照货币单位进行记录、分类和汇总的一种艺术（杜兴强、章永奎，2005）。受梅等人的影响，美国注册会计师协会（AICPA）所属的会计名词委员会，在《会计名词公告》第 1 号“回顾与摘述”（1953）中指出“会计是一门艺术，对于具有或至少部分具有财务性质的交易或事项，以有意义的方式并按货币（金额）表示予以记录、分类和汇总并解释由此产生的结果”（杜兴强、章永奎，2005）。

2. 会计科学论

会计科学论是前古典会计理论发展的产物。19 世纪 20 世纪之交，美国会计学者开始讨论建立“账户科学”的必要性，他们使用“科学”一词意旨解决问题的系统方法，其目的是要制定出使所有会计师都接受的非正式指导原则。查尔斯·E. 斯普瑞格（Charles Ezra Sprague）在《账户代数学》（1880）系列文章和《账户哲学》（1907）一书中，认为会计是价值的历史，对此，佩顿于1972年在该书再版前言中指出：“斯普瑞格非常致力于建立‘会计’一词的表现，以此取代传统习用的‘簿记’一词，这实际上是对‘会计’归属于科学的一个辩护”。利特尔顿（1933）在《1900年以前会计的演进》的第一章，用历史事实批驳了20世纪上半年美国学界一些人对会计的贬低，并在结束部分引用科学家凯利（Cayley）的话——簿记是两门最完善的科学之一，对会计科学作了历史定位（郭道扬，2008）。1953年，利特尔顿在《会计理论结构》的前言中指出：“会计不仅仅是技术方法的集合，而且是一个严密组织的科学，作为一门科学，它具有显示逻辑关系的理论结构、理论的层次性以及理论研究与应用的原则性”，而该书的主旨便是系统研究作为科学的会计的本质特征（郭道扬，2008）。苏联著名会计学家索科洛夫（1985）在《会计发展史》中指出18世纪中叶在意大利、法国、瑞士和德国等国家产生了真正的会计科学——簿记学，从而实现了使会计成为科学的构想，当述及19世纪后半叶至20世纪初俄国的会计科学思想时，索科洛夫写道：“1888年，俄国第一家会计杂志《簿记》创刊，正是在《簿记》杂志的周围，传统的激进者完成了复式会计范式发展中伟大的质的飞跃，使其从艺术转变为科学”。①

3. 会计工具论

会计工具论思想很早就有人提及。在美国，柯克曼（Kirkman，1880）在《铁路支出》中指出：“簿记是一种事后补记，是用以对发生的业务进行记录和分类并防止不正当行为的一种工具”。② 利特尔顿（1953）在《会计理论结

① 转引自：许家林．西方会计学名著导读［M］．北京：中国财政经济出版社，2004：56，63。

② 转引自：加里·约翰·普雷维茨，巴巴拉·达比斯·莫里诺．美国会计史［M］．杜兴强，于竹丽，等译．北京：中国人民大学出版社，2007：173。

构》中认为会计学同数学一样是一种应用工具，是精细计算和比较生产耗费与生产成果的工具（刘丽娜，2008）。皮尔森（Pierson，1959）和《戈登—豪威尔报告》（1959）在对美国的工商教育提出批评后建议，会计学研究首要的是成为一种工具，用来帮助公司管理层进行日常决策。苏联专家（1952）在我国《工业会计》杂志发表《论会计核算的阶级性》指出，会计学继资本主义社会的其他上层建筑之后，也被资产阶级动员起来，以作为保护和巩固资本主义的工具。而我国出版的由苏联马卡洛夫和别洛乌索夫合著的《会计核算原理》（1955），也明确指出，“会计核算（又称会计和簿记）是在完成国民经济计划的各个部门中，反映和监督经济活动的方法。在社会主义经济中，会计核算是对国民经济统一体的各个环节的活动，进行监督和领导的最重要的工具”。陈重丞（1951）撰文指出，会计学的内核部分属于应用技术范围，具有技术性，会计学基本上是建立在数学的基础上，会计学是核算全面的及经常的资金运动的有效工具（刘常青，2005）。上海财经学院会计核算原理教研组编写的《会计核算原理》（1958）认为会计核算是经济核算的一种，是反映经济活动过程中各种经济事实或经济现象的一种工具。之后，李天民（1962）认为会计工作就是用货币形式来反映、分析和监督个别企业、事业、机关、团体、学校、部队等单位的经济活动过程和经营成果的一种科学方法，是有计划地领导和管理国民经济必不可少的一项重要工具。谈惠（1963）认为会计主要是利用价值形式，对社会主义扩大再生产过程中的基础单位（如企业、事业、机关、团体）的经济活动和财务收支进行连续的、系统的、全面的核算并加以分析和检查的一种方法。这种方法，是社会主义制度下的一种经济管理工具。在由财政部组织多所院校参与编写的《会计原理》（1963）中，会计则被描述为在社会主义计划经济的条件下，已成为加强计划管理，厉行节约，贯彻经济核算和保护财产的一个重要工具。1978 年 9 月，国务院颁布了《会计人员职权条例》，其中写到，会计是管理国民经济必不可少的工具，社会主义经济越发展，会计越重要。之后，葛家澍（1980）又对会计工具论做了阐释：“会计是管理经济的工具。从实质上看，它是由一系列用来反映和监督经济活动的方法组成的。从现象上看，它表现为人们运用这些方法进行记账、算账等实践活动”。[①] 此后，会计工具论便因管理活动论和信息系统论的日益盛行而失去了往日的风采。

4. 管理活动论

管理活动论由杨纪琬（1980，1982，1983，1984，1985）和阎达五（1980，1982）教授提出。两位教授认为，会计是人们管理生产过程的一种社会活动，其基本职能是反映和监督，进一步，两位教授在引用并解释了马克思关于“人们只要进行生产活动，就需要会计管理，生产越发展，会计越重要”“会计管理就是人们对生产过程的控制和观念总结”以及“会计不仅仅是提供数据资料的一种技术手段，而其本身就是一种管理活动，具有管理的职能”等观点之后，结合管理会计的产生，指出无论从理论还是从实践看，会计不仅仅是管理经济的工具，它本身就具有管理的职能，是人们从事管理的一种活动。1982 年，两位教授再次撰文指出，无论从历史还是从现实看，会计工作都是一种管理工作，会计工作中属于信息处理的内容，也是伴随着对会计信息所反映的经济业务进行不同程度的管理活动而进行的，如记账工作就和审核工作结合在一起，算账工作则和分析评价活动同时展开。因此从严格意义上说，处理会计数据和加工会计信息本身也是一种管理工作。1983 年，杨教授进一步深化了会计管理理论，明确指出在全力抓好对财会工作进行整顿的基础上，要把会计工作推向新的深度和广度，新的深度是“要突破传统记账、算账的工作范围，把会计工作渗透到生产经营管理的各个环节中去，参与生产经营管理”；新的广度是“要在搞好事后算账、事后监督的同时，向经济效益的预测和加强财务收支的控制等方面发展”。1984 年，杨教授在《财政工作的新课题》一书中直言，会计是“经济管理的重要组成部分”的提法概括了会计的本质。1985 年，杨教授从宏观和微观经济管理两个层面，再次阐发了会计管理思想，认为会计管理在宏观经济中是国民经济管理的重要组成部分，在微观经济中是企业经营管理的重要组成部分，并指出会计管理就是依靠会计人员，运用会计方法，对会计对象进行的管理活动。

---

① 葛家澍．怎样认识会计的主要属性［J］．中国经济问题，1980（5）：42－45。

1999年，阎达五教授从会计发展角度阐发了会计管理思想，认为管理会计的产生与推广，标志着会计与管理的进一步结合，标志着传统会计向广阔的领域发展，标志着会计的职能与作用发生了重大转折。在计算机和网络技术深入发展的情况下，这两种会计（财会与管会）会逐步融为一体，形成一种内外结合、事前事中事后管理相结合，既提供信息又利用信息进行管理的会计核算、管理系统，并主张会计应该由核算型向核算管理型转化。应该说，这一论述既是对20世纪80年代以来会计管理思想的全面总结，也是对90年代中期以来“管理型”会计系统软件理论研究的充分肯定①，更是对高新技术条件下会计发展的大胆推测。

5. 信息系统论

信息系统论由美国会计学会（AAA，1966）提出。20世纪40年代系统论、信息论和控制论的问世，极大地改变了人们的思维方式。受系统科学方法论的影响，美国会计界于1960年前后对会计本质的认识发生了深刻变化。最早打破会计艺术论而在信息系统论基础上界定会计本质的文献资料，当属美国会计学会于1966发表的《基本会计理论说明书》。其中，会计被定义为“为了使用者能够做出有根据的判断和决策而辨认、计量和传递经济信息的程序”，并在该报告的第五章明确指出会计在本质上是一个信息系统（杜兴强、章永奎，2005）。此后，信息系统论便成了美国会计界的主流观点。在我国，最早提出会计信息系统论的是余绪缨教授。1980年，余绪缨教授针对杨纪琬、阎达五所持的会计“既为管理提供资料，又直接履行管理职能”的观点，撰文反驳说会计只具有咨询或参谋的职能，并认为应从会计科学发展的角度把“财务”与“会计”分开，进而指出应把会计看作是一个信息系统，主要是通过客观而科学的信息，为管理提供咨询服务。余绪缨、毛付根

① 自王景新教授在《财务与会计》1995年9月号发表《会计电算化从核算型向管理型过渡刍议》一文中首次提出会计软件的“管理型”问题之后，1996年4月在北京召开的会计电算化发展研讨会上提出了“开发设计适合中国国情的管理型会计软件是当务之急”。此后，黄正瑞、郭明明、韦沛文等人对管理型软件展开了理论研究。参见：中国会计学会会计信息化专业委员会．辉煌历程——中国会计信息化30年［M］．北京：中国财政经济出版社，2009：98－99。

（1990）在反驳“会计具有阶级性”时指出，会计作为一个信息系统，实质上是一种特定的语言，一种特定的方法，而语言或方法，是无所谓阶级性的。1993年，余教授再次撰文指出，财务工作与会计工作是两种性质不同的工作。财务管理部门同劳动管理部门、物资管理部门等一样，都属于业务管理部门，会计部门不是业务管理部门，而是综合性的信息部门。葛家澍教授对信息系统论的认识最早出现于1983年，他与唐予华在《关于会计定义的探讨》一文中，运用信息系统论的基本观点，将会计定义为旨在提高企业和各单位经济活动的经济效益，加强经济管理而建立的一个以财务信息为主的经济信息系统。1986年，葛家澍、李翔华在《论会计是一个经济信息系统》一文中指出，把会计定义为一个主要在微观范围内进行的、以提供财务信息为主的经济信息系统是比较能科学地说明会计的本质的。1988年，葛家澍教授《会计学导论》一书的出版，标志着会计信息系统论的丰富和完善（刘常青，2004；韩东京，2009）。目前，很多学者在研究财务会计问题时，也都将会计视为一个信息系统。

6. 会计控制论

会计控制论由杨时展（1982，1991，1992）和郭道扬（1989，1997）两位教授提出。1982年，杨时展教授撰文指出：“按照传统的认识，会计的任务在于从财务上反映一个企业的经济活动的过程和结果，可以称为反映论；按照今天的认识，会计工作的任务，在于控制一个企业的经济活动，提高企业的经济效益，可以称为控制论。”① 1991年，杨时展教授再次撰文论述会计是一个信息控制系统，指出会计是一个利用信息来控制预定目标，以保证预定目标的实现的控制系统。1992年，杨教授进一步指出，从现代的观点看，会计已从一个简单的经济信息的量具，或简单的计量系统，演变成为一个控制信息，使它按人们预定的目标来发生的经济控制系统。1989年，郭道扬教授在《会计控制论》一文中，从社会发展的角度阐发了会计控制思想和全面会计控制观念，认为会计是人类为实现对社会经济的控制所进行的一项基本

① 转引自：韩东京．中国会计思想史［M］．上海：上海财经大学出版社，2009：212－213。

活动。在不同的历史阶段，由于受社会经济和科学技术发展水平的制约，会计控制的作用范围及其深度、完成会计控制所采取的手段、方法，以及人们对会计控制在管理国家经济与私人经济中的地位与作用的认识都是不同的，并认为现代会计对社会经济活动的控制是系统的、全方位的控制，它把传统会计的被动控制转化为主动控制，把单向式控制转变为多向式控制，从而把事前控制、事中控制与事后控制连接成一个整体，以更有效地发挥整体控制的功能，他还主张通过对会计控制范围的科学划分，促使现代会计控制由直线平面式向立体式转化，由封闭式向开放式转化，并分别在宏观、中观与微观三个层面上确定会计控制的内容、制度、方式和方法以及三者的结合。该文在论及会计反映和控制两大基本职能的关系时指出，控制是目的，反映是为达到会计的控制目的服务的，控制是以反映所提供的会计信息作为依据的，反映是进行会计控制不可缺少的基础。1997 年，郭教授再次撰文阐述了会计控制思想，认为在会计的两个系统中，会计信息系统不仅通过技术性功能的作用，为企业的决策者及企业内外部的相关部门提供信息服务，而且还直接为会计部门进行会计控制工作服务，而后者则充分利用前者所提供的财务会计信息，以及其他相关经济信息，对企业的经济活动过程进行全面的、系统的控制，并最终在经营决策方面体现现代会计的地位与作用。

## 二、会计本质观的演化发展

会计源于人们的财富管理需要。在人类社会漫长的演进过程中，自然形态的财富——即满足人类生产和生活需要的实物财富，随着生产力的发展而日益扩大；而社会形态的财富——即反映人对物的拥有关系的观念财富，则随生产关系的发展而日益复杂。当微观组织系统发展到具有一定规模、宏观社会系统发展到物品交换相当频繁时，对各种形态的财富进行全面、系统的记录，便是人们管理其财富的有效手段。会计记录在财富管理方面所发挥的作用，不仅促使微观经济实体自发地运用和重视会计，也使得政府组织常常把对会计的管理视作是获取政府财力和实现公共管理的有效工具。尽管我们能够获得的会计史料极其有限，但从会计史学家的只言片语中还是不难看出，无论是着眼于宏观层面上的国家管理，还是着眼于微观层面上的组织管理，会计工具论思想可以说是最古老、最朴素的会计本质观。只是到了第一次科技革命之后，工业化生产才改变了数千年来会计赖以存在的制度环境和技术环境，进而催生了许多新的会计程序和会计方法，会计的作用也逐渐从服务于微观组织的财富管理，扩展为超越微观组织实体而服务于社会系统中各利益相关者的财富管理。也正是在这种背景下，人们对会计本质的认识才出现了明显的分化。

1. 西方会计本质观的演化发展

当早期的会计工具论思想在私有制和市场经济背景下被用于微观组织管理和宏观社会管理时，人们对会计本质的认识便出现了分化。致力于会计账户体系的科学分类和会计程序、会计方法系统化探索的学者们，一般视会计为一门科学；但崇尚会计从业者具有特殊专业技能的人们，则视会计为一门技术。社会制度变迁和生产技术变革加剧了会计环境的变化，为了更客观地计量和更有效地管理组织的财富，新的会计程序和会计方法随着人们对复式簿记理论的研究和传播以及对会计实务经验的总结和提炼而不断地涌现出来。资产计价、收入确认、费用归集和成本计算等方面的多样化会计程序和会计方法并存的客观现实，使得会计人员在处理每一笔具体的交易和事项时，都可能涉及要在诸多的会计程序和会计方法中进行选择。不同的选择会出现不同的结果，进而会影响不同利益相关者的利益诉求。会计信息所具有的这种经济后果性，一方面使会计人员在每一次超乎寻常的会计程序和会计方法选择时，即不是基于客观的经济事实而是迫于特定利益集团的压力或是出于对特定利益集团的眷恋，都要经受良知的考验；另一方面也难免让人怀疑会计政策的故意滥用并因此而对可能造成的严重后果表示担忧。会计实务的混乱、对会计人员职业道德的质疑以及对会计政策滥用的担忧，不仅使人们认识到会计职业道德建设对于会计执业前景的重要性，也促使人们通过寻求会计政策的统一化以遏制会计政策的滥用。这一时代背景不仅促使会计道德论的产生，而且也为早期的会计科学论赋予了新的内涵。由此，会计本质的工具论思想，经由科学论与技术论的分化而发展为道德论与科学论的思想冲撞。当会计科学论在与会计道德论的交锋中逐渐处于主导地位并预示着标准化会计程序即将引入时，会计执业界出于对职业前景的考虑，开始刻意强调多样化会计程序和会计方法并存的合理性并极力渲染会计职业判断的必要性和会计选择的灵活性，会计技术论也就被赋予“艺术”色彩而发展成为会计艺术论。

由组织内外环境的多变性和复杂性所引起的经营成果的不确定性，使管理层常常在艺术论的庇护下滥用会计政策和会计方法。会计政策和会计方法的大肆滥用，使美国在20世纪早期出现了会计实务混乱、会计信息可靠性缺失进而引发过度投机、经济崩溃和社会动荡的严重后果。此种背景下的政府监管，加速了会计规范制订和会计政策统一化的进程。会计政策的统一化，在很大程度上意味着会计程序和会计方法的标准化，而标准化本身就蕴涵着对科学的崇尚、对不同方法的甄别和对最优方法的选择。另外，人们在特定技术条件下为处理日益复杂的交易和事项所探索出来的诸多会计程序和会计方法，随着日益频繁的商业交往和与之随行的知识传播而逐步呈现出了以系统化、简单化和同一化为基本特征的科学化趋势。会计政策统一化所蕴涵的科学化，与会计程序和会计方法演进过程中所呈现的科学化相互交织、相互影响，使会计科学论得以确立和发展。

现代科学技术的发展，催生并推动了系统论、信息论和控制论等横断学科的发展。系统科学所具有的方法论思想，极大地改变了人们的思维方式。当会计规范制定机构由会计原则委员会取代会计程序委员会之后仍无法取得满意的结果，当“假设—推论”研究范式还不能为人们广泛认同以致“假设—原则”会计规范构建思路屡受攻击时，寻求其他途径建立会计原则便是大势所趋。要接受威廉·瓦特（Willian Vatter）所提出的“以目标取代假设”的会计理论构建思路，首先需要解决的问题就是为会计目标寻找一个合适的逻辑基础。由于之前人们关于会计本质的认识，无论是“工具论”“技术论”，还是“道德论”“科学论”和“艺术论”，都无法在意欲构建的会计理论中给予会计目标一个合适的位置，所以审视并重新定义会计便成了美国会计学会发展会计理论的逻辑前提。其时正值系统科学蓬勃发展并对人们的思维产生深刻的影响。从系统科学来看，会计工作依次继起的确认、计量、记录和报告，正是信息论所描述的系统是信息的输入、转换和输出过程；会计记录所运用的账户体系，以及由标明账户类别的资产、负债、所有者权益、收入和费用等抽象概念（后来称之为会计要素）所建立的会计等式，也符合一般系统论关于“系统是要素的有机构成”的基本观点；而会计信息在控制组织和社会资源方面所发挥的作用，也正是控制论所表述的“系统是信息的接受与反馈”。并且，由于目的性是系统的一个重要特征，所以当把会计视为一个信息系统时，确定会计目标也就理所当然地成了人们构建会计系统的前提，对会计目标进行研究也就自然成了构建会计理论的逻辑起点。这样，会计本质的“信息系统论”便应运而生。

2. 我国会计本质观的演化发展

当早期的会计“工具论”思想被用于公有制国家的宏观经济管理时，会计就不仅被赋予了鲜明的阶级性，而且还成了社会主义国家进行国民经济综合平衡的重要手段。计划经济体制下的企业，是一些没有经营自主权而只顾国家指令性计划完成的生产和供销单位。制度环境的巨大差异，把社会主义企业中的会计，变成了一个在微观层面上反映经济活动和监督经济行为、在宏观层面上服务于国民经济计划和国民经济调控的重要工具。由此，“工具论”便在20世纪50年代成了苏联的主流会计本质观。受其影响，在中华人民共和国成立初期到1966年“文化大革命”爆发之前的这段时间里，“工具论”在我国会计界一直居于主导地位。

随着我国会计界对会计属性认识的日益深化和1978年中国共产党第十一届三中全会召开后会计工作的全面恢复，人们对会计本质的认识开始出现分化。十一届三中全会之后，我国的会计制度环境发生了深刻变化，建立“以计划经济为主、市场经济为辅”的经济体制，将改变会计在宏观经济管理中的地位和作用；为增强企业活力而推行的“对内搞活”举措，将赋予微观企业主体以更大的经营自主权，进而将会计从仅从事“会计核算”扩展为全方位的参与管理；为吸引外资所推行的“对外开放”，自然会掀起对国外会计理论、会计惯例的学习和借鉴。此后，中国会计学会的成立，也为发展会计思想、繁荣会计理论营造了宽松的学术氛围。在新的形势下，作为主管全国会计工作的财政部会计司司长杨纪琬教授，既要从国家宏观经济管理的角度对全国范围内的会计人员实施专业管理，又要从微观经济管理的角度提升会计人员在各类经济实体中的地位和作用。这样，杨教授眼里的会计人员，就不仅仅是埋头记账、算账的会计，而是还能为领导出谋划策并全面参与组织管理的富有活力的会计；杨教授眼里的会计工作，就既不是一门纯粹的应用技术，也不是仅仅为管理提供信息的工具，而是还能在事前服务决策、事中实施监督和事后分析评价的经济管理工作。这样，会计所能发挥的作用，便从对微观经济活动的记录、控制和报告，扩展为在微观和宏观两个层面上参与组织运作的预测、决策、计划和控制。而最能恰当地描述新形势下会计人员职业形象和会计工作专业职能的，便是将会计视为是一种管理活动。对于缔造"管理活动论"的另一位代表人物阎达五教授来说，精深幽邃的理论造诣和得天独厚的便利条件，使其更有机会参与国家政策的制定并在参与过程中受国家意志的影响，而与杨教授的长期合作及其在学术思想方面的相互影响，难免使二人对于会计本质的认识趋于一致。①

对外开放政策的实施和外商投资企业的蓬勃发展，需要一套能为外商所接受、能为国人所理解的会计程序和会计方法。这一社会现实需要，必将激发人们对西方会计理论和会计实务的关注，必将使学习、引进和研究西方会计理论与会计实务成为时代赋予人们的重任。此时，会计"信息系统论"早已为美国会计学会所提出，以会计目标为逻辑起点的会计准则开发思路也已为美国第三任会计规范制定机构——财务会计准则委员会（FASB）所确立，继承"特鲁伯鲁德报告"内核的财务会计概念公告第一号《经营企业财务报告的目标》也已公布。在此背景下，学习、研究西方会计理论的人们，其会

---

① 笔者认为，阎达五教授之所以持"管理活动论"，在很大程度与其作为专业咨询专家经常性地参与国家政策制定和与杨纪琬教授的长期合作有关。经常性地参与国家政策的制定，决定了其对会计认识的宏观视角（这可从阎教授在企业集团会计、政府及非营利组织会计、价值链会计等方面的研究成果窥见一斑），而与杨教授的精诚合作，必将使二人在学术思想上相互影响（否则就可能分道扬镳，因为科学史上缘于学术争论而导致友谊破裂的事例并不少见）。

计思想难免要受到相关理论研究成果的影响。美国会计界对“财务会计”与“管理会计”所作的区分，对于长期从事管理会计教学与研究的余绪缨教授和长期从事财务会计教学与研究的葛家澍教授不能说没有影响。受西方会计思想影响并意欲从专业角度把“财务会计”“管理会计”和“财务管理”分开的学者们，自然会从狭义上——即财务会计层面上理解会计并将其视为是一个提供会计信息的信息系统。

由于杨纪琬、阎达五教授多基于宏观国民经济管理和微观组织实体管理视角力主“大会计”——即包含“财务管理”和“管理会计”在内的广义会计，而余绪缨、葛家澍教授却侧重于从微观组织之外的会计信息需求视角力挺“小会计”——即仅限于“财务会计”意义上的狭义会计，所以基于不同会计内涵的会计本质观，也就自然会出现长久而难以弥合的争论。在“管理活动论”与“信息系统论”长期争论的情势下，撇开学术研究上的“趋炎附势”不谈，人们在表达其对会计本质问题的认识时，不外乎会出现以下四种情形：要么认同前者，要么认同后者，要么为弥合两者分歧而兼收并蓄，要么冲破两者的羁绊而标新立异。此后出现的“信息系统论与管理活动论合二为一论”（吴水澎 1986）、“会计控制论”（杨时展，1982；郭道扬，1989）、“会计契约论”（杨雄胜，2002；雷光勇，2004）和“会计产权论”（伍中信、田昆儒，2003）等，无不是会计本质观进一步演化的结果。

## 三、利益相关者财富管理视角下的会计本质观

纵观中外会计本质观的演化发展，不难看出，若是基于特定的研究视角，或是作为分析和解决某一具体会计问题的出发点，每一种观点都有其合理性；但若换一个角度，其局限性也是显而易见。矛盾是对立的统一，看似相互矛盾的观点，其实在更高层次上有兼容共存的基础。事实上，正是诸多富有争议的会计本质观的存在，才为我们合乎逻辑地推演会计思想的发展提供了重要的理论文献，才为我们系统、全面地考察会计在社会组织运作中的地位和作用提供了多维度的观察视角。认识是主观见之于客观并随认识主、客体的

发展而不断发展的过程。由于客观事物总是处于运动、变化和发展之中，作为认识主体的人们也会因知识结构、生活阅历、职业背景和观察视角的不同而对同一事物形成不同的认识，所以，一个关于事物本质的认识，不仅应当是基于不同时空观念的多维视角的观察结果，而且还应当是一个在更高层次上求同存异并趋向“真理”的过程。虽说创建百花齐放、百家争鸣的学术氛围有助于把学术研究引向深入并有助于形成关于会计基本问题的更进一步认识，但我们却绝不应以当代人所处的社会环境和所拥有的理论文献来指责前人认识的不足，更不能因研究视角的不同而妄断其他学术观点一无是处。以前辈的会计思想作为我们深化认识的基础，以辩证的思维挖掘不同学术观点的可取之处，继承但不盲从，批评又不失尊重，理应成为我们获得关于事物本质认识的正确途径，理应成为推动会计理论和会计实务发展的基本动力。

从社会组织演进与会计发展的角度来看，会计总是服务于人们的财富管理。既然会计是一个经由社会分工而产生并随组织发展而不断演进的人造系统，那么它的本质就应当取决于人们创建并不断完善这一系统意欲实现的管理目的。尽管社会在进步、组织在发展、会计在变化，但会计所能发挥的作用——即会计的职能和会计所能管理的财富形态——即会计对象却可以说是一脉相承的。由于会计服务的对象不外乎组织的利益相关者，所以我们可从利益相关者的财富管理视角把握会计的本质。从社会组织运作过程中不同利益相关者的财富管理方式及其对会计的需求来看，会计不过是处于组织系统之中的一个财富管理子系统而已，并且这一子系统区别于其他子系统的独特之处，就在于在它在记录、控制和报告组织财富及其变动时运用了独特的程序和方法。由此，我们可以把会计定义为记录、控制和报告组织财富及其变动的管理子系统。

第五章

# 多维复式会计基础理论

作为一种新的会计范式，多维复式会计以现代信息技术为手段，以系统科学为指导，从满足不同利益相关者的财富管理需要出发，将事项会计、REA 会计的元数据组织思想与复式记录形式相结合，通过科学的会计元数据组织而创建的一种能够满足多维会计报告与会计控制需求的新型会计范式。本章讨论这一新型会计范式赖以建立的会计基础理论。

## 第一节　会计假设理论

会计假设是会计理论体系的重要组成部分，是设定会计目标、确立会计原则的基础。正确认识会计假设在会计理论体系中的地位和作用，是建立完整的会计理论体系的前提。基于手工会计技术和传统会计实务发展而来的基本会计假设，正面临着来自信息技术和会计信息化应用实践的冲击。为了能够最大限度地满足日益增长的多元化会计需求，我们不仅应当基于会计信息化应用实践审视已有的会计假设，而且还应当基于信息技术发展和管理理论创新提出新的会计假设，进而通过重构会计假设体系，为会计理论创新和会计实务优化提供逻辑基础。

## 一、会计假设的含义

基于特定会计环境所采用的会计程序和会计方法，是一代又一代会计人为满足日益增长的会计需求而进行实务创新并口授心传的结果。在系统化的会计理论创建之前，这些会计程序和会计方法以及赖以产生的会计观念，多以会计惯例、会计思想的形式为人们所认同、仿效和传承。当会计惯例、会计思想积淀到一定程度进而使会计概念日趋丰富之后，对已有的会计惯例进行理性化抽象，对已有的会计概念进行逻辑化组织，进而创建系统化的会计理论，必将成为会计发展的一个重要方面。理论是实践的升华，是认识的深化，是概念化、系统化和逻辑化的陈述。但凡理论，总要有思维前提和逻辑先导，那些广为人知、无须特意证明就可作为推理前提的命题，在理论体系中常常被称之为假设。就会计理论的构建而言，已有的每一种会计程序和会计方法，总有其存在的理由；已有的每一会计观念或会计概念，也有逻辑上的顺序。为建立系统化的会计理论，暗含于会计程序和会计方法背后并广为会计供需双方所接受的那些最为基本的会计惯例和会计思想，便被抽象为会计假设而成为另一些会计概念的逻辑前提。

然而就会计假设的含义，理论界却是众说纷纭。在美国，韦尔登·鲍威（1962）指出，假设可以认为是原则赖以存在的基本假定。我们应明确理解和解释何为假设，以便为会计原则提供一个有意义的基础。亨德里克森（1987）在《会计理论》一书中指出，假设是指那些基本的假定，即那些与会计有关的经济、政治和社会环境的各种基本建议。贝克奥伊（Ahmed Riahi - Belkaoui，1991）在《会计理论》一书中认为，会计假设是一种不证自明的陈述或公理，由于它与财务报表的目标相统一，因而为人们所普遍接受。它描述了必须有会计发挥作用的经济的、政治的、社会的和法律的环境（王建忠，2005）。在我国，娄尔行（1983）在《资本主义企业财务会计》一书中认为："会计学领域里存在着某些尚未确知的事物，存在着某些现在还无法正面加以论证的事物。……对于这些事物就不得不作出一些合理的假设。假设不是毫无根据的虚构幻想，而是对客观情况合乎事理的推断，财务会计的假设是建立在会计原则和会计信条的基础上”。陈元燮（1987）在《会计学的体系》一书中认为：“会计假设是会计工作正常进行的前提条件，是根据一定经济环境和理论认识产生的，也是会计理论的基础。会计原则和会计方法将建立在科学的会计假设的基础上”。葛家澍（1988）在《会计学导论》一书中指出：“会计的基本假设是指在特定的经济环境下，决定会计运行和发展的基本前提和制约条件”。娄尔行（1992）在会计准则国际研究会上发言指出：“会计假设是对某些未被确切认识的事物，根据客观的、正常的情况或趋势，所作合乎情理的判断。它们并非未经深思熟虑或毫无根据的空想，而是准确描述了会计工作的前提。它概括了现代会计的基本先决条件，是人类悠久历史的智慧结晶”。

从已有的研究来看，人们多从会计环境的不确定性论及会计假设的必要性，多从会计原则的可接受性阐明会计假设的合理性。尽管会计假设与会计环境不无相关，会计假设与会计原则亦是逻辑贯通，但研究会计假设的真正意义，应该是要为意欲创建的会计理论提供逻辑前提，而创建会计理论的终极目的，则是要通过演绎方法得出能为人们接受的会计原则，并依据这些会计原则指导会计程序、会计方法乃至会计系统的开发，以实现人们事先设定的会计目标。由此，本书认为，会计假设是人们为创建系统化会计理论、演绎普适性会计原则而人为设定的逻辑前提。

## 二、会计假设研究的历史沿革

理论界一般认为最早提出会计假设概念的是 W. A. 佩顿。佩顿（1922）在《会计理论》一书中指出，现代会计不但需要在许多场合运用估计和判断，而且整个结构是建立在一系列的一般假设的基础上，换句话说，要有一些基本前提和假定支持会计人员对价值、成本、收益等做出特定结论（王建忠，2005），并提出了经营主体、持续经营、资产负债表恒等式、财务状况与资产负债表、成本与账面价值、应计成本与收益和期后影响等 7 项会计假设。

1932年，乔治·O. 梅在写给美国会计师协会与纽约交易所合作建立会计原则委员会成员的一封信中，提到了持续经营、货币计量和销售时点实现3项会计假设。1939年，史蒂芬·吉尔曼在《会计的利润概念》一书中，将会计假设称之为惯例，并提到了会计主体、会计期间、资产计价和借方贷方惯例。1940年，佩顿与利特尔顿在《公司会计准则导论》中，试图按照“会计假设—会计原则”的思路构建会计理论并据以发展会计准则。在论及会计假设、会计目标与会计准则的关系时，他们认为会计准则的制定必须基于会计的广泛职能，这样的准则才可能是相关的；通过会计的基本概念或假定（assumptions）制定准则，才能保证准则具有充分的理论基础。要具备相关性，准则必须与会计的基本目标清楚地相关联；要有充分的理论基础，准则必须以已知和公认的假定为基础。该书所提出的会计基本假设有：营业主体、经营连续性、可计量成交代价、成本归属、力量与成就、可验证客观证据。此后，斯科特（D. R. Scott，1941）、美国会计师协会企业收益研究小组的相关研究，也涉及对会计假设的探讨。

佩顿与利特尔顿的会计理论构建思路，对美国会计界产生了较为深远的影响，并直接推动了会计假设理论研究的繁荣和发展。在会计程序委员会主导会计规范制定期间（1936～1958年），由于缺乏对会计理论研究的重视，会计程序委员会制定的会计原则常常因为缺乏一致性而广受职业界的批评。作为对可比性要求的回应，时任美国注册会计师协会主席詹宁斯（Alvin R. Jennings），于1957年10月提议成立一个新的机构，以审查基本会计假设、确认最佳实务原则、开发新的方法并指导会计职业的发展。按此提议，美国注册会计师协会于1957年12月成立了研究项目特别委员会，并在给该特别委员会的一份报告（*Report to Council of the Special Committee on Research Programme*，1958）中，就会计假设问题作了如下表述：“会计假设是支撑原则的基本假设，它们是必要的，并来自经济和政治环境，以及关于经营活动的所有分支的思想、习惯……它们为原则和其他规则的制定或将原则运用于特定问题的指南的发展提供了一个有意义的基础。……一系列广泛性及相关联的会计原则必须以假设为基础才能形成”。作为回应，该特别委员会于1958

年 12 月在《提议成立会计委员会的报告》中写道："假设的数目是很少的，它们是原则赖以建立的基本假定（basic assumptions）。假设的必要性来自经济和政治的环境以及商品社会各部的思维模式和惯例。然而会计职业界应当清楚地了解它们是什么并加以解释，以便对形成原则和发展规则或为发展特定情况下运用原则的其他指南提供有重要意义的基础"。按照美国注册会计师协会研究项目特别委员会的建议，美国注册会计师成立了会计原则委员会（APB）和会计研究处（ARD）两个机构。会计研究处主要从事理论研究工作，并试图为会计原则委员会发布的所有与会计问题相关的公告提供理论支持。该机构最优先考虑的研究项目就是会计假设。1961 年，由 ARD 主任莫里斯·穆尼茨（Maurice Moonitz）主笔的《会计基本假设》，以会计研究公报第 1 号（ARS No. 1）对外公布。在该公报中，穆尼茨确立了会计假设在会计理论结构中的逻辑地位，并运用演绎方法提出了三类 14 项会计假设。其中：A 类假设来自环境，包括数量化、交易、主体、期间和计量单位 5 项；B 类假设作为补充源自会计领域本身，包括财务报表、市场价格、会计主体和暂时性 4 项；C 类假设被称之为强制性命题，包括持续性、客观性、一致性、币值稳定和披露 5 项。然而遗憾的是，这一堪称会计假设研究的巅峰之作，却在当时被 APB 无情地否定了。

在 ARS No. 1 被否定之后，美国伊利诺斯大学国际会计教育与研究中心的一个研究小组，于 1964 年在其发表的《基本会计假设与原则说明》中，提出了会计报告的有效性和有用性、企业为会计处理的主体、会计工作主要目的在于表明交易的影响及其后果、货币价格构成会计上衡量和分析的基础、继续经营和会计分期 6 项假设。1970 年 10 月，APB 在其第 4 号公告《企业财务报表的基本概念和原则》中，将会计假设概括为会计主体、持续经营、会计分期、货币计量与币值不变、历史成本计量、收入确认与费用分配以权责发生制为基础、收入实现以销售成立为主、费用与收入配比、财务报表要力求客观、一致性、财务报表项目要考虑稳健性、重要性、财务报表要全面反映和着重表现收益等 14 项基本特征。这 14 项基本特征，可以说几乎囊括了之前会计假设研究的所有成果。

## 三、会计假设与会计目标的逻辑关系及其演化发展

ARS No. 1 被否定之后，美国会计理论研究的重点便转向了会计目标。受 FASB 财务会计概念框架的影响，以会计目标为逻辑起点的会计理论构建思路便甚嚣尘上。不过，仍有学者主张以会计假设为逻辑起点构建会计理论。会计假设和会计目标，是会计理论体系中不可偏废的两个基本理论问题，正确认识二者之间的逻辑关系，是建立完整的会计理论体系的前提。

1. 会计假设与会计目标的逻辑关系

会计假设与会计目标之间，如同建筑主体与其承载基础一样，相互影响并互为前提。在建筑设计中，人们既可以沿着“基础—主体”的设计思路，从拟建场地的地质条件和初步设计基础出发，勾画出满足功能和审美需要的建筑主体；也可以沿着“主体—基础”的设计思路，先行确定建筑主体的功能和造型，尔后再确定承载这一主体所需要的基础。实际工作中，当人们沿用前一种设计思路进行建筑基础设计时，潜意识里不可能不考虑拟建主体的结构和功能，并且当设计人员发现初步的基础设计难以承载设想中的主体时，必将转向后一种思路，从而又在主体设计的引导下进行基础设计；与之相反，当人们沿用后一种设计思路进行主体设计时，潜意识里也不可能不考虑拟建场地的地质状况和基础要求，并且当设计人员发现初步的主体设计超出特定地质条件下可能达到的基础要求时，必将转向前一种思路，从而又在基础设计的前提下重新寻求满足结构和功能要求的主体设计。会计理论构建、会计规范制定和会计系统开发，同样可采用前述两种思路，但无论是把会计假设作为起点，还是把会计目标作为起点，均不能忽视对方的存在以及来自对方的影响。换句话说，当选择以会计假设为起点并遵循“假设—原则—目标”的思路时，会计假设的提出必须考虑期望达到的会计目标；而当选择以会计目标为起点并遵循“目标—原则—假设”的思路时，会计目标的定位也必须考虑会计假设能否为其提供支撑。相比较而言，在构建会计理论时，以会计假设为起点更符合演绎逻辑；而

在会计规范制定和会计系统开发时，以会计目标为起点则更易于实现监管意图和发挥会计的作用。

会计假设与会计目标之间相互影响、互为前提的这种关系，正如美国著名会计学家亨德里克森在其《会计理论》中所做的描述：“任何研究领域都要以阐述范围和确定目标为其出发点。在会计领域中，目标可以视为形式结构中假设的一部分，或者视为超过或同于假设水平的一组建议。但不可否认，为了确定什么假设与会计相关，以及对基于假设的各种原则和规则进行评判，以便确定它们是否达到其体系的要求，就需要在目标上取得某些一致。那就是，各种原则和规则都应逻辑地引自各种假设，并达到与会计的基本目标相一致的要求”。可见，在会计理论体系中，会计假设与会计目标均不可偏废。强调会计目标而无视会计假设，会计目标犹如空中楼阁；关注会计假设而忽视会计目标，会计假设将失去存在的意义。

2. 会计假设与会计目标的演化发展

会计假设与会计目标，不仅相互影响并互为前提，而且随着会计环境变迁与会计技术变革、会计需求与会计供给的变化、会计实务与会计理论的发展而演进和发展。其演化逻辑如图 5－1 所示。

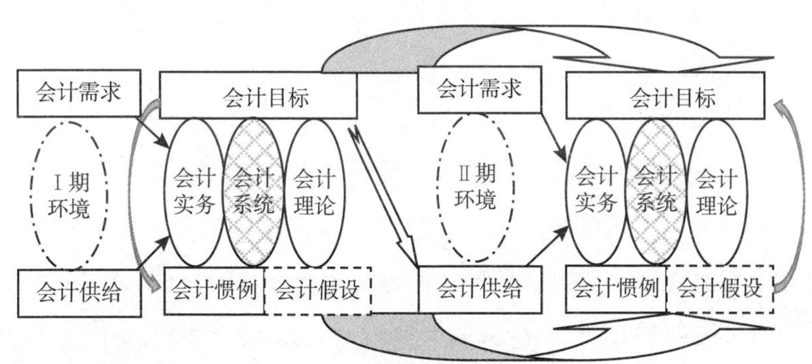


**图 5－1　会计假设与会计目标的逻辑关系及其演化发展**

在特定的历史时期Ⅰ，由制度环境和技术环境所决定的会计需求与会计供给，在相互博弈中不断地演进和发展，并决定着会计实务的基本状况和会计系统的运行模式。基于特定历史时期的会计实务状况和会计系统运行模式，人们不仅能够获得普适性的会计惯例，而且经由理性抽象之后还可获得有关会计假设、会计目标等会计基本理论问题的认识。在一个相对稳定的会计环境中，会计需求与会计供给总能实现博弈均衡，会计实务与会计理论也总能在动态中相互影响、相互促进。当人们从最基本的实务惯例或会计观念中抽象出会计假设后，已有的会计程序和会计方法就有了合理性前提，期望实现的会计目标也就有了理论支撑。

当会计制度变迁、会计技术变革引起会计需求和会计供给发生变化，当社会经济发展、科学技术进步导致会计实务与会计理论出现冲突，原有的博弈均衡就会被打破。如果不是会计需求因财富内涵的扩展而显得会计供给不足进而引发人们对会计系统的运行模式提出质疑和批评，便是会计供给因新思想或新理念的引入、新技术或新方法的应用而超出既有的供给能力进而激发出更多的会计需求；不是会计实务为满足激增的会计需求而出现超越已有会计理论支撑的会计程序和会计方法创新，便是会计理论因有良好的学术氛围而快速发展并把会计实务推向更高的水平。如果会计环境的变化渐趋稳定，会计需求与会计供给在历经多轮博弈后就会达到新的均衡、会计实务与会计理论经过长时间的相互影响后就会达到实现新的契合，由此决定了Ⅱ期会计环境下的会计假设与会计目标。

由于Ⅱ期会计环境下的会计需求与会计供给，既可能因经济繁荣而较之前更加丰富，也可能因经济衰退而较之前更加贫乏；而Ⅱ期会计环境下的会计理论与会计实务，既可能表现为理论较之实务更加繁荣，也可能呈现为实务较之理论愈发先进，所以，作为会计理论组成部分的会计假设与会计目标，在不同的历史时期就必然会有不同的内涵。当会计实务进一步发展和会计理论进一步繁荣之后，会计假设与会计目标也必将在继承前期已有成果的基础上有所发展。会计环境的不断变迁和会计技术的不断变革、会计需求与会计供给的相互影响，以及会计实务与会计理论的交融发展，必将推动会计假设与会计目标不断地演进和发展。

## 四、会计电算化对传统会计假设的冲击

电子计算机的问世及其所带来的社会变革，使会计系统的运行环境发生了巨大变化。从单项业务处理到财务、业务一体化融合发展，从模拟手工核算到集成化管理控制系统的开发，从囿于单一实体的分期报告到跨组织的实时数据采集，等等，电算化会计系统在过去数十年间发生了前所未有的发展。与此同时，数据库会计、事项会计、价值链会计、网络会计和REA会计等基于信息技术应用的诸多会计理论创新，也总能让人耳目一新并引发人们对传统会计范式的思考。基于信息技术应用并伴随信息技术发展的诸多会计实务和会计理论创新，已对传统会计范式及其赖以建立的会计主体、会计分期和货币计量等会计基本假设提出了挑战。

1. 跨组织会计核算与会计控制对会计主体假设的冲击

会计主体是传统会计范式赖以建立的一项基本假设，其作用在于限定会计记录、会计控制和会计报告的空间范围。在手工会计技术条件和传统会计范式下，会计主体通常是指社会组织系统中那些具有法人资格，或虽不具法人资格但在资源使用和组织管理方面类似于法人的社会组织实体。然而电算化条件下的会计实务，却因具有远程操作和多种辅助核算功能的网络化财务软件为其提供技术支持而将会计核算与会计控制的范围，不仅从特定的组织实体向外扩展到了关联实体，而且还由单一的组织整体向内延伸到了不同层次的组织单元和项目化任务。由此产生的组织整体、职能部门、组织成员和项目化任务，从财富管理的角度来看其实均可看作是某种形式的会计主体。这种基于信息技术应用而出现的多层次、跨组织会计核算与会计控制，显然已对传统会计范式下的会计主体假设提出了挑战。

2. 实时会计报告对会计分期假设的冲击

会计分期是基于分期会计报告需要而对持续性经营活动所作的划分。有了会计分期假设，持续性的经营活动就会被分成间断性的会计期间，从而使会计报告有了起讫时间、使会计工作有了时间节奏。在手工技术条件下，由

于会计报告所需要的数据需要借助分类账户进行积累，所以会计报表的编制就只能等到会计期末完成一系列转账和结账手续之后才可进行。然而在信息技术条件下，从凭证数据库记录直达会计报表的数据处理流程，不仅使会计人员能够在任何时点、基于任何时段生成通用或特殊目的的会计报表，而且利益相关者亦能在授权范围内通过远程访问相关原始记录而自行获得个性化的会计报表。数据处理流程的这种变化，不仅使传统会计处理程序下的定期转账和期末结账变得可有可无，而且使会计报告的编制完全不受会计分期的制约。实时会计报告的出现，显然是对具有等时性特征的传统会计分期假设以及与之相关的会计循环的冲击。

3. 多重会计计量对货币计量假设的冲击

货币计量是指以货币作为统一衡量尺度计量经济活动的财富影响。有了货币计量及其隐含的币值稳定假设，会计确认和会计计量就可聚焦于综合性的价值信息，从而可为不同会计主体之间的绩效比较建立统一的基础。由于单靠货币计量并不能描述组织运作的全景视图，所以人们在对传统会计范式提出质疑和批评的同时，还基于现代信息技术应用而提出了具有多维会计思想的数据库会计、事项会计和 REA 会计模型。仅就其中最具代表性的 REA 会计模型而言，它除了运用货币计量外，还广泛地采用实物、时间等非货币计量单位以及其他形式的定性描述方法，并通过全方位地观察和储存经济活动各个方面的属性值，以得到基于货币与非货币计量的量化信息和其他定性描述信息。为展现组织运作的全景视图而对非货币计量属性的关注，显然已对传统会计范式所倚持的货币计量假设提出了挑战。

## 五、多维复式会计假设

会计假设是会计理论体系的重要组成部分，是设定会计目标、确立会计原则的前提。建立适应信息经济时代的会计基本假设，对促进会计理论和方法的发展显得十分迫切（韦沛文，2003）。为使会计理论各个组成部分具有严密的逻辑关系，使会计系统能够最大限度地满足日益增长的多元化会计需求，本书基于前文对会计本质和会计主体的认识，结合会计信息化应用实践，认为多维复式会计范式的建立需要下述五项基本假设。

1. 会计有用假设

会计有用假设是指人们在创建会计理论和开发会计系统时应假定会计是一种有用的财富管理工具。纵观会计的产生和发展，会计总是服务于人们的财富管理。当个人或组织的财富积累达到一定程度，或是当个人或组织失去对财富的直接控制时，以分类记录为特征的会计便顺势产生并不断地发展。由于会计记录可弥补人脑记忆的天然缺陷，会计控制可防范和发现实物管理方面存在的舞弊和漏洞，会计报告可使人们对所关心的财富及其变化做到心中有数，所以会计有用性可以说是不言自明。但如果在会计假设体系里没有“会计有用”这一基本假设，有关会计对谁有用、怎样才算有用以及如何才能有用等一系列与会计目标相关的问题，就会因失去逻辑先导而显得突兀。由此，会计有用不仅应当成为一项基本会计假设，而且还应当位居其他各项基本假设之首。

2. 有限持续假设

有限持续假设是指人们在确立会计原则、选择会计程序和会计方法时应假定会计主体将在一定期限内持续运作。这里的有限，既可能由利益相关者事先约定，也可能是利益相关者意愿之外不期而至的结果。如由合伙企业的经营期限、专项工程的建设期限和专项任务的执行期限所决定的会计主体存续期限，就属于前者；而因违法经营被取缔、因管理不善被解散以及因组织变革被接管等原因所决定的会计主体存续期限，则属于后者。这里的持续，是指会计主体在完成使命或意外终止之前所呈现出的延续状态。持续和有限是一对矛盾，持续可为人们提供一种合理的预期，有限则暗示着可能存在风险。在持续运作期间，资产通常会按照原定用途使用或按照现时价格出售，负债将按照约定条款偿还；但在组织运作终结，尤其是不期而至的运作终结之时，资产就可能以低于现时市场价格的清算价格对外出售。很显然，有限持续假设的设立，将使人们在测度组织的财富及其变动时，就可既着眼于现时又可关注未来，既考虑投入又关心产出，进而为基于历史成本和现时价值的双重会计计价提供逻辑基础。

3. 灵活分期假设

灵活分期假设是指假定会计主体的持续性运作活动可依据利益相关者的不同需要进行随意划分。有限持续假设意味着会计主体的各项活动，在组织使命完成或组织意外终结之前，总是处于持续性的运作之中。由于利益相关者不可能等到会计主体终结之后再去评价组织的运营成果并据以进行财富分配和资源配置，所以实践中便产生了对有始无终（无法预计终结时间）的组织运作活动基于时间分期进行业绩评价并据以进行财富分配和资源配置的实务惯例。这一实务惯例经由理论抽象之后便是所谓的会计分期。有了会计分期，持续性的组织运作活动就有了间断性，会计操作也就有了以转账、结账和报告为标志的会计循环；有了会计分期，收入和费用就有了时间归属性，从而也就有了权责发生制确认基础和收入费用配比原则。虽说基于日历的会计分期对于人们建立系统化的会计程序和会计方法有着非常重要的意义，但手工技术条件下不可逾越的转账和结账工作却也影响了会计信息的及时提供。信息技术条件下，由于计算机不仅能够基于日历的会计分期进行定期报告，而且还能够基于任意时长的会计分期进行实时报告，所以在多元化和个性化会计需求不断增长的背景下，灵活性会计分期的意义也就不可小觑。由此，传统观念上具有等时长特征的会计分期假设，就应当发展为可涵盖任意时长的灵活分期假设，从而为基于权责发生制和现金收付制的二重会计确认和实时会计报告提供逻辑基础。

4. 多重计量假设

多重计量假设是指假定会计可针对不同计量对象采用有不同的计量属性。计量是为事物赋以数值的过程，也就是基于选定的计量属性和计量单位、运用合适的测量工具和计算方法确定其量值的过程。货币所具有的价值尺度功能，为社会财富的计量赋予了价值属性。有了这一计量属性，无论是效用各异的自然形态之财富，还是性质有别的社会形态之财富，就均可采用统一的计量标准。价值计量虽因具有可加性而可用于综合评价组织的财富及其变化，但其有效性却要受到币值稳定性和计价时点与计价视角选择的影响。为此，传统会计理论在论述货币计量假设时总是隐含有币值稳定假设。由于这一苛刻的要求与现实相去甚远，所以货币计量的有效性就不时地遭到质疑和批评，进而引发了人们对实物、时间等非货币计量属性的关注和探讨。既然单一的货币计量难以真实反映会计主体的财富存量及其变动，信息技术又使多重计量属性的并存有了可行性，那么传统的货币计量假设就应当发展为多重计量假设，以使会计系统能够多视角测度会计主体的财富及其变化。

5. 实时控制假设

实时控制假设是指假定会计控制能够嵌入到组织运作过程之中并能够实时监控组织的财富及其变动。会计不仅是一个信息系统，而且还是一个控制系统。借助于会计确认时的单据审核，可能出现的越权支付、不当支付和以假乱真的欺骗支付，在很大程度上就可得以避免；借助于全面完整的会计记录，物资管理部门或相关人员可能出现的监守自盗，在很大程度上就能在事前得到防范、在事后得到发现；借助于覆盖供产销、集财务与业务一体化的管理系统，采购部门的过量采购、生产部门的过度耗费以及销售部门的过度授信等，就可通过实时数据采集和内化控制程序得以有效防范。基于信息技术应用的会计控制，在防范和发现组织财富缺损、在激励和约束组织成员行为、在引导和保证组织目标实现等方面所能发挥的作用，已用事实表明会计控制不仅能够嵌入到组织运作过程之中，而且还能够同步于组织运作而发挥作用。为确立会计控制在会计理论中的地位并据以指导会计系统的开发，有必要创设“实时控制”这一会计假设。

## 第二节　会计目标理论

会计目标是人们建立会计系统意欲达到的目的。当会计假设研究特别委员会委员斯派克对 ARS No. 1 做出否定性评价之后，美国会计理论研究的重点便开始转向会计目标。受美国会计学会、特鲁伯鲁德报告等相关研究成果的影响，FASB 以会计目标为指引建立了财务会计概念框架。此后，以会计目标为逻辑起点构建财务会计概念框架和发展会计理论的会计研究思路，便深刻地影响着会计规范的制定和会计理论的发展。明确而恰当的会计目标定位，对于会计理论创新和会计系统开发来说可谓是至关重要。

## 一、会计目标的含义

会计是一个人造系统，人们基于特定制度环境和技术环境创建会计系统的终极目的，不外乎要通过会计记录、会计控制和会计报告职能的发挥实现对财富的管理。源于财富管理需要而引发的会计需求，常常会超出特定技术条件下会计人员和会计系统所能提供的会计供给；而基于特定技术条件的会计供给，也可能超出由特定制度环境所保障的会计需求。会计需求与会计供给持续不断地博弈结果，一方面使会计实务中积久成习的会计惯例得以沿袭，另一方面使得会计系统的运行有了明确的目标。由此，我们便可从会计需求与会计供给的相互博弈中把握会计目标的内涵。

1. 会计需求

会计需求是人们出于财富管理目的而对会计系统、会计机构或会计人员所能发挥作用的需要。会计需求可分为现实会计需求和理论会计需求，现实会计需求是人们基于特定会计环境提出的既受会计规范约束又受会计规范保障的会计需求；理论会计需求是人们基于特定会计环境提出的虽不由会计规范保障但通过变革会计系统却可以实现的会计需求。无论是现实会计需求还是理论会计需求，会计需求均源自于人们的财富管理需要。就现实会计需求而言，当财富积累达到一定程度，或是当财富变动超出一定频度，抑或是当财富所有者或管理者失去对财富的直接控制时，真实、完整的会计记录便成了财富管理的首选工具。随着社会生产力水平的不断发展和社会组织规模的不断扩大，会计需求主体必将日益增多并且不同会计需求主体之间的需求冲突必将日益加剧。就会计发展早期的合伙组织而言，无论是合伙人之间，还是合伙组织与行业协会、信贷机构或其他交易主体之间，均可能围绕各自的财富管理或行业监管需要而就会计供给展开博弈竞争；而就现代社会的企业组织而言，无论是出资者与债权人，还是现实出资者与潜在出资者，抑或是管理层与中介机构及政府监管部门，也都会围绕各自的财富管理或社会监管需要而就会计供给展开博弈竞争。内部需求主体与外部需求主体之间的博弈，促成了会计系统的分化进而出现了财务会计与管理会计这两大会计分支；而外部需求主体中现实投资者与潜在投资者、权益投资者与债权投资者、直接利益相关者与间接利益相关者以及其他利益主体之间的博弈，则将会计需求限定为“通用”盛名之下主要用于满足强势利益集团财富管理需要的那些会计需求。就理论会计需求而言，会计供给的整体不足和弱势利益集团对会计供给模式的不满，必将引发人们对会计需求的思考，如能通过修改会计规范、创新会计方法或重塑会计系统等途径增加会计供给，具有价值倾向性的会计理论研究，必将提出新的会计需求并以此影响会计实务和会计理论的发展。

2. 会计供给

会计供给是会计系统、会计机构或会计人员基于特定会计环境所能提供的会计产出。会计供给也可分为现实会计供给和理论会计供给，现实会计供给是会计供给主体遵照已有会计规范所能提供的会计产出；理论会计供给是会计供给主体超越已有会计规范并通过变革会计系统能够提供的会计产出。无论是现实会计供给还是理论会计供给，会计供给均由会计需求激发并随会计需求的变化而变化。就现实会计供给而言，无论是会计发展早期由兼职记账员所提供的，还是现代社会由组织内部常设的会计机构及其专职会计人员、组织外部的代理机构及其兼职会计人员所提供的，不外乎是经由会计确认、会计计量、会计记录和会计控制之后以会计报告形式反映的组织财富及其变动。组织规模的日益扩大、财富形态的不断增加，必将激发会计供给主体出于会计需求的最大化满足而在会计确认、会计计量、会计记录、会计控制和会计报告等方面不断探索并开发新的会计程序和会计方法。当新出现的会计程序和会计方法得到同业认同，并经相互效仿而成为一种专业惯例之后，就会变为共同知识在会计供给主体之间传播和承继，进而不断地提高现实会计供给能力。就理论会计供给而言，当人们意识到通过修改会计规范、变革会计技术或重塑会计系统等途径能够提高会计供给能力时，具有价值倾向性的会计理论研究，就会在会计需求的激发下，或通过完善已有的会计程序和会计方法，或通过探究新的会计程序和会计方法，以引导会计供给能力的不断提高。如同会计需求将随社会制度变迁和会计技术变革而在不同利益主体之间持续性地相互博弈一样，会计供给也会随社会制度变迁和会计技术变革而在会计从业人员、会计教育工作者、会计理论研究人员、系统软件供应商以及其他会计服务机构之间持续性的博弈竞争，其结果必将加速会计人员流动、会计经验积累、会计知识传播和系统软件的升级换代，进而不断提高会计的供给能力。

3. 会计目标

会计需求与会计供给相互影响并随不同会计需求主体、不同会计供给主体以及会计需求与会计供给之间的持续性博弈竞争而不断地演进和发展。在会计发展的早期阶段，由于会计人员所服务的利益主体相对比较明确，并且会计人员与为之服务的利益主体间还常常存在人身依附关系，所以尽管会计系统赖以运行的技术条件还相当落后，但会计供给亦能最大限度地满足所服务之利益主体因财富管理所引发的会计需求。此时，会计需求与会计供给之间可以说不存在明显的博弈竞争。当组织规模发展到一定程度，当财富的自然形态日益多样化、财富的社会形态日益复杂化之后，会计所服务的利益主体必将由组织内部扩展到组织外部，会计职能作用的发挥必将从对财富的直接管理扩展至对财富的间接管理。此时，如果会计的制度环境还停留在满足过时的会计需求、会计系统的运作方式还禁锢于落后的技术手段，会计需求主体之间、会计供给主体之间以及会计需求与会计供给主体之间，就会因会计供给的不足以及会计需求与会计供给之间的持续冲突而出现各种形式的博弈竞争，其结果一方面使会计供需双方基于特定会计环境就会计需求的满足程度和会计职能的发挥程度达成基本共识，另一方面使会计人员所遵从的会计思想、会计观念以及在此基础上所建立的会计程序和会计方法得到广泛地认可。当把会计目标看作是会计供需双方基于特定会计环境的博弈结果时，它就既可从会计需求的角度理解为会计需求的满足程度，也可从会计供给的角度理解为会计职能的发挥程度。

尽管会计需求可分为现实会计需求和理论会计需求、会计供给可分为现实会计供给和理论会计供给，但会计目标却因现代信息技术的应用而可分为会计实务目标、会计理论目标和会计系统目标。(1) 会计实务目标是现实会计需求与现实会计供给的博弈结果。尽管不同社会组织因目的不同、规模不同、管理理念不同、技术装备不同、会计人员配备不同以及利益相关者所处地位的不同而使个体化的会计目标呈现出很大的差异，但由特定制度环境和技术环境所决定的总体化会计需求与总体化会计供给之间，却在一定范围内总能达成相对的博弈均衡。无论是由会计惯例所暗含，还是为会计规范所明示，由总体化会计需求与总体化会计供给所决定的会计需求满足程度或会计职能发挥程度，便是特定会计环境下的会计实务目标。(2) 会计理论目标是理论会计需求与理论会计供给的博弈结果。尽管众多的会计理论研究人员因价值取向、个人经历和知识背景等方面的不同而就会计需求和会计供给存有不同的看法，但由此“汇集”而成的具有广泛认同性的理论观点，也就决定了特定会计环境下的会计理论目标。(3) 会计系统目标是会计软件系统应予实现的会计目标。作为贯通会计实务与会计理论的桥梁，当会计技术的发展使得会计赖以存在的物质基础可独立存在时，会计也就有了会计理论和会计实务之外的会计系统目标——即会计软件系统能够实现的会计目标。这一层次的会计目标，应能为满足日益增长的多元化会计需求提供技术支撑。

## 二、会计目标研究的历史沿革

现代会计目标的研究发端于美国。20 世纪 40 年代以前，会计目标只是作为一般性的概念在一些学者的论著中偶尔提及。理论界普遍认为最早提出会计目标概念的是美国会计学者辛普森（Simpson），他于 1921 年提出了“会计目标”和“会计师目标”（陈良华、李志华、孙健，2009）；美国注册会计师协会（AICPA，1938）在一份研究报告中提到，财务报告目标是有助于企业的运行，以达到其既定的目的（张蕊，2005）；佩顿、利特尔顿（1940）认为会计目标是提供关于某一企业的财务数据，加以整理，以满足管理层、投资者、社会公众的要求（陈国辉，2007）。另外，坎宁（1929）、吉尔曼（1939）等人也间接地讨论过财务报告目标。

20世纪50、60年代，会计理论界开始专门研究会计目标问题。美国会计学家斯朵伯斯（1953）开创了将会计目标作为直接研究对象的先河，他认为会计目标是提供对投资者决策有用的信息；利特尔顿（1953）在《会计理论结构》中，把会计目标分为中间目标、前期目标和最高目标，并认为会计的最高目标在于帮助某人借助于数据了解某个企业（葛家澍、杜兴强，2005）；德瑞纳（Derine，1960）在《研究方法结论和会计理论构建》一文中首次谈到财务报告目标在会计理论研究中的重要性，他认为企业在构造一种服务职能的理论体系中，第一个程序是建立职能的目的和目标。随着时间的推移，目的和目标是会改变的，但在任何时期，目的和目标都必须规定明白或有可能明白地予以规定（葛家澍、杜兴强，2005）；美国会计学会（1966）在《基本会计理论说明书》中，最早权威性地提出会计是一个经济信息系统，并提出会计应为下列目标提供信息：（1）对稀缺资源的使用进行决策，包括辨认决定性的决策领域并确定目标和方向；（2）有限地管理与控制一个组织的人力资源与物质资源；（3）记录、报告资源的受托责任；（4）改善会计主体的职能并控制资源。

20世纪70年代后，会计目标开始作为会计理论研究的逻辑起点而受到广泛重视。美国会计原则委员会（APB，1970）在其第4号公告中指出：财务会计与财务报表的基本目的，是提供关于一个企业的定量化的财务信息，而这些信息有助于报表的使用者（尤其是所有者和债权人）进行经济决策，这一目的包括用于评估企业管理当局执行其受托责任和其他管理责任方面的有效性的信息。1971年，美国注册会计师协会成立了鲁伯鲁德（Robert M. Trueblood）为组长的财务会计目标委员会，该委员会（1973）在一份题为《财务报表的目标》的研究报告中，全面系统地论述了美国市场经济环境下财务报表的基本目标是提供据以进行经济决策的信息。1978年，美国会计准则委员会（FASB）在其发布的《财务会计概念公告》第1号《企业财务报告的目标》中，将财务报表扩展为财务报告，并认为因财务会计本质上属于对外报告会计，因而财务报告的目标基本等同于财务会计的目标。至此，会计目标从纯粹的理论研究走向了实际应用，并作为概念框架理论的起点开始承担起指导会计准则制定的重要使命。

## 三、会计目标定位的现实差异与理论弥合

从美国会计目标研究的历史沿革中不难发现，美国会计界对会计目标的认识，是基于发达的市场经济环境，着眼于企业组织，致力于为外部投资者、潜在投资者和债权人提供决策有用的信息。这一研究视角下的会计目标定位，常常被理论界称之为“决策有用观”。受美国会计准则委员会财务会计概念框架公告的影响，一些后来制定概念框架的国家，如英国、加拿大、澳大利亚和国际会计准则委员会（IASB）等，也都赞同“决策有用观”并将会计目标作为概念框架的逻辑起点。譬如，加拿大特许会计师协会（CICA，1988）在《财务会计概念》中指出，财务会计的目标是向投资者、机构投资者、捐赠者、债权人和其他信息使用者提供有助于他们进行资源分配决策及评估管理层受托责任的信息（刘永泽，2005）。国际会计准则委员会（IASC，1989）认为，财务报表的目的是提供在经济决策中有助于一系列使用者需要的关于企业财务状况、经营业绩和财务状况变动的信息。财务报表还反映企业管理层对交付给他们的资源的经管成果或受托责任。使用者之所以评估管理层的经管情况，是为了能够做出经济决策。这些决策包括是保持还是出卖其对企业的投资，是续聘还是更换管理者等（汪祥耀，1996）。澳大利亚会计准则委员会（AASB，1990）在其《会计概念公告第 2 号——通用财务报告的目标》认为，通用目的财务报告旨在向使用者提供对其作出或评价分配稀缺资源决策有用的信息，如果通用目的的财务报告实现了上述目标，它也是企业管理层向报告使用者履行“报告责任”的方式，然而，提供决策有用信息这一目标要包含履行报告责任目标，因为使用者需要信息的最终目的还是做出资源配置决策（陈毓圭，2005）。国际会计准则委员会（1997）在其修订后的《财务报表列报》中，认为通用财务报表的目的是提供有助于广大使用者

进行经济决策的有关企业财务状况、经营成果和现金流量的信息；财务报表还反映企业管理层对受托资源保管的结果。英国会计准则委员会（ASB，1991）在《财务报告原则公告》中，认为财务报告的目标是提供关于报告主体财务业绩和财务状况的信息，有助于范围广泛地使用者评价报告主体管理层的受托责任和制定经济决策，有助于使用者评价报告主体产生现金的能力、时间和不确定性以及评价报告主体的财务适应性（杜兴强、章永奎，2005）。

然而，在法国、德国等欧洲大陆国家和日本等，却更多地强调管理层对资源提供者所担负的受托责任，由此也就出现了会计目标认识上的另一理论分支——“受托责任观”。以法、德为代表的欧洲大陆国家，属于典型的成文法系国家，由于税收法规较之会计规则更为详细，所以《税法》对会计实务更具实质性影响，从而使得会计在很大程度上附属于政府征税目的。除此之外，会计还作为国家管理经济的工具，要满足政府通过国民经济计划实现资源配置的需要。总体来看，这些国家对会计目标的描述比较全面，既涉及“受托责任”也涉及“决策有用”，但本质上更强调“受托责任”。如法国会计目标就有很强的宏观导向，强调会计要服务于国民经济统计、计划和税收征管的需要（陈毓圭，2005），其主要内容包括：“①满足企业经营者自己的信息需要；②作为一种管理工具；③为处理经营者之间的法律纠纷提供证据；④为股东、投资者、雇员和第三方提供信息；⑤为计税提供依据；⑥促进政府间的信息交流”。在德国，一般不使用“会计目标”而多使用“会计的任务”。如著名经济学家韦赫（Woehe）认为财务会计具有保护的任务和信息的任务，并将保护解释为财务会计应按照法律规定的计量和反映要求记账和报告以防止大股东对小股东、企业对债权人等的利益侵害，将信息解释为财务会计提供全面而又充分的会计信息以使会计信息使用者能够了解企业的真实状况。在日本，会计核算受《商法》《证券交易法》和《税法》三大法规的制约，会计目标可概括（阎达五，1998）为：①确定企业管理者操持功能的履行程度；②计算公司分配的收益（用于分配的股利和公司所得税金额）；③为股东和投资者做出投资决策提供信息（刘永泽，2005）。

为弥合“决策有用观”和“受托责任观”的理论分歧，以美国会计准则委员会（FASB）和国际会计准则理事会（IASB）为代表的权威机构，正试图扩大“决策有用”的内涵。如在2006年7月联合发布的《财务报告概念框架：财务报告目标与决策有用的财务报告信息的质量特征（初步意见）》中，两个权威机构在将财务报告的目标定位于“决策有用观”的同时，明确指出“决策有用观”包括“受托责任观”。对此所作的解释是：“用于评价管理层受托责任履行情况的信息，本身就属于资源配置决策所需要的信息，从而没有必要专门将受托责任作为财务报告的目标”。与之形成鲜明对比的是，持“受托责任观”的部分学者，则试图将管理层对资源提供者所承担的受托责任，扩展到组织主体对社会所承担的受托责任以及组织内部各级管理人员中下级对上级所承担的受托责任，以使“受托责任观”可包容“决策有关观”。如井尻雄士（1992）在解释受托责任时就指出，受托责任的关系可因宪法、法律、合同、组织的规则、风俗习惯甚至口头合约而产生。一个公司对其股东、债权人、雇员、客户、政府或关联的公众承担受托责任。在一个公司内部，一个部门的负责人对分部经理负有受托责任，而部门经理对更高一层的负责人也承担受托责任（张蕊，2005）。

## 四、会计目标研究存在的问题及其危害

会计目标定位方面表现出来的显著差异，与会计目标研究方面表现出来的弥合态势以及多少有点牵强的解释，所暴露出的不仅仅是会计环境对会计目标定位的影响，更是由研究视角不同所产生的认识偏差。纵观会计目标演进和涉及会计目标研究的理论文献，术语使用上的混乱可以说是产生各种认识分歧的主要原因。按照内涵依次递减的顺序，意欲表达“会计目标”的术语有：会计目的、会计目标、财务会计目标、企业（或公共部门组织）会计目标、财务报告目的、财务报告目标、财务报表目的和财务报表目标等。会计与财务会计、财务会计与企业会计或公共部门会计、财务会计与财务报告、财务报告与财务报表在内涵上所存在的依次包含关系，意味着以财务会计、

企业财务会计或公共部门会计（一般仅限财务会计）、企业财务报告，抑或是企业财务报表为着眼点所得出的任何研究结论，若冠以“会计”之名，均难免出现不同程度的以偏概全。就会计目标研究而言，若把以对外报告为主的财务会计等同于会计，意味着侧重于组织内部控制与业绩评价的管理会计就可能被置于考察视野之外；若把企业会计或企业财务会计等同于财务会计，那么公共部门会计所特有的目标内涵就很可能被忽视；若把财务报表或财务报告目标等同于财务会计目标，会计目标研究就很可能侧重于关注报告职能而忽视控制职能。既然“会计”一词涵盖一切社会组织中既对外提供报告又对内实施控制的会计，那么对会计目标的研究，就不应在企业组织与非企业组织、对外报告与对内控制方面有任何偏废。再者，会计目的与会计目标亦有不同的内涵，“目的”是指行为主体根据自身需要，借助意识、观念的中介作用而预先设想的行为目标或结果；而“目标”通常是针对特定环境、在特定期间所设定的可量化表述的预期行动结果。一般来说，“目的”侧重于人们对未来行为结果主观、抽象的描述，而“目标”侧重于对未来行为结果客观、具体的描述。借用刘俊哲（1997）的观点，“目的”是人们从事某项活动所要达到的境界或结果，而“目标”是人们从事某项活动所要达到的境界或结果的标的或标准，当“目的”用数量化形态表示时，“目的”与“目标”就合二为一（黄晓波，2008）。既然会计供需双方基于特定环境就会计系统运行方式和会计职能发挥程度所达成的共识总是具体而非抽象的，所以出于会计理论发展和会计系统构建所进行的会计研究，使用“会计目标”这一术语似乎更为恰当。

除因术语使用上的混乱而产生的认识分歧之外，因研究视角、研究方法的不同也使研究结果出现了较大差异。目前有关会计目标的研究，可以说存在重会计的信息功能而轻会计的控制职能、重会计的制度环境而轻会计的技术环境、重企业组织而轻公共部门组织、重外部信息需求而轻内部信息需求、重通用信息需求而轻专用信息需求、重信息需求而轻信息供给等方面的错误倾向。重制度环境而轻技术环境，将使会计目标定位忽视信息技术的发展，这既不利于会计理论发展，也有碍电算化会计系统的开发应用；重企业组织而轻公共部门组织，将不可避免地因“只见树木、不见森林”而得出以偏概全的结论，这既不利于人们从更广泛意义上把握会计的本质，也有碍企业会计与公共部门会计的协同发展；重外部信息需求而轻内部信息需求，很可能使会计系统的开发因定位不准而功能不全、效率不高，进而使所提供的信息既影响外部使用者实现其决策目标并对决策效果进行评判，又妨碍内部管理水平的进一步提高；重通用信息需求而轻专用信息需求，将不可避免地把人们的关注点引向信息的交集而忽视信息的并集，从而使会计目标定位不是着眼于“通用”之外的各取所需，而是局限于“通用”之下的武断取舍（主要满足强势利益集团的信息需要）；重信息需求而轻信息供给，不是脱离现实强求会计机构和会计人员承担更多的责任，便是忽视会计系统的供给能力进而使会计的作用难以真正发挥。

## 五、多维需求视角下的会计目标定位

会计目标定位既不能脱离特定的政治、经济、法律和文化等社会环境，亦不能超越特定时期所能运用的技术手段。特定制度环境和技术环境下的不同社会组织，其设立目的和运作方式的不同，决定了利益相关者及其会计需求的不同以及不同利益相关者对会计职能认识的不同。会计供给所具有的成本约束性，决定了会计实务不可能针对不同使用者的不同需求建立个性化的会计系统。这就使得会计目标定位必须考虑两类不同性质的博弈：一是特定技术环境下会计供需双方之间的博弈，二是特定技术水平下不同会计需求主体之间的博弈。目前，有关会计目标研究的两种代表性观点，无论是“受托责任观”，还是“决策有关观”，可以说均较多地关注了后一种博弈而忽视了前一种博弈。仅仅关注后一种博弈的结果，将使会计目标的定位只能看重会计的信息职能而忽视会计的控制职能，并且就会计的信息职能而言，也只能关注强势利益集团的信息需求而忽视甚至漠视其他使用者的信息需求。纵观会计发展史不难发现，源于会计技术变革所引发的会计供需双方之间的博弈，在推动会计理论发展、提高会计工作效率方面发挥着重要作用。由此，本书认为会计目标的定位，除了应当关注不同会计需求主体之间的博弈外，还应当关注会计供给与会计需求之间的博弈，尤其是要关注飞速发展的现代信息技术对会计供给的影响。

当我们把会计目标看作是会计供需双方基于特定会计环境的博弈结果，并且从会计需求的角度把会计目标理解为会计需求的满足程度，从会计供给的角度把会计目标理解为会计职能的发挥程度，那么我们就可基于现代信息技术应用，着眼于不同利益相关者的个性化需求，从会计职能发挥方面演绎出当前技术条件下的会计目标。就会计记录职能而言，由于会计记录是会计控制和会计报告的前提，并且只有真实可靠、系统有序和全面完整的会计记录才能确保会计控制的有效实施和会计报告的真实完整，所以会计记录方面的目标定位，就应当是确保会计记录的真实可靠、系统有序和全面完整。其中，真实可靠要求会计对经济事项的记述有据可查而非主观臆造；系统有序要求会计在记述过程中严格按照专业标准进行系统分类；而全面完整则要求会计记述结果不出现任何有意或无意的延迟和遗漏。就会计控制职能而言，由于会计控制是组织系统控制不可或缺的组成部分，并且只有及时、有效的会计控制才能确保组织运行处于管理层的掌控之中，所以会计控制方面的目标定位，就应当是确保会计控制的及时性和有效性。其中，及时性要求会计能够快速地对不利变化做出反映；而有效性则要求控制措施能够实现预先设定的控制目标。就会计报告职能而言，由于不同使用者有着不同的决策偏好并可能使用不同的决策模型，因而只有相关、明晰的会计报告才能满足不同使用者的个性化需要，所以会计报告方面的目标定位，就应当是提供相关、明晰的会计报告。其中，相关的会计报告要求报告内容具有针对性，即从使用者的个性化需要来看既不出现信息缺失又不导致信息过载；而明晰的会计报告则要求报告形式易于使用者从中获取所需要的会计信息。将上述三个方面的会计目标用一句话来概括，就是最大限度地满足日益增长的多元化会计需求。这一基于现代信息技术应用、着眼于多元化会计需求满足的会计目标定位，应当说是会计目标理论发展的必然结果。

# 第三节　会计质量标准理论

会计质量标准，是测度会计系统运行结果、评价会计目标实现程度的客观标尺。人们创建会计系统的目的，总是希望通过系统有序的会计记录、及时有效的会计控制和相关明晰的会计报告，实现对组织财富及其变动的管理。为判定会计系统的运行结果是否实现了人们事先设定的会计目标，客观上需要确立一些能够衡量会计目标实现程度的评价标准，这样的评价标准，就是会计质量评价标准。因会计目标的实现需由一系列会计原则予以保证，所以会计质量评价标准，在逻辑上应当由会计目标引出并成为确立会计原则的先导。另外，由于会计规范是会计原则的具体化，因而用以评价会计系统运行结果的会计质量评价标准，也可成为评价包括会计准则在内的各种具体会计规范的质量标准。

## 一、会计质量标准及其地位和作用

1. 会计质量标准

会计系统的运行过程，同时也是会计职能的发挥过程。由于会计最基本的职能，是对组织的财富及其变动进行记录、控制和报告，所以人们对会计系统运行结果的期望，无非是希望会计系统能够提供全面完整与系统有序的会计记录，对组织的财富变化做出快速反应并对不利的财富变化实施切实有效的会计控制，以及提供内容适当且形式规范的会计报告。人们对会计职能发挥程度的事先设定，就是所谓的会计目标；而为了衡量会计系统的运行结果是否达到了人们的预期，也就是要测度会计系统的运行结果是否实现了人们事先设定的会计目标，就必须事先确定能够衡量会计目标实现程度的客观标准或标尺。这些用以测度会计系统运行结果、评价会计目标实现程度的客观标准或标尺，就是会计质量评价标准。

既然会计的基本职能可描述为会计记录、会计控制和会计报告，那么一套完整的会计质量评价标准，就应当覆盖会计记录、会计控制和会计报告三个方面。然而令人遗憾的是，受美国财务会计概念框架影响下的主流会计研究，对会计质量标准的研究，可以说还仅仅停留在通用目的的会计报告层面，并且大量的研究文献还把会计信息质量评价标准与会计人员应当遵从的会计原则混为一谈。(1) 就会计质量评价标准的构成而言，由于会计记录、会计控制和会计报告三项基本职能的发挥，既能产出有形的会计账簿和会计报告，又能产出无形的会计控制，所以仅仅关注会计报告而忽视会计记录和会计控制的会计质量评价标准，也就远不能用以测度会计系统的运行结果、评价会计目标的实现程度。(2) 就会计信息质量评价标准与会计人员应当遵从的会计原则而言，会计信息质量评价标准只能针对会计系统的运行结果，并且只能从会计报告层面上测度会计目标的实现程度；然而会计原则却是针对会计系统的运行过程，并且为确保会计目标的实现要从会计确认、会计计量、会计记录、会计控制和会计报告等环节约束会计人员的行为选择。尽管理想的结果有赖于良好的过程，但结果毕竟不同于过程，因而绝不能把会计质量评价标准与会计原则混为一谈。值得庆幸的是，已有学者看到了会计信息质量评价标准与会计原则的不同。譬如，陈国辉（2007）在论及会计原则与会计信息质量特征的关系时就指出，会计原则与会计信息质量特征也存在一定的区别，主要表现在以下几方面：(1) 二者规范的对象不同，会计原则规范会计信息的产生过程，重在程序；会计信息质量特征规范会计信息本身，重在结果。(2) 会计主要描述对经济事项确认、计量、揭示的过程，会计原则用于描述确认和计量，会计信息质量特征则用于描述揭示，二者的名称可能相同，但因规范的内容不同而有所区别。(3) 二者互相联系、互相影响，都是为会计目标服务的，会计目标对会计信息质量特征的影响更直接一些。郑安平（2011）在论及会计原则与会计信息质量特征的区别时指出：第一，本质不同。会计信息质量特征是会计信息所应达到或满足的基本质量要求，它是会计系统为实现会计目标而对会计信息的质量约束，其本质是一种结果的检验标准或尺度。而会计原则是为了实现会计目标，用以指导会计人员选择会计政策或进行职业判断的标准或准绳，是对会计人员选择会计政策或进行职业判断的行为约束，其本质是一种行为取向的指南或准绳。第二，约束对象不同。会计原则的约束作用发生在会计人员选择会计政策或进行职业判断的行为上，重在过程，是一个过程概念；而会计信息质量特征的约束作用发生在会计信息本身上，重在结果，是一个结果概念。孙玉甫（2012）也把会计质量特征和会计原则看作是两个不同的概念，认为会计信息质量特征是对会计报告质量作出的规定，而会计原则是为了满足会计信息的质量特征要求对会计工作的约束。

2. 会计质量标准在会计理论体系中的地位和作用

在会计理论体系中，会计质量标准应当介于会计目标与会计原则之间。就会计目标与会计质量标准的关系而言，会计质量标准应由会计目标引出，这是因为没有明确的会计目标定位，衡量会计目标实现程度的会计质量标准也就无从谈起；而就会计质量标准与会计原则的关系而言，会计原则应围绕会计质量标准进行设置，这是因为不以会计质量标准为指引的会计原则，将无法确保会计系统的运用符合预先设定的会计目标。可见，在会计目标、会计质量标准和会计原则之间，会计质量标准具有承上启下的作用。正因为如此，在会计理论体系中，会计质量标准理论就应置于会计目标理论与会计原则理论之间。会计质量标准理论在会计理论体系中的地位，也就决定了在财务会计概念框架或具有类似作用的基本会计规范中，有关会计质量标准的内容，也应当位居会计目标和会计原则之间。

为测度会计目标实现程度而设立的会计质量标准，既是评价会计系统运行结果的基本标尺，又是评价会计规范质量的基本准绳。开发财务会计概念框架或具有类似作用的会计规范（如我国的基本会计准则）的意义，就在于用以指导会计准则、会计制度等具体会计规范的制定。在“会计目标—会计质量标准—会计原则—会计准则（会计制度）”的会计规范开发思路下，如果有证据表明相关具体会计规范虽然在实务中已经得到了很好执行但却未能实现规范制定机构意欲实现的会计目标，那么会计规范制定机构就可运用已有的会计质量标准评估会计规范本身的优劣，并通过重新审视会计目标、重新设定会计质量标准推演出更能实现其政策意图的会计原则，进而指导具体会计规范的修订和完善。如就资产计价而言，当人们将“相关性”作为会计质量评价标准，并且意识到对同一计价项目分别基于历史成本与现时价值进行二重计价要比针对不同计价项目采取不同计价基础所提供的信息更具决策相关性时，就可通过创设二重计价会计原则而开发出更高质量的具体会计规范。

## 二、会计信息质量特征及其相关权威性文献评价

1. 会计信息质量特征的含义

早在20世纪20、30年代，人们就开始关注会计信息的质量问题。1930年，纽约证券交易所上市委员会执行助理霍克西（Hoxsey），在当年美国会计师协会年会的发言中，就提到会计信息的充分性和可理解性。1941年，美国会计学会对会计信息的客观性、可比性和一致性给予了关注。1955年，钱伯斯（Chambers）首次强调了信息的相关性。对会计信息质量进行较为系统研究的当属会计原则委员会（APB），其在第4号公告《企业财务报表的基本概念和会计原则》的第四章中，为经济决策提供有用的信息被看作是会计的基本目标，而这一基本目标又被分为“一般目标”和“质量目标”，其中的“质量目标”包括相关性、可理解性、可验证性、中立性、及时性、可比性和完整性。继APB第4号报告书（Statement No. 4）之后，特鲁伯罗德报告（1973）首次将信息为满足使用者需要应具有的特性称之为“财务报告的质量特性”（qualitative characteristics of financial reporting），并提出了相关性、重要性、实质重于形式、可靠性、不偏不倚（中立性）、可比性、一致性和可理解性。1980年，美国财务会计准则委员会（FASB）在其发布的第2号财务会计概念公告（SFAC No. 2）中，构筑了一个由可理解性、相关性（包括预测价值、反馈价值和及时性、可靠性（包括可检验性、中立性和如实反映）和可比性（包括一致性）等主要会计信息质量特征及成本效益和重要性两个约束条件组成的具有层次结构的会计信息质量标准体系，并将其称为

“会计信息质量特征”（qualitative characteristics of accounting information）。

由会计原则委员会的“质量目标”、特鲁伯罗德报告的“财务报告的质量特性”演化而来的“会计信息质量特征”，本来只是对有用的会计信息应当具备的基本属性的描述，但由于具备相应属性的会计信息才可被看作是决策有用的信息，所以包括相关性、可理解性在内的一系列会计信息质量特征，也成了评价会计信息质量的标准。“会计信息质量特征”这一概念的内涵也由此得到了进一步发展。如葛家澍教授（2003）就将会计信息质量特征定义为是对会计信息应具有的质量标准所作的具体描述或要求，也是对会计信息质量进行评判的最一般和最基本的依据，它具体规定了会计信息为实现会计目标应具备的质量的规定。

2. 对会计信息质量特征权威性文献的评价

受 FASB 财务会计概念框架的影响，加拿大、澳大利亚和英国等国家或地区的会计准则制定机构以及国际会计准则委员会，也都在其概念框架或具有类似作用的文献中，对会计信息应有的质量特征做了描述。如加拿大特许会计师协会（CICA，1988）在其公布的《财务报表概念》、国际会计准则委员会（IASC，1989）在其公布的《编制财务报表的概念框架》中，就列举了与 FASB 别无二致的会计信息质量特征（具体解释上存在差异）。距 FASB 发布 SFAC No. 2 近 20 年之后，英国会计准则委员会（ASB）于 1999 年 2 月发布了具有财务会计概念框架性质的《财务报告原则公告》，在该原则公告的第二章——财务信息的质量特征中，ASB 构筑了一个由一条基本原则性质量特征、一条基本取舍标准性质量特征、四条主要财务信息质量特征、十一条解释性财务信息质量特征和三条约束性质量特征构成的财务信息质量特征体系。其中，基本原则性质量特征是真实与公允（true and fair）；基本取舍标准性质量特征是重要性（materiality）；四条主要财务信息质量特征包括：与财务信息内容有关的相关性（relevance）和可靠性（reliability），与财务报表表述有关的可比性（comparability）和可理解性（understandability）；十一条解释性财务信息质量特征包括：解释相关性的预测价值（predictive value）和证实价值（confirmatory value），解释可靠性的无重大误述（free from material error)、如实反映（represent faithfully）、中立性（neutral）、完整性（complete）和谨慎性（prudence）；解释可比性的一致性（consistency）和披露（disclosure），解释可理解性的汇总与分类（aggregation & classification）和使用者能力（user's abilities）；三条约束性质量特征包括：质量特征之间的权衡（tradeoff on qualitative characteristics）、及时性（timeliness）和效益大于成本（benefit over cost）。随着国际财务报告准则（IFRSs）与日俱增的世界性影响和全球会计准则趋同步伐的日益加快，FASB 与 IASB 于 2002 年 10 月签署了“诺沃克协议”，由此拉开了双方会计准则趋同的序幕。作为两个理事会联合项目成果之一的“概念框架项目”（conceptual framework project），目前已就“财务报告目标和有用财务信息的质量特征”达成了一致，并分别由 FASB 以第 8 号概念公告和 IASB《2010 年财务报告概念框架》（*Conceptual Framework for Financial Reporting* 2010）的形式正式发布。在这一最新研究成果中，财务报告信息的质量特征被两个理事会描绘为一个由基本质量特征（fundamental qualitative characteristics）、增进的质量特征（enhancing qualitative characteristics）和信息约束条件（constraint on the information）构成的质量标准体系。其中，相关性（包括预测价值和证实价值）、重要性和如实反映（包括完整性、中立性和无重要差错）被视为是基本质量特征，可比性（含一致性）、稽核性、及时性和可理解性被视为是增进的质量特征，而成本效益则被看作是约束条件。

由于以 FASB、IASC 和 ASB 为代表的各大权威机构，对会计信息应有的质量特征、对各质量特征的具体解释，以及对各质量特征之间的先后顺序及逻辑关系的认识存有很大差异，所以学术界就会计质量特征的研究也就显得异常火热。仅就描述会计信息质量特征的用语而言，杨世忠等人（2005）根据有关法规和专业研究文献汇集到的就多达 40 余种，具体包括（根据汉语拼音排序）：充分性、动态性、多元性、多维性、复合性、反馈性、公正性、公平性、合规性、合法性、计量性、经济性、及时性、谨慎性、具体性、可靠性、可比性、可核实性、可塑性、可理解性、客观性、连续性、密切性、敏感性、内部性、全面性、时效性、实时性、通俗易懂性、透明性、完整性、系统性、协调性、相关性、有用性、预测性、一致性、真实性、重要性、准确性等。虽然相关研究不乏创新性见解，但就其影响来看，还远不能与 FASB、IASB（IASC）和 ASB 所发布的权威性文献同年而语。

从上述权威性文献以及其他相关研究来看，真实性、可靠性、可核性、全面性、完整性、明晰性、可理解性、可比性、一致性、一贯性、相关性、及时性、重要性、中立性、稳健性、谨慎性、实质重于形式和效益大于成本等表述，可以说是会计信息质量标准研究方面出现频率较高的一些用语。暂且撇开具体解释和逻辑结构上的差异不论，这些用语中究竟哪些应当看作是会计信息的质量标准？哪些又应当看作是会计人员为提供符合有用性质量标准要求的会计信息必需遵从的会计原则呢？包括 FASB、IASB 和 ASB 在内的各大权威机构，可以说就此问题的认识至今仍是模糊不清。相比较而言，我国修订后的基本会计准则以“会计信息质量要求”而非“会计信息质量特征”取代之前的“一般原则”，其用意可以说是为体现“过程”和“结果”的统一而把会计原则与会计信息质量标准合二为一。如在第十二条“企业应当以实际发生的交易或者事项为依据进行会计确认、计量和报告，如实反映符合确认和计量要求的各项会计要素及其他相关信息，保证会计信息真实可靠、内容完整”这一规定中，“以实际发生的交易或者事项为依据”和“如实反映符合确认和计量要求的各项会计要素”是对会计处理过程的要求；而“保证会计信息真实可靠、内容完整”则是对会计处理结果即会计信息的要求。由此可见，我国基本会计准则所使用的“会计信息质量要求”，较之美英等国以及国际会计准则理事会在其财务会计概念框架中所使用的“会计信息质量特征”，显得更为贴切。

在前文述及的出现频率较高的表述中，真实性、可靠性、可核性、全面性、完整性、明晰性、相关性和重要性，应当说是针对会计信息本身而言的；中立性、稳健性、谨慎性、一致性、一贯性、实质重于形式、效益大于成本，可以说是针对会计人员或会计处理过程而言的；而可比性和可理解性，虽然针对的是会计信息，但却引入了会计信息本身之外的其他因素，其中“可比性”涉及以前会计期间和其他会计主体的信息，而“可理解性”则隐含有使用者的专业判断能力。既然会计信息质量标准是用以评价会计信息质量的，那么相关的表述就既不应当针对会计人员或会计处理过程，也不应当涉及或隐含信息本身之外的因素。针对会计人员或会计处理过程的相关表述，本质上当属会计原则；而涉及或隐含会计信息本身之外其他因素的表述，则难以成为具有普适性的评价标准。会计理论不同于会计规范，即使会计规范在表述上可以把会计原则和会计质量评价标准合二为一以体现“过程”和“结果”的统一，但在会计理论研究和会计理论体系构建时，会计信息质量评价标准乃至会计质量评价标准，还是应当与会计原则做严格的区分。

## 三、多维需求视角下的会计质量标准

当我们把会计目标看作是会计供需双方基于特定会计环境的博弈结果，并从会计供给的角度把会计目标定位于最大限度地满足日益增长的多元化会计需求，那么我们就可基于会计的职能，在会计记录、会计控制和会计报告这三个层面上，由会计目标引出多维视角下的会计质量标准，见图5-2。

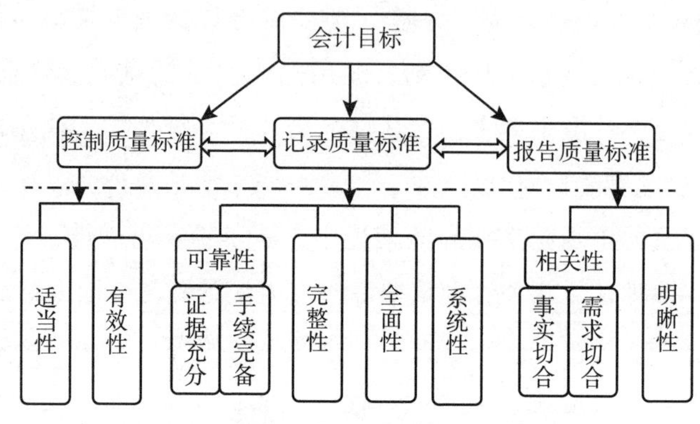


**图5-2　多维需求视角下的会计质量标准**

1. 会计记录质量标准

真实、完整、全面、系统，可以说是人们对会计记录的最基本要求。“所有商业事务必须采取有条不紊的方式加以记录”，“他（商人，笔者注）必须按照适当的顺序将所有的其他事情填入财产目录”，“你要仔细并如实地依次描述每个项目。永远以真实作为你的指南”等等，[①] 从借贷复式记账法之父帕乔利500多年前的这些描述中，不难看出真实性、完整性、全面性和系统性之于会计记录的重要性。由于今人多以“真实性”描述会计记录的结果，而结果的不完整就谈不上真实、结果的不全面或不系统也有损真实，所以本书将与完整性、全面性和系统性处于同一层次的狭义“真实性”，用“可靠性”取代。这样，可靠性、完整性、全面性和系统性，就可作为会计记录方面的质量标准。

（1）可靠性。可靠性是指会计人员必须以可核实的有效单证作为会计记录的依据。可靠性包括证据充分性和手续完备性两个方面。证据充分性是指作为会计记录的支持证据不得有任何缺失，而手续完备性是指所有应予办理的手续必须一应俱全。通常情况下，合理、合法的交易事项都能取得必要的原始凭据，相关人员也都能在其权限范围内履行签字手续。但当舞弊发生时，不是无法取得必要的单证，便是相关人员为逃避责任而故意“遗漏”或找人“代签”。大量的事实表明，尽管证据充分和手续完备并不能保证所有的会计记录都是基于真实的交易事项（有可能是相关方合谋下的虚假交易事项），但原始单证不全和必要手续缺失的会计记录却在很大程度上都与内部控制失效或组织舞弊有关。由此，内涵证据充分性和手续完备性的可靠性，可作为会计记录质量的一个判定标准。

（2）完整性。完整性是所有应予记录的交易事项都应在适当的会计期间得到处理。可靠性能够在一定程度上保证已记录的交易事项是真实发生的，但却无法保证所有已经发生的交易事项都得到了及时地会计处理。及时有效地会计控制和客观真实的会计报告有赖于真实、完整的会计记录。如果会计

---

① 帕乔利．簿记论［M］．林志军，等译．立信会计出版社，2009：2－10。

记录事项不全，那么未予记录的会计事项就会游离于会计控制之外，据以编制的会计报告就会出现信息缺失。除了故意遗漏之外，完整性还要受到会计处理及时性的影响，即会计处理的不及时必然导致会计记录和会计报告的不完整。如在大量的会计报告粉饰案例中，延迟确认会计事项，尤其是对收入和费用的延迟确认，就是常见的盈余操作手法。由此，完整性应作为会计记录质量的一个评价标准。

（3）全面性。全面性是指会计记录应尽可能地采集与交易事项相关的所有会计元数据。精细化管理需要全方位的业务数据支持，“巧妇难为无米之炊”，会计元数据采集的缺失必将限制会计作用的发挥。日益增长的多元化会计需求，唯有通过全方位的业务数据采集才可得以满足。传统会计系统之所以选择仅仅采集财务方面的数据，不是会计前辈们认为采集业务活动其他方面的数据没有必要，而是因为手工会计技术限制了会计系统所能处理的数据规模。当现代信息技术的发展已使海量存储和高速检索不存在任何技术障碍时，传统会计系统在会计元数据采集、处理等方面的数据缺失或数据流失，便日益为人们所关注并使传统会计模式不时地遭到质疑和批评。在现代信息技术条件下，成本效益原则已不足以作为限制数据采集范围的借口，关系型数据库技术也绝不会因为会计系统必须提供一定程度的浓缩数据而出现会计元数据的流失。由此，全面性应当作为信息技术条件下会计记录质量的评价标准之一。

（4）系统性。系统性是指会计记录必须以逻辑有序的方式加以组织。序时和分类是会计记录系统性的主要表现形式。序时可增强记录的真实性、完整性和可信性，而分类则能增强记录的明晰性并提高数据汇总效率。会计记录区别于统计或其他记录最为显著的表现，就在于会计记录的系统性。数千年会计实务的演化结果，正是从最初的文字叙述式记录，发展为借助系统化的账户设置、规范化的账页分栏和程序化的账务结转实现会计数据的科学组织。会计元数据采集范围的扩大，必将对会计元数据的科学组织提出更高的要求。在信息技术条件下，会计元数据的组织方式，也就是会计记录系统性的表现形式，直接关系到会计系统占用资源的多少和运行效率的高低。由此，系统性也应当成为会计记录质量的一个评价标准。

2. 会计控制质量标准

会计控制是较会计记录高一层次的会计职能。高质量的会计记录是高质量会计控制的基础，但仅有高质量的会计记录却未必能够出现高质量的会计控制。基于组织目标实现和利益相关者的财富管理需要，适当性和有效性可作为会计控制方面的质量评价标准。

（1）适当性。适当性是指会计控制规模应当与组织的运行需要相匹配。组织目标的实现，需要健全有效地组织控制保驾护航；而组织财富的安全，则需刚柔兼济的会计控制发挥功效。由于控制系统的建立和运行需要一定的人力、物力和财力支持，所以组织的控制系统就应该限定在一定的规模之内。就会计控制而言，控制不足将影响组织目标的实现乃至危及组织的生存；控制过度则会导致资源浪费乃至影响组织发展。由此，会计控制就应当限定在一定的规模之内，即既能防范组织财富流失并确保组织目标的实现，又不浪费组织资源和妨碍组织发展。信息技术条件下，由于控制范围的扩大和控制水平的提高并不必然导致控制成本的增加，如借助软件系统本身所具有的自动校验功能，组织完全能够以低成本防范数据采集过程中的非故意差错，所以会计控制的适当性不仅应当为人们所关注，而且还应当成为一个质量评价标准。

（2）有效性。有效性是指会计控制的运行结果达到了预先设定的控制目标。健全的控制制度若不能有效地实施只能是一纸空文，而完善的控制功能若不能科学地设置也是毫无用处。信息技术条件下，借助系统软件本身所具有的控制程序，会计控制的有效性将会大大提高，如误用会计科目等数据采集过程中的非故意差错，就可通过事先定义各核算项目的受控科目而得以完全避免。然而，如果在系统设置时未能正确建立会计科目与核算项目之间的关联，也就是未能限定各核算项目的受控科目，系统软件所具有的防范会计科目误用的控制程序也不会自行发挥作用。另外，因会计系统的运行离不开会计人员的广泛参与，所以系统内置的程序控制并不能完全取代人工控制，如计算机虽可有效地防范超限额支出，但对限额内的“人情账”却无能为力。正因为电算化会计系统存在运行前的不当设置、运行中的不当操作等方面的风险，所以有效性也应当成为衡量会计控制质量的一个评价标准。

3. 会计报告质量标准

会计报告是会计记录的浓缩和有针对性的会计数据重构，是会计控制乃至组织控制结果的反映。会计报告质量的高低，直接关系到报告使用者的理解和使用。由于相关性在事实切合意义上蕴含了真实性、完整性、全面性和可靠性之意，而明晰性则是基于信息本身对可理解性的诠释，所以相关性和明晰性可作为会计报告方面的质量评价标准。

（1）相关性。相对于文献中经常出现的相关性用语而言，本书将相关性界定为会计报告与经济现实和使用者需求的关联程度，具体可分为事实切合性和需求切合性。事实切合性是指会计报告与客观事实相符合，也就说会计报告如实地反映了客观事实；而需求切合性是指会计报告与使用者需求相符合，也就是会计报告恰当地满足了使用者的需求。在会计信息质量特征研究方面，相关性可以说是出现频率最高也最富有争议的一个概念。亨德里克森曾在《会计理论》一书中给出了相关性的三种解释，即目标相关性、决策相关性和语义相关性。其中，目标相关性是指会计信息与使用者所达到的目标相关；决策相关性是指会计信息与使用者的决策相关；而语义相关性则是会计信息使用者能够正确地理解所陈述信息意欲表达的涵义。亨氏认为目标相关性是评价相关性的一个最好概念，但为美国会计学会（AAA）所倡导并为美国财务会计准则委员（FASB）所推崇的相关性含义，却是决策相关性。《现代汉语词典（第7版）》将相关解释为“彼此关联”，意旨一种事物或现象与另一事物或现象之间的相互联系。由于会计报告是对客观现实——即财富变化过程和结果的反映，所以相关性首先应当是指会计报告与客观事实之间的符合程度。能够称得上与客观事实相符合的会计报告，必然是真实、完整、全面和可靠的，并且其预测价值和反馈价值也自不待言。既然相关性在事实切合意义上蕴含了真实、完整、全面和可靠之意，那么相关性就可取代人们通常所说的真实性、完整性、全面性、及时性和可靠性。由于人们使用会计报告的目的是为了满足自身的个性化需要，所以相关性还应当指会计报告与使用者需求的符合程度。由于会计报告能否满足使用者的决策需要、能否实现使用者意欲达到的财富管理目标，要受到使用者对会计报告的正确理解、决策者对决策模型的正确运用、管理者对决策目标的恰当设定和实施者对决策方案的有效贯彻等诸多因素的影响，所以本书认为会计报告的相关性只能限定为事实切合性与需求切合性。

（2）明晰性，明晰性是指会计报告在内容和形式方面清晰明了、易为人们所理解。会计报告要能为人们所使用，首先要能为人们所理解。如果把进行会计记录和编制会计报告看作是会计人员的编码活动的话，对会计报告的理解就是使用者的解码活动。对于那些具备一定专业能力的使用者来说，用语规范贴切、布局主次分明、说明详略得当、排列井然有序的会计报告，将无可辩驳地会加速使用者的解码进程并增强会计报告的使用效能；相反，词不达意、主次不分、排列无序、条理不清的会计报告，不但会影响人们的理解，而且还可能因错误理解而出现不当使用。处于信息时代的人们，由于所接受和处理的信息量与日俱增，所以对于具有结构化特征并承载会计信息的会计报告而言，其明晰性就会格外受到人们的关注。由此，明晰性也应当成为衡量会计报告质量的一个评价标准。

## 第四节　会计原则理论

会计目标界定了会计职能的发挥程度，会计质量标准提供了衡量会计目标实现程度的基本标尺，为使会计系统的运行结果达到期望的质量标准并实现预定的会计目标，会计人员的行为必须受到既定规则的约束。影响会计人员职业判断、约束会计人员行为选择和指导具体会计规范制定的那些最基本的规则，就是所谓的会计原则。作为贯通会计目标与会计程序和会计方法的桥梁，会计原则是为实现会计目标而在开发或选择会计程序和会计方法时应当遵循的基本会计观念。当今时代，会计电算化应用已在诸多方面对传统会计范式提出了挑战，为满足日益增长的多元化会计需求并用以指导会计准则、会计制度等具体会计规范的制定，我们不仅应当审视已有的会计原则，而且还应当基于会计电算化应用实践创设新的会计原则。

## 一、会计原则研究的历史沿革

会计原则（accounting principles）这一术语，是随会计实务统一化需求而产生的。在美国，会计实务的统一化首先来自政府会计领域。进步时代（1900～1918 年）的效率运动和市政会计改革，对统一政府会计制度提出了要求。1904 年，蒙哥马利在圣路易斯召开的国际会议上，发表了《统一实务在市政当局有权管制费率的公用事业公司的利润决定中的重要性》；1906 年，针对统一市政会计会议（由美国人口调查局召开）上所提出的《暂定的统一账户表》，美国公共会计师协会专门任命了一个委员会，以研究与市政行业和公用事业公司的统一报告的标准表式有关的各种正确的会计原则的实际运用；1911 年，美国财政部发布了塔夫脱总统时期总统经济与效率委员会的《关于指导支出会计与报告的原则的建设性意见》。同一时期，美国各企业对会计程序和会计方法的选择，主要取决于管理当局的意愿和审计师的意见，而企业会计报告的内容和形式，则主要服务于银行和债权人的信贷决策。由于缺乏统一的会计规范，各企业的会计处理具有很大的随意性，不仅一家企业很少关注其他企业所采用的会计程序和会计方法，而且同一家企业在不同时期也可能采用完全不同的会计程序和会计方法。会计信息可比性的缺失，引发了对企业会计处理程序的规范化和统一化需求。1909 年，美国公共会计师协会任命了一个会计术语委员会，开始进行会计规范化尝试。1915 年，美国联邦贸易委员会主席爱德华·赫尔利，提议建立适用于所有目的的标准财务报表，一系列对资产和负债进行估值的规则和制度。1917 年，美国联邦储备委员会和联邦贸易委员会一致决定对企业向银行申请贷款而编制的资产负债表予以标准化，并委任美国注册会计师协会提出标准的会计报表及其编制程序。作为回应，美国注册会计师协会提交了一份由普华的斯科比（J. Scobie）撰写的内部备忘录。这一备忘录经美国联邦储备委员会审议后，先后以“联邦储备公报”和“统一会计”之名发表。1929年，联邦储备委员会为统一会计实务，又以“财务报表的验证”为题，再次发表了标准化的会计程序和方法。

《统一会计》不仅未能使会计实务的混乱局面得到改观，而且还遭到了执业会计师的抵制。乔治·梅于1929在《会计杂志》撰文指出，为不同的企业订制统一会计和审计制度的任何建议是危险的，并认为会计方法应有灵活性，会计实务更大程度上依赖会计师的职业判断。1930年，纽约证券交易所股票注册委员会执行助理霍克西（Hoxesy）对会计实务强有力的抨击，迫使美国注册会计师协会成立了与证券交易所协调委员会。1932年9月，时任委员会主席乔治·梅，写信给纽约证券交易所和美国会计师协会理事会，建议制定一些应普遍接受的“会计原则”，并提出了六条拟议的会计原则。1934年，美国会计师协会批准了其中的五条，并增补了一条作为“认可的会计原则”（accepted principles of accounting）发表。1936年，美国会计师协会的一个下属委员会，在《财务报表的检查》中又加入“一般的”（generally）一词，从而形成“一般公认会计原则（generally accepted accounting principles，GAAP）”概念（葛家澍、林志军，2001）。同年，美国会计学会发表了《适用于公司财务报表的会计原则暂行说明》，并列出了包括会计科目定义、财务报表格式、增记资产与计提折旧的正确处理方法提示、缴入资本与留存收益的准确划分、正常收益与异常收益界定等共计20条原则的目录。1937年，被誉为是最早集会计原则研究之大成者的伯恩，在《会计实务在纳入会计规则和准则上能走多远?》一文中，把原则定义为基本真理，并论述了包括历史成本估价、成本收入的合理配比、计提折旧、销售时实现收益、稳健主义、缴入资本和企业积累的区别，以及账务处理的前后一致性等八个方面的会计原则（汤云为，钱逢胜，1999）；1938年，桑德斯（Samdens）、哈特菲尔德（Hatfield）和摩尔（More）在《会计原则说明书》中指出："我们认为，会计实务中存在着一系列普遍适用的会计原则，终究它们尚未被概括出来，但是却已体现在会计和财务报表之中（葛家澍、林志军，2001）。1939年，吉尔曼在《会计中的利润概念》一书中，首次严格定义了论述会计原则时所用到的会计惯例（基本前提）、会计信条、会计规则和会计原则等几个术语。

1940年，佩顿和利特尔顿在《公司会计准则导论》中，通过演绎推理而非归纳推理方法试图概括会计的基本原则，所讨论的经营主体、经营活动的连续性、交易代价、成本归属、努力与成就、可验证的客观证据六个概念，以及就会计假设在会计理论体系中的地位和作用的认识，对后来的会计理论、会计原则和会计准则的发展产生了巨大影响。1958年，美国注册会计师协会的研究项目特别委员会提议成立会计原则委员会，并在其报告中讨论了会计假设、会计原则和会计准则之间的关系。1959年，隶属于美国注册会计师协会的会计研究处，一改从会计实务惯例寻找会计原则的研究思路，开始沿着"假设—原则—准则"的演绎逻辑构建会计理论。之后，会计研究处以《会计研究论文集·第1辑》（ARS No. 1）和《会计研究论文集·第3辑》（ARS No. 3）的形式，相继发表了由会计研究部主任穆尼茨主笔的《会计基本假设》（1961）和由斯普劳斯与穆尼茨合著的《广义会计原则》（1962）。这两辑研究论文试图确立会计假设、会计原则与会计准则之间的关系，明确会计原则赖以建立的基本假设，并尝试开发针对具体环境应用会计原则所需要的准则或其他指南。当这两辑研究论文相继遭到反对后，会计研究处重新审视了已有的会计原则，并以"工商企业公认会计原则总汇"为题，发布了《会计研究论文集：第7辑》（ARS No. 7）。《会计研究论文集：第7辑》讨论了认可的会计原则概念、总结了认可的会计原则或会计惯例。1964年，伊利诺斯大学研究小组发表了《基本会计假设与原则说明》，认为会计原则是会计中的重要关系的基本命题，它们能在广泛适用意义上说明那些可以最佳地实现会计目标的行动，会计原则作为理论概括应当带有普遍性并可用于所有企业，它们表达重要的关系而不是特定的规则和程序，会计原则应作为对不同备选规则、程序作出最佳选择的基础（葛家澍、林志军，2001）。1970 年，APB 在其第 4 号报告《企业财务报表的基本概念和会计原则》中，对公认会计原则的各个层次做了系统并有创见性的分析，把公认会计原则的第一层次称为普遍性原则（pervasive principles），并具体分析了普遍性原则和广泛业务原则与具体规则之间的制约关系。在所列举的财务会计的 13 项基本特征中，还提到了实质重于形式、重大性等会计原则。当会计原则委员会于 1973 年被财务会计准则委员会取代后，“假设—原则”式会计规范开发思路便由“目标—准则”式会计规范开发思路所取代，会计界对会计原则的关注也因此日渐趋微。然而自 2001 年以来，随着安然、世通等一系列财务丑闻的相继曝光，人们对美国会计准则的制定模式提出了质疑，并认为应由规则导向模式转向原则导向模式。在此背景下，美国国会于 2002 年颁布了《萨班斯 - 奥克斯利法案》，要求美国证券交易委员会（SEC）应对美国财务报告体系的原则导向（principles-based）进行研究，由此唤醒了会计界对会计原则的再度关住。

## 二、会计原则的含义及其理论定位

从会计原则研究的历史沿革来看，有人将会计原则等同于会计规则，有人却视会计原则为会计准则；同样的用词，一些学者用以描述会计原则，另有学者却用以说明会计假设或是会计信息质量特征。尽管有学者试图辨析会计原则与会计规则和会计准则的异同、有学者尝试理顺会计原则与会计信息质量特征的关系，但就会计原则的含义、会计原则在会计理论体系中的地位和作用，理论界仍是分歧巨大。明确的会计原则定义是区分会计原则与会计规则、会计准则乃至会计假设和会计质量标准的前提；而恰当的理论定位则是创建会计原则体系的基础。

1. 会计原则的定义

在定义会计原则并考察其与会计规则和会计准则的关系之前，让我们先来看看原则、规则和准则的含义。按照《现代汉语词典（第 7 版）》的解释，原则是“说话或行事所依据的法则或标准”，规则是“规定出来供大家共同遵守的制度或章程”，而准则则是“言论、行动等所依据的原则”。按照张文显（1996）的研究，原则是规则之外概括性的准则，其基本含义是开始、起源、基础，是指可以作为规则的基础或本源的综合性、稳定性原理和准则；规则是指对某一行为的规范形式，是明确规定主体权利义务的规范。即规定具体权利和义务以及具体后果的准则，或者说是一个事实状态赋予一种确定的具体后果的各种指示和规定（张为国，2005）。陈今池（1998）在区别准则和原则的含义时指出，原则是概括性的，仅阐明处理会计事项所依据的观念和规则；而准则或标准还涉及具体会计程序和方法。张为国等人（2005）在归纳原则与规则的关系时指出：原则是“规则”的规则，是进行规则推理的权威出发点，规则是原则针对不同情况的具体化，原则在判断事物时其结论比较模糊，同时也比较灵活，在适用原则选择时，需要权衡不同的原则才能得出正确的结论，规则在判断事物时比较绝对，要么是，要么不是，符合规定的条件就要按这种方法和程序进行处理，否则就不能用这种处理方法和程序。综上所述，原则较为抽象而规则较为具体，原则侧重于强调思考和行动时的观念主导性，而规则侧重于强调对行为和方式的强制约束性。与原则和规则相比，准则是原则的具体化和规则的系统化，侧重于强调程序和方法的普适规范性。

就会计原则、会计规则和会计准则的定义及其解释。陈今池（1998）认为会计原则是指处理会计事项所依据的规范概念和规则，它表明了会计事项之间的各项重要关系，反映了达到会计目标的最有效途径；会计准则是指在作会计账务处理时最为适当的会计程序和方法；会计规则是指处理某项会计业务的操作规则，它是依据会计原则制定的，所涉及的范围要窄于会计原则，从其性质来看，介于会计原则和会计程序、方法之间。陈国辉（2007）认为会计原则是用以指导和规范会计工作的准绳或依据，会计原则也可以称为会计准则，二者在许多会计文献中均被混用，不加任何区别，但二者也略有不同，会计原则侧重于理论指导，它是会计实践经验的规律性反映，但又不是抽象的会计理论，是会计理论通向会计实践的中介，它有特定的时间范围，是指导特定时期会计工作的规范，会计准则则侧重于对会计实务的指导，是一系列规范化的会计处理程序和方法，相比会计原则，它更接近于会计实务，但不等同于会计实务，而是高于实务。王建忠（2005）认为会计原则是指导会计实践活动的准绳。它具有一定的概括性和普遍适用性，但不涉及行动的具体方法和步骤，会计原则不是单纯针对会计事务中的不确知事物的，它不是判断和假定，而是由人们主观意志决定的一种行为规范。刘峰（2000）认为会计准则是指对会计信息的加工、提供等具有约束作用的规则。本书认为，会计原则是为实现会计目标而在开发或选择会计程序和会计方法时应当遵循的基本会计观念。

2. 会计原则的理论定位

当我们把会计原则看作是为实现会计目标而在开发或选择会计程序和会计方法时应当遵循的基本会计观念时，会计原则就可成为贯通会计目标与会计程序和会计方法的桥梁。由于会计原则服务于会计目标的实现，因而会计原则应以会计目标为指引；由于会计质量标准是测度会计目标实现程度的标尺，因而会计原则应围绕会计质量标准进行设立；由于会计规范（具体规定会计程序和会计方法的选择）是实现会计目标的基本保证，因而会计原则应成为包括具体会计准则和会计制度在内的各种具体会计规范的制定依据。由此，会计原则在会计理论体系中的地位，就应当位于会计质量标准理论之后，会计要素及其会计确认、会计计量、会计记录和会计报告理论之前。前文将会计职能理论、会计对象理论和会计本质理论称为会计基本理论，将会计主体理论、会计假设理论、会计目标理论、会计质量标准理论和会计原则理论称为会计基础理论，将会计要素理论、会计确认理论、会计计量理论、会计控制理论、会计报告理论和会计记录理论称为会计应用理论。这样，在完整的会计理论体系中，会计原则理论就可看作是会计基础理论的终结和会计应用理论的先导。因为，只有当人们基于特定的制度环境和技术环境限定了会计主体、创设了会计假设、确立了会计目标、建立了质量标准之后，涉及会计系统建立及其运行的一系列基本会计观念——具有普适性的会计原则才可得以确立；而只有确立了会计原则，涉及会计程序和会计方法的选择并约束会计人员行为的有关会计要素及其确认、计量、记录、控制和报告的具体规则才可得以确立。

## 三、会计原则的创设方式

就会计原则的创设方式，陈国辉（2007）认为会计原则大多是根据会计工作经验并经提炼整理概括而形成的，陈今池（1998）认为从既定的会计目标和会计假设即可合理地引申出会计原则。本书把会计原则的创立方式，归结为会计惯例归纳、会计假设推演和会计目标驱动三种。

1. 惯例归纳式会计原则创设方式

会计惯例归纳是一种最为典型的会计原则创设方式。由特定制度环境和技术环境所产生的会计需求与会计供给，在相互博弈过程中总会产生一些新的会计思想、会计程序和会计方法，其中被认为是行之有效的会计程序和会计方法，就会随着商事活动的扩展而被广泛地传播和相互仿效，进而会演化成具有普适性的会计惯例并被自发地应用于会计实务之中。对会计惯例进行归纳和提炼，便可产生会计观念或会计概念。隐含于大量会计惯例背后的诸多会计观念或会计概念，经由逻辑化安排之后便可产生所谓的会计假设、会计目标、会计质量标准和会计原则。从这个意义上说，会计原则是会计惯例归纳的结果。这种基于会计惯例归纳的会计原则创设方式，可称为惯例归纳式会计原则创设方式。

2. 假设推演式会计原则创设方式

会计原则的第二种创设方式当属会计假设推演。当人们出于会计理论构建需要而将朴素的会计观念、零散的会计概念分别冠以会计假设和会计原则并进行逻辑关联之后，会计原则就可看作是会计假设的推演结果。譬如，有了“持续经营”和“会计分期”两个会计假设，收入、费用以及作为两者比较结果的利润，就有了时间归属性，进而就可演绎出“权责发生制”“收入实现”和“费用配比”等会计原则。这种以会计假设为逻辑前提的会计原则创设方式，可称为假设推演式会计原则创设方式。

3. 目标驱动式会计原则创设方式

会计原则的第三种创设方式源自会计目标的驱动。会计是一个人造系统，它应人们的财富管理需要而产生，随会计环境变迁和会计供求变化而不断地演化和发展。目标指明了方向，一旦因会计目标发生变化而涉及会计系统重建、会计程序和会计方法的开发，不仅已有的会计原则需要予以重新审视，而且还可能需要创设新的会计原则以确保会计目标的实现。正如汤云为、钱逢胜（1998）所言，每一次目标的变动都意味着会计原则也要发生相应的变动。围绕会计目标实现而新设会计原则时，通常是既无会计惯例为其提供操作范例，亦无会计假设为其提供逻辑前提，因而这一会计原则创设方式，可称为目标驱动式会计原则创设方式。

会计惯例归纳、会计假设推演和会计目标驱动，这三种会计原则创设方式见证了会计理论的发展。20 世纪 40 年代之前，会计原则多以惯例归纳的方式得以创建；自佩顿和利特尔顿的《公司会计准则导论》面世后，假设推演一度成为会计原则的主要创建方式；而当会计目标取代会计假设成为会计理论的逻辑起点后，会计原则常被冠以会计信息质量特征而由会计目标逻辑地引出。一般来说，会计惯例归纳只能使已有的会计惯例得到广泛地认可，会计假设推演只能为已有的会计原则寻得足够的理论支持，而会计目标驱动却可激发人们开发新的会计程序和会计方法，进而推动会计理论和会计实务的发展。会计理论与会计实务的相互影响及其不均衡发展，决定了会计发展的某个特定时期，总会存在蕴含有先进会计思想的会计惯例。当前，会计电算化应用已在诸多方面对传统会计范式提出了挑战，为创建多维复式会计范式并用以指导相关会计规范的完善，我们不仅应当对已有的会计原则进行重新审视并做必要的取舍，而且还应当基于会计电算化应用实践和多元化会计需求的满足而归纳、创设新的会计原则。

## 四、多维需求视觉下的会计原则

按照前文对会计原则的定义，除会计确认方面的现金收付制与权责发生制、会计计价方面的历史成本与现时价值、支出归属方面的划分资本性支出与收益性支出、损益计量方面的收入实现与费用配比等会计名词应视为会计原则之外，通常被视作会计信息质量特征的中立性、稳健性、一贯性、一致性、全面性、重要性、实质重于形式和成本效益均衡等，本质上亦是规范和约束会计人员选择会计程序和会计方法的基本会计观念，又由于稳健性与中立性相冲突，一致性、一贯性和实质重于形式本身就是中立性的基本要求，重要性又可融入明晰性之中，因而多维需求视角下的会计原则，也就是基于现代信息技术应用最大限度地满足日益增长的多元化会计需求应该遵从的会计原则，本书认为应包括以下 8 项。

1. 中立性原则

中立性原则是指会计人员从事会计记录、进行会计报告和实施会计控制时应当保持中立态度。这一会计原则可基于利益相关者的差异化会计需求，由多元会计目标逻辑地引出。“会计真正的优势在于它在竞争性利益集团的需求中保持了中立性”（斯普劳斯、穆尼斯，1962）。社会组织是利益相关者的契约联合体，基于社会分工而产生的会计，是微观社会组织中专门从事财富记录和报告并配合其他子系统实施财富控制的管理子系统。利益相关者所具有的“自利性”，必将使他们基于自身财富最大化考虑而对会计提出不同的要求，并期望会计能够选择于己有利的会计程序和会计方法。利益相关者之间的价值冲突以及利益相关各方就会计需求所展开的持续博弈，必将把拥有会计政策选择权的会计人员置于利益冲突各方的中心，并迫使组织中的会计在从事会计记录、实施会计控制和进行会计报告时保持应有的中立，并且只有当利益相关方对这种中立能够做出合理评价时，会计的有用性才能得到认可，各种契约才能得以维持。当然，会计人员所具有的自利性以及会计人员与组织的特殊关系，决定了会计机构和会计人员不可能处于完全超然的地位，进而也就不可能绝对地中立。正因为会计机构和会计人员的中立具有相对性，所以才需要通过制定强制性的会计规范对会计人员可供选择的会计程序和会计方法予以明确，才需要制定非强制性的职业道德规范对会计人员的行为选择进行约束，才需要引入内部和外部审计对会计系统的运行进行事后评价和前瞻改进。由此，中立性原则是会计人员必须恪守的一项最基本、最重要的会计原则。

中立性原则不仅是会计人员应当坚守的一项基本原则，还且还是会计规范制定机构及其人员在制定会计规范时应当坚持的一项基本原则。会计所具有的经济后果性，必将使会计规范制定过程充满“政治”色彩，也必将使拟议中的任何会计规范都带有强势利益集团的烙印。正因为如此，会计规范制定机构及其相关人员在制定会计规范时，也被要求保持应有的中立。如美国著名会计学家大卫·所罗门斯所言：在计量人类活动时，虽然计量和行为无法完全分离，但是不能因此而在计量过程中排除中立性要求，特别是制订会计准则时不能依附或服务于特定的政策需要（葛家澍、林志军，2001）。为确保这种应有的中立性，会计规范制定的组成人员通常要求具有广泛的社会代表性，而会计规范制定过程也要求履行必要的应征程序。

2. 成本效益均衡原则

成本效益均衡原则是指组织在建立会计系统、会计人员在选择会计程序和会计方法时，应当权衡其成本与效益，并在预估效益大于成本的前提下，确立会计系统的运行方式。这一会计原则可基于管理的效益原则并由中立性原则逻辑地引出。任何管理都谋求获得某种效益并需为此付出一定的成本，作为财富管理子系统的会计，其成本表现为会计系统运行过程中的人力、物力和财力消耗，其效益表现为不同利益相关者财富管理需求的满足。尽管会计的成本通常由组织负担而会计的效益却可能为组织的众多利益相关者分享，但组织在建立会计系统、会计人员在选择会计程序和会计方法时，仍需以管理的效益原则作为基本的评判标准。按照中立性原则，会计人员应当以公平公正、不偏不倚的态度对待每一利益相关者，并且应当尽可能地满足不同利益相关者的不同会计需求。这就意味着组织必须建立起规模宏大的会计系统，会计人员必须采用纷繁复杂的会计程序和会计方法。仅仅出于特定利益相关者的特殊会计需求而使会计系统的运作成本大幅增加，不仅违反管理的效益原则，而且还可能因危及其他利益相关者的利益而在事实上背离其本应恪守的中立性原则。因此，成本效益均衡原则应当是继中立性原则之后的又一重要会计原则。在信息技术日新月异的今天，由于提供多元化会计信息、满足多元化会计需求所需要的，可能不是耗资巨大的软、硬件投资而是会计思维的创新，所以我们在运用成本效益均衡原则对日益增长的多元化会计需求进行取舍时，既不能脱离会计系统赖以建立的技术手段，也不能漠视信息技术可能引发的思维创新。由于手工技术条件下通常被看作是水火难容的许多会计程序和会计方法，在现代信息技术条件下完全可以做到兼容并蓄，因而成本效益原则绝不能成为人们固守传统会计模式和扼杀会计思维创新的借口。

3. 全面完整与适度明晰兼顾原则

全面完整与适度明晰兼顾原则是指会计人员在从事会计记录和进行会计报告时，要在全面完整的基础上适度地兼顾明晰性要求。这一会计原则可由中立性原则和成本效益原则逻辑地引出。全面完整意指对会计事项的多视角观察及对观察结果的多属性记录，明晰意指会计记录和会计报告的系统分类、排列有序和主次分明。全面完整的会计记录是及时有效地会计控制和充分适当的会计报告的前提，由多元会计目标所引出的中立性原则，要求会计系统全面完整地记录交易事项各个方面的信息，即就是尽可能地采集用以描述交易事项及其财富影响的会计元数据；而为了满足使用者的快速检索需要，会计记录和会计报告还应在全面完整的基础上尽可能地做到清晰明了。由于明晰的会计记录和会计报告需以精细化的会计核算做技术支撑，而精细化的会计核算必将引发会计运作成本的增加，所以当明晰性要求受到核算成本约束时，就应当按照成本效益原则对会计元数据的采集范围及会计报告所需的数据浓缩程度进行适度取舍，由此便会引出全面完整与适度明晰兼顾原则。

4. 权责发生与现金收付兼容原则

权责发生与现金收付兼顾原则是指会计确认基础的选择，应当同时兼容会计事项所引起的权责变化和现金收付。这一会计原则可由会计分期假设和全面完整性会计原则逻辑地引出。会计分期假设把组织连续不断的经营活动人为地划分成了一个个不同的会计期间，由此使得连续性的会计记录有了间断性特征。有了会计分期和基于时间分期的会计报告，收入和支出就有了时间归属性，从而也就引出了会计确认基础的选择。如就商品购销业务来说，当货品上的权利与义务转移、实物交割和款项收付不是同步发生时，若以货品上的权利与义务是否转移为会计记录的时间基础，相关的收入和费用就应在交易完成——即商品所有权上的风险和报酬发生转移的会计期间予以确认；若以交易款项是否收付作为会计记录的时间基础，相关的收入和支出就应在款项收付的会计期间予以确认。前者就是所谓的权责发生制，而后者则是所谓的现金收付制。长期以来，由于营利性的企业组织与非营利性的公共部门组织，肩负着不同的使命、有着不同的资金来源并有不同的利益相关者，所以这两大领域的会计实务，也就采取了截然不同的会计确认基础。权责发生制和现金收付制各有优缺点，权责发生制能够较好地揭示会计主体在特定时点的财务状况和特定期间的运营成果，却不能清晰地展示不同会计期间的资金流转；与之相反，现金收付制能够全面展示不同会计期间的现金流转，却不能恰当地揭示会计主体在特定时点的财务状况和特定期间的运营成果。为克服单一会计确认基础的缺陷，企业会计开始编制基于现金收付制确认基础的现金流量表，而公共部门则已开始进行权责发生制会计改革。全面完整的会计记录是充分适当的会计报告的前提，如果只在报告层面上寻求两种确认基础各自优势的发挥而不在记录层面上探寻两种确认基础的有机融合，无论是企业会计现金流量表的编制，还是公共部门权责发生制会计改革的推进，均会遇到难以克服的障碍。而要在会计记录层面上发挥两种确认基础的各自优势，就必须基于灵活分期会计假设和全面完整性会计原则，逻辑地引出权责发生与现金收付兼容这一新的会计原则。

5. 资产性与费用性支出区分原则

资产性与费用性支出区分原则是指组织应当基于资产计价和损益计量需要，正确地区分资产化支出和费用化支出。这一会计原则可由会计分期假设和权责发生与现金收付兼容原则逻辑地引出。组织运作是一个投入产出过程，其投入表现为各种资财的流出，其产出表现为通过提供商品或劳务获得各种资财的流入。为了恰当地计量不同时点的财富存量和不同时期的财富流量，基于时间“点”概念的支出，因为会计分期和权责发生制确认基础而变成了与时间“期”概念相联系的费用，并且有些支出在发生时即构成所属会计期间的费用，而有些支出只能等到所购资产在耗费时才能确认为费用。对于不能立即确认为费用的支出，如为购买材料物资、非流动资产所发生的支出，在所购买的材料物资消耗或处置之前，就只能确认为资产而不能确认为费用。由此，出于资产计价和损益计量的需要，由会计分期假设和权责发生与现金收付兼容原则，还应逻辑地引出资产性与费用性支出区分原则。

6. 历史成本与现时价值并重原则

历史成本与现时价值并重原则是指组织应于每一会计期末，分别按照交易事项发生时的历史成本和报告日的现时价值对资产和负债进行计价。这一会计原则可由资产性和费用性支出区分原则逻辑地引出。当支出被划分为资产性支出和费用性支出后，不能确认为当期费用的已付现支出，或者虽未付现但已形成资产的未来支出，便被看作是相关资产的取得成本，并应于每一会计期末列示于财务状况表。在资产或负债的持有期间，市场供求状况的变化、货币购买力的变化以及各种自然与非自然力的损耗等，都可能使以名义货币计价的资产或负债，在每一会计期末的现时价值，与其入账时的历史成本或基于历史成本的摊余价值出现差异。由于这种差异本质上亦是以货币量度的财富变动，并且也会对利益相关者的决策产生影响，因而会计上就有必要按照全面性要求揭示这种形式的财富变动。而要同时基于历史成本和现时价值对资产和负债进行计价，就必须首先确立历史成本与现时价值并重这一会计原则。

7. 期间配比与损益满计兼顾原则

期间配比与损益满计兼顾原则是指收入和费用应当在合理的会计期间进行配比以计量已实现损益，同时将不能归属于当期的收入和费用，要按照损益满计要求予以确认和报告，以便全面地揭示特定期间的财富变动。这一会计原则可由会计分期假设和权责发生与现金收付兼容、资产性与费用性支出区分、历史成本与现时价值并重等会计原则逻辑地引出。特定期间的运营成果取决于收入和费用的比较结果，由于会计分期把组织连续不断的运作过程划分成了不同的会计期间，所以收入和费用就有了时间归属性和计量暂时性。出于所得税缴纳和收益分配等方面的实务惯例，人们较为认同的经营成果只包括已实现的收入和应配比的费用，由此也就产生了所谓的收入实现和费用配比原则。基于收入实现和费用配比原则，不符合实现条件的收入和不能确认为当期费用的支出，就要被延至以后会计期间。由于资产与负债的重计价、递延性质的收入与支出，在本质上也反映财富的变化，因而按照全面、完整性要求，不能归属于当期的收入和费用，就要按照损益满计要求予以确认和报告。由此，传统会计范式下用于损益计量的收入实现和费用配比原则，就应发展为期间配比与损益满计兼顾原则。

8. 会计核算与控制同步实施原则

会计核算与控制同步实施原则是指会计控制应当嵌入到会计系统之中并同步于会计核算而发挥作用。会计的信息功能和控制功能密不可分，信息功能表现为系统有序的会计记录和及时相关的会计报告，控制功能表现为对经济活动的干预和对不当支付的事先防范。在落后的技术条件下，由于会计在控制方面所能发挥的作用极其有限，并且管理会计和财务会计在理论上又长期分野，所以人们对会计信息功能的关注，就远远地超过了对控制功能的关注，进而使得会计系统更多地呈现为会计核算而非会计控制。自计算机应用于管理领域之后，以财务、业务一体化为特征的管理型会计系统，在诸多方面已经实现了管理会计与财务会计的融合，进而使得会计的控制功能不断显现。为了更好地发挥会计的财富控制功能并指导新型会计系统的开发，本书认为有必要基于会计信息化应用实践，确立会计核算与控制同步实施这一新的会计原则。

上述8项会计原则中，中立性原则、成本效益均衡原则和全面完整与适度明晰兼顾原则，因直接服务于多元会计目标的实现而可看作是会计目标驱动的结果；权责发生与现金收付兼容原则、资产性与费用性支出区分原则和期间配比与损益满计兼顾原则，因有“有限持续”和“灵活分期”这两个会计假设为之提供逻辑前提而可看作是会计假设推演的结果；历史成本与现时价值并重原则和会计核算与控制同步实施原则因有会计实践为人们提供认知基础而可看作是会计惯例归纳的结果。这 8 项会计原则的创设方式及其逻辑关系如图 5 - 3 所示。

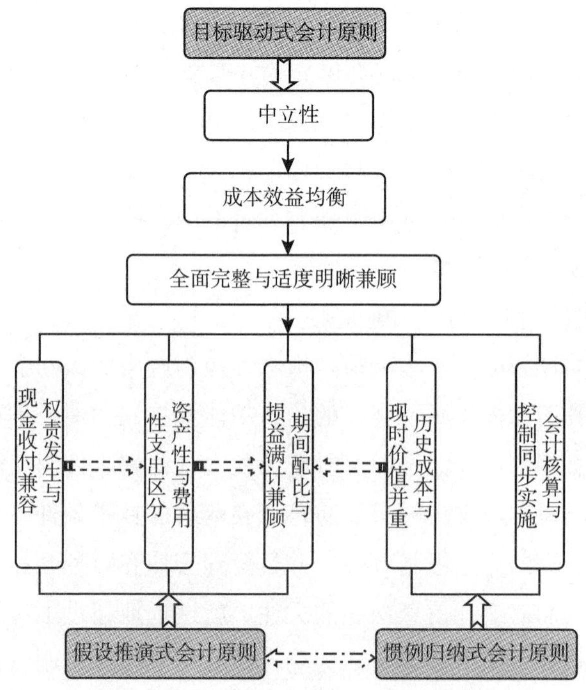


图 5 - 3 多维需求视角下的会计原则

第六章

# 多维复式会计应用理论

会计确认、会计计量、会计记录和会计报告，是会计系统运行过程中依次继起并相互影响的四个环节。会计确认是辨别和认定交易事项是否以及如何进入会计系统的过程，会计计量是量化交易事项财富影响的会计行为和会计活动，会计记录是对会计确认和会计计量结果进行系统化的记载，会计报告是对会计记录结果进行结构化描述和逻辑化陈述。由于会计要素为会计确认提供了定性化分类标识、会计控制又是会计系统运行过程中不可或缺的组成部分，所以会计应用理论就应当由会计要素理论、会计确认理论、会计计量理论、会计记录理论、会计控制理论和会计报告理论组成。本章讨论多维视角下的会计应用理论。

## 第一节　会计要素理论

会计要素是与会计信息系统论相伴而生的一个概念，西方文献多称之为会计报表要素，而我国则有会计报表要素、财务会计要素和会计要素等多种称谓。准确的要素定义和完备的要素项目，有助于揭示会计系统的内在规律和描述会计系统的运行规则。鉴于已有的会计要素研究多局限于会计报表层面，而仅仅关注报表层面上的会计要素并不能很好地解决会计确认和会计记录问题，所以本书基于系统科学理论，从会计对象、会计账户、会计报表与会计要素之间的逻辑关系中，探讨多维需求视角下的会计要素定义和多维复式会计要素体系的创建。

## 一、会计要素研究的视角选择与会计要素的含义

系统化分类是会计最基本的特征之一。所谓分类，就是按照某种特性对群体所做的划分。这里所说的某种特性，就是事先确定的分类标准。会计上的分类标准，在实务层面上表现为会计账户、账户栏目和报表项目，在理论层面上常被称作会计要素。有了实务层面上的会计账户、账户栏目和报表项目，由交易事项所引起的财富变化过程及其结果，就能得以系统、有序地记录和报告；而有了理论层面上的会计要素，会计系统的内在规律和会计确认的基本规则，就能得以逻辑描述和规范表述。由于会计要素研究的视角选择关系到会计要素的内涵和会计要素体系的创建，所以下面首先讨论会计要素研究的视角选择。

1. 会计要素研究的视角选择

在西方文献中，有关会计要素的研究多与会计报表有关。如就资产要素的定义而言，曾任美国注册会计师协会主席的斯普拉格（Sprague，1970），就是从分析资产负债表中资产方的特定价值入手，将资产概括为体现以前得到的服务和现在继续被收到的服务的储存（葛家澍，2005）；美国注册会计师协会（AICPA，1953）在其第1号名词公报“回顾与摘要”中，也是从资产负债表的角度，将资产定义为代表借方余额的某一东西，其中借方余额是依据会计的规则或原则在结账时所做的结转，其基础是或代表一项财产的权利或已获得的价值，或是一项支出但能产生财产权或恰当的未来利益，并提到厂房、应收账款、存货和递延借项在资产负债表的分类中应列为资产；在美国会计原则委员会（APB，1970）的第4号公告中，资产被定义为按一般公认会计原则加以确认和计量的企业的经济资源，但还包括不属于资源却按GAAP可以确认和计量的一定的递延借项。这一资产定义虽然没有提及资产

负债表，但明确将“递延借项”包含于资产内涵之中，其实就是顾及这些项目在资产负债表中的列示。

在我国，有关会计要素的研究，主要有会计报表、会计账户和会计对象三个研究视角。娄尔行等（1994）认为会计要素是会计工作的具体对象，是会计用以反映财务状况、确定经营成果的因素；是会计报表通常所含有的大类项目，是构成会计报表最基本的组件。针对各国（包括 IASB）所发布或认可的财务会计概念框架只研究财务报表要素的现实，葛家澍（2005）认为不研究账户划分的大类而只研究财务报表内容的大类，是对复式簿记机制，即正式记录所采用的系统的忽视和轻视所致，由此把会计要素的研究视角，由会计报表扩展到了会计账户，并认为财务会计要素分别是：（1）分类、有序并相互关联的账户体系中的第一层次的分类，简称账户大类，如资产、负债、所有者权益、收入、费用等账户；（2）分类、有序并相互关联的报表体系中的第一层次的分类，也简称报表内容大类，如资产、负债、所有者权益、收入、费用等报表项目。从以上引述不难看出，会计要素与会计对象、会计账户和会计报表不无相关。

要素是一个与系统相对应的概念，离开了系统就谈不上要素。系统是由相互关联、彼此影响的要素或部分按一定结构组织起来的整体，而要素或部分则是构成系统的基本组成单元。系统是一个多级别、多层次的整体，某一层次的整体是高一层次系统的要素，而某一层次的要素又是低一层次要素的集合体。系统和要素之间的关系及其所具有的层次性特征，决定了会计要素的研究视角，无论是选择会计报表，还是选择会计账户，抑或是着眼于会计对象，均是既有合理之处又有所偏废。（1）就会计报表研究视角而言，基于会计报表项目而归纳出的会计要素概念，必将先入为主地受会计报告实务的影响。由“递延项目”列报实务所引发的资产定义之争，其实就是这种影响的直接体现。由于会计报表的组成项目源自于会计账户的分类和聚合，所以为了获得对会计要素较为深入的认识，还必须将研究视角由会计报表层面延伸到会计账户层面。（2）就会计账户研究视角而言，基于会计账户类别而归纳出的会计要素概念，显然要受到会计账户设置的影响。由权责发生制和现金收付制两套分类体系相互混杂而引发的“支出”与“费用”的认知错乱，就是这种影响的体现。由于会计账户的设置要受到会计对象内涵和会计确认范围的影响，所以为了获得对会计要素更为深入的认识，还必须将会计要素的研究视角，由会计账户层面扩展到会计对象层面，并且同时要考虑会计确认对会计账户设置的影响。由此，本书认为，有关会计要素研究视角的选择，就既不能仅仅局限于会计报表层面，也不应仅仅扩展至会计账户层面，而是应当从会计对象、会计账户、会计报表与会计要素之间的逻辑关系中进行把握。

2. 会计对象、会计账户、会计报表与会计要素之间的逻辑关系

会计对象是会计记录、会计控制和会计报告的内容，会计账户是会计记录的载体，会计报表是对会计记录结果的结构化表述。用以记载交易事项的会计账户，其设置和演化取决于会计确认的具体内容，而会计确认的具体内容则取决于人们对会计对象的认识。从会计发展早期记载金银财宝之类自然形态之财富的“物名”账户和记载“人欠”“欠人”等社会形态之财富的“人名”账户，到“应收账款”“应付账款”等控制性账户的出现，再到“财产”“积极财产”“消极财产”“资产”“负债”“资本”“成本”“费用”和“收益”等会计概念的使用，无不是会计账户随财富内涵增加而不断增加的结果，无不是人们为优化会计处理流程或是简化会计报告内容而对会计账户进行分类并对每类账户所具共同特性进行理论抽象的结果。基于会计账户和会计报表演进视角，如今被称作会计要素的资产、负债、所有者权益、收入和费用，可以说既与会计对象有关，又受会计确认的影响；既与会计账户有关，又受会计报表的影响。会计对象、会计确认、会计账户、会计报表和会计要素之间的这种关系，如图 6－1。

3. 会计要素的含义

从作为财富储藏手段的金属硬币、纸质现钞，到作为账户名称的“库存现金”和作为报表项目的“货币资金”；从有形的厂房、轰鸣的机器，到作为账户名称与报表项目的“固定资产”和作为报表大类的“非流动资产”；从形形色色的财产物资，到不同称谓的账户名称和报表项目、报表大类，再

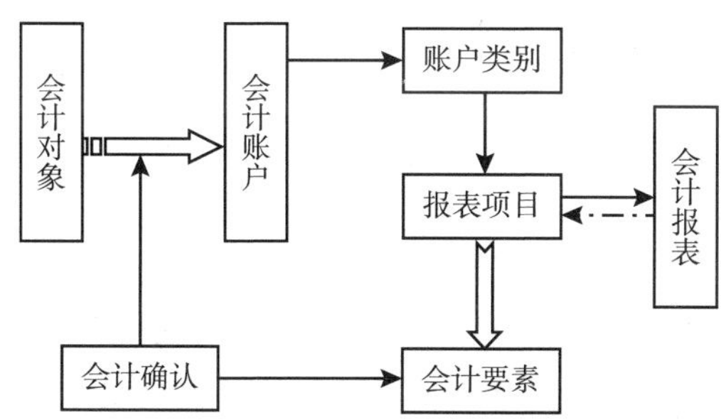


**图 6－1　会计对象、会计确认、会计账户、会计报表与会计要素间的关系**

到作为会计要素的“资产”，均是人们对具有物质形态之财富所赋予的一组在内涵上逐次扩大的会计概念。相应的，归属于“负债”和“所有者权益”的报表大类、报表项目和账户名称，则是人们赋予财富归属——即产权关系的一组内涵依次减小的会计概念；归属于“收入”“费用”和“利润”的报表大类、报表项目和账户名称，则是人们赋予财富增减变化形式及其结果的一组内涵依次减小的会计概念。综上来看，人们所称的会计要素，不过是在认识层面上用以指代或描述组织的财富构成、财富归属以及财富变化的一些抽象概念。由此，会计要素可表述为用以分类和描述财富构成及其变动的一组既相互联系又各自独立的会计概念。

## 二、会计要素设置的差异比较

会计环境和会计发展水平的不同，使得不同国家或地区间的会计理论发展水平呈现了很大差异；而组织性质及其利益相关者意欲通过会计所实现的财富管理目的的不同，则使不同领域、不同行业的会计实务在会计账户设置和会计报表格式等方面表现出了显著不同。受此影响，人们对会计要素内涵及其构成的认识，也就出现了很大分歧。这种认知分歧，不仅显现于不同国家或国际组织的权威性文献和所制定的会计规范之中，而且显现于企业组织和公共部门组织这两大会计领域之中。

1. 企业会计要素设置的差异比较

企业是以营利为目的的社会组织。工业革命之后工商企业的迅猛发展，推动了会计实务和会计理论的长足发展。以权责发生制为确认基础、以历史成本为计价基础、以收入实现与费用配比为基本会计原则、以资产负债表和损益表为主要会计报告形式的现代企业会计，日趋成熟并主导着会计理论的发展。基于企业资产负债表与损益表的列报惯例，美国会计界提出了会计要素概念。而随着美国会计理论和会计实务的世界性影响，以及会计准则国际协调步伐的加快，会计要素理论日益为各国会计界和国际会计准则委员会所关注。然而，由于所处会计环境的不同、会计理论发展状况的不同，以及企业所处监管环境、所能运用的筹资方式和公司制企业治理结构的不同，各国会计规范制定机构和国际会计准则委员会所要求的企业会计报告种类和形式，也就出现了不同程度的差异。其理论影响，便是会计要素设置和要素内涵界定的不同，其中要素设置方面的差异见表6－1。

**表6－1　企业会计要素设置的差异比较**

| 国家或组织 | 要素名称 | | 要素个数 |
|---|---|---|---|
| | 资产负债表要素 | 损益表要素 | |
| 中国 | 资产、负债、所有者权益 | 收入、费用、利润 | 6 |
| 美国 | 资产、负债、所有者权益<br>所有者投资、向所有者分配 | 综合收益、营业收入、费用<br>利得、损失 | 10 |
| 国际准则 | 资产、负债、权益 | 收益、费用 | 5 |
| 澳大利亚 | 资产、负债、权益 | 收入、费用 | 5 |
| 加拿大 | 资产、负债、权益 | 收入、费用 | 5 |
| 英国 | 资产、负债、所有者权益<br>所有者投资、向所有者分配 | 利得、损失 | 7 |

仅就表6－1所列示的国家和组织而言，美国所设置的会计要素多达10个，国际会计准则委员会、澳大利亚和加拿大所设置的会计要素却少到5个，

我国和英国的会计要素则分别为6个和7个。撇开要素名称上的差异，资产、负债、权益、收入和费用，可以说是认同度最高的5个会计要素。其中，资产、负债和权益三个会计要素，用以构建资产负债表并反映特定时点的财务状况；而收入和费用会计要素，则用以构建损益表并反映企业特定期间的经营成果。资产负债表要素设置方面的差异，主要表现为与所有者权益变动相关的要素设置；而损益表要素设置方面的差异，则主要表现为对收入和费用的不同理解以及作为两者比较结果的利润（综合收益）要素的设置。(1) 就资产负债表要素的设置而言，美、英两国出于揭示所有者权益变动的需要，单独设置了“所有者投资”（investments by owners）和“向所有者分配”（distributions to owners）两个要素。其中，“所有者投资”反映所有者因向企业投入资产或转入其他有价值而引起的所有者权益增加，“向所有者分配”反映企业因向所有者分配而导致的所有者权益减少。(2) 就损益表要素的设置而言，由于美国从狭义上界定收入和费用，即将收入限定为正常经营活动收入而将费用限定为正常经营活动费用，因而在其要素体系中就需另设“利得”和“损失”这两个要素，以专门揭示源自于特殊的、偶发的或边缘活动的财富变动；与之相反，由于英国从广义上界定利得和损失，即将正常经营活动的收入与从特殊的、偶发的或边缘活动的收入统称为利得，而将正常经营活动的费用与从特殊的、偶发的或边缘活动的损失统称为损失，因而在其要素体系中就没有了“收入”和“费用”这两个要素。当我们把反映财富变动的要素内涵统一到广义的收入和费用之后，损益表要素设置方面的差异就表现为利润（综合收益）要素的设置。利润（或综合收益）应否作为一个独立的会计要素呢？按照国际会计准则委员会的观点，交易事项的财务影响是设立会计要素的根本依据，由于利润来自于收入与费用之差而非针对交易事项的直接确认结果，所以没有必要单独设置利润（综合收益）这一会计要素。由于收入和费用是“损益”（或称为之“利润或亏损”）账户的分化结果，并且在对收入和费用进行确认和计量之后，就可得到利润（或综合收益）的数值，因而在复式记账模式下，单从会计确认的角度来看，的确没有必要设置利润（综合收益）这一会计要素。但若没有了这一会计要素，“收入-费用=利润”这一会计等式便无从建立，损益表的底行数据也无合适称谓。

2. 公共部门会计要素设置的差异比较

公共部门是以提供公共管理或公共服务的社会组织，在西方多称政府及非营利性组织，而在我国则多称为行政、事业单位。由于公共部门会计主要服务国家预算管理，所以相对于企业会计而言，这一领域的会计实务和理论发展较少受到社会的关注。然而自20世纪80年代以来，随着西方政府绩效考评制度的建立和发展，新西兰、美国、澳大利亚和英国等国家先后将权责发生制确认基础用于政府收支核算。随后，国际公共部门会计准则理事会（IPSASB）便开始了权责发生制在政府会计领域中的推广应用和以权责发生制为确认基础的国际公共部门会计准则体系（IPSAS）的开发。为满足我国公共财政体制建立和政府绩效评价的需要，财政部在相继出台的会计规范中，均不同程度地引入了权责发生制确认基础。如在最能体现我国政府会计改革成果的《政府会计制度》中，政府会计就被分为政府财务会计和政府预算会计两个组成部分，其中政府财务会计和政府预算会计分别采用权责发生制和收付实现制确认基础。

政治体制和财政体制的不同，会计系统运行取向的不同，以及权责发生制引入程度的不同，使得公共部门会计主体的会计报表种类和会计报表格式，在不同国家和地区间也出现了明显的差异，进而使公共部门会计的要素设置，也出现了显著差异，见表6-2。

**表6-2　　公共部门会计要素设置的差异比较**

| 国家或组织 | 要素名称 | | 要素个数 |
|---|---|---|---|
| | 资产负债表要素 | 收入支出表要素 | |
| 中国 | 资产、负债、净资产 | 预算收入、预算支出、预算结余 | 6 |
| 美国 | 资产、负债、权益、所有者投资、向所有者分配 | 预算收入、预算支出、预算收支差额 | 8 |

续表

| 国家或组织 | 要素名称 | | 要素个数 |
|---|---|---|---|
| | 资产负债表要素 | 收入支出表要素 | |
| 国际准则 | 资产、负债、净资产（权益） | 现金收入、现金支出、现金结余 | 6 |
| 澳大利亚 | 资产、负债、净资产 | 收入、费用 | 5 |
| 加拿大 | 资产、负债、 | 收入、费用、盈余 | 5 |
| 英国 | 资产、负债、所有者权益、所有者捐赠、向所有者分配 | 利得、损失 | 7 |

由表6-2可以看出，资产负债表要素设置方面的差异主要表现为：美、英两国在资产、负债和净资产之外，增加了两个反映净资产变动的会计要素，其中美国使用与企业会计相同的要素名称——“所有者投资”和“向所有者分配”，而英国则将适用于企业组织的“所有者投资”改称为“所有者捐赠”。收入支出表要素设置方面的差异主要表现为：除澳大利亚和英国采用与企业会计相同的二要素设置并分别使用“收入”“费用”与“利得”“损失”之外，其他国家和组织都采用三要素设置法，其中，我国的要素名称是“预算收入”“预算支出”和“预算结余”；美国的要素名称是“预算收入”“预算支出”和“预算收支差额”；国际公共部门会计准则理事会的要素名称是“现金收入”“现金支出”和“现金结余”；而加拿大的会计要素名称则是“收入”“费用”和“盈余”。

## 三、系统科学视角下的会计要素

财富形式及其权属关系的多样化，管理视角和会计实务的差异化，决定了会计分类的多样化和用以描述会计分类标识的会计概念的多样化。由于多元化会计需求的满足有赖于多维度和精细化的会计确认，而多维度和精细化的会计确认又有赖于多视角和多层次的会计分类，所以系统科学视角下的会计要素，就应当是一个由不同层次的会计分类标识共同组成的会计要素体系。

按照不同层次的会计要素所具有的不同功用，本书将其依次称作描述要素、运行要素、报表要素和记录（核算）要素。

1. 描述要素

为描述会计内在规律而设定的一组既相互联系又各自独立的会计概念，可称为描述要素。会计理论是会计实践的产物，为了能够从理论上揭示会计的内在规律，人们基于系统化的账户分类和结构化的会计报表，概括出了资产、负债、所有者权益、收入、费用和利润等会计要素，并用“资产＝负债＋所有者权益”揭示社会组织在特定时点的财富构成及其权益归属，用“收入－费用＝利润”揭示社会组织在特定期间的财富变化过程及其结果。因“要素”一词中的“要”有“重要”“不可缺少”之意，因而要素的设置应少到不能再少为止。鉴于“负债”和“所有者权益”可统称为“权益”，“资产”“收入”“费用”和“利润”可依次用内涵更加丰富的“资源”“收益”“耗费”和“损益”所取代，因而前述六大会计要素就可精简为“资源”“权益”“收益”“耗费”和“损益”。其中，“资源”可界定为组织拥有或控制的能够为其带来经济利益的资产和权利，“权益”可界定为资源所有者因让渡资源使用权而享有的价值索偿和收益分享权，“收益”可界定为组织运作过程中的财富增加，“耗费”可界定为组织运作过程中的财富减少，“损益”可界定为特定时期的财富变化结果。有了上述会计要素，经济组织的财富变化过程及其结果，就可用“资源＝权益”和“收益－耗费＝损益”这两个会计等式予以描述。其中，“资源”和“权益”是描述自然或社会形态之财富的“实”要素，“收益”和“耗费”是描述财富增减变化的“虚”要素，而“损益”则是一个贯通虚、实要素的过渡性要素。之所以说损益是一个过渡性要素，是因为它一方面反映收益和耗费的比较结果，另一方面又最终被分配至不同性质的权益主体。由于损益的最终归宿是权益，所以前述两个等式就可归并为“资源＋耗费＝权益＋收益”这一更为简洁的动态会计等式。据此，“损益”就应被排除于会计要素之外。若是如此，组织的财富变化就只能通过“收益”和“耗费”两个要素予以累积，并且对财富的分配也无法按照闭环思路与相应的权益进行联结。由此，本书认为，尽管“损益”要素并非会计确认之需，但出于会计规律描述和会计系统运作考虑，还是有必要设置这一过渡性会计要素。

社会组织是利益相关者的联结纽带，是人力资源和物力资源的聚合场所。在生产力水平低下、物质资源相对短缺的年代，贫富差距和私有财产观念几乎将物力资源所有者推到了至高无上的地位，以此为背景的传统会计，对物力资源所有者权益的关注和保护，远远超过了对人力资源所有者权益的关注和保护。社会生产力的发展使劳动者的社会地位日益提高，当人力资源在组织运作中的重要性开始为社会所关注、劳动者要求参与盈余分配的呼声越来越高时，意欲运用会计方法对组织中的人力资源进行管理、对劳动者权益进行保护并借以激发人力资源潜能发挥、促进社会财富增长与公平分配的人力资源会计，便得以顺势产生并快速发展。既然社会组织是利益相关者的联结纽带，那么作为财富创造和服务提供主体的人力资源就不应被忽视。如同物质资源一样，人力资源也有自然形态和社会形态之分，其自然形态是组织可支配的劳动力，其社会形态是劳动者所享有的权益。这样，在会计进一步发展到将人力资源及其权益变化也作为会计确认的内容之后，只需将“资源”的内涵扩展至人力资源、将“权益”的内涵扩展至劳动者权益，那么借助资源、权益、收益、耗费和损益这五个会计要素，亦能较好地揭示会计的内在规律。

2. 运行要素

为描述会计系统运行规则而设定的一组既相互联系又各自独立的会计概念，可称为运行要素。（1）由于不同形态的资源在组织运行过程中发挥着不同的作用、承受着不同的风险并遵循不同的确认规则，因而作为描述要素的“资源”，就有必要在运作层面上进一步分为资产、权利、投资和人力。其中，“资产”可定义为组织拥有或控制的一切有价值的物力资源；“权利”可定义为组织因提供商业信用或因政府特许而享有的收取价款、货物或排他性使用资产的权利；“投资”可定义为组织因出让资产使用权而享有的资产索偿和收益分享权；“人力”可定义为组织可支配的具有服务潜能的人力资源。（2）由于不同的权益主体提供不同形式的资源、承担不同的风险并享有不同的权利，因而与“资源”相对应的“权益”，就有必要依其权益主体所享有的资产索偿和收益分享形式划分为出资者权益、债权人权益、劳动者权益和待分配权益。其中，“出资者权益”（简称资益）可定义为权益性投资主体因让渡资产使用权而享有的资产索偿与收益分享权；“债权人权益”（简称债益）可定义为债权性投资主体因让渡资产使用权而享有的资产索偿与收益分享权；“劳动者权益”（简称劳益）可定义为劳动者因向组织提供劳动而享有的薪酬索取和收益分享权；“待分配权益”（简称共益）可定义应由相关权益主体共享的未分配盈余。(3) 由于财富的增加既可能来自管理层所能控制的日常运营活动，也可能来自管理层控制之外的边缘性、偶发性经济事项，因而“收益”有必要进一步分为收入和利得。其中，“收入”可定义为组织从正常运营活动中获得的财富增加；“利得”可定义为组织从正常运营活动之外的边缘性、偶发性活动中获得的财富增加。(4) 由于财富的减少既可能缘于组织正常运营活动中的资产消耗，又可能源于边缘性、偶发性的资产减损，所以“耗费”也有必要进一步分为费用和损失。其中，“费用”可定义为组织因从事日常运营活动而发生的资产消耗；“损失”可定义为组织因正常运营活动之外的边缘性、偶发性经济事件而导致的财产减损。(5) 由于会计分期使收入和费用的确认有了时间归属性，并且可供分配的损益只能是已实现的损益，因而作为收入与费用比较结果的“损益”，就应进一步分为“本年损益”和“递延损益”。有了上文所述的运行要素，会计规范制定机构就可针对资源的不同形态、权益的不同形式、财富的变化过程和盈余的分配形式制定具体的确认和计量规则。由此，出于会计确认规则表述的需要，前述五大描述要素应进一步细分为资产、权利、投资、人力、资益、债益、劳益、共益、收入、利得、费用、损失、本年损益和递延损益。①

① 提出“人力”和“劳益”两个要素的目的在于展现人力资源会计与传统会计融合的可行性及其融合方式，因本书侧重于探讨多维复式会计范式的创建，所以有关人力资源及其权益的计量问题这里不作讨论。

3. 报表要素

会计报表是会计报告的主要形式。从早期的财产清单、损益计算书，到用以满足外部利益集团决策需要的资产负债表、损益表、现金流量表、利润分配表、所有者权益变动表和用以满足内部决策需要的制造成本表、管理费用表，等等，会计报表经历了不断地演化发展过程。由于现代会计理论，尤其是作为其分支的财务会计理论，更多地关注组织外部利益集团的共性信息而非个性化、差异化信息，所以人们常常把资产负债表、损益表和现金流量表称为通用会计报表，而把用以解释通用报表重要组成项目的货币资金明细表和应收款项明细表等报表称为附表，把用以满足内部管理需要的制造成本表和管理费用表等报表称为内部报表。会计要素概念提出之时，不仅管理会计与财务会计已实现了分离，而且现金流量表还未成为通用会计报表，因而会计报表视角下的会计要素，也就只有资产、负债、所有者权益、收入（含利得）、费用（含损失）和利润。①

作为一种结构化的会计报告形式，会计报表是由不同报表项目按照一定逻辑次序组成的有机整体。如在资产负债表中，资产部分依次列示的货币资金、短期投资、应收票据、应收账款、存货、固定资产和无形资产等报表项目，就是按照资产转化为现金的时间长短及其确定性排序的结果；负债部分依次列示的短期借款、应付票据、应付账款和长期借款等报表项目，就是按照偿付日的先后顺序及其确定性排序的结果；而所有者权益部分依次列示的实收资本、资本公积、盈余公积和未分配利润等报表项目，则是按照永久性递减顺序排序的结果。当把会计报表看作是一个由若干报表项目按照一定逻辑次序组成的有机整体时，每一报表项目及其所属的小类和大类，就是所属会计报表不可缺少的组成部分。这样，会计报表中用以限定列报内容的会计

① 现金流量表产生之前，处于第三大报表地位的是财务状况变动表。由于财务状况变动表是为贯通资产负债表和损益表而对相关报表项目的重构，所以 FASB 在其会计要素体系中就没有（当然也没有必要）提及财务状况变动表的要素设置。如今，现金流量表已取得第三大会计报表的地位，如果我们对会计要素的认识还停留在资产负债表和损益表，那么现金流量表岂不成了没有要素的会计报表？可见，即使从会计报表视角认识会计要素，会计要素的内涵也应予以扩展。

分类标识，就是会计报表要素。

4. 记录（核算）要素

会计账户是会计记录的载体和会计分类的工具。财富存在形式和财富变化方式的多样性以及会计需求的差异性，决定了会计账户种类的多样性和会计账户结构的复杂性。如就资产的具体形态与资产类账户的设置而言，为了能够区分作为支付手段的货币资金、作为生产储备的材料物资和作为劳动成果的产成品，会计上需要设置库存现金、银行存款、其他货币资金、库存材料和产成品等会计账户。由于总账账户并不能满足组织内部精细化管理需要，所以会计核算上还常常对总账账户进行不同程度的细分，如对“银行存款”按开户银行和存款期限等增设明细账户，对“管理费用”按办公费、差旅费等费用性质增设明细账户或账户栏目等。无论是明细账户，还是账户栏目，均是会计记录层面上用以区分会计元数据特定属性的分类标识。此类会计分类标识可称作会计记录要素或会计核算要素。

## 四、会计要素间的逻辑关系

资源和权益是一对相互关联的概念，资源囊括了组织拥有或控制的一切有经济价值的有形物资、无形权利和蕴涵服务潜能的劳动力，权益表明了组织资源的初始来源或最终归属。有了资源和权益，就可用“资源 = 权益”描述组织的财务状况。收益引起财富增加而耗费导致财富减少，有了收益、耗费以及二者之比较结果的损益，就可用“收益 - 耗费 = 损益”描述组织的财富变化过程及其结果。上述五个描述要素中，资源与权益基于时间“点”概念而收益、耗费和损益基于时间“期”概念。由于时间“期”是时间“点”的累积，并且正向损益（即利润）在分配之前为各权益主体共享而在分配之后由各权益主体独享，所以当把损益进一步分为“本年损益”和“递延损益”，并把权益进一步分为资益、债益、劳益和共益之后，反映财富增减变动的收益和耗费，就能与反映财富归属的权益，通过账户层面的“利润分配”建立关联。不同形式的资源因消耗变成耗费，耗费经补偿产生收益，收益与耗费之比较得出损益，损益经分配转化成不同形式的权益。描述要素和运行要素之间的这种关系，可用如图6－2予以描述。

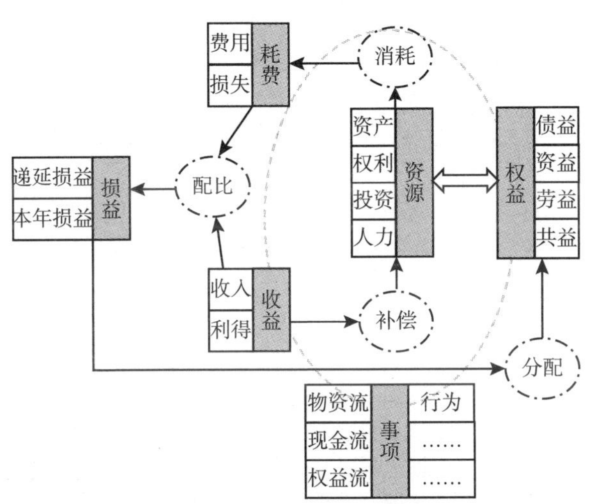


**图6－2　会计要素之间的逻辑关系**

图6－2中，引起要素变化的是包括交易、活动、外部影响及偶发事件在内的所谓会计事项（简称“事项”）。其中，交易是不同权益主体基于市场规则进行的财富交换，活动是指验收入库、生产领用和管理耗费等所有引起财富变化的运营活动，外部影响是指法规变化、币值变动和市价波动等能够引起财富变动且不受管理层影响的环境事实，偶发事件是指地震、火灾、罚没和捐赠等虽不经常发生但若发生就可能引起财富变化的灾害事故或经济事件。因所有经济事项的财富影响，都可能涉及物资流、现金流和权益流的变化，所以要全方位地描述组织的财富变化，会计记录层面上就需要通过设置会计账户或账户栏目，将运行要素、报表要素进一步扩展为记录要素。

会计之所以被称为人造系统，就是因为它是人们为描述组织的财富形态、财富归属、财富变化过程及其结果而人为设计出来的；而会计要素之所以要被分为描述要素、运行要素、报表要素和记录要素，就是因为会计是一个多层次的分类与控制系统。从描述要素到运行要素、再到报表要素和记录要素，会计要素之间的这种层次关系如表6-3。

**表6-3　　会计要素体系及其层次关系**

| 会计对象 | 描述要素 | 运行要素 | 报表要素 | | 记录（核算）要素 | | |
|---|---|---|---|---|---|---|---|
| | | | 报表大类 | 报表项目 | 会计科目 | 现金流向 | 其他核算属性 |
| 财富形态 | 资源 | 资产 | 流动资产 | 货币资金 | 库存现金<br>…… | 现金流入 | 收款人/付款人/款项性质等 |
| | | | | | | 现金流出 | 付款人/收款人/款项性质等 |
| | | | | 库存物资 | 库存物资 | 空值占位 | 仓位/数量/下限/上限等 |
| | | | 非流动资产 | 固定资产 | 固定资产 | …… | 名称/类别/年限/折旧方法等 |
| | | 权利 | 权利 | 应收款项 | 应收票据 | | 单位/日期/期限/利率等 |
| | | | | | …… | | |
| | | 投资 | 短期投资 | 股票投资 | 股票投资 | | |
| | | | | 债券投资 | 债券投资 | | |
| | | | 长期投资 | | | | |
| | | 人力 | 人力 | 人力资源 | 人力资源 | | |
| 财富归属 | 权益 | 债益 | 债益 | 经营负债 | 应付账款 | | |
| | | | | | …… | | |
| | | | | 融资负债 | 长期借款 | | |
| | | 资益 | 资益 | 实收资本 | 实收资本 | | |
| | | | | 资本公积 | 资本公积 | | |
| | 权益 | 劳益 | 劳益 | 劳动者权益 | 劳动者权益 | | |
| | | | | 劳动者公积 | 劳动者公积 | | |
| | | 共益 | 留存收益 | 盈余公积 | 盈余公积 | | |
| | | | 未分配损益 | 未分配损益 | 未分配利润 | | |
| | | | | | 未弥补亏损 | | |

续表

<table>
<tr><th rowspan="2">会计对象</th><th rowspan="2">描述要素</th><th rowspan="2">运行要素</th><th colspan="2">报表要素</th><th colspan="3">记录（核算）要素</th></tr>
<tr><th>报表大类</th><th>报表项目</th><th>会计科目</th><th>现金流向</th><th>其他核算属性</th></tr>
<tr><td rowspan="12">财富变化</td><td rowspan="5">收益</td><td rowspan="3">收入</td><td rowspan="3">收入</td><td rowspan="2">营业收入</td><td>营业收入</td><td></td><td>收入部门、人员、产品</td></tr>
<tr><td>附营收入</td><td></td><td></td></tr>
<tr><td>其他收入</td><td>利息收入</td><td></td><td></td></tr>
<tr><td rowspan="2">利得</td><td rowspan="2">利得</td><td rowspan="2">持产利得</td><td>持产利得</td><td></td><td></td></tr>
<tr><td>……</td><td></td><td></td></tr>
<tr><td rowspan="4">耗费</td><td rowspan="2">费用</td><td rowspan="2">费用</td><td rowspan="2">费用</td><td>管理费用</td><td></td><td>部门、项目</td></tr>
<tr><td>……</td><td></td><td></td></tr>
<tr><td rowspan="2">损失</td><td rowspan="2">损失</td><td rowspan="2">损失</td><td>持产损失</td><td></td><td></td></tr>
<tr><td>……</td><td></td><td></td></tr>
<tr><td rowspan="3">损益</td><td rowspan="3">损益</td><td rowspan="3"></td><td>本年损益</td><td>本年利润</td><td></td><td></td></tr>
<tr><td rowspan="2">递延损益</td><td>递延收入</td><td></td><td></td></tr>
<tr><td>待摊费用</td><td></td><td></td></tr>
</table>

## 第二节 会计确认理论

会计确认是辨别和认定经济事项是否以及如何进入会计系统的过程。在会计应用理论中，会计确认着重于解决会计的定性化分类问题。广泛应用企业组织的权责发生制和主导公共部门会计确认的现金收付制，是现代会计的两种典型确认基础。随着人们对这两种确认基础各自所具优缺点的认识，企业会计开始通过编制基于现金收付制的现金流量表以弥补权责发生制确认基础的固有缺陷，而公共部门则通过引入权责发生制以弥补现金收付制确认基础在反映财务状况和运营状况方面的天然不足。由于会计确认关系到会计计量、会计记录、会计控制和会计报告的范围，因而本节基于现代信息技术应用，讨论权责发生制和现金收付制这两种确认基础的融合方式及其会计确认维度的扩张。

## 一、会计确认的含义

会计文献中，确认（recognition）一词出现于20世纪20、30年代。早期的确认主要是指收入的确认，并且确认与“实现”常常不加区分。如佩顿（1938）在《会计纲要》就中提到收入确认，佩顿与利特尔顿（1940）在《会计准则导论》中又专门论述了收入确认问题。1941年，美国注册会计师协会（AICPA）所属的会计名词委员会，在其第1号《会计名词公报》中，将会计定义为对经济活动中至少带有财务性质的方面进行识别、选择、分类、记录、计算、汇总和报告的一种艺术，其中的“识别”和“选择”就已经触及会计确认问题。1966年，美国会计学会发表了《基本会计理论说明》，在其给出的“会计”和“会计理论”定义中，所提到的“辨认”（identifying）就是一个类似于确认的概念。1970年，美国会计原则委员会（APB）在其第4号公告《企业财务报表的基本概念与会计原则》中，至少有15段都提到了确认，其中“选择事项——即将要报告的事项予以识别”和“分析事项——即决定这些事项对企业财务状况的影响”这两个会计程序，就具备了会计确认的基本特征。美国财务会计准则委员会（FASB）成立后，很快在其财务会计概念框架研究项目中增加了对确认和计量问题的研究，并在其发表的第5号财务会计概念公告《企业财务报表的确认和计量》中，最先明确给出了确认的定义，即确认是指将某一个项目当作资产、负债、收入、费用或其他类似项目而正式地加以记录或将其纳入某一主体的财务报表的过程。确认包括用文字和数字对某一项项目进行描述并将其金额计入财务报表的合计数里。FASB还进一步指出：对于资产或负债而言，确认不仅涉及对其购置或发生的记录，而且涉及对其以后的变动包括导致其最终从财务报表上消除的变动的记录。受此影响，国际会计准则委员会（1989）在《编制和呈报财务报表的框架》中写道：确认是指将符合要素定义和确认标准的项目纳入资产负债表和收益表的过程。它涉及以文字和金额表述一个项目并将该金额包括在资产负债表和收益表的总额中。其中的确认标准有两项：一是与该项目有关的未来经济利益将很可能流入或流出企业；二是对该项目的成本或价值能够可靠地加以计量。

我国学者对会计确认的认识有广义和狭义之分。广义的确认定义是对FASB观点的继承。如葛家澍、余绪缨（2000）将会计确认表述为把某个项目作为企业的资产、负债、所有者权益、收入、费用或者其他会计要素加以正式的记录或列入最终财务报表之中的过程，并认为会计确认包括两个步骤，第一个步骤即初次确认体现为将经济业务传递的数据利用文字表述和金额归集于账户之中；第二个步骤即再确认体现为最终在财务报表中进行表述的过程。裘宗舜（2001）给出的确认定义是：确认就是把符合会计要素定义和确认标准的项目，作为一项资产、负债、收入、费用等，正式记入会计记录以及列入财务报表的过程。它包括同时用文字和金额描述一个项目，并将其金额计入财务报表的总计之内。确认既包括某一项目的初始确认，还包括确认该项目以后发生的变动的再确认或后续确认，或该项目消失的终止确认。

狭义的会计确认倾向于把确认与计量看作是不同的会计程序，并且更强调确认的定性特征。如李孝林（1997）认为：会计确认是依据一定的标准，识别应予输入会计信息系统的经济数据，确定这些数据应加以记录的会计对象的要素，并进一步确定已记录或分类归集的信息是否全部列入会计报表及如何列入会计报表的过程。赵德武（1997）认为会计确认是把一个经济事项或交易正式作为会计要素予以认可的一种会计行为，会计确认的主要功能是：第一，判断一个经济事项是否进入会计系统；第二，如果该经济事项要进入会计系统，则应以何种要素进入；第三，该经济事项应在何时进入会计系统。荆新（1997）认为会计确认是对会计事项在会计要素中定性定位的过程。一般分为三个步骤：首先，分析会计事项是否属于会计反映的范围；其次，该事项属于何种会计要素；最后，在什么时间、什么情况下登记入账。林志军（1998）认为会计确认是指通过一定的标准，识别应加以会计核算的经济业务与经济数据，辨认这些数据应予以记录的会计对象分类标志（账户或会计科目），进一步确定已记录或分类归集的会计数据是否全部列入会计报表及如何列入会计报表，会计确认是保证会计核算过程中正确选择、接受、变换和输出有关经济数据和会计数据的重要步骤。吴江涛（2012）更是明确指出：会计确认是将交易或事项产生的相关原始数据纳入会计系统反映的质的判定活动。它具体解决交易或事项的相关原始数据何时纳入会计系统、按什么要素纳入会计系统这样一些问题。

尽管 FASB 给出的确认定义有着广泛的影响，但严格说来却并不科学。通常情况下，人们总是将会计确认与会计计量、会计记录和会计报告相提并论，如 APB 在其第 4 号公告中的表述：在财务会计上，并非所有经济资源与义务及其变动都予以确认和计量（葛家澍、杜兴强，2005）。既然会计确认、会计计量、会计记录和会计报告是会计系统运行过程中依次继起的四个环节，那么确认定义中就不应包含属于计量、记录和报告程序中的内容。但在 FASB 的定义中，确认不仅涉及正式记录和列入报表两个会计程序，而且还明确地将计量也纳入其中[①]。内涵如此宽泛的确认定义，何以能在逻辑上与计量、记录和报告等会计程序进行区分呢？按照《现代汉语词典》的解释，确认有明确承认和确定认可（事实、原则等）之义。由此，会计确认应当仅限于对会计事项的判别和认定。由于会计是一个多层次的分类与控制系统，并且充当会计分类标识的正是那些从不同视角描述社会组织财富构成及归属、财富变动及结果的会计要素，所以会计确认可定义为会计人员依据会计规范判定会计事项能否以及如何进入会计系统的过程。

## 二、会计确认基础及其演进

会计确认基础是判定经济事项能否进入会计系统所依持的财富内涵。一般认为，会计确认基础有“收付实现制”和“权责发生制”之分，并认为会

① 需要说明的是，FASB 原本计划对确认和计量分别制定概念公告，但因确认和计量密切相关而在征询意见后，将这两个项目合二为一并以“企业财务报表的确认和计量”为名发表。参见：葛家澍，林志军．现代西方会计理论［M］．厦门大学出版社，2001：93。

计确认基础经历了从“收付实现制”到“修正的收付实现制”再到“权责发生制”的演化过程。然而若从会计记录内容的演进来看，会计确认基础涉及的其实是会计应予确认的财富范围，其演化历程则是从“实物收付制”到“现金收付制”再到“虚拟现金制”和“权责发生制”。

1. 会计确认基础的本质

一般认为，会计确认基础所要解决的是会计确认的时间选择问题，即对实物交付与款项收取跨越不同会计期间的经济业务应于何时确认的问题。理论界较多地认为会计有两种典型的确认基础：收付实现制和权责发生制，并在论及这两种确认基础时，总是不忘把“收付”限定为现金的收付而把“权责”解释为收款的权利和付款的义务，另外还总要提及收入和费用的确认。例如，“计量收入的现金基础……将从顾客处收到的现金报告为收入……”（佩顿和利特尔顿，1940）；“现金基础是与权责发生制基础相对应，它要求收到现金时确认收入，支出现金确认费用。收益确定毋需对收入和费用进行配比”（戴维森等，1979）；“凡在本期实际收到款项的收益和付出款项的费用，不论其是否应属于本期，均作为本期的收益和费用处理”（龚清浩，徐政旦，1981）；[①] 等等。再如，权责发生制的本意是决定收入和费用的确认时间，在信用制度盛行后，会计上确认收入与费用的时点就逐渐不按照现金的流入与流出的哪一日，而是按照权利和义务形成的日期，只要收取收入的权利已经发生（确定），就可以确认收入，而只要支付费用的义务已经承诺（确定）就可以确认费用（葛家澍，2005）。照此看来，即使是人们公认为较早出现的收付实现制，也应当出现于货币产生和收入、费用概念形成之后。

然而历史地考察会计的产生和发展，虽然我们无法确知货币产生及其应用于会计记录的具体年代，但大量的史料都已证实货币是物品交换发展到一定阶段的产物，并且在货币产生之前，就有了基于实物收付的会计记录。另

① 参见：葛家澍，刘峰. 会计大典（第一卷）：会计理论［M］. 北京：中国财政经济出版社，1998：231－232。

外，虽然我们无法考证收入和费用概念出现的确切年代，但却完全有理由认为这两个概念出现于财产（资产）观念形成之后，并且早期用以确定净财富变动的方法，是实物盘存法而非收入费用配比法。由此不难看出，人们就会计确认基础的认识，还有很大的片面性。既然货币是交换的产物，并且在货币产生之前就有了系统记述财富增减变化的会计记录，那么收付实现制就应当有一般物品意义上的实物收付和一般等价物意义上的货币收付之分；既然“预提”和“待摊”这两个会计程序与会计主体的收款权利和付款义务并不存在必然的联系，那么权责发生制中的“权责”，就绝不应单单是指收取现金的权利和支付现金的义务。可见，会计确认基础的本质，是财富内涵的限定问题而非确认时点的选择问题。

2. 会计确认基础的演进

由于会计记录是对会计确认和会计计量结果的记述，所以唯有历史地考察会计记录的内容、形式及其演化发展，才有可能获得关于会计确认基础的正确认识。若从原始人类的计量、记录行为算起，系统化的会计记录可分为单式记录和复式记录两种典型的记录形式。在单式会计记录时期，因组织的规模相对较小和组织间的交易相对较少，因而业主或其代理人所要管理的财富存量和财富流量也就相对较小。由此决定了只要能够对包括货币、实物在内的各种自然形态之财富和包括债权、债务在内的各种社会形态之财富进行完整地记录，借助实物盘存法就能掌握会计主体的财富变化结果。可见，早期的会计确认主要是对资产和负债的确认。随着复式会计记录的产生和簿记乃至会计理论的发展，不仅负债与业主权益发生了分离，而且收入和费用也得以确立，从而使损益计量由实物盘存法发展为收入费用配比法，会计确认也由对资产和负债的确认，扩展为对资产、负债、业主（所有者）权益、收入和费用的确认。下面从不同时期的财富构成及会计记录内容的演化视角，探讨会计确认基础的演化和发展。

（1）实物收付制，是以实物收付为判定依据的一种会计确认基础。历史地考察会计的演进和发展，实物收付制应当是最早出现并且仍在应用的一种会计确认基础。无论是远古人类的生产活动，还是货币、信用出现前的人类交换活动，构成财富内涵的，不是天然之物，便是人造之物。由于财富的自然形态是早期人类所能认识和管理的唯一财富形式，并且财富的增加总有实物的收进而财富的减少总有实物的付出，所以会计的判断依据就只能是实物的收付。这一出现最早却被理论界长期忽视的会计确认基础，不仅是孕育其他会计确认基础的母体，而且时至今日仍被广泛地应用各类组织对存货、固定资产等实物资产的会计确认。虽说物物交换的时代早已过去，但以物易物的交换形式却依然存在，如不涉及补价的实物资产互换业务，就是现代会计实务中典型的物物交换。在既没有货币资金收付又不产生收款权利和付款义务的情形下，怎能说会计确认是基于收付实现制还是权责发生制呢？很显然，此种情形下的会计确认基础，只能称作是实物收付制。之所以如此称谓，是因为会计确认的财富内涵仅限于实物财富，并且识别财富变动的唯一标志是实物的收付。

（2）现金收付制，是以货币收付为判定依据的一种会计确认基础。交换活动的日益频繁和交换规模的日益扩大，推动了商业发展和货币产生。当货币作为一种特殊商品从一般商品中分离出来并固定地充当交换媒介之后，不仅交换的形式发生了变化，而且交换的目的也被赋予了新的内涵。在交换形式方面，早期的以物易物交换，逐步发展为商品与货币的交换；在交换目的方面，早期以维持生产、生活之需为目的的交换，也就是为获取使用价值的交换，逐步发展为以财富积累为目的的交换，也就是为获取经济价值的交换。由于早期的货币本身也是一种有形实物，并且在即时完成的交易中总有物品与货币的此增彼减，所以无论会计上是关注一般物品的收付，还是关注实物货币的收付，最终都会得出同样的确认结果。由此，即便会计确认基础因复式记录的产生而在事实上已由广义的实物收付制分化为狭义的实物收付制和现金收付制，对于早期的官厅会计和商业会计来说，会计确认基础的这种演化，不过是为会计增加了一个财富变动的观察视角而已。然而对于早期的金融会计来说，由于货币是其唯一形式的实物财富，并且财富的增减总是表现为货币的收付，因而会计的确认基础，自然就可看作是现金收付制而非实物收付制或权责发生制。随着纸币的产生及其对实物货币的取代，金融组织和政府组织中的收付也就更多地表现为现金的收付，从而使现金收付制从实物收付制中分化出来而成为一种新的会计确认基础。值得说明的是，尽管现金的收付通常意味着交易的完成和收入的实现，但除此之外，现金的增加也可能来自于与收入确认无关的筹资活动、现金的付出也可能源自于与费用确认无关的投资活动，因而将财富内涵限定为现金乃至货币资金并以其收付作为财富变动标志的这一会计确认基础，称为现金收付制而非收付实现制似乎更为恰当。由于现金收付制仅限于对货币性财富的确认，因而纯粹意义上的现金收付制在现代会计中的具体应用，也就只能在专司于预算收支的财政总预算会计和专司于财政资金收付的国库会计中才可看到。

（3）虚拟现金制，是以虚拟的现金收付为判定依据的一种会计确认基础。虚拟现金制多用于代为支付事项的会计确认，如金融组织对代客户转账业务的会计确认。金融组织代客户转账，是金融组织以中间人身份，将发生于客户之间的债权债务关系，转换为金融组织分别与两个存款户的债权债务关系。代客户转账虽不涉及现金收付，但却与同时发生的金额相同的存、取款业务有着相同的财富影响。由此，会计人员完全可以将代客户转账业务虚拟为现金的一进一出，也就是将“转出”和“转入”分别视为一个客户“提款”而另一个客户“存款”，并以现金收付为标志进行会计处理。有了以虚拟现金或称作是观念货币为财富内涵的这一会计确认基础，组织就能够对那些虽没有现金收付但却可视为现金的一进一出的交易事项进行会计处理。如上市公司对其母公司代为支付广告费的会计确认，国库直接支付方式下行政、事业单位对预算收支的会计确认等，均可看作是虚拟现金制在现代会计中的具体应用。

（4）权责发生制，是以经济权利与经济义务的发生为判定依据的一种会计确认基础。有学者认为权责发生制最早产生于18世纪，如彼得·海恩（Peter Hain，1972）报道说，在1788～1899年出版的50本教材中，有1/10提到了权责发生制或其他资产负债表调整方法；霍姆斯（Holmes，1976）还为此观点找到了梅休（Mayhew）于1851在《实用簿记》中所提到的有关施肥支出部分确认为费用的例子。① 尽管人们在论及权责发生制时总要提及收入和费用的确认，但收入和费用应当是与复式记录有关的两个概念。在会计发展史上，会计记录经历了从单式记录向复式记录的演化，而只有到了复式记录阶段，基于信用所产生的收款权利和付款义务，才可能与收入和费用的确认建立关联。如果我们只考察会计主体收款权利和付款义务的发生而不考虑收入和费用的确认，那么权责发生制应该说早在金融组织处理存、贷款及转账业务时就出现萌芽。私有制使自然形态之财富有了所有权这种社会形态，而信用则将财富的社会形态由所有权扩展到债权。对于以信用为基石的金融组织而言，自然形态之财富的库存现金与社会形态之财富的债权债务之间的此消彼长关系，使得金融组织基于现金收付制、虚拟现金制所进行的会计确认，必将与基于收款权利和付款义务所进行的会计确认，得到同样的处理结果。从这个意义上说，早期金融业在处理存贷款及转账业务时，就已孕育出了以收款权利和付款义务为财富内涵并以权责关系为判断依据的权责发生制确认基础。

会计确认基础的演进，是组织分化和财富内涵变化的结果。实物收付制所涉及的财富范围，仅限于自然形态之财富；现金收付制所涉及的财富范围，仅限于现金形态的财富；虚拟现金制所涉及的财富范围，仅限于代为支付情形下的观念财富；权责发生制所涉及的财富范围，仅限于以债权、债务为存在形式的权益财富。由此，纯粹意义上的实物收付制、现金收付制、虚拟现金制和权责发生制，只可能出现于单式会计记录时期。复式记录模式下，一种实物的增加，如果不是源于另一实物或货币资金的减少，便有等值的债务等待偿付；而一种实物的减少，如果没有另一实物、货币资金或等值债权的增加，便会有相应的费用或损失发生并最终引起组织权益的减少。这样，基于现金收付和权责发生所进行的会计确认，与基于实物收付和虚拟现金所进

---

① 参见：加里·约翰·普雷维茨（Gary John Previts），巴巴拉·达比斯·莫里诺（Barbara Dubis Merino）. 美国会计史：会计的文化意义［M］. 杜兴强，于竹丽，等译. 北京：中国人民大学出版社，2006：103－104。

行的会计确认，就会得到同样的确认结果。又由于现金的收付通常意味着交易的完成和收入的实现，所以人们通常把会计的确认基础，不加区分地称作收付实现制和权责发生制。

由于纯粹的现金收付制只有在社会组织的经营活动既不需要事先大额投入，也不存在非现金交易的前提下才能付诸应用，所以在会计发展进程中，现金收付制便随着环境的变迁而出现了不同形式的修正，即在遵循按现金收付确认收入和支出的总体原则下，对某些会计事项开始引入权责观念进而出现了所谓的“修正的现金收付制”（modified cash basis）。根据刘峰（1995）的研究，修正的现金收付制有两种模式：一是对债权债务确认加以修正的“修正模式Ⅰ”，二是对长期资产确认加以修正的“修正模式Ⅱ”。修正模式Ⅰ对债权债务的处理，采用了与自身规定有一定程度背离的方法，即按照收款权利和付款义务而非单纯按照现金的收付进行会计处理。在修正模式Ⅰ下，对借出款项导致的现金减少，不是记作费用而是记作债权项目；对借入款项增加的现金，不是记作收入而是记入债务项目；对赊购商品不是不做记录而是同时记作存货和债务增加；对赊销商品不是不做记录而是同时记作债权和收入增加。修正模式Ⅱ是在将支出记作当期费用的总体原则下，对其中的长期资产支出按权责发生制进行会计处理。在修正模式Ⅱ下，所有的长期资产购置支出都予以资本化并作为永久性资产列示，资产存续期间因添置附加设施、进行局部修理所发生的现金支出直接作为当期的费用处理。随着预提、待摊和递延会计程序的产生，修正的现金收付制进一步演化为包括实物收付、现金收付、虚拟现金和狭义权责发生在内的广义权责发生制。不同会计确认基础的财富内涵及其在会计实务中的典型应用，见表6－4。

**表6－4　　会计确认基础及其典型应用**

| 确认基础 | 会计记录形式 | 财富内涵 | 典型应用 |
|---|---|---|---|
| 实物收付制 | 单式记录 | 实物财富 | 实物增减 |
| 现金收付制 | 单式记录 | 现金财富 | 现金收付 |

续表

| 确认基础 | 会计记录形式 | 财富内涵 | 典型应用 |
| --- | --- | --- | --- |
| 虚拟现金制 | 单式记录 | 观念财富 | 代客户转账 |
| 权责发生制 | 单式记录 | 权益财富 | 收款权利和付款义务 |
| 修正现金收付制Ⅰ | 复式记录 | 现金财富+权益财富 | 赊销、赊购业务 |
| 修正现金收付制Ⅱ | 复式记录 | 现金财富+实物财富 | 固定资产 |
| 广义权责发生制 | 复式记录 | 实物财富+现金财富<br>观念财富+权益财富 | 涵盖以上所有业务 |

## 三、单一会计确认的操作规则及其缺陷弥补

1. 权责发生制会计的操作规则及其缺陷弥补

现代意义上的权责发生制，是为正确计量收入和费用并以预提、待摊和递延为基本特征的广义权责发生制。有了预提程序，已经形成的付款义务就可在耗费归属的期间予以确认，从而不致因付款义务的延迟履行而使当期费用少计和负债漏报；有了待摊程序，已经发生的支出就能被合理地分摊至相关受益期间，从而不致因支出不均衡而使资产和费用的计量出现偏差；有了递延程序，预先收取的销货款就能在销售实现时确认为收入，从而不致因款项收取与货物交付或服务提供的不同步而使负债和收入的计量出现偏差。预提、待摊和递延会计程序之所以受到人们的青睐，应当说与损益表一度成为人们的关注焦点密不可分。与公司制相伴的财富所有权与经营权的分离，使损益表成了所有者评价经营者受托责任履行情况和经营者获取管理报酬的重要依据，加之损益表也常常被作为政府课税、社会监管以及其他方面的信息来源，因而围绕损益计量所展开的多方博弈，自然会把预提、待摊和递延等会计程序，看作是能够满足利益相关者财富管理需求的必要会计程序，进而使会计的确认基础，由修正的现金收付制扩展为包括实物收付制、现金收付制和虚拟现金制在内的广义权责发生制。

广义权责发生制的操作规则是：凡属本期已获得的收入，不管其款项是

否收到，都作为本期的收入处理；凡属本期应负担的费用，不管款项是否付出，都作为本期的费用处理；凡不应归属于本期的收入，即使款项已经收到，也不作为本期的收入处理；凡不应归属于本期的费用，即使款项已经付出，也不作为本期的费用处理；凡不涉及本期收入、费用的其他交易事项，均应依其实物收付或权责发生确认其财富影响。基于广义权责发生制所进行的会计确认，不仅能够正确地计量不同期间的收入、成本和费用，而且能够恰当地揭示特定时点的财务状况。正因为如此，对于以营利为目的的企业组织而言，各国会计准则都要求以权责发生制作为确认基础。当然，基于稳健性和重要性原则考虑，权责发生制会计并不排除对个别经济业务采用现金收付制。如对股利收入在实际收到时予以确认，所体现的就是稳健性原则；而将小额应计收入或费用按款项实际收付时间确认为当期的收入或费用，所体现的就是重要性原则。

预提、待摊和递延会计程序的出现，虽说可以有效地解决资源变动与收益、耗费的跨期确认问题，但同时也为盈余操纵开启了便利之门。权责发生制下收益、耗费分配的主观性和随意性，以及由此所产生的诸如“待摊费用”“预提费用”“递延资产”和“递延收益”等资产负债表上的“不知所云”报表项目，使权责发生制会计屡遭质疑和批评，进而引发人们对现金流量信息的关注并最终导致第三大会计报表——现金流量表的出现。除了通过编制现金流量表以弥补权责发生制的固有缺陷之外，会计实务中还出现了通过消除待摊和预提程序以向现金收付制确认基础妥协的态势。如在财政部（2006）发布的《企业会计准则应用指南》中，不仅“待摊费用”和“预提费用”两个报表项目在资产负债表中踪迹全无，就连相关的会计科目设置也不再提及。仅从这一点来看，权责发生制会计在某些方面已呈现出向现金收付制妥协的态势。

2. 现金收付制会计的操作规则及其缺陷弥补

纯粹意义上的现金收付制，是对一个经济组织的各项业务，以是否有现金的收付作为会计确认的标准。其操作规则是：凡收到的现金，不管是否应当归属于本期，都应作为本期的收入；凡支付的现金，不管是否应当归属于本期，都应作为本期的支出处理。不难看出，纯粹的现金收付制有两条最为根本的规定性：一是会计只确认与现金收支有关的事项；二是按照收入减支出计量盈亏。相对于权责发生制而言，现金收付制不仅会计处理简单，而且还有能够正确反映收入来源、支出去向以及与支付能力相一致的结余信息等诸多优势。正因为如此，侧重于揭示财政预算执行过程及结果的公共部门会计，多采用现金收付制确认基础，并且在国库集中支付方式下，还被扩展为包含虚拟现金制在内的广义现金收付制。

由于纯粹的现金收付制并不能满足往来款项和实物资产的管理，因而公共部门会计便按照权责发生制的操作原理，对相关业务的会计处理作了一定程度的修正。如就我国行政、事业单位会计实务而言，在《政府会计制度——行政事业单位会计科目和报表》（以下简称《政府会计制度》）出台之前，对预付款项的处理，就是按照权责发生制记入过渡性的“应收账款”“预付账款”和“其他应收款”而非按现金收付制记作支出；对预收款项的处理，就是按照权责发生制记入过渡性的“应付账款”“预收账款”和“其他应付款”而非按现金收付制记作收入；对购置固定资产的处理，则是先后通过增设“固定基金”和“非流动资产基金——固定资产”等协调科目的方式，将固定资产购置支出同时记入“固定资产”和相关支出科目。尽管现金收付制确认基础在公共部门会计实务中已得到了不同程度的修正，但因其在揭示财务状况和运营成果方面仍有很大的局限性，所以现金收付制会计也是不时地遭到质疑和批评，进而在世界范围内引发了以引入权责发生制为主要内容的本轮公共部门会计改革。

## 四、一维会计科目下两种确认基础的记录冲突与双分录的局限性

不同的会计确认基础对应于不同的会计账户设置，进而会衍生出不同的会计要素并构建出不同的会计等式。在复式记录模式下，广义权责发生制确认基础下的会计账户，通常可分为资产、负债、所有者（业主）权益、收益（为与现金收付制下的狭义收入相区分，本书将权责发生制下包含利得在内

的广义收入称作“收益”)、费用和利润六大类，并可通过构建“资产+费用=负债+所有者权益+收益”这一动态会计等式（记作等式①），全面展示各类交易事项的财富影响；而包括虚拟现金制在内的广义现金收付制下的会计账户，则可分为收入（仅限于有货币资金流入的狭义收入)、支出（仅限于有货币资金流出的狭义支出)、结余（确定特定时期货币资金净流量的过渡账户）和结存（反映货币资金存量的实账户）四大类，并可通过构建“收入-支出=结余=结存”这一动态会计等式（记作等式②），揭示收入的来源途径、支出的去向。

如果把等式①中的资产区分为“现金资产”和“非现金资产”，那么等式①就可变换为“现金资产=负债-非现金资产+所有者权益+收益-费用”（记作等式③）。仅就涉及货币资金收付的业务而言，由于等式③中的“现金资产”科目（具体包括“库存现金”“银行存款”和“其他货币资金”）余额等同于等式②中的结存，所以等式②和等式③就可合并为“收入-支出=结余=现金资产=负债-非现金资产+所有者权益+收益-费用”（记作等式④）。不难看出，在以会计科目为唯一分类标识的传统复式记录模式下，权责发生制和现金收付制这两种确认基础存在天然的冲突。如就预收款业务而言，与“现金资产”科目对应的贷方科目，要么按照现金收付制——即按等式④的左边记作收入，要么按照权责发生制——即按照等式④的右边记作负债，却不能同时按照两种确认基础——即按照等式④的左、右两边同时记作收入和负债；再就非现金资产购置业务而言，与“现金资产”科目对应的借方科目，要么按照现金收付制——即按照等式④的左边记作支出，要么按照权责发生制——即按等式④的右边记作“存货”“固定资产”和“在建工程”等非现金资产，却不能同时按照两种确认基础——即按照等式④的左、右两边同时记作支出和非现金资产。

为兼顾收支列报与资产管理的双重需要，公共部门会计在遵循以现金收付制确认收入和支出的前提下，还出现了通过增设协调科目的方式，将“存货”“固定资产”和“在建工程”等只有在权责发生制确认基础下才可能出现的非现金资产科目，融入现金收付制科目体系之中，从而将传统的单一复式分录形式，发展为兼具权责发生制和现金收付制确认特征的所谓“双分录”。在公共部门会计中，“双分录”较早地应用于固定资产购置业务。如在20世纪90年代的行政、事业单位会计制度中，以银行存款购置固定资产的会计处理，就是“借：经费支出/事业支出，贷：银行存款；借：固定资产，贷：固定基金”。若把上述双分录中的“固定基金”换成“银行存款”，那么前述双分录就是权责发生制下的“借：固定资产，贷：银行存款”和现金收付制下的“借：经费支出/事业支出，贷：银行存款”这两个单一复式分录的简单合并。因对单一会计确认基础下的会计记录进行简单合并会出现“银行存款”科目的重复，所以双分录在实际应用时，便通过增设“占位科目”的形式，对现金类科目的重复使用问题进行了消除。具体就行政、事业单位的固定资产购置业务而言，就是先后通过增设“固定基金”和“非流动资产基金——固定资产”科目的方式，消除了由双重确认所引发的“银行存款”科目的重复问题。不难看出，双分录的协调机理：就是通过增设协调科目①的方式，将前述等式④转化为“收入-支出=现金资产=负债-非现金资产+所有者权益+收益-费用=协调科目”（记作等式⑤），从而在会计记录层面上能够兼顾收支列报与资产管理的双重需要，也就是对现金收付制和权责发生制存有冲突的业务，既能按现金收付制——即按照等式⑤中第一个等号的两边，又能按照权责发生制——即按等式⑤中第三个等号的两边，进行双重会计确认。

相对于单一会计确认下的单一复式会计分录而言，用以兼顾权责发生制下财务状况与现金收付制下预算收支的双分录，将使凭证处理工作量和会计核算成本几乎成倍地增加。如就行政单位对赊购存货及其支付购货款的处理

---

① 人们多将与双分录相关的协调科目定性为净资产，如《行政单位会计制度（2013）》将“资产基金”和“待清偿净资产”归入净资产类，其他分行业会计制度将“非流动资产基金”归入净资产类。笔者认为，前述科目是复式记录模式下为协调两种确认基础而增设的无任何经济内涵的过渡性科目，从现金收付制的角度看，它们是对该确认基础下不可能出现的“存货”“固定资产”和“应付账款”等科目的抵消；而从权责发生制的角度来看，它们则是对该确认基础下不可能出现的“经费支出”或“事业支出”科目的抵消，当存货耗用、固定资产提完折旧和债务清偿之后，前述科目的余额均变为零。

而言，在纯粹的现金收付制下，会计人员只需在付款时作“借：经费支出，贷：银行存款”这一仅有两条数据记录的会计处理；在完全的权责发生制下，会计人员只需在购货时作“借：存货，贷：应付账款”、在付款时作“借：应付账款，贷：银行存款”这一仅有四条数据记录的会计处理；但按现行制度所采用的双分录处理模式下，购货时所做的“借：存货，贷：资产基金”和“借：待清偿净资产，贷：应付账款”与付款时所做的“借：经费支出，贷：银行存款”和“借：应付账款，贷：待清偿净资产”，将使数据记录总数增至 8 条。不难看出，若高等学校、科学事业等分行业会计制度也采用双分录全覆盖的权责发生制会计改革思路，对于资金规模在数十亿甚至上百亿并且资金收付相当频繁的高等学校、科研院所来说，其所增加的核算工作量必使实务人员不堪重负。这也许正是分行业会计制度和最新发布的《政府会计制度》未将双分录覆盖至所有现金收支业务①的主要原因。双分录在分行业会计制度中的覆盖范围差异，使得同一财政预算体系下各预算单位所提供的会计报表，在信息质量方面出现了明显的不同。其中，行政单位可同时兼顾基于权责发生制的财务状况信息的提供和基于现金收付制的预算收支信息的提供，但事业单位却是以扭曲预算收支信息为代价在一定程度上保证了基于权责发生制的财务状况信息的提供。如就事业单位对预付款及其销账业务的会计处理而言，就可能扭曲两个会计期间的预算支出。具体来说，当付款日与销账日隶属于不同的会计期间时，因付款日所借记的“预付账款”等科目不属于支出类科目而无法进入当期的收入支出表；与之相反，销账日在借记“教学事业支出”等支出类科目并进入所属会计期间收入支出表

① 从财政部发布的分行业会计制度来看，《行政单位会计制度（2013）》中的双分录覆盖范围，涉及预付款项、存货、固定资产、在建工程、无形资产、政府储备物资和公共基础设施等所有需要同时确认非现金资产、相关负债和经费支出的业务；而其他分行业会计制度中的双分录覆盖范围，却仅涉及长期投资、固定资产、在建工程和无形资产等需要同时确认非流动资产和支出的业务。而最新发布的《政府会计制度》在解释“事业支出”科目的核算内容时，一方面要求事业单位就开展专业业务活动及其辅助活动过程中发生的预付账款应按照实际支付的金额，借记“事业支出——待处理”和贷记“财政拨款预算收入”“资金结存”等科目；另一方面又允许对于暂付款项在支付时可不做预算会计处理，待结算或报销时，按照结算或报销的金额，借记“事业支出”和贷记“资金结存”科目。

时却没有资金付出。当各预算单位因双分录应用上的差异而使收支确认的口径有所不同，财政部门依据个别会计报表所得到的政府整体意义上的合并报表就不可能真实地反映政府预算的执行情况；当有相当数量的预算单位因制度本身的弹性空间而不能将预付的采购款（尤其是数额巨大的货物、工程预付款）列作预算年度的收入支出表，财政部门就不可能据以合理确定各预算单位次年度的预算规模；当收入支出表不能真实地反映各预算单位的预算执行结果，财政部门依据收入支出表对所谓的结余资金进行统筹就不可避免地影响到预算单位的正常运转。双分录的差异化应用及其诸多弊端，也许正是分行业会计制度还未真正落实就被《政府会计制度》所取代的真正原因。

## 五、会计确认困局破解与二重确认会计的创建

会计确认基础在财务会计两大领域所呈现出的截然相反的发展态势，表明完全的权责发生制和纯粹的现金收付制在揭示会计主体的财务状况、运营成果和现金流转方面各具不可替代的作用。由此，任何从两个极点出发的妥协式改革思路，无论是“权责”程度多一点，还是“收付”程度多一点，最终均会以牺牲另一种确认基础的优势为代价。而如果只在报告层面强调两种确认基础的优势互补而不在记录层面上探寻会计元数据的多视角采集和科学组织，不仅企业会计的现金流量表编制问题难以彻底解决，而且公共部门所进行的权责发生制会计改革也必将以更高的操作成本为代价。

1. 企业现金流量表的编制与二重确认会计的创建

建立在权责发生制确认基础之上的企业会计账户体系，因主要服务于资产负债表和损益表的编制，所以现金流量表也就不能像资产负债表和损益表那样，通过直接加计相关科目的发生额或余额进行编制。在落后的手工技术条件下，会计界依据权责发生制和现金收付制的内在联系，设计出了借助工作底稿或T型账户，将权责发生制下的报表数据转换为现金收付制下的现金流量信息的现金流量表编制方法。现金流量表产生之初，相对简单的经济活动不仅使各会计科目的核算内容“纯洁”到人们很容易据其科目名称判定其

核算内容所具的经营活动、投资活动和筹资活动属性，而且现金流量表在结构方面还不存在因直接法与间接法同时列报所具有的勾稽关系。在此背景下，借助于工作底稿或T型账户，将权责发生制下的财务状况和损益信息，通过调节分录转换为现金收付制下的现金流量信息，不仅显示其具有严密的内在逻辑性，而且较之分别基于权责发生制和现金收付制进行会计确认的所谓“两套账”，更易于实务操作。

然而，非货币性资产交换、债务重组、企业合并等特殊交易事项的不断涌现，不仅使各会计科目的核算内容已不再“纯洁”到观其名就可辨别其现金流量的归属，而且日益复杂的账户对应关系也早已超越了工作底稿和T型账户法产生之初所能考虑到的调节分录。如当发生工程领用生产用原材料这一兼具经营活动和投资活动的边缘业务时，所做的“借：在建工程；贷：原材料，应交税费”，虽没有现金的流入流出进而不涉及现金流量表主表的编制，却因“原材料”和“应交税费”科目余额的变动而涉及现金流量表补充资料的编制。若将由此引起的存货减少和应交税费增加，简单地依据资产负债表中相关报表项目的期初期末余额变动，分别列示于现金流量表补充资料“存货的减少”和“经营性应付项目的增加”这两个净利润调节项目，现金流量表主表所反映的“经营活动现金流量”与补充资料所反映的“将净利润调节为经营活动的现金流量”就会出现差异；若为保持现金流量表主表与补充资料的勾稽关系而将此类业务视作非经营活动，并将由此引起的存货减少与应交税费增加排除在净利润的调节项目之外，那么为在编制调节分录时将其剔除而要从“原材料”和“应交税费”账户中找到该笔记录，显然又是一项既耗时又费力的工作。当有大量涉及复杂账户对应关系的交易事项发生时，要借助工作底稿或T型账户编制出正确的现金流量表，其难度可想而知。

由于工作底稿法和T型账户法已不能满足现金流量表的编制需要，所以在财务软件广为使用的今天，人们便基于关系型数据库技术创造性地运用“项目核算”这一辅助核算功能，通过将包括“库存现金”“银行存款”和“其他货币资金”在内的现金类科目定义为按“现金流量表项目”所进行的辅助核算，解决了现金流量表主表的实时编制问题（后文将其称作“项目辅助核算法”)。然而在现金流量表补充资料编制方面，实务中却是采用“倒挤差额”的编制思路。具体做法是：首先将“经营性应付项目的增加”或“其他”选定为表内平衡项目；然后将净利润的其他调节项目定义为相关科目的借贷发生额差额，并将主表“经营活动现金净流量”的数值直接赋予补充资料“将净利润调节为经营活动现金净流量”报表项目；最后按照倒挤差额方法定义之前选定的作为平衡项目的“经营性应付项目的增加”或“其他”的取数公式。很显然，通过“倒挤差额”以求强制平衡的这种现金流量表补充资料编制方法，是以形式上的“勾稽”在掩饰相关调节项目因武断地采用权责发生制会计科目发生额取数所产生的任何差错。

尽管“项目辅助核算法”还仅限于现金流量表主表的编制，但其所蕴涵的二重会计确认思想，却可启发我们通过创建二重确认会计以彻底解决现金流量表及其补充资料的实时编制问题。就交易事项的会计处理与现金流量表补充资料的编制而言，不管会计主体的经济业务多么复杂，包括非现金资产、负债、所有者权益、收入和费用在内的所有非现金科目，其余额变动只有“作为”和“不作为”净利润的调节因素反映这两种情况。由此，只要我们在凭证制作时能够对所有应作为净利润调节因素反映的非现金科目，按照现金流量表补充资料的编制需要对其余额变动做出专门标识，现金流量表补充资料的实时编制问题就可迎刃而解。这也就意味着对经济业务的会计确认，不仅要按照资产负债表和损益表的列报要求正确地选择会计科目，还要按照现金流量表的列报要求正确地标识现金流向和净利润的调节项目。如何在复式记录模式下创建这种二重确认会计呢？既然涉及现金流量表编制的专门标识可看作是对权责发生制会计处理的再分类，那么我们就可基于“资产 + 费用 = 负债 + 所有者权益 + 收入”（记作等式①）这一动态会计等式探索二重确认会计的创建思路。当把等式①中的“资产”区分为“现金资产”和“非现金资产”，就会有“现金资产 = 收入 − 费用 + 负债 − 非现金资产 + 所有者权益”（记作等式②）。当把等式②左边的“现金资产”进一步区分为“经营活动现金资产”“投资活动现金资产”和“筹资活动现金资产”，把等式②右边所有非现金科目的核算内容区分为“净利润调节因素”和“非净利润调节因素”，那么，只要我们为等式②左边的现金类科目赋以“现金流向”标识，为等式②右边的非现金科目依其是否属于净利润的调节因素赋以“净利润调节项目”或“空值占位”标识，等式②就转化为“‘现金资产’/‘现金流向’=‘收入-费用+负债-非现金资产+所有者权益’/‘净利润调节项目或空值占位’”。在这一新型会计等式中，等号两边的第一个引号，是基于权责发生制确认基础并用以满足资产负债表和损益表编制需要的会计科目分类标识；等号两边的第二个引号，是基于现金收付制确认基础并用以满足现金流量表及其补充资料编制需要的现金流向和净利润调节项目（或空值占位）标识。不难看出，上述二重确认会计等式的创建，将使编制现金流量表及其补充资料所需要的全部数据，都可在凭证制作时得到专门存储，从而使现金流量表及其补充资料也可按照“确认—计量—记录—报告”的数据处理逻辑，得以实时和准确地编制。

2. 公共部门权责发生制会计改革与二重确认会计的创建

为使公共部门会计在引入权责发生制后仍能保证预算管理信息的提供，我国会计界提出了四种较为典型的改革思路：一是主张在同一科目体系中同时设置财务会计科目与预算会计科目，并对收支业务进行平行记账。如财政部在2009年8月发布《高等学校会计制度（征求意见稿）》时，就明确指出：征求意见稿的基本理念是在高等学校会计制度中适当引入权责发生制，同时兼顾预算管理、财务管理、资产管理、绩效评价的信息需求；并在概括征求意见稿相对于原制度的主要变化时提到：平行设置财务会计科目与预算会计科目，既提供绩效评价需要的权责发生制的财务信息，也能提供预算管理需要的预算收支信息。二是主张政府财务会计与政府预算会计完全分离，并将政府财务会计限定于财务状况和运营状况信息的提供，而将政府预算会计限定于预算收支信息的提供。如岳公侠、张琪等人（2010）认为：分别构建政府财务会计系统与预算会计系统，发挥两类不同会计系统各自的优势功能，是我国未来政府会计改革的一种现实路径选择；成小云（2012）认为：应建立相对独立的预算会计系统和财务会计系统，使得预算会计信息和财务会计信息分别提供，以满足财政收支合法性的预算管理要求和政府公共产权使用效益的绩效管理要求。三是主张政府财务会计与政府预算会计的适度兼容。如赵建勇、张娟等人（2010）认为，现阶段可以考虑采用双重模式：在保留收付实现制的同时，局部性引入权责发生制，形成两种会计基础并存、以收付实现制为主体的双重模式；赵西卜等人（2012）认为：政府会计的核算基础在总体上应当采用"双基础制"，具体建议为：预算收支的基本业务采用收付实现制，预算收支的个别事项采用权责发生制，资产负债表项目采用权责发生制，部分项目采用收付实现制和权责发生制双基础制，并认为可对相关的资产负债账户设置记账方向相反的净资产账户或虚拟资产账户，以"双分录"记账方法处理既要在预算收支账户登记又要在权责发生制的资产负债账户中登记的业务事项。四是基于现代信息技术创建以权责会计科目和收付会计科目并行运作的二重确认会计。如钞天虎（2016）认为：政府会计改革的路径选择，并不是在多大程度上以及如何渐进到权责发生制，而是要在兼顾权责发生制与现金收付制各自优势的前提下，探寻两种确认基础的最佳融合方式，并通过创建"'现金资产'/'收入－支出'＝'负债－非现金资产＋所有者权益（净资产）＋收益－费用'/'结余'"这一新型会计等式，提出了基于关系型数据库技术兼顾权责发生制和现金收付制各自优势的二重确认会计模式。

从相关会计制度来看，财政部先是选择第三种观点，即通过增设协调账户并运用"双分录"将权责发生制不同程度地融入分行业会计制度之中，后又回归到第一种观点，即通过平行设置财务会计科目与预算会计科目，实现财务会计与预算会计的分离与衔接。相对于政府财务会计与政府预算会计完全分离的改革思路来说，无论是平行设置财务会计与预算会计科目的双基融合改革思路，还是通过协调科目以解决权责发生制与现金收付制确认冲突的双基混合改革思路，虽说均能使会计的运作成本显著减少（但所增加的核算成本也是不可小觑），但在同一账套中容纳两套分类体系的做法，却不可避免地会引发人们对会计要素定义出现认知混乱。不同的确认基础有不同的账户体系，进而会衍生出不同的会计要素。基于权责发生制会计账户体系所归纳出的会计要素，通常包括资产、负债、所有者权益、收益（为与后文的狭义“收入”相区分，这里用“收益”替代广义的“收入”）、费用和利润；而基于现金收付制会计账户体系所归纳的会计要素，则是收入、支出和结余。由于收入和收益、支出与费用有着完全不同的经济内涵和使用场合，因而把服务于不同列报要求的两套会计科目混为一体的做法，必然会对传统的会计要素定义产生冲击。（1）就收入与收益的区别而言，收入关注的是预算年度内的货币资金流入，而收益强调的却是应当归属于报告年度内的经济利益流入。尽管某些货币资金流入可直接确认为报告期内的收入，但属于预收款性质的货币资金流入，在权责发生制下却是要先确认为负债，尔后待商品发出或服务提供并符合实现原则时才确认为收益。（2）就支出与费用的区别而言，支出关注的是预算年度内的货币资金流出，而费用强调的却是应当归属于报告期间的经济利益流出。尽管某些支出可直接确认为报告期内的费用，但与非现金资产购置相关的支出，在权责发生制下却是要先确认为非现金资产，尔后随着非现金资产的耗用或处置才转化为费用；而属于延期性质的支出，在权责发生制下则要按照受益原则先期确认为费用，尔后待实际支付时才确认为支出。不难看出，出于权责发生制与现金收付制并行处理需要而将分属于两种确认基础的账户体系混为一体的做法，无论是对收入与收益不加区分，还是将支出等同于费用①，均不可避免地会使人们对会计要素的定义出现认知混乱。

操作上的低效率和理论上的不完备，决定了“双分录”兼容模式在公共部门权责发生制会计改革中难有广阔的应用前景。由此，我们有必要重新审视公共部门权责发生制会计改革的路径选择。既然通过创建二重确认会计能

---

① 就“收入”而言，《企业会计准则》的定义——企业在日常活动中形成的、会导致所有者权益增加的、与向所有者投入资本无关的经济利益的总流入本质是“收益”；而《事业单位会计准则》的定义——事业单位开展业务及其他活动依法取得的非偿还性资金却仅限于货币资金意义上的狭义收入概念（令人困惑的是，《事业单位会计制度（2012）》在“其他收入”科目的使用说明中，却将非货币资金性质的捐赠存货和盘盈存货计入其下“捐赠收入”和“存货盘盈收入”明细科目。而就“支出”与“费用”而言，不仅《事业单位会计准则》出现了“支出或者费用是指事业单位开展业务及其他活动发生的资金耗费和损失”这样的表述，而且《事业单位会计制度（2012）》还在“费用类”之下列举了支出类科目。

够彻底解决现金流量表及其补充资料的实时编制问题，那么将完全的权责发生制一步到位地引入到公共部门会计，也就不存在任何技术上的障碍。因为，用以满足预算管理的收入支出表，在确认基础和编制方法方面，其实与现金流量表主表别无二致。由此，只要我们对前文述及的适用于企业组织的二重确认会计等式稍作改造，就可将其移植到公共部门会计之中。具体来说，当我们把"'现金资产'/'现金流向'='收入－费用＋负债－非现金资产＋所有者权益'/'净利润调节项目或空值占位'"中的"现金流向"换成"预算收支"，将"所有者权益"换成"净资产"，将现金业务所涉及的非现金科目用"预算结余"进行标识，将其他业务所涉及的非现金科目用"空值占位"进行标识，就可得到"'现金资产'/'预算收支'='负债－非现金资产＋净资产＋收益－费用'/'预算结余/空值占位'"这一适用于公共部门组织的会计等式。其中，等号两边的第一个引号，为基于权责发生制并用以编制资产负债表和运营状况表的会计分类标识；等号两边的第二个引号，为基于现金收付制并用以编制收入支出表的会计分类标识。在这一二重确认会计模式下，仅需为凭证数据表文件增设一个长度不超过12个字符的会计科目字段进而只需两个存储单元，就可取代"双分录"模式下相关核算属性一应俱全的两条数据记录。不难看出，相对于政府财务会计与政府预算会计相分离的"两套账"改革思路来说，在同一账务系统中可兼顾两种确认基础各自优势的二重确认会计，可极大地避免会计核算成本的显著增加；而相对于分行业会计制度和《政府会计制度》所采用的"双基混合"改革思路来说，权责发生制会计科目体系与现金收付制科目体系各自独立的兼容思路，又将消除两套科目混为一体所产生的要素定义冲突。由此，基于关系型数据库技术创建权责发生制与现金收付制并行运作的二重确认会计，应当成为公共部门权责发生制会计改革的理想选择。

## 六、二重确认会计的要素设置与会计等式分解

会计确认是辨别和认定经济事项是否以及如何进入会计系统的过程。在

这一过程中，会计确认基础决定着哪些事项应该进入会计系统，而会计要素和会计等式则决定着经济事项如何进入会计系统。作为一种层次化会计分类标识，会计要素在理论层面上描述财富的构成及其变动，在实务层面上决定着会计报表和会计账户的具体设计。二重确认会计的创建，意味着我们必须重新审视会计要素的设置和会计等式的创建。"'现金资产'/'预算收支'='负债-非现金资产+净资产+收益-费用'/'预算结余/空值占位'"这一适用于公共部门组织的会计等式，从会计确认或者更具体地说从会计账户设置层面上说明了公共部门应用二重确认会计的技术可行性。为了能够在更一般意义上基于二重确认会计模式描述公共部门组织的财富构成、权益归属、财富变动过程及其结果，本书认为应为公共部门组织设置资产、负债、净资产、收益、费用、盈余、收入、支出、结余和结存共两类10个会计要素，其中：资产、负债、净资产、收益、费用和盈余，是权责发生制确认基础下用以描述特定时点财务状况和特定时期运行成果的会计要素；收入、支出、结余和结存，为现金收付制下用以描述特定时点资金结存和特定时期预算执行情况的会计要素；并且资产、负债、净资产、收益、费用、收入、支出和结存为会计确认要素而盈余和结余为非会计确认要素，即前者用于会计确认而后者仅为建立会计等式并借以实现会计要素的联结。这样，前述二重确认会计等式在会计报告层面上便可分解为：

（1）资产=负债+净资产；

（2）收益-费用=盈余；

（3）收入-支出=结余；

（4）期初结存+本期结余=期末结存。

## 七、会计确认维度扩张与会计系统发展

会计确认的目的在于以"会计语言"描述经济事项的财富影响。如果把账户层面的会计要素——即会计记录要素，比作会计语言系统中的最小单位——即"会计单词"的话，会计确认就是要针对具体会计事项选择一组最

合适的单词。当把一组在逻辑上相互关联的单词及对应的量化数值按照会计语法规则排列之后，就会形成一条会计记录。如果从总体上考察那一条条具有相同结构的会计记录，固定地出现在不同列位上的各组单词，所要描述的正是诸如事项性质、发生时间、责任主体、财富形式和财富变动方式等有关交易、事项财富影响的具体细节。会计记录中用以从不同角度描述会计事项财富影响的各个组成部分，就是会计确认的维度。利益相关者的多样性决定了会计需求的差异性，进而决定了会计确认维度的扩张性。当今社会，日益增长的多元化会计需求与日新月异的信息技术发展，不仅使会计确认的维度扩张有了现实需要，而且也为会计确认的维度扩张提供了技术支撑。由此，会计系统的未来发展，必将是基于现代信息技术创建多维并存的会计系统。

## 第三节　会计计量理论

会计计量，是量化经济事项财富影响的会计行为和会计活动。量化经济事项的财富影响，是会计的基本特征之一。有了会计计量，形形色色的财产物资、错综复杂的产权关系以及永不停息的增减变化，就能运用会计特有的方法予以计算和比较。从早期的实物计量到现代会计的实物计量与货币计量兼用，从早期的历史成本计价到现代会计的历史成本、重置成本、现行市价和现值等多种计价基础并存，会计计量理论和方法总是伴随着会计实务的发展而发展。财富形式的多样性与管理需求的差异性，决定了会计计量的多维性。由于实物计量与货币计量各有所长、历史成本与现时价值各有所用，所以当会计技术上可以突破单一货币计量时，会计计量就应当是实物与货币兼用、历史成本与现时价值并重的多维会计计量。

### 一、会计计量的含义

会计计量是计量概念在会计中的应用。有关计量的定义，斯蒂芬

(1946) 认为是根据规则对实物或事项的数字分配;《哲学字典》(1960) 说成是把一项量化的价值归属于一项物品或质量的过程;井尻雄士(1967)认为是一种特殊的语言,它通过数字和数字系统预先决定的数字关系来反映现实世界的现象(葛家澍、杜兴强。2005)。在对计量概念进行梳理之后,美国会计学会(AAA,1971)将会计计量定义为基于观察并按照既定的规则为会计主体过去、现在或未来的经济现象赋以数值的过程。继美国会计学会之后,国际会计准则委员会(1989)在《关于编制和提供财务报表的框架》中,给出的会计计量定义是为了在资产负债表和收益表中确认和计列财务报表的要素而确定其金额的过程。

在我国,林志军(1992)认为会计计量可以看成是运用一定的计量尺度(计量单位),选择合理的计量属性,确定应予以记录或列入会计报表指标的各项经济业务及其影响的数量(主要指“金额”数量)的会计处理程序;孟凡利、周经昌(1996)认为会计计量是指在会计确认的基础上,对会计要素按其特性,采用一定的计量单位,进行数量认定、计算和最终确定其金额的过程;赵德武(1997)认为会计计量是指在一定计量尺度下,运用一定的计量单位,选择合理的计量属性,对符合会计要素定义的事项进行货币量化的过程;吴水澎(2000)认为会计计量是运用一定的计量单位对已确认的会计对象进行量化的过程;李端生(2007)认为会计计量是在会计确认的前提下,对已经定性的交易或事项,运用一定的计量单位加以定量的理论和方法。

综上所述,无论是过程说,还是程序说,抑或是理论和方法说,不尽相同的会计计量定义中,均隐含有以下两个基本方面:(1)会计计量是会计系统运行过程中不可或缺的步骤;(2)会计计量的本质是量化经济事项的财富影响。由此,会计计量可概括为量化经济事项的财富影响的会计行为和会计活动。

## 二、会计计量属性、计量单位与计量规则

按照既定的规则为计量对象赋以数值,是所有计量行为或计量活动的共

同特征。虽然计量总要涉及数量确定和数值计算，但数量确定和数值计算却并非计量活动的全部。在多种计量属性、多种计量单位和多种计量规则并存的情况下，明确计量属性、选择计量单位和确定计量规则，就成了具体计量活动之前必须解决的问题。因为，如果缺失了对计量属性、计量单位和计量规则的明确说明，作为计量的结果的数值，不仅可能无法表达计量的应有意义，而且还可能被错误地解读以致造成损失。就会计计量而言，只有在人们对所选定的计量属性、所使用的计量单位和所遵从的计量规则有了明确认识之后，作为计量结果的货币与非货币数值，才能真正反映会计主体的财富构成、财富变动及其结果。

1. 计量属性

属性是事物固有的性质。按照属性的本意，计量属性是计量对象所具有的可以量化的特性。由于会计侧重于反映经济事项的财富影响，而财富最为一般的表示形式是以货币量度的价值量，所以会计计量通常表现为对价值属性的计量。价值有使用价值和交换价值之分，使用价值是指物品或服务的有用性，而交换价值则是商品或服务所具有的换取其他商品或服务的能力。由于使用价值不能自我表现，因而交换价值就成了唯一可捕捉的价值表现形式。当商品交换由以物易物交换发展为以货币为媒介的商品买卖之后，交易中的价格积数便成了商品或劳务价值的通常表现形式。相对于货币计量而言，以时间、长度、数量、重量为度量单位的非货币计量，因度量单位本身所具有的稳定性而使计量结果更为客观。由此，在币值不断变化的今天，会计上还应为非货币计量属性留出余地。

2. 计量单位

计量单位通常简称为“单位”，《现代汉语词典》将其解释为“计量事物的标准量的名称”。针对不同的计量对象、选择不同的计量属性，人们会使用不同的计量单位。如计量长度会用到千米、米、分米、厘米、毫米、微米、纳米、丈、尺、寸、分、海里、英里等，计量面积会用到平方千米、公顷、亩、分、平方米等，计量容积会用石、斗、升、毫升等；计量重（质）量会用到吨、千克、克、毫克、斤、两、钱、分、厘、毫等，计量时间会用到年、月、日、时、分、秒等，计量价值会用到美元、英镑、元、角、分等。与长度、面积、容积等方面的计量单位不同，用以计量价值的货币单位，是一个量值可变的计量单位。由于货币本身并不存在固定不变的量值、货币之间并不存在一成不变的换算比率，因而在选定会计计量属性之后，还应当根据计量对象的特点选择合适的计量单位。

3. 计量规则

规则是一定社会成员所共同遵守的行为准则。凡事必有规则，无论是约定成俗的惯例，还是制度认可的律例，规则为人们提供了基本的行为规范。会计计量有直接计量和间接计量之分，诸如以尺量长、以衡测重等针对财富自然属性的计量，多为直接计量；而费用分摊、成本归集和损益确定等涉及财富价值属性的计量，则多为间接计量。在间接计量中，由计量方法和计量口径所决定的计量规则，对计量结果有着直接影响，如固定资产折旧方法影响折旧费用的大小，制造费用分摊方法左右生产成本的高低，基于不同的损益计量观会得出不同的损益数值，设定不同的成本归集口径会得出不同的产品成本，等等。无论是计量方法选用，还是计量口径确定，计量规则在很大程度上受制于会计系统赖以建立的技术手段。如就存货发出成本确定而言，虽然个别认定法较之加权平均法、毛利率法更能准确地计量发出存货的成本，但在手工条件下，要对琳琅满目、流转频繁的零售商品分别确定其成本，其难度不言而喻。然而在信息技术条件下，条形码和扫描仪的应用，已使个别计价法不存在任何技术障碍。由此，当技术进步可显著提高会计计量的精度时，会计上就应当选择能够最大限度地提高计量精度的计量规则。

## 三、计价基础与计价模式

按照计量属性的不同，会计计量可分为价值计量与非价值计量。为了与以劳动量、实物量或其他形式的非货币计量相区分，这里把以货币数值为表现形式的会计计量称作会计计价。会计计价取决于计价基础和计价模式的选择。计价基础是由观察视角和计价时点共同决定的计价观念，而计价模式则是与资产计价、损益计量相关的整套会计程序和会计方法。基于不同的计价基础、选择不同的货币单位，可得出不同的计价模式。

1. 计价基础

由交易所产生的价格积数，基于不同的观察视角会有不同的称谓，买方常常视交易中的价格积数为购入资产的货币代价，而卖方却把它看作是售出资产的货币补偿。观察视角的这种不同，使交易中的价格积数有了“成本”和“价值”之分。由于会计计价所使用的价格积数，既可能是过去已经发生的，又可能是现时正发生的，也可能是将来预计发生的，所以“成本”和“价值”又会被赋之以“历史”“现时”和“未来”三种不同时态。这样，可供选择的计价基础，就有历史成本即“过去的买入价格”、现时成本即“当前的买入价格”、未来成本即“未来的买入价格”、历史价值即“过去的脱手价格”、现时价值即“当前的脱手价格”和未来价值即“未来的脱手价格”这六种基本形式。因财务会计侧重于事后反映，所以基于“未来成本”与“历史价值”的会计计价也就没有多少实际意义，并且因“未来价值”只有被折现之后才能与“现时”计价时点相联系，所以财务会计可选择的会计计价基础，通常就只有历史成本、现时成本、现时价值和未来现金流量折现值（简称“现值”）这四种形式。

（1）历史成本（historical cost），也称作原始成本。历史成本是最早出现的一种计价基础。按照 FASB 的定义，历史成本指取得一项资产而付出的现金或现金等价物。由于历史成本源于实际发生的交易或事项，并且一经确定就不再发生变动，所以基于历史成本的会计计价，便具有客观性、可靠性和可核实性等特点，从而可为基于收入实现和费用配比原则的收益计量观念提供坚实的逻辑基础。正因为如此，历史成本不仅是传统会计理论的重要支柱，而且仍被广泛应用于现代会计实务之中。

（2）现时成本（current cost），也称作重置成本。严格地说，现时成本与重置成本是有区别的。现时成本着重于置换企业现在所拥有之资产的服务潜力，而重置成本则着重于置换企业现有的生产能力，不过在美国，现时成本与重置成本一般并不作严格区分（汤云为、钱逢胜，1997）。现时成本是伴随通货膨胀会计问题的产生而出现的一种会计计价基础。按照美国证券交易委员会（1976）第190号《会计公告》的解释，重置成本是在正常的经营过程中，为获得具有同等营运能力或生产能力的新资产而需付出的现金或其他等值；在FASB第5号财务会计概念公告（1984）中，现时成本被定义为现在取得相同的或与其功能大致相当的资产将会支付的现金或现金等价物；按照IASB的定义，重置成本是现在购买同一或类似资产所需支付现金等价物的金额。由于这一会计计价有助于消除通货膨胀对企业实际运营能力的侵蚀，所以它一度曾为英国ASC和美国FASB所推崇。

（3）现时价值（current value），也称作脱手价值（exit value）、变现价值（realizable value）。脱手价值概念最早由麦克尼尔（1939）在《会计中的真实》一书中提出，后得到钱伯斯、斯特林等人的发展。综合各家所言，现时价值可概括为现时情景（包括正常销售和非正常清算）下处置资产所能获得的现金或现金等价物金额。相对于历史成本计价基础而言，现时价值计价基础具有计价时点一致性、计价结果可比性和会计信息有用性等优点。正因为如此，尽管现时价值会计模式遭到了绝大多数会计学家的批评和会计专业团体的反对，但现时价值计价基础还是被悄然地引入到会计实务之中。如人们经常提到的可变现净值，就是现时价值的一种表现形式。可变现净值是指在不考虑货币时间价值的情况下，资产的预计销售价格减去进一步加工需追加的生产费用和预计销售费用的净额，它与现时价值的不同之处，在于可变现净值必须扣减必要的追加和处置费用。

（4）现值（present value），即未来现金流量折现值。按照FASB第7号财务会计概念公告的定义，现值是将估计的未来现金流入、流出量按照某一利率进行折现后的当前计量值。这一计价基础主要用于对在用资产的计价。由于在用资产通常没有可以参照的交易价格，使用此类资产的目的又是为了获取未来经济利益，所以将与某项资产相关的未来现金净流量按照一定利率折现后所得到的数值，就可近似地看作是该资产的价值。

2. 公允价值：会计计量属性还是会计计价理念？

公允价值（fair value）是一个颇具争议的术语。在发布第190《会计公告》之前，美国证券交易委员（SEC）一直以“与公认会计原则相悖”为由反对任何形式的非原始成本计价基础；面对居高不下的通货膨胀，SEC 于 1978 突破性地将现值计价基础应用于“储备确认会计”；20 世纪 80 年代，美国发生了严重的储蓄及贷款机构危机，时任 SEC 主席布雷登（1990），认为以历史成本为基础的财务报告对于预防和化解金融风险于事无补，并首次提出应当以公允价值作为金融工具的计价基础；然而 2008 年次贷危机爆发后，公允价值又因“顺周期效应”而被指责为引发金融海啸的罪魁祸首。[①] 姑且不论金融界的无端指责，仅就公允价值术语本身而言，它到底应当看作是一种计量属性呢？还是应当被理解为一个与中立性会计原则密切相关的会计计价理念呢？

公允价值是伴随非货币性资产交换业务中的会计计价问题而出现的一个概念。佩顿（1946）在《会计中的成本和价值》中认为，成本和价值不是相抵触和相排斥的概念，在购买日，成本和价值几乎是一样的，就支付媒介是非现金资产而言，购入资产的成本应按所转出财产的公允市场价值（fair market value）确定。美国会计原则委员会（1970）在第 4 号公告中写道：在既无货币又无付款承诺所进行的交换中，取得资产的成本，通常是按放弃资产的公允价值计量，并将公允价值定义为在不涉及货币和货币要求权的资产互换中，放弃（换出）资产的“交换价格”的近似估计（葛家澍，2011）。1973 年 5 月，美国会计原则委员会在其第 29 号意见书（APB Opinion No. 29）中进一步指出：非货币性交易的会计处理与货币性交易的会计处理一样，应以所涉及资产（劳务）的公允价值为基础。1991 年 12 月，FASB 在《金融工

① 顺周期效应是指市场繁荣时，交易价格上涨的诱因导致相关产品价值的高估；市场低迷时，交易价格下跌的诱因导致相关产品价格的低估。面对此次金融危机，FSB（Financial Stability Forum）将顺周期效应定义为“放大金融系统波动幅度并可能引发或加剧金融不稳定的一种相互强化机制。具体到公允价值会计所产生的顺周期效应，可分为两种不同情况：一是指在经济萧条时期，公允价值会计的运用将迫使金融机构确认大量的投资损失和贷款减值损失，从而降低其资本充足率、信贷和投资能力，使本已恶化的经济状况雪上加霜；二是指在经济繁荣时期，公允价值会计的运用将导致金融机构确认更多的投资收益和计提较少的贷款减值损失，从而提高其资本充足率、信贷和投资能力，使本已过热的经济环境火上浇油。参见：黄世忠．公允价值会计的顺周期效应及其应对策略［J］．会计研究，2009（11）：23－29。

具公允价值的披露》（FAS107）中，将金融工具的公允价值定义为金融工具在自愿的交易者之间、在现行交易而不是在被迫或清算销售中的金额，并认为在最活跃的市场，交易报价是决定市场价格和报告公允价值的基础。2000年2月，FASB在第7号财务会计概念公告中，将资产（或负债）的公允价值定义为：在自愿的当事人之间进行的现行交易中，即不是在被迫或清算的销售中，出售一项资产（或清偿一项负债）的金额；而在2006年9月出台的《公允价值计量》准则（FAS157）中，公允价值又被定义为在计量日当天，市场参与者在有序交易中出售资产所能收到的价格或转移负债所愿支付的价格。国际会计准则理事会在第32号国际会计准则《金融工具披露与列报》中给出的公允价值定义是：在公平交易中，熟悉情况的当事人自愿据以进行资产交换或负债清偿的金额。我国准则制定机构较为认同这一定义，如在1998年6月发布的《企业会计准则——债务重组》中，公允价值就被定义为在公平交易中，熟悉情况的交易双方自愿进行资产交换或负债清偿的金额；再如企业会计准则编审委员会（2007）对《基本准则》所做的解释：在公允价值计量下，资产和负债按照在公平交易中，熟悉情况的交易双方自愿进行资产交换或者债务清偿的金额计量。

从非货币资产交换中的资产计价，到金融工具的计量和披露，再到债务重组、投资性房地产、生物资产和股份支付等业务的会计处理，公允价值无不与资产或负债的计价有关。由此，人们常常把公允价值看作是一种计量属性并多与历史成本相提并论。如葛家澍教授（2005）所言：FASB第5号概念公告所列示的5项计量属性，在第7号概念公告发表后应改为：（1）历史成本（历史收入）；（2）现行成本；（3）现行市价；（4）可变现（清算）净值；（5）公允价值（取代现值）。再如《企业会计准则——基本准则》第42条的规定：会计计量属性主要包括：（一）历史成本；（二）重置成本；（三）可变现净值；（四）现值；（五）公允价值。

然而从公允价值的定义及其寻求公允价值所用到的三级估计来看，公允价值其实是对具有“公允”特性的所有计价基础的统称。佩顿所说的“成本大致等于购买日的公允价值”，FASB所说的“计量日当天市场参与者在有序交易中出售资产所能收到的价格或转移负债所愿支付的价格”，以及IASB所说的“公平交易中熟悉情况的当事人自愿据以进行资产交换或负债清偿的金额”等，无不是从交易价格的角度阐明公允价值所具有的“公允”特征。既然公允价值在更多情况下呈现出的是一种交易价格，或者更具体地说是一种参照公平交易所估计的交易价格，那么它与重置成本、现时成本和现时价值等基于现时计价时点的会计计价基础，就没有本质区别（如果说有区别的话就在于它对“公允”的强调）。既然历史成本、重置成本、现时成本和现时价值都可能因“公允”而看作是公允价值的具体表现形式，那么在逻辑上，公允价值就不应与历史成本、重置成本、现时成本、现时价值、现值及其他计价基础相提并论。正如常勋教授（2004）所言：公允价值与历史成本（价值）是建立在不同概念基础上的相关但不相对应的概念。由此，与其将公允价值看作是一种计价属性，还不如把它理解为一个由中立性会计原则所引出的会计计价理念。

3. 计价模式

会计计价模式，简称会计模式，是指与资产计价、损益计量相关的一整套会计程序和会计方法。由于会计计价基础有历史成本、现时成本、现时价值和其他计价基础之分，货币单位又有名义货币和稳值货币之别，并且采用不同的计价基础、选择不同的计价单位有不同的账户设置和损益确定方法，所以人们常常把不同计价基础与不同计价单位的组合称之为不同的会计模式。仅就历史成本、现时成本和现时价值这三种计价基础而言，就可得到表6－5所示的六种会计模式。

**表6－5　　基于历史成本、现时成本和现时价值的会计模式**

| 计价单位 | 计价基础 | | |
|---|---|---|---|
| | 历史成本 | 现时成本 | 现时价值 |
| 名义货币 | 历史成本名义货币会计 | 现时成本名义货币会计 | 现时价值名义货币会计 |
| 稳值货币 | 历史成本稳值货币会计 | 现时成本稳值货币会计 | 现时价值稳值货币会计 |

下面仅讨论对会计理论发展有重要影响的历史成本名义货币、历史成本稳值货币、现时成本名义货币和现时价值名义货币这四种会计模式。

（1）历史成本名义货币会计模式，简称历史成本会计（historical cost accounting）或传统会计。它是以币值稳定为假设前提、以历史成本为计价基础、以名义货币为计价单位、以收入实现和费用配比为损益计量方法的一种会计模式。由佩顿和利特尔顿等人所倡导的这一会计模式，长期主宰着会计理论和会计实务的发展。该会计模式下，外购资产以取得时的原始成本计价，自制资产以建造过程中发生的实际耗费计价，已耗用资产或资产的消耗部分按照成本流转假设和成本归属原则一次或分次转作费用，未耗用资产以原始成本或摊余价值列示于资产负债表。相对于其他会计模式而言，这一会计模式既不考虑资产价格的嗣后变化，也不考虑币值变动对资产价格及组织运营能力的影响，因而具有计价真实客观、操作简单易行等诸多优点。为抵御持续性通货膨胀时期因较低的历史成本与较高的现时收入相配比所得出的虚假利润数据，这一会计模式常常通过改变资产计价方法，如将存货计价方法由先进先出法改为后进先出法、将固定资产折旧方法由年限平均法改为加速折旧方法等，以实现对相关信息偏差的修正。由于只改变计价方法而不改变计价基础所产生的修正结果极其有限，因而每当出现币值剧烈波动、市场大起大落时，人们对它的批评就纷至沓来。

（2）历史成本等值货币会计模式，也称稳定币值会计（stabilized accounting）、一般购买力会计和一般物价水平会计等。它是以币值变动为假设前提、以历史成本为计价基础、以稳值货币为计价单位、以收入实现和费用配比为损益计量方法，并考虑货币性项目购买力损益的一种物价变动会计模式。该会计模式由斯威尼（1936）在《稳定币值会计》一书中提出，并先后得到美国注册会计师协会、美国会计原则委员会、美国财务会计准则委员会和英国会计准则指导委员会等权威机构的认可。1963 年，美国注册会计师协会在第 6 号会计研究文集《报告物价水平变动的财务影响》中，建议以补充资料的形式报告不变价格美元的会计信息；1969 年，美国会计原则委员会在第 3 号说明《反映一般物价水平变动的财务报表》中，鼓励在历史美元财务报表之外提供根据一般物价水平变动重编的财务报表；1974 年，美国财务会计准则委员会在《按一般购买力单位编制财务报告》的征求意见稿中，建议提供按照一般购买力调整的财务报表；1973 年，英国会计准则指导委员会（ASSC）在第 8 号征求意见稿《货币购买力变动会计》中，建议按照一般物价水平对原始成本会计报表进行调整。在这一会计模式下，日常处理仍以历史成本为计价基础，损益确定也要遵循收入实现和费用配比原则，但在会计报告时，要将基于历史成本的报表数据按照一般物价水平指数进行调整，并确定货币性项目的购买力损益。

（3）现时成本名义货币会计模式，简称现时成本会计（current cost accounting）或重置成本会计（replacement cost accounting）。它是以币值变动为假设前提，以现时成本或重置成本为计价基础，以名义货币为计价单位，以当期收入与调整后的现时成本相比较，并考虑非货币性资产持有损益的一种物价变动会计模式。该会计模式由爱德华兹和贝尔（1961）在《企业收益的理论和计量》一书中提出，并得到美国证券交易委员会和英国政府及会计职业团体的认可。1976 年，美国证券交易管理委员会在第 190 号《会计公告》中，要求一些大型公司在其公布的财务报告中以附注的方式反映重置成本信息；受此影响，美国财务会计准则委员会撤回了 1974 年发布的《按一般购买力单位编制财务报告》的征求意见稿，并于 1979 年在第 33 号公告《财务报告和物价变动》中，要求在揭示原始成本会计报表的同时，补充揭示按照一般物价水平调整的会计报表和相关的现时成本信息；1974 年，英国政府通货膨胀委员会在《通货膨胀会计：通货膨胀会计委员会报告》中，提议采用现行成本会计；1980 年，英国会计准则委员会在第 16 号标准会计实务公告《现时成本会计》中，要求会计期间始于 1980 年 1 月 1 日或之后的企业必须在其年度报告中列示相关的现时成本信息。为将日常核算所涉及的历史成本计价基础调整为现时成本计价基础，这一会计模式需要额外设置“持产损益”或“资本维持”账户，以记录非货币性资产因计价基础改变而对当期损益或权益的影响。由于这一会计模式在反映和消除通货膨胀对企业财务状况和经营成果的影响方面较之一般购买力会计更显合理性，因而常被看作是一种较为完备的物价变动会计模式。

（4）现时价值名义货币会计模式，简称现时价值会计（current value accounting），也称脱手价值会计（exit value accounting）和变现价值会计（realizable value accounting）。它是以币值变动为假设前提、以现时价值为计价基础、以名义货币为计价单位、以资产负债观为损益计量观念的一种物价变动会计模式。该会计模式为麦克尼尔、钱伯斯和斯特林等人所倡导。三位学者分别从会计演化发展、企业适应环境能力和会计信息决策有用角度，阐述了现时价值会计（钱伯斯取名为“持续适应环境会计”）的合理性，其中尤以钱伯斯的论述最为系统全面。在这一会计模式下，资产的历史成本（或期初账面价值）要在耗用、处置以及编制报表时调整为现时价值，并通过设置“资产价格调整”（或“持产损益”）和“资本维持准备”等账户，分别记录相关资产价格变动和一般购买力水平变动对损益及权益的影响。由于这一会计模式对传统会计模式和公认会计原则产生了巨大冲击，因而遭到绝大多数会计学家的批评和会计专业团体的反对。

## 四、会计重计价的必要性与混合计价模式的局限性

一般认为，会计计量包括资产计价和损益计量两个方面。由于损益计量在很大程度上依赖于资产计价，并且负债、权益、收入和费用的计量也多与资产计价相关，所以会计计量的核心也就是资产的计价。资产的计价过程，是运用观念货币对各种财产物资内在价值的一种量度过程。由于这一量度过程既受资产本身价值变化的影响，又受货币价值变动的影响，所以基于不同计价视角、选择不同计价时点就会得出不同的计价结果。货币计量的不确定性和利益相关者会计需求的差异性，决定了会计重计价的必要性和多种计价基础并存的必然性。

1. 会计重计价的必要性及其产生和发展

会计重计价因货币计量的不确定性而产生，随通货膨胀和衍生金融工具等会计难题的出现而发展。由于货币计量是一种相对计量，并且作为计量尺

度的货币单位并不存在固定的标准量值，所以以名义货币表示的物品价格，在不同的计价时点就会有不同的数值表现。这种数值表现上的差异，既可能源于物品本身的价值变化，也可能是币值变化的结果。由于会计计价结果对于利益相关者评价组织运营绩效、分担组织运营风险、分享组织运营成果有着直接影响，所以当人们认识到基于实际交易结果的历史成本难以在变化的会计环境中正确地揭示会计主体的财富变化过程及其结果时，会计重计价便被提到了议事日程。

最早冲击历史成本计价基础的当属稳健性会计思想。稳健性会计思想起源于中世纪会计受托责任盛行的欧洲。当以权责发生制为确认基础、以历史成本为计价基础、以收入实现和费用配比原则为收益计量方法的现代会计理论确立后，稳健性便成了与历史成本相互配合的一项重要会计原则。基于稳健性会计原则所进行的资产计价，要求会计主体于每一报告日比较资产的历史成本（或账面价值）与其市价（或可变现净值），并在市价（或可变现净值）低于成本（账面价值）的情况下，通过计提资产减值准备的方式将历史成本（账面价值）调整为市价（或可变现净值）。成本与市价（或可变现净值）孰低法的运用，不仅打破了历史成本一统天下的单一会计计价局面，而且还将会计计价视角由基于投入的“成本”转向了基于产出的“市价”或“可变现净值”，从而使会计计价基础得以扩展。

对历史成本计价基础冲击最大并推动会计重计价发展的是通货膨胀和衍生金融工具的出现。自利文斯顿·米德迪奇（1918）在“财务报表应该反映货币价值的变化吗?”中提出有关物价变动会计的争论问题（汤云为、钱逢胜，1997）之后，会计界为反映和列报物价变动的影响而提出了各种各样的会计方法和会计模式，其中在会计计价方面就有关于重置成本、现时成本和现行市价等计价基础和一般物价水平会计、现时成本会计、现值会计和脱手价值会计等会计模式的讨论。与衍生金融工具相关的会计重计价，则把有关会计计价问题的争论推向了高潮。20 世纪 80 年代以来，随着金融（衍生）产品的大量涌现以及因金融衍生品交易而导致企业失败案例的日益增多，与金融工具相关的会计重计价开始成为人们关注的焦点。围绕金融工具、特别是衍生金融工具的确认、计量和披露，美国会计界和金融界更是有过激烈的争论。在得到SEC、FASB和ISA等权威机构的支持后，公允价值这一富含历史成本、现时成本、现行市价和现值等各种计价基础并着眼于强调“公允”特性的会计计价理念，便被堂而皇之地看作是一种会计计价基础并已由金融工具扩展到投资性房地产、生物资产等领域，从而使会计重计价的范围得以急剧扩大。

2. 混合计价会计模式的局限性

历史成本会计模式的局限性及其会计重计价的必要性，不时地引发人们对会计计价基础的思考和对会计模式的探索。然而，由于作为替代方案的每一种计价基础及其相应的会计模式，均不能完全取代历史成本计价基础及其相应的会计程序和会计方法，所以会计理论和会计实务便在“兼容并蓄”的思想影响下，逐步发展成为一种以历史成本为主导、多种计价基础并用的混合计价会计模式。相对于单一历史成本会计模式而言，意欲满足不同计价偏好、容纳多种计价基础的混合计价会计模式，无疑可使人们出于资产计价和损益计量的正确性考虑而在不同的情境下针对不同的计价项目选择不同的计价基础。然而，多种计价基础共存却会引发了会计程序和会计方法的冲突以及会计信息可比性的丧失。如果同一会计主体就同一计价项目在不同的会计期间选用不同的计价基础，那么不同期间的会计报表就会失去纵向上的可比；如果不同会计主体就同一计价项目选择不同的计价基础，那么不同主体之间的会计报表就会失去横向上的可比；如果同一报表中的不同项目采用不同的计价基础，那么加总数据就会失去应有的经济意义。可见，混合计价会计模式有其难以克服的局限性。

## 五、会计计价基础的取舍与二重计价会计的创建

混合计价会计模式之所以能够得以产生并被广泛应用于会计实务当中，与其说是会计应对环境变迁的权宜之举，还不如说是落后技术条件下人们无奈的选择。既然会计重计价有其必要性，而混合计价会计模式又有其难以克

服的局限性，那为什么不能对会计计价基础进行必要的取舍进而基于现代信息技术创建历史成本与现时价值并重的二重计价会计呢?

1. 会计计价基础的取舍

就历史成本、现时成本、现行市价和现值这四种形式的计价基础而言，历史成本和现时成本着眼于“投入”而现行市价和现值则着眼于“产出”；历史成本只与“过去”相联系、现时成本和现行市价只与“现时”相联系，而现值则既与“现时”有关又与“将来”相联系。由于现值是在没有市价可参考的情况下运用估价技术对资产现时价值的捕捉，所以它与现行市价就只有适用场合的不同而无本质上的差别，即现行市价多用于“可售资产”而现值多用于“在用资产”。由此，现值可与现行市价共同构成现时价值的基本内涵。既然会计主体的价值创造过程是一个持续性的投入产出过程，那么基于“投入”和“产出”两个视角和跨越“过去”“现在”与“未来”三个时点的多视角、动态会计计价，必将能够更加有效地揭示会计主体的财富变化及其结果。换句话说，如果会计系统能够分别基于历史成本、现时成本、现时价值和未来价值进行会计计价，那么与某一特定资产相关的现金流量，由某一具体业务所引起的财富增减，以及与某一特定决策相关的运营绩效，必将能够一览无余地得到展现。虽说信息技术的发展已为多种计价基础的共存扫除了技术障碍，但长久以来人们对会计供给成本的关注及其不同计价基础在满足不同计价偏好方面所表现出的优劣态势，还是启发我们有必要对会计计价基础进行取舍。

历史成本、现时成本和包括现值在内的现时价值，在反映会计主体财富变动方面可以说是各有利弊。(1) 就历史成本而言，虽说实际发生的交易也许并不公允，但在连续性会计记录方面所表现出的有据可查性，还是有理由让人们相信基于历史成本计价基础的会计信息具有较强的客观性；而建立在历史成本计价基础之上并按照存货流转和成本归属假设所进行的成本计算，虽说要受到发出存货计价方法、固定资产折旧方法和制造费用分配方法等具体会计程序和会计方法的影响，但在间断性收益计量方面所表现出的逻辑一贯性，还是有理由让人们相信基于历史成本计价基础的诸多会计程序和会计方法有其合理性。这样看来，尽管历史成本有其自身难以克服的局限性，但在可预见的将来，它还不可能退出会计计价舞台。（2）就现时成本而言，虽说这一基于现时投入视角的计价基础较之基于过去投入视角的历史成本能够动态地反映存量资产的取得代价，但将其与现时收入相比较却难以得出有意义的损益数据。综合考虑这一计价基础的成本效益，将其排除在会计系统之外，应当说不失为一项明智之举。（3）就包括现值在内的现时价值而言，尽管这一计价基础较之历史成本存在一定程度的不确定性，甚至还可能成为管理层进行盈余操纵的借口或手段，但在揭示会计主体未来现金流量方面所表现出的独特优势，还是有理由让人们相信，会计系统应为这一计价基础留有一席之地。当我们舍弃了现时成本并将现值看作是现时价值的基本内涵之后，历史成本及其与之具有严格对照关系的现时价值，就构成了一对具有互补关系的计价基础。

2. 二重计价会计的创建

仅仅确立历史成本和现时价值的会计计价地位而不改变积习已久的会计记录模式，两种计价基础各自所具有的优势恐怕还难以真正发挥。现行的混合计价会计模式之所以遭到批评，原因并非会计系统针对不同的计价项目采用了不同的计价基础，而是将不同计价基础混为一体所导致的会计信息可比性丧失。事实上，多种计价基础共存并不必然地导致会计信息可比性的丧失。通过增设“坏账准备”科目以反映可能的坏账损失而不是直接修改“应收账款”的账面余额、通过增设诸如“成本”和“公允价值变动”等明细科目以区分资产的取得成本和嗣后的价格变动而不是将二者混为一谈，就是多重计价基础并存而不丧失可加性的典型例子。尽管上述数据组织方式已在会计记录层面上暗含了二重计价会计思想，但把不同计价基础混为一体的做法，却是既伤及历史成本计价基础的纯洁性和单一历史成本会计模式的系统性，又损害其他计价基础的独立性和与之相关的会计模式的完整性。另外，通过增设明细科目以满足会计重计价需要的会计记录模式，因其为原本只用作定性分类的会计科目，又增添了用以反映计量差异的核算内容，进而使会计科目体系变得日益庞大和杂乱无章。这不仅会加大会计的操作成本，而且还会影响人们对会计要素的认识。从这个意义上说，现行的会计记录模式亟待改进。

如把会计科目（过渡性科目除外）严格地限定为定性化会计分类标识，即把现行科目体系中诸如“坏账准备”“公允价值变动”等所有与会计重计价相关的会计科目剔除之后，就会得到一个与纯粹的历史成本计价基础相对应的会计科目体系。由于会计重计价只涉及货币数值的变动，所以单一历史成本会计模式下的会计科目，在很大程度上亦可满足其他计价基础的需要。正因为如此，不同的计价基础就可借助相同的会计科目实现有机融合。具体来说，当把传统会计范式下的账户格式，由一维金额栏扩展为历史成本与现时价值并存的二维金额栏，与同一会计科目相对应的两个金额栏，就可分别反映资产的过去投入和现时产出。当然，由于现时价值会计与历史成本会计遵从不同的收益计量观念、需要不同的会计处理程序，所以为实现两种计价基础的有机融合，还必须在损益类科目之下设置诸如“持产损益”之类专属于现时价值计价基础的会计科目。按此，就可基于现代信息技术创建出历史成本和现时价值并重的二重计价会计。

## 第四节 会计记录理论

会计记录是会计报告的前提和会计控制的基础。从单式到复式、从文字叙述到格式化账页、从三栏式账簿到多栏式账簿，会计记录内容和形式的变化，是会计记录对象不断扩大、会计记录事项日益增多和会计记录技术持续变革的结果。当手工技术条件下的笔墨、纸张和算盘被信息技术条件下的关系型数据库、大容量存储设备和高速计算机取代之后，会计记录的内容和形式都发生了根本性变革。在电算化系统中，会计记录的内容更多地表现为会计系统所采集的数据粒度，而会计记录的形式则更多地表现为会计元数据的科学组织。

### 一、会计记录形式的演化发展

数千年的会计发展史表明：随着会计环境变迁和会计技术变革，会计记录的内容和形式一直处于不断地演化发展之中。当会计记录载体由粗笨的石块、泥板、兽骨、木条和竹片，演进为能够连续书写、易于整理保存的布帛和纸张之后，会计记录形式便日趋表格化。为了能在有限的记录载体上容纳更多的记录内容，为了能在落后的计算水平下寻求更好的记录布局，会计前辈们不是在横向上寻求账页分栏，便是在纵向上寻求账户分割，由此呈现出了两种典型的会计记录演进形式。

1. 会计记录的横向分栏式发展

横向上进行结构化分栏，是会计记录最重要的一种演化形式。这种结构化分栏的最初表现，便是人名账户在同一账页中的左右分栏。当在人名账户的左方固定地记录债权的增加和债务的清偿而在右方固定地记录债务的增加和债权的回收时，人名账户的记录就会显得格外明晰，并且在按户结算债权、债务余额时也会变得非常简单。随着文字叙述式会计记录中的记账（交易）时间、记账符号、交易主体、交易标的、交易数量和交易金额等共有记录内容有了较为固定的先后顺序后，早期的文字叙述式会计记录，便开始向简约分栏式会计记录演化，进而催生了具有固定格式的分栏式账簿。具有 T 型结构的预制表格式账簿的出现，不仅使记账工作变得更加高效，而且也使记录结果显得更加明晰和规范。

西式会计实务中有两种典型的 T 型账户，其中日记账和分类账的具体格式，分别见表 6－6 和表 6－7。

**表 6－6　　西式日记账**

| 年 | | 会计科目 | 摘要 | 类页 | 借方 | 贷方 |
|---|---|---|---|---|---|---|
| 月 | 日 | | | | | |
| | | | | | | |
| | | | | | | |

表 6 – 7　　　　　　　　　　　　　**西式分类账**

<table>
<tr><th colspan="2">年</th><th rowspan="2">摘要</th><th rowspan="2">日页</th><th rowspan="2">金额</th><th colspan="2">年</th><th rowspan="2">摘要</th><th rowspan="2">日页</th><th rowspan="2">金额</th></tr>
<tr><th>月</th><th>日</th><th>月</th><th>日</th></tr>
<tr><td></td><td></td><td></td><td></td><td></td><td></td><td></td><td></td><td></td><td></td></tr>
</table>

在中式会计实务中，因装订成册的记账凭证发挥着西式簿记体系中的日记账作用，所以包括库存现金日记账和银行存款日记账在内的所有分类账①，采用的则是类似于西式日记账的结构，常见的三栏式账簿结构如表 6 – 8。

表 6 – 8　　　　　　　　　　　　**三栏式分类账**

<table>
<tr><th colspan="2">年</th><th rowspan="2">凭证号</th><th rowspan="2">摘要</th><th rowspan="2">会计科目</th><th rowspan="2">借方</th><th rowspan="2">贷方</th><th rowspan="2">余额</th></tr>
<tr><th>月</th><th>日</th></tr>
<tr><td></td><td></td><td></td><td></td><td></td><td></td><td></td><td></td></tr>
<tr><td></td><td></td><td></td><td></td><td></td><td></td><td></td><td></td></tr>
</table>

相对于西式会计的分类账而言，中式会计在结构上将 T 型账户左、右两方共有的日期、摘要、凭证号等栏目进行了合并，从而使 T 型结构仅表现为借、贷两个金额栏。这一改进不仅可节约大量的纸张，而且也使账簿记录更加匀称美观。因为，将账页左、右平分的做法，将使每笔业务的会计记录只能使用账页的一半。当日记账（记账凭证）中的某一会计科目在借、贷两方出现的频率存在明显不同时，西式分类账中的借、贷两个记账方位就会因记录数量的严重不对称而呈现为一方留有大量空白。可见，较之西式会计的分类账而言，中式会计的分类账结构更显简约和科学。

除了 T 型结构之外，会计记录横向分栏式发展的结果，还出现了多栏式日记账和多栏式成本、费用账。

① 人们习惯于把中式账务系统中的库存现金日记账和银行存款日记账称作是日记账，然而从功能上看，这两个账户其实是分类账，日记一词所表达的只是按日序时记录而已。

多栏式日记账，是在横向上把复式记录所涉及的相关科目进行组合设置而产生的一种账户结构。[①] 如多栏式现金付款日记账，就是将借方科目分栏组合而产生的一种账户结构，见表6－9。

表6－9 多栏式现金付款日记账

| 年 | | 凭证号 | 摘要 | 借方 | | | 贷方 |
|---|---|---|---|---|---|---|---|
| 月 | 日 | | | 管理费用 | 其他应收款 | …… | |
| | | | | | | | |
| | | | | | | | |

多栏式日记账虽可替代总分类从而使账务处理流程得以简化，但因栏目设置的多少要受到纸张宽度的限制，因而仅能适用于规模较小、业务相对简单的经济组织。

多栏式成本费用账，是把成本或费用的构成内容按性质分类并在横向上进行分栏组织后而产生的一种账户结构。如多栏式生产成本明细账，就是按成本项目进行分栏设置而产生的一种账户结构，见表6－10。

表6－10 生产成本明细账

| 年 | | 凭证号 | 摘要 | 借方 | | | 贷方 |
|---|---|---|---|---|---|---|---|
| 月 | 日 | | | 直接材料 | 直接人工 | 制造费用 | |
| | | | | | | | |
| | | | | | | | |

由于多栏式成本费用账户既能提供会计报告所需要的汇总数据，又能得到日常管理所需的明细数据，因而这一账簿结构广为工商企业采用。

① 为解决栏目增加对纸张宽度的要求，多栏式账户结构通常采用双页合并或长宽转置账页布局方法。

2. 会计记录的纵向分户式发展

会计记录的另一种演化形式是纵向上的账簿分割。账簿纵向分割的最初表现形式，是人名账户在同一账页中的上下分栏，而此后则更多地表现为新账户的开设。当人们习惯于在人名账户的上方固定地记录债权的增加和债务的清偿而在下方固定地记录债务的增加和债权的回收时，人名账户便被自然地分割为上下两个部分。如同人名账户在横向上进行左右分栏一样，这种上下分离式记录也具有既清晰明了又便于汇总计算等优点。然而，由于上下两个记账方位预留空间的大小要受纸张纵长的限制，并且每当预留空间被记满时就必须另开新页，从而使账户记录经常会出现跨页登记问题。也许正是这一原因，账户分割在沿袭一段时间后便被横向分栏所取代。

除了昙花一现的账页上下分割之外，会计记录纵向发展最普遍的表现形式便是新账户的开设。为克服纵向分割所受到的账页纵长限制，人们转而为记录事项较多的分类账户预留一些账页，从而使相互关联的若干账户呈现出了分离态势。前述的多栏式成本费用账户，按纵向分割式发展的结果，便产生了一组组以成本计算对象和费用归集部门为名的明细账户；而诸如“坏账准备”“累计折旧”“累计摊销”等备抵账户，则是为兼顾相关资产的历史成本和账面价值而基于复式记账机理所新设的账户。

通过新设账户以满足多维管理需求的这一手工会计思维习惯，可以说对会计实务和会计理论发展有着深刻而消极的影响。这一点从我国公共部门会计核算的变迁就可窥见一斑。为配合部门预算改革，财政部于 2002 年发布了《关于修改事业单位事业支出核算内容的通知》，要求在“事业支出”下设置“基本支出”和“项目支出”两个明细科目，从而使原“事业支出”下所属的各级明细科目翻了一番；为满足国库管理的需要，实务中又将相关支出科目分为“国库支出”和“非国库支出”，从而使相关支出下的明细科目又再次翻番；而在行政单位、事业单位、高等学校、科学事业、中小学等分行业会计制度中，“本科目应当按照‘基本支出’和‘项目支出’，‘财政补助支出’‘非财政补助支出’和‘其他资金支出’等层级进行核算，并按照《政府收支分类科目》中‘支出功能分类’相关科目进行明细核算；‘基本支出’和‘项目支出’明细科目下应当按照《政府收支分类科目》中‘支出经济分类’的款级科目进行明细核算；同时在‘项目支出’明细科目下按照具体项目进行明细核算”这一囊括之前所有明细核算要求的规定，也是多次重复地出现在相关收入、支出科目的说明之中；如今，类似表述又出现在《政府会计制度》之中。

## 二、一维复式会计记录的数学表达

会计与数学，可以说有着不解的渊源。从《簿记论》之后的会计发展来看，早期从事簿记理论研究和簿记知识传播的人，除了商人、簿记员之外就是教师或牧师，其中不乏在数学方面享有盛誉之人。尽管会计与数学有着不解的渊源，但数学知识在会计中的应用却极其有限。迄今为止，财务会计所运用到的数学知识，还仅仅局限于由梅尔最早提出、经由克龙赫尔姆和福斯特等人发展、最终由斯普瑞格所确立的会计等式。如今，“资产 = 负债 + 所有者权益”已被理论界奉为圭臬、“有借必有贷、借贷必相等”也为实务界耳熟能详。然而，这些抽象的描述却并没有揭示复式会计记录所具有的会计元数据组织形式。如能从复式会计记录的最一般形式中推导出复式会计记录在会计元数据组织方面的数学表达，无疑将有助于人们基于现代信息技术开发出功能更加完善、设置更为灵活、操作更为简便和运行更为有效的电算化会计系统。

1. 账户关系的数学描述——会计等式的确立

会计史学家一般认为，最早从账户关系角度构建会计等式的当属英国簿记教师约翰·梅尔。他在《簿记法》（1736）一书中，依据“部分的总和必然等于全体”的公理，提出了两个等式：（1）财产（构成部分）= 资本（全体）；（2）资产 - 负债 = 纯资本。受梅尔的影响，英国簿记作者克龙赫尔姆（1818），在《簿记新法》一书的序论中指出：“簿记，乃是通过记录财产，随时反映所有主的资本全体价值及其组成部分价值的技法。……部分的总和必等于全体。这一等式是簿记的根本原理”，并进一步指出：“在簿记中，不同部分构成财产全体，资本账户反映所有的资本；现金、商品和人名账户反映各构成部分”，并据此提出了“积极财产”和“消极财产”概念，建立了“a + b + c，etc. - l - m - n，etc. = ± s”这一会计等式。其中，a、b、c 等表示积极部分或借方部分，l、m、n 表示消极部分或贷方项目，s 表示资本或资本主的净存财产。本杰明·富兰克林·福斯特进一步发展了梅尔和克龙赫尔姆所提出的会计等式，他在《复式簿记解释》（1843）一书中写道：“全体必然等于部分的总和，或者说，各构成部分的总和必然等于全体。这是数学的公理。唯有这一公理，才是构成传统的意大利式簿记的基础”，他将构成商人资本的各个部分称作资产和负债，将两者的差额称为纯资本或财产，并建立了“财产（资本的各构成部分）= 资本（全体）”和“资产（积极财产）- 负债（消极财产）= 资本”这两个会计等式（文硕，2012）。

现代会计等式由美国会计学家查尔斯·E. 斯普瑞格所确立。自 1880 年起，斯普瑞格在《簿记员》杂志上以“账户代数学”为题发表了连载文章，其中开篇之作就指出会计“是价值的历史”，基本会计恒等式为“资产 = 负债 + 所有者权益（A = L + P）”。他解释道：“我所拥有的（what I have）加上我所被人赊欠的（what I trust）等于我欠人的（what I owe）加上我的净财产（what I am worth），用符号表述就是 H + T = O + X”。进一步，他认为“真正的簿记，作为历史，应该将等式中相近的价值结合起来，以揭示损失和利得的前因后果”，并总结道：“在账户恒等式中，要寻求的答案或者‘未知数’就是我的净财产有多少，对于这个，我们将用字母 X 表示。”对此，美国会计史学家加里·约翰·普雷维茨评论道：斯普瑞格在《账户代数学》的著述证明，在这些想法被人们普遍认可之前，他已经有能力运用抽象和公理的方法思考会计问题了，他的早期著作为在那个时期的出版物中广泛地讨论所有者权益概念提供了分类和演绎框架，并且将早期的会计学概念与数学和经济学建立了联系。斯普瑞格采用代数形式对“资产等于负债加上所有者权益”（A = L + P）这一系统概念所进行的说明，被公认为是美国会计理论前古典学派的精髓。他所提出的所有权理论，经由佩顿发展之后被用于公司主体，进而创建了以历史成本和配比概念为标志的传统会计理论。斯普瑞格在确立会计等式和创建“前古典”会计理论方面所做的贡献，使其被誉为是美国现代会计理论的奠基人。

2. 借贷复式记录的数学描述——矩阵方程的建立

加拿大会计学家理查德·马泰西奇（Richard Mattessich，1957），在《会计学的一般公理基础——会计系统的行列式表示法指南》一文中，从复式记录的结构形式，将复式簿记系统看作是一个数学矩阵，并基于集合论建立了一个由3个公理、17个定义、7个条件和8条定理组成的公理化理论体系，从而提出了复式簿记的公理化学说。黄平生（2013）在阐释马泰西奇的复式簿记公理化学说时指出：从数学的角度看，复式簿记系统本质上是一个矩阵，这是理查德·马泰西奇公理化学说的最精彩之处。进一步，他还把矩阵解释为“表”，把“借”和“贷”抽象为增和减。

按照马泰西奇的理论，一个由四个账户组成的二维表格见表6-11。

**表6-11　　用借贷矩阵记录的经济业务**

| 贷<br>借 | 银行存款 - | 产成品 - | 原材料 - | 权益 + | 合计 |
|---|---|---|---|---|---|
| 银行存款 + | | 3 | | 4 | 7 |
| 产成品 + | | | 2 | | 2 |
| 原材料 + | 5 | | | | 5 |
| 权益 - | 2.5 | | | | 2.5 |
| 合计 | 7.5 | 3 | 2 | 4 | 16.5 |

资料来源：黄平生．会计数据的网络流分析——对复式簿记原理的探索［M］．北京：科会科学文献出版社，2013：133，引用时修改了表头。

表6-11中位列借、贷两个科目交叉处的数字，是经济业务的发生额。借助上述二维表格，任何经济业务都可由借、贷两个科目以及交叉处的数字予以描述。如以银行存款5万元购入原材料，可用借方“原材料+”和贷方

“银行存款 -”及其所在行列交叉处的数字 5 描述；销售产品并通过银行收取货款 3 万元，可用借方“银行存款 +”和贷方“产成品 -”及其所在行列交叉处的数字 3 描述；收业主投资 3 万元，可用借方“银行存款 +”和贷方“权益 +”及其所在行列交叉处的数字 3 描述；向业主分配 2.5 万元，可用借方“权益 -”和贷方“银行存款 -”及其所在行列交叉处的数字 2.5 描述。

井尻雄士将表 6 - 11 中除合计栏之外的数据，用矩阵表述为：

$$W=\begin{bmatrix}0 & 3 & 0 & 4\\ 0 & 0 & 2 & 0\\ 5 & 0 & 0 & 0\\ 2.5 & 0 & 0 & 0\end{bmatrix}$$

这是一个 4 ×4 矩阵，它与普通矩阵的不同之处在于：其横向各行与纵向各列的合计数应当相等。这一矩阵被井尻雄士称为复式簿记棋盘式对照表。不难看出，马泰西奇复式簿记公理化学说的中心思想，就是用矩阵对复式簿记形式进行了描述。

马泰西奇使用数学方法阐释复式簿记并形成公理化体系，应当说是会计科学化进程的又一进步。那为什么会计界对此却并未给予过多关注呢？这也许与簿记公理化学说赖以建立的会计实践基础有关。马泰西奇建立复式记录数学模型的实践基础，是手工技术条件下应用范围受到极大限制的棋盘式账簿。手工技术条件下，棋盘式账簿在横向上要受到纸张宽度的限制，在纵向上要受到纸张长度的限制，因而它仅能应用于业务量较少和核算较为简单的会计主体。由此决定了马氏的公理化学说不可能引起广泛的关注。那么在信息技术条件下，是否意味着马氏的矩阵表达方式能够付诸实践呢？对此，本书也不持乐观态度。之所以有这样的看法，倒不是因为技术上难以实现，而是因为实施起来代价太高。试想一下，在一个 n×n 的空间上仅使用其中的一个存储单元记录经济业务，那将造成多大的浪费啊？仅从这一点来看，马氏的借贷复式记录模型仍有很大的局限性。

3. 一维复式会计记录的数学表达

现行的借贷复式会计记录，无论是从手工技术条件下记账凭证的外观形式来看，还是从信息技术条件下凭证数据表文件的存储内容来看，当把凭证日期、凭证编号、摘要等检索或描述数据以及“部门”“项目”等辅助核算数据从中剔除之后，任何一笔发生额为 $a$ 的简单会计分录，都可用表 6－12 所示的二维表格予以描述。

表 6－12 简单会计分录的二维表

| 会计科目 | 借方 | 贷方 |
|---|---|---|
| 科目 1 | $a$ | |
| 科目 2 | | $a$ |

若用 X1 和用 X2 分别表示科目 1 和科目 2，上述二维表格就可转化为矩阵 R1：

$$\mathrm{R1}=\begin{bmatrix} X1 & a & 0 \\ X2 & 0 & a \end{bmatrix}$$

由于科目 1 和科目 2 可以是资产、负债、所有者权益（净资产）、收益（收入）和费用（支出）五大类科目中的任何一个，所以如用 Xa 代表资产类科目并用 X*aj* 和 X*ak* 分别表示资产类科目中的任意两个，用 Xb 代表负债类科目并用 X*bj* 和 X*bk* 分别表示负债类科目中的任意两个，用 Xc 代表所有者权益（净资产）类科目并用 X*cj* 和 X*ck* 分别表示所有者权益（净资产）类科目中的任意两个，用 Xd 代表收益（收入）类科目并用 X*dj* 和 X*dk* 分别表示收益（收入）类科目中的任意两个，用 Xe 代表费用（支出）类科目并用 X*ej* 和 X*ek* 分别表示费用（支出）类科目中的任意两个，用 a 表示各科目的发生额，那么任何一笔经济业务的借贷复式记录，都可以用 R2 矩阵中的至少两行记录予以描述（当一笔经济业务涉及两个以上会计科目时，金额 a 必须按各科目的发生额分解为$a_1$，$a_2$，…，$a_n$）。

$$R2=\begin{bmatrix} Xaj & a & 0 \\ Xak & 0 & a \\ Xbj & a & 0 \\ Xbk & 0 & a \\ Xcj & a & 0 \\ Xck & 0 & a \\ Xdj & a & 0 \\ Xdk & 0 & a \\ Xej & a & 0 \\ Xek & 0 & a \end{bmatrix} \quad R3=\begin{bmatrix} Xaj & a & 0 \\ Xak & -a & 0 \\ Xbj & 0 & -a \\ Xbk & 0 & a \\ Xcj & 0 & -a \\ Xck & 0 & a \\ Xdj & 0 & -a \\ Xdk & 0 & a \\ Xej & a & 0 \\ Xek & -a & 0 \end{bmatrix} \quad R4=\begin{bmatrix} Xaj & a \\ Xak & -a \\ Xbj & a \\ Xbk & -a \\ Xcj & a \\ Xck & -a \\ Xdj & a \\ Xdk & -a \\ Xej & a \\ Xek & -a \end{bmatrix}$$

因负数可改变记账方位，也就是可把借方的增加转化为同名账户贷方的减少，把贷方的增加转化为同名账户借方的减少，所以 R2 还可转化为 R3 和 R4 两种形式。

与 R2 和 R3 相比，R4 将两个金额栏进行了合并，从而使得只用一个金额栏就可描述经济业务所引起的财富增减。这一变化使得作为记账符号的借贷或增减，已不再成为复式会计记录之必需。由于将两个金额栏进行了合并，R2 所要满足的“第 1 列金额栏合计等于第二列金额栏合计”之成立条件，也就是借贷复式记账法下所谓的“借方发生额等于贷方发生额”，就会简化为 R4 所要满足的“金额列合计为零”。这一只有两列的复式记录表达式，第一列从质的方面描述财富的构成、权益状况和变化形式，第二列从量的方面描述财富的存量多少与流量大小。正因为以货币为主要度量单位的现行会计模式中的两个金额栏可转化为一个金额栏，所以本书将现行会计模式称之为一维计价会计模式。

R2 矩阵虽然来自借贷复式记账法，但也可用来解释收付记账法的记账规则。由于收付记账法在账户分类方面把借贷记账法下的负债、所有者权益和收入类科目归为“收入”类，把费用类科目和资产类中的投资和往来科目归为“付出”类，把其他资产类科目归为“结存”类，所以“结存与收入类科目同记收方”的记账规则，就可由 R2 矩阵中的第 1 和第 3 行、第 1 和第 5

行、第 1 和第 7 行体现出来；“结存与付出类科目同记付方”的记账规则，就可由 R2 矩阵中的第 2 和第 10 行体现出来；“结存类科目此增彼减记有收有付”的记账规则，就可由 R2 矩阵中的第 1 和第 2 行体现出来；而“收入类或付出类此增彼减记有收有付”的记账规则，则可由 R2 矩阵中的第 3 和第 4 行、第 5 和第 6 行、第 7 和第 8 行、第 9 和第 10 行体现出来。

作为 R2 矩阵的变形，R3 则可用来解释增减记账法的记账规则。由于增减记账法在账户分类方面把借贷记账法下的资产与费用类科目归为“资金占用”，把负债、所有者权益和收入类科目归为“资金来源”，所以“同类科目有增有减”的记账规则，就可由 R3 中的第 1 和第 2 行、第 3 和第 4 行、第 5 和第 6 行、第 7 和第 8 行、第 9 和第 10 行、第 2 和第 9 行、第 4 和第 5 行体现出来；“两类科目同增”的记账规则，就可由 R3 中的第 1 和第 4 行、第 1 和第 6 行、第 1 和第 8 行、第 4 和第 9 行体现出来；而“两类科目同减”的记账规则，则可由 R3 中的第 2 和第 3 行、第 2 和第 5 行、第 2 和第 7 行体现出来。

综上分析，我国会计前辈们曾经长久争论的借贷记账法、增减记账法和收付记账法，其实只有表现形式的不同而并无本质上的差别。

若是基于关系型数据库技术按照矩阵 R4 进行会计元数据组织，也就是通过红字会计分录将借、贷两个金额栏合二为一并消除“借”“贷”记账符号，传统的借贷记账法就变成了韦沛文（2003）、汪一凡（2009）等人所推崇的“＋、－记账法”。使用两个金额栏与将其合二为一，究竟孰优孰劣呢？如果使用两个金额栏分别表示增减或发生与结转，借、贷两个不同的记账方位就可被赋予不同的经济含义，从而使会计记录更加明晰和会计报表定义更加简洁，如将收入类科目的发生额全部记入贷方而将费用类科目的发生额全部记入借方（其中冲销数用“红字”记载），那么收入类科目的贷方和费用类科目的借方，就能实时地反映收入和费用的发生净额，进而损益表中收入和费用类报表项目的定义，就可简化为“科目发生额”而非“借贷差额”。但如果将两个金额栏合二为一，则可节约储存空间并提高系统的运行效率。可见，二者各有千秋。在信息技术条件下，由于海量存储技术的出现使得人们不必过多地在意存储空间的浪费问题，因而以少量的系统资源浪费换取更富有经济意义的会计记录，也就不失为一项明智之举。从这个意义上说，以“+、-记账法”取代人们习以为常的借贷记账法也就变得没有必要。由此，一维复式会计记录更为一般的数学表达，就可采用R1矩阵形式。

## 三、基于信息技术应用的会计元数据组织方式

无论是单式记录还是复式记录，无论是账页横向分栏还是账户纵向分割，会计记录形式的变化，均是为了解决与财富管理相关的会计元数据的组织问题。相对于单式会计记录而言，复式会计以对凭证编号、处理时间、事项描述和金额等记录内容的重复为代价，换得了分类和汇总效率的提高；而相对于横向分栏式会计记录而言，纵向分户式会计记录则以增设会计账户为代价，解决了账页记录内容的受限问题。手工技术条件下所产生的横向分栏和纵向分户这两种会计记录方式，在电算化会计系统中均有体现。信息技术条件下，存储介质的变化使得会计记录在横向上已不受分栏多少的限制，所以相比较而言，横向分栏式会计记录方式更为信息技术领域的专家学者们推崇。基于信息技术应用的分栏式会计元数据组织方式，在系统设计开发层面上的表现，便是把往来核算、部门核算、个人核算、成本核算和项目核算等不同形式的明细核算，从传统的会计科目体系中移出并设计成以“部门核算”“往来核算”“个人核算”和“项目核算”为名的多种辅助核算，从而使电算化条件下的明细核算组织方式，既可通过增设明细科目予以实现，又可通过增设各种辅助核算项目予以实现。

从优化账务系统设置、简化系统维护、维持会计科目体系稳定和提高系统运行效率等方面来看，借助“部门核算”“往来核算”“个人核算”和“项目核算”等辅助核算功能组织明细核算，较之通过增设明细科目组织明细核算更具优势。（1）在优化账务系统设置方面，恰当地运用辅助核算功能可实现账务系统的优化。如借助“项目核算”这一辅助核算功能，将行政、事业单位的各类经费依其性质“项目化”为核算项目，同时将预算类型、资

金性质等与预算管理相关的核算属性视作项目的不同属性，那么相关收入、支出科目下的“基本支出”与“项目支出”、“国库支出”与“非国库支出”，以及“项目支出”下的各个具体项目，就可从会计科目体系中移出，从而可极大地降低会计科目级次和减少会计科目数量。(2) 在简化系统维护方面，相对于增删一组组会计科目来说，采用辅助核算所涉及的系统维护工作，就转化为仅仅增删一个个辅助核算项目。如利用“项目核算”这一辅助核算功能将成本计算对象从会计科目体系中移出后，与成本计算相关的系统维护工作，就会由增删一组成本明细科目，转化为增加或删除一条项目记录。(3) 在维持会计科目体系稳定方面，由于采用辅助核算只涉及辅助核算项目与会计科目的关联而不涉及会计科目的增减，因而利用辅助核算功能可维持会计科目体系的相对稳定性。如利用“项目核算”这一辅助核算功能将成本计算对象从会计科目体系中移出后，因项目的增减不涉及会计科目的变动，因而作为会计主分类的会计科目体系就能保持应有的稳定性。(4) 就提高系统运行效率而言，由于利用各种辅助核算功能既能满足以会计科目为分类标识的账务查询和报表取数需要，又能满足以各种辅助核算项目为分类标识的数据查询和分类汇总需要，因而利用辅助核算可显著增强系统的灵活性并提高系统运行效率。综上所述，基于关系型数据库技术将相关会计次分类从会计科目体系中移出，进而使各会计分类自成体系的做法，应当说是信息技术条件下更为科学的一种会计元数据组织方式。

## 四、多维复式会计的数学表达

当我们在继承借贷复式记录模式的前提下，将相关的会计次分类从会计科目体系中移出，并在考虑会计确认和会计计量的维度扩张后，基于关系型数据库技术对不同的会计分类和会计量度进行横向组织，传统的一维复式会计就可扩张为多维复式会计。具体来说，当我们把一维复式会计的矩阵表达式 R1 中的分类列限定为权责发生制下的会计科目，并为其增加一个基于现金收付制的会计分类列之后，现行的或基于权责发生制，或基于现金收付制的单一会计确认，就可发展为可同时基于权责发生制和现金收付制的二重会计确认；当我们把传统的借、贷金额列限定为基于历史成本计价的金额列，并为其增加两个分别基于现时价值计价结果的借、贷金额列之后，传统的单一会计计价，就可发展为基于历史成本和现时价值的二重会计计价；当我们再为该矩阵增加一些用以限定财富或责任范围的“关联单位”“内部部门”“组织成员”和“经费项目”等不同层次、不同形态的会计主体分类列之后，传统的单一主体会计，就可发展为多元主体会计。鉴于多维复式会计是一个开放的系统，也就是会计分类和计量列可随着会计确认和会计计量维度的扩张而扩张，因而多维复式会计记录最为简洁的数学表达，就可用 R5 矩阵予以描述。

$$R5=\begin{bmatrix} x_{11} & x_{12} & x_{13} & x_{14} & x_{15} & x_{16} & \cdots & a & 0 & a' & 0 \\ x_{21} & x_{22} & x_{23} & x_{24} & x_{25} & x_{26} & \cdots & 0 & a & 0 & a' \end{bmatrix}$$

## 第五节　会计控制理论

组组织运作过程中存在各种各样的风险。为了能够把组织运作风险控制在一定范围内，组织必须建立有效的内部控制制度。作为内部控制的核心组成部分，会计控制是由会计机构和会计人员实施的、贯穿于会计系统运行全过程并在其职责范围内干预组织财富变动和影响组织成员行为的一种管理控制。

### 一、组织运作风险及其分类

组织运作风险，是组织运作过程中可能发生的影响组织目标实现的所有不利事项或潜在威胁。对组织运作过程中可能遇到的各种风险进行系统的分类，是指导人们更好地识别和有效地防范组织运作风险的前提。出于实时控制会计的创建需要，本书按照组织运作过程中的活动性质，将组织运作风险分为管理风险、业务风险和信息风险。

1. 组织运作风险的含义

“风险”（risk）一词的由来有两种说法：一种认为源自于远古时期人们出海捕鱼前的祈祷。远古时期以打鱼捕捞为生的渔民们，在长期的捕捞实践中，深深地感受到“风”经常给他们带来无法预测的危险，于是在每次出海前，都要祈祷神灵保佑他们在出海时能够风平浪静、满载而归。由于“风”意味着“险”，所以就有了“风险”一词。另一种认为“风险”源于意大利语 risque，其早期应用泛指诸如自然现象或者航海遇到礁石、风暴等事件的客观危险。

有关风险的含义，理论界有三种代表性观点：第一种观点认为风险是一种潜在危险，由于所关注的是未来事项的不利影响，所以风险常常被定义为发生损失的可能性，如国际内部控制协会（ICI）认为风险是潜在的威胁成为事实并在组织中造成负面影响的可能性；美国反欺诈财务报告全国委员会发起组织委员会（COSO）认为风险是一个事项将会发生并给目标实现带来负面影响的可能性。第二种观点认为风险是一种潜在机会，由于所关注的是未来事项的有利影响，所以就有“风险越大、收益越大”的说法；第三种观点常常把风险定义为未来事项发生的不确定性，如美国威廉斯认为风险是在特定状态下和特定时间内可能发生的结果的变动，即只要某项活动的未来结果有两种或两种以上，就是风险（龚杰、方时雄，2006）。如果按照 COSO 报告理解第二种观点所说的“机会”，即一个事项将会发生并给目标实现带来正面影响的可能性，那么有关风险定义的分歧，就在于第一种观点只看到风险的负面影响，第二种观点只看到风险的有利影响，而第三种观点则将风险的正面和负面影响均囊括其中。

由于风险与控制密不可分，所以在定义组织运作风险之前，还有必要明确“控制”的含义。在英文中，kybernetes 与 control 均有控制之意，其中前者多用于具有方法论意义的控制论，而后者多用于管理学领域。kybernetes 最早出现于罗伯特·维纳的《控制论》，该词源于希腊文，原意指“舵手”，引申为“维持朝向目标的航向”。由于控制源于可能性空间，而可能性空间意味着事物发展具有不确定性（这种不确定性就是广义的风险），所以有人将控制解释为一个在事物可能性空间中进行有方向选择的过程（金观涛、华国凡，2005）。在

《韦伯辞典》中，我们可以看到一个与狭义风险相对应的控制定义，即降低频率或严重性到无害性水平。类似的控制定义，被国际内部控制协会（ICI）表述为可以将风险降低到最小或者消除风险的任何技术、方法或方式。

在绝大多数场合下，人们谈及风险，总是用以表达事物变坏的可能性，也就是侧重于风险的负面影响；而人们谈及控制，则多半是指对不利变化的事前防范和事中干预，所以，结合COSO报告的狭义“风险”定义和国际内部控制协会（ICI）的狭义“控制”定义，组织的运作风险就可表述为组织运作过程中可能发生的影响组织目标实现的所有不利事项或潜在威胁。

2. 组织运作风险的基本类型

为了能够更好地识别和防范风险，人们常常把风险分为不同的类型。金融界一般依据巴塞尔协议把风险分为市场风险、信用风险、操作风险和流动性风险；安达信将风险分为市场风险、信用风险、流动性风险、作业风险、法律风险、会计风险、资讯风险和策略风险。按照组织运作中的活动性质，组织的运作风险可分为管理风险、业务风险和信息风险。

（1）管理风险。管理风险是与组织管理活动直接相关的风险。管理活动是各级管理人员为实现组织目标而对组织的人力、物力、财力和信息等资源进行计划、组织、指挥、协调和控制的活动。组织远景规划、组织战略定位、组织机构设置、组织权力配置、组织文化培育、重大决策制定和薪酬方案确定等管理活动，直接关系到组织能否源源不断地从外部获得必要的资源、能否在内部有效地配置资源，以及能否通过持续不断地为消费者提供商品或服务以实现组织和利益相关者的财富增长。组织的管理活动不仅暗藏着各种各样的风险，而且由管理层所营造的组织环境还直接影响组织成员的风险认知水平。由于内部控制制度的建立和执行直接关系到组织长、短期目标的实现，因而为了能够在激烈的竞争环境下求得生存和发展，组织必须通过建立健全内部控制制度，以识别和防范各种管理风险。

（2）业务风险。业务风险是与业务活动直接相关的风险。业务活动是组织系统为实现组织目标而从事的一系列有关资源获取、价值转换和服务提供活动，具体涉及采购、仓储、生产、施工、安装、调试、检验、维修、宣传、销售、发货、售后、招聘、培训、筹资、投资、出纳等业务。按照不同业务活动所涉及的物资流和资金流的变动情况，业务活动可分为采购与支付、仓储与转换和销售与收款三个主要业务循环。其中，采购与支付业务中的超量采购、采购不足、延迟支付、越权支付，仓储与转换业务中的监守自盗、霉变毁损、停工待料、生产事故，销售与收款业务中的不当宣传、越权代理、过度授信、串通舞弊、商业贿赂等，均是业务风险的具体形式。此类风险一旦发生，不是增加组织的运营成本，便是减少组织的运营收入；不是损害组织的社会形象，便是危机组织的生存和发展。业务操作层面上的这些风险，尽管无法完全消除，但通过理顺业务流程和明确职责权限，其中的绝大多数都可以得到事先防范。

（3）信息风险。信息风险是与信息活动直接相关的风险。信息活动是收集、加工、处理、储存和传递信息的一系列活动。随着信息技术的发展，组织越来越依赖于信息系统采集、存储和报告组织运作过程中的各种财务与非财务信息。实践表明，信息技术的广泛运用，不仅扩大了信息的采集范围、加快了信息的传输速度，而且随着业务规则、内部控制措施与信息系统的集成，手工技术条件下必须借助多人相互牵制才能完成的一些控制，完全能够为内嵌于信息系统之中的控制程序所替代。当然，现代信息技术在以低成本消耗提供高控制水平的同时，也为组织带来了新的风险，也就是与系统硬件配置、系统软件开发、系统应用设置和系统操作维护相关的系统运行中断、数据丢失、病毒感染、黑客入侵等信息系统本身的风险。

## 二、内部控制及其理论发展

为了有效地防范组织运作风险并尽可能地降低风险可能带来的损害程度，组织必须建立健全内部控制制度并确保其得到有效执行。内部控制是社会发展和管理水平提升的产物。出于物质财富的管理需要，人们在长期的管理实践中逐渐探索出了连续记录、钱物分管、内部稽核和交叉验证等一系列控制程序和控制方法。这些控制程序和控制方法就是内部控制。从“内部控制”

概念提出，到内部控制理论日臻完善，历经半个多世纪的实践应用和理论发展，内部控制已成为现代组织风险管理的一个重要工具。

1. 内部控制的含义

作为一个专业术语，“内部控制”最早出现于审计文献中。1949 年，美国注册会计师协会所属的审计程序委员会，将内部控制定义为在一个企业内部为保护财产，检查会计信息的准确性和可靠性，提高经营效率，推动企业遵循既定的管理政策而采取的组织规划和相互协调的方法和措施。1961 年，英国特许会计师协会（ACCA）在第 1 号审计意见书《关于审计的一般原则》中指出：内部控制不仅指内部牵制和内部审计，而且还指对企业的财务和其他方面的全部管理，以便做好经营活动，维护资产完整，确保会计记录的正确性和可靠性（刘常国，2007）。1970 年，日本会计研究学会所属的审计特别委员会，将内部控制定义为经营者为维护资产的完整性，确保会计记录的正确性和可靠性，以及对经济活动进行综合的计划、协调和评定而制定的制度、组织、方法和手段的总称（龚杰、方时雄，2006）。1981 年，国际会计师联合会在其颁布的《国际会计指南》中指出：内部控制系统包括组织体系的设计和经济实体所采用的方法和程序，就其实用方面而言，是为了达到既定的管理目标而有程序和有效率地进行经营活动。1984 年，最高审计机关国际组织维也纳会议就内部控制作了专题研究，所形成的最终文件将内部控制定义为：单位为了维护资产的安全，检查财务资料的准确性和可靠性，提高经营效率，鼓励执行既定的政策和达到预期的计划、目的和目标，而在内部正式通过的计划、协调方法和程序。1986 年，最高审计机关国际组织在第十二届国际审计会议的《总声明》中，将内部控制解释为：内部控制作为完整的财务和其他控制体系，包括组织结构、方法、程序和内部审计。目的在于帮助企业经营活动的合理化，具有经济性、效率性和效果性，保证管理决策的贯彻，维护资产和资源的安全，保证会计记录的准确和完整，并提供及时、可靠的财务信息和管理信息。从上述引文中不难看出，内部控制着眼于组织目标实现、专注于组织运作、致力于风险防范，并总是表现为一系列控制程序和控制方法。由此，本书认为，内部控制是为确保组织目标实现而用以防范组织运作风险的一系列控制程序和控制方法。

2. 内部控制理论的演进

现代意义上的内部控制理论，一般认为产生于18世纪工业革命后的美国。从“内部会计控制”概念提出，到全面风险管理框架确立，内部控制理论经历了内部牵制、内部控制、内部控制结构、内部控制框架和全面风险管理五个发展阶段。

（1）内部牵制。20世纪40年代之前，人们多使用“内部牵制”（internal check）一词。在《柯勒会计辞典》中，内部牵制被解释为：以提供有效的组织和经营并防止错误和其他非法业务发生的业务流程设计。其主要特点是以任何个人或部门不能单独控制任何一项或一部分业务权力的方式进行组织上的责任分工，每项业务通过正常发挥其他个人或部门的功能进行交叉检查或交叉控制。设计有效的内部牵制以使每项业务能完整正确地经过规定的处理程序（龚杰、方时雄，2006）。内部牵制是人类长期实践活动的产物，其核心是不相容职务相互分离。无论是古埃及宫廷的记录官、出纳官和监督官设置，还是古罗马“双人记账”制度的建立，抑或是我国西周王朝“司会”之下司书、职内、职岁、职币的责任划分，无不蕴含着下列控制思想：两个或两个以上的个人或部门，无意识犯同样错误的可能性很小；而两个或两个以上的个人或部门，有意合谋舞弊的可能性则更小。由于相互牵制可有效地防范和发现差错和舞弊的发生，所以工业化进程中的一些美国企业，便基于早期的内部稽核制度逐步建立起了内部牵制制度。

（2）内部控制。随着企业规模的不断扩大和企业间竞争的日益加剧，人们发现20世纪初建立起来的仅限于会计和实物保管部门的内部牵制制度，已经不能满足组织管理的需要。之后的经济危机和1929年股灾所暴露出的会计实务混乱局面，又迫使政府和企业不得不反省仅仅基于不相容职务相互分离而建立起的内部牵制制度本身所存在的缺陷。1934年的《证券交易法》，首次就公司内部会计控制系统的建立做出明确规定：证券发行人应设计并维护一套能为下列目的提供合理保证的内部会计控制系统：①交易依据管理部门的一般或特殊授权进行；②交易的记录必须满足公认会计原则和其他与财务报表编制与资产责任落实相关的规范要求；③接触资产必须经过管理部门的一般或特殊授权；④定期比较财产的账面记录与实物数量并对差异采取适当的补救措施。1936 年，美国会计师协会（美国注册会计师协会前身）在其发布的《注册会计师对财务报表的审查》中，首次使用“内部控制”（internal control）这一术语，并认为注册会计师在制定审计程序时，应考虑的一个重要因素是审查企业的内部牵制和控制，企业的会计制度和内部控制越好，财务报表需要测试的范围则越小。1949 年，美国注册会计师协会所属的审计程序委员会，在题为“内部控制——一种协调组织要素及其对管理当局和独立注册会计师的重要性”的研究报告中，首次将内部控制定义为在一个企业内部为保护财产，检查会计信息的准确性和可靠性，提高经营效率，推动企业遵循既定的管理政策而采取的组织规划和相互协调的方法和措施。自此，内部控制就不再局限于财务会计范围，而是将提高经营效率、执行既定管理政策也纳入其中。由于注册会计师对内部控制的关心，主要侧重于与财务报告所陈列事项的准确性、可靠性和与保护资产的安全、完整相关的内部会计控制，所以美国注册会计师协会所属的审计准则委员会，便出于明确注册会计师审计责任的需要，在《审计准则公告第 1 号》（SAS No. 1，1972）中，按照“二分法”思想将内部控制划分为“内部会计控制”（internal accounting control）和“内部管理控制”（internal administrative control），并将与维护财产安全与财务记录可靠性有关的控制称为内部会计控制，将与经营效率和贯彻管理政策有关的控制称为内部管理控制。

（3）内部控制结构。自 20 世纪 70 年代起，有关内部控制的研究开始从一般概念转向具体运用。受系统论、信息论、控制论和管理理论的影响，人们发现内部会计控制与内部管理控制在组织运作过程中常常是相互交叉、不可分割，并且有大量事实表明控制环境对内部控制制度的建立和运行有着直接的影响。在此背景下，美国注册会计师协会所属的审计准则委员会，于 1988 年 4 月以“在财务报表审计中对内部控制结构的考虑”为题，发表了用以取代 SAS No. 1 的《审计准则公告第 55 号》，首次以“内部控制结构”（internal control structure）取代“内部控制制度”，并认为内部控制结构是为实现企业特定目标提供合理保证而建立的各种政策和程序。该公告提出的内部控制结构，由控制环境、会计制度和控制程序组成。其中，控制环境是指对建立和执行特定政策或程序产生影响的各种因素，如股东、董事会、经营管理层和其他人员对内部控制的态度和行为；会计制度是规定各项业务的确认、计量、记录、分类和报告的方式、方法，如经济业务于何时确认、记录于哪些账户、列示于哪个报表项目等；控制程序是指管理当局为达到既定目标而制定的政策和程序，如授权审批、职责分离和限制接触等。自此，内部会计控制与内部管理控制就不再加以明确区分。

（4）内部控制框架。为防止和揭发舞弊事件，美国注册会计师协会（AICPA）、美国会计学会（AAA）、国际财务经理协会（FEI）、内部审计师协会（IIA）和管理会计师协会（IMA），于1985年6月发起成立了反欺诈财务报告全国委员会（简称 Treadway Commission）。该委员会在对舞弊性财务报告的产生原因、内部控制等问题进行研究之后，在其发布的研究报告中，建议其发起组织共同协作，整合不同的内部控制概念，并开发一套共同的参考标准以帮助企业改进内部控制。基于 Treadway 委员会的建议，其发起组织成立了一个专门研究内部控制问题的发起组织委员（COSO）。经过四年的研究，COSO 于1992年9月发布了《内部控制——整合框架》。该报告将内部控制定义为：由主体的董事会、管理层和其他人员实施的，旨在为实现经营的效率与效果、财务报告的可靠性和遵循相关法规提供合理保证的一个过程，并认为内部控制由控制环境、风险评估、控制活动、信息与沟通和监控这五个相互联系的要素组成。COSO 报告提出的由一个主体、三个目标和五个要素组成的“内部控制框架”，因其能为关注内部控制的各利益相关者和其他主体提供一个内涵统一的评价工具而得到了广泛认可。由此，内部控制框架也被看作是最具权威的内部控制概念。

（5）全面风险管理。世纪之交，包括安然、世通在内的许多美国大型企业，相继因财务丑闻曝光而宣告破产。为寻找应对之策，人们开始把对内部控制的研究聚焦于全面风险管理（comprehensive risk management）。2001年，COSO 委托普华开发一个企业管理层用以评价和改进企业风险管理的框架。

2002 年 7 月，美国国会以绝对多数通过了关于会计和公司治理一揽子改革的《萨班斯—奥克莱斯》法案，作为其中的两个核心条款，302 条款要求向 SEC 提交定期报告的公司，在每一年度或季度报告中，必须就某些财务事项附有 CEO 和 CFO 签字声明其所承担责任的书面文件；404 条款明确指出公司管理层对建立和保持一套完整的、与财务报告相关的内部控制系统所负有的责任，并要求管理层在每一财务年度期末，对与公司财务报告相关的内部控制体系的有效性做出评价。在此背景下，COSO 于 2004 年 9 月发布了《企业风险管理——整合框架》。该风险管理框架指出，企业内部控制（风险管理）是一个由企业的董事会、管理层和其他员工共同参与的，应用于企业战略制定和企业内部各层次和各部门的，用以识别可能对企业造成潜在影响的事项并在其风险偏好范围内管理风险的，为企业目标的实现提供合理保证的过程。该风险管理框架是在全面继承内部控制框架的基础上，通过扩展目标和要素、拓展控制范围和细化控制方法而形成的一个更为全面的内部控制与风险防范框架。

## 三、预算管理与会计控制

在健全的内部控制体系中，全面预算与会计控制是最为重要的两个组成部分。预算是以货币表示的有关未来事项财富影响的综合描述，而会计则是对过去事项财富影响的系统记述。有了事前用以规划和限定组织活动内容的预算和事后用以记录和报告组织活动成果的会计，组织的运作风险就能在很大程度上得到控制。预算与会计之间的这种关系，决定了预算能够成为会计控制的依据。

1. 预算与预算管理

预算（budget）一词源于拉丁文 bulga，原意为“皮袋钱囊”，系以钱袋比喻对收支的控制。作为一种收支控制工具，预算很早就被应用于官厅组织的财政管理中。如在古罗马奥古斯都时期，就有以“量入为出”为财政原则的年度预算，并且还通过定期编制“收支计算书”反映预算的执行结果。在中世纪的十字军东征过程中，诺曼人从罗马人那里习得了该语并把它传给撒克逊人，从而使得英语中有了 budget 一词。后经不断演化，预算便有了未来收支计划之义。

1601年，法国财政大臣提出的“公共团体收支提案”，被誉为是最早出现的国家财政预算。1689年，英国通过的旨在限制封建君主在课税、财政资金支配、皇室俸禄等方面的财政特权以及保障国家在政权集中化过程中扩大行政机关、建立常备军队、修建公共设施等方面资金需求的《权利法案》，使国家的财政分配关系有了法律形式和制度保障。这种具有一定法律形式和制度保障的年度收支计划，就是现代意义上的政府预算。受英国政府预算制度的影响，欧美相继建立的资产阶级政权也都确立了国家预算制度，并借助国家预算控制政府的财政收支和约束公共行政官员的行动。20世纪20年代，通用电气、通用汽车和杜邦公司等一些美国企业，开始将公共部门的预算管理实践引入企业组织，进而逐步形成了由销售预算、生产预算、材料消耗与采购预算、人工及其他支预算、制造费用预算、管理费用预算、资本预算、现金预算、预计资产负债表和预计损益表组成的综合反映企业一定时期内有关资源取得与投放、现金流入与流出、经营成果及分配等方面量化说明的全面预算。

作为内部控制的一个重要组成部分，预算管理一般包括预算编制、预算审批、预算执行、预算控制、预算调整和预算分析几个环节。预算编制，是在预测的基础上对未来活动所涉及的资源耗费与财富变动的估算、协调、平衡并进行量化表述；预算审批，是有审批权限的组织或机构依照相关规定对所呈报的预算进行的审查、批准和回复；预算执行，是预算执行机构及其人员在预算约束下所从事的各项具体活动；预算调整，是在预算执行过程中因战略调整、环境变化而使已批复的预算无法或没有必要继续执行时对原预算所做的修正；预算控制，是为确保预算目标实现而对预算执行过程的人为干预；预算分析，是对预算执行偏差的原因查找和对预算执行结果的综合评价。在上述几个环节中，预算编制和预算控制对于预算作用的发挥有着非常重要的影响。

预算的意义在于它对组织成员具有约束性，并且这种约束性在很大程度上受制于预算编制的科学性和预算执行的严肃性。预算编制的科学性通过预算的可执行性和预算的精细化程度得以体现，可执行的预算应当是基于对组织运作环境正确分析、对组织战略目标明确定位、对组织未来活动周密计划和对组织财富变动详细测算的结果；而精细化的预算则要求对预计收支作充分和适当的分类。如果预算缺乏可执行性，预算的约束性将无从谈起；如果预算的精细化程度不高，预算的约束性必将被弱化。由于组织内部存在各种各样的利益冲突，所以预算约束作用的发挥还有赖于切实可行的预算控制。预算控制的有效性取决于预算执行的严肃性和预算控制的实时性，预算执行的严肃性意指除非出现外部环境发生巨大变化、组织战略发生重大调整和预算编制基础出现较大偏差等情形，预算执行机构必须尽力保证预算目标的完成而不是漠视预算的存在、任由预算执行偏差随意扩大或通过非正常手段寻求对预算指标的调整；预算控制的实时性意味着预算执行偏差在出现时就能够被识别和消除。由于未雨绸缪式的事前控制既不能预料到所有可能发生的重大风险，也不可能针对所有可能发生的重大风险制定完备的应急预案，更不能保证所有的应急预案都能在风险发生时付诸实施，而亡羊补牢式的事后控制对于既成事实的损失来说又是于事无补，所以真正能够发挥作用的控制，只能是与时俱进的事中控制。实时预算控制意味着组织能够实时跟踪预算执行进度，及时发现并迅速反馈预算执行偏差，快速响应并果断消除预算执行偏差。

2. 会计与会计控制

会计是一个人造财富管理系统。当这一人造系统应用于工业组织的财富管理时，它便因组织内外会计需求的差异而被理论界人为地分成了财务会计和管理会计两个子系统。受 20 世纪 40 年代问世的系统论和信息论的影响，美国会计学会率先把会计看作是一个信息系统。这一着眼于通用会计信息提供和专注于会计信息处理过程的会计本质观，可以说对会计理论发展产生了极其广泛而又深远的影响，以至于时至今日人们还时常把“信息系统论”作为研究诸如会计假设、会计目标、会计确认、会计计量和会计报告等具体会计问题的逻辑起点。尽管会计系统的运作更多地表现为是对会计信息的收集、存储和传递，但若基于内部控制视角，与其说会计是一个信息系统，还不如说会计是一个控制系统。内部控制理论在论及不相容职务相互分离时，之所以要把会计记录与授权批准、业务执行、财产保管和稽核检查相提并论，就是因为会计是内部控制系统一个不可或缺的组成部分。计算机的问世及其在管理实践中的应用，也从另一个视角向人们展现了会计是一个控制系统。在管理型财务软件广泛应用的今天，如果我们依然固守“会计信息论”之狭隘会计本质观而无视会计控制的存在，那么即使不能说正是我们的认识偏见阻碍着会计理论的发展，至少可以说信息技术所引起的会计变革还未受到应有的关注。信息与控制密不可分，信息是触发控制系统的动因、是控制指令的表现形式、是评判控制效果的依据，而控制则离不开对信息的获取、整理、存储和传递。正如郭道扬教授（1989）所言：控制是目的，反映是为达到会计的控制目的服务的；控制是以反映所提供的会计信息作为依据的，反映是进行会计控制不可缺少的基础。由此，将会计视为一个控制系统更能揭示会计的本质。

会计系统运行过程中依次继起的确认、计量、记录和报告环节，无不需要有效地会计控制。（1）在会计确认阶段，会计人员对经济业务的真实性、合法性以及手续完备性所做的审查，就是会计确认控制。会计确认控制是一种以财经法规为基本依据的定性控制，通过这种会计控制，不符合会计确认条件的经济业务将被拒之于会计系统之外，不遵从法规约束的经济行为将为会计系统所发现并被告知其他控制子系统以触发相应的控制。（2）在会计计量阶段，会计人员以货币或非货币计量尺度对经济事项财富影响所做的计算、复核以及在与预算指标、管理定额比较之后对经济业务所做的某些限定，就是会计计量控制。会计计量控制是以量化数值为控制依据的会计控制，通过这种控制，经济事项的财富影响将得以累积，有意无意的计算差错将得以纠正，超越权限的支付请求将被制止，预算和各种管理定额的执行偏差将得到动态反映和及时反馈、不适当的预算指标或过时的管理定额将被及时发现和适时修订。（3）在会计记录阶段，会计人员为正确记录经济事项所进行的账务处理流程设计与账户登记权限设定、订本式账簿应用与序时法账项登记、会计档案连续编号与账簿登记禁止跨页跳行等，就是会计记录控制。通过这种会计控制，无意间的差错将被发现、故意而为的舞弊将留下痕迹。（4）在会计报告阶段，会计人员为及时、准确、全面、完整地报告经济事项的财富影响而对相关会计法规的遵从，本身就是对会计报告的控制。会计所具有的经济后果性，使得作为会计系统运行结果的会计报告常常成为利益相关者的角逐焦点。由于组织管理层有可能出于自身利益最大化考虑而采取虚构交易、漏报事项、篡改数据等方式实施不当的会计报告控制，所以各国会计准则制定机构或相关政府监管机构，对于会计报告，尤其是会计报表的编报都有较为明确的规定。综上所述，会计控制是为合理保证会计信息质量和有效降低组织运行风险而由会计机构和会计人员实施的、贯穿于会计系统运行过程并在其职责范围内干预组织财富变动和影响组织成员行为的一种管理控制。

## 四、基于信息技术应用的实时控制会计的创建

上述四种会计控制中，会计确认控制、会计计量控制、会计记录和会计报告控制，从会计信息处理的角度，均可看作是为保证会计信息质量而对会计信息处理过程的控制。也许正因为如此，很多人才把会计视为是一个信息系统而非一个控制系统。当我们把诸如预算指标、库存限额、消耗定额等量化数据作为控制值预先植入会计系统后，会计系统就可在收集会计信息的同时，通过与预置的控制值进行比较并在必要时发出控制信息以影响组织成员的行为。从这个意义上说，会计计量控制应该说是最能体现会计控制功能的一个会计控制环节。然而在手工会计技术条件下，这种形式的会计控制却几乎成了最为薄弱的会计控制环节。手工会计所能采用的会计计量控制，除了与会计信息处理相关的检查计量差错、累积计量结果之外，最具代表性的就是行政事业单位使用所谓的“经费本”对专项经费收支的控制。经费本是正式账簿系统之外专门用以控制专项经费支出、记录专项预算执行情况的辅助性账本。由于登记经费本费时耗力，并且“人情账”和业务漏登又不可避免，所以尽管经费本已具有实时会计控制思想，但其应用范围还是受到了极大地限制，并且控制效果也是大打折扣。

会计技术的变革，必将引起会计流程的变化和会计功能的扩展。通过将内部控制植入会计系统之中，会计业务处理过程就可与内部控制运作过程实现完美地结合。在电算化会计系统中，尽管会计确认控制还必须依靠会计人员的定性判断，但与会计记录和会计报告相关的许多差错，却可以通过内置的系统程序加以有效防范。如通过预定义受控会计科目或借助凭证模板功能，

误用会计科目的情形就可得以避免；通过预定义会计报表的校验公式，会计报表的取数错误也能得以自动发现。与之相反，基于手工会计技术的许多控制程序和控制方法，如账证核对、账账核对、总账与明细账平行登记等，却因电算化会计系统中的证账表数源一致性而变得毫无意义；再如人们习以为常的损益结转和定期结账，也因电算化会计系统的数据存储不受“账簿”容量限制以及在任何时点都可得到任何形式的会计报告而变得可有可无。可见，基于信息技术应用的会计系统，应该是一个可冲破手工会计流程藩篱、能融合信息功能与控制功能于一体的完整意义上的会计系统。这一系统的实时控制逻辑，可用图 6－3 予以表示。

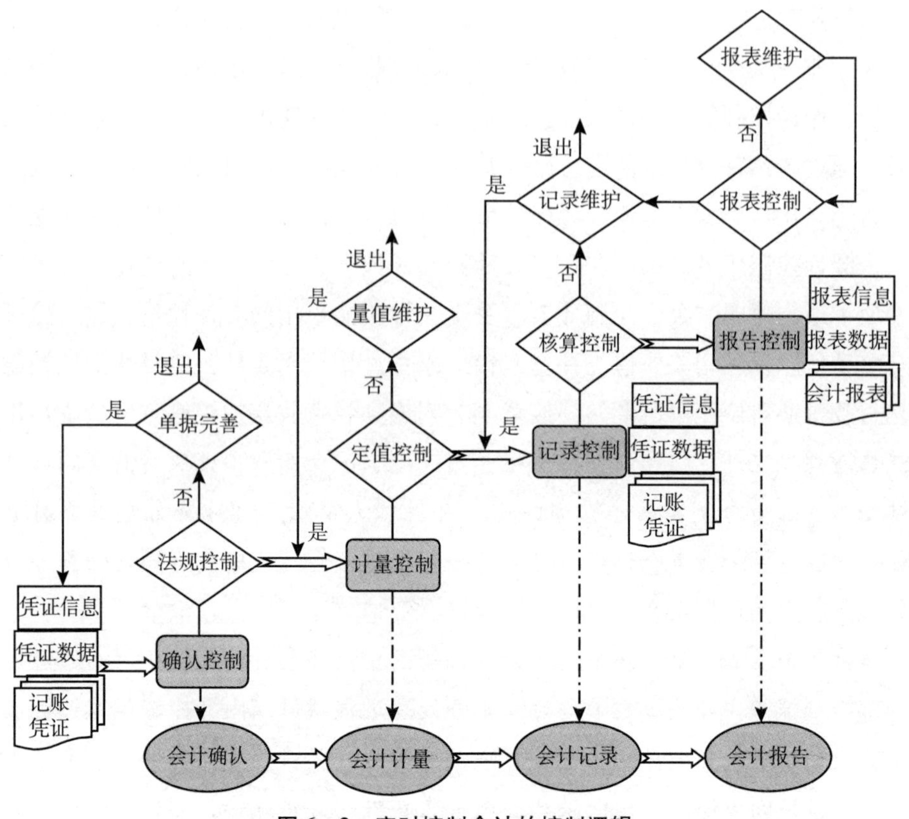


**图 6－3　实时控制会计的控制逻辑**

## 第六节　会计报告理论

会计报告是对会计记录结果的结构化、逻辑化表述。从会计记录与会计报告不加区分到独立会计报告出现，从冗长的文字表述到简洁的表格列示，从财产目录、损益计算书到资产负债表、损益表和现金流量表，会计报告历经数千年的演化发展之后，出现了所谓的通用会计报表。随着会计确认范围扩大和会计计价基础发展，与会计确认和会计计价相关的会计报告冲突，可以说是频频出现并因此而使传统会计范式不断地遭到质疑和批评。本节讨论基于多维复式会计模式的通用会计报表重构问题。

### 一、会计报告的基本形式

纵观会计的发展，会计报告可分为流水记录式、扼要叙述式和简明表格式三种基本形式。(1) 流水记录式会计报告。这是最早出现的会计报告形式。在会计发展早期，记录载体、记录工具和记录内容等方面的诸多局限，使得会计凭证、会计账簿和会计报告之间并无本质区别。按照郭道扬教授的研究，我国民间簿记报告在夏商时代所采用的就是单一流水账形式，在西周至春秋时期随着“细流”和“总清”账的出现，才逐步演化为具有总括性质的“总清”账簿形式。(2) 扼要叙述式会计报告。这种形式的会计报告是文字叙述式会计记录和总括性分类账簿的演化结果。在表格式会计账簿出现之前，会计记录所采用的是列明交易事项发生时间、地点、品名、数量等记录要素的文字叙述形式，如《尚书 · 召诰》所载的“越三日丁巳，用牲于郊，牛二”，“越翼日戊午，乃社于新邑，牛一，羊一，豕一”等。随着会计记录和会计报告事项的增多和会计报告与会计账簿的逐步分离，基于“总清”账簿记录并沿袭文字叙述形式的会计报告，便逐步演进为扼要叙述式会计报告。(3) 简明表格式会计报告。这种形式的会计报告源于试算平衡表和财产目录。复式记录所具有的内在平衡机理，使人们能够通过编制试算平衡表验证账簿记录的正确性，而依据“实账户”余额所编制的财产目录，本身就是一种总括性简明式会计报告。随着试算平衡表、财产目录和损益计算书的进一步发展，以资产负债表、损益表为代表的结构化表格式会计报告，便日趋完善并成为会计报告的主要形式。

上述三种形式的会计报告可以说是各具优势。相比较而言，流水记录式会计报告更为翔实可靠，扼要叙述式会计报告更易于人们理解，简明表格式会计报告则更加简洁醒目。会计报告形式的选择，除报告事项多少与报告内容详略之外，在很大程度还受制于会计系统赖以建立的技术手段和使用者的数据处理能力。以提供“原汁原味”会计信息为基本特征的流水记录式会计报告，之所以被扼要叙述式和简明表格式会计报告所取代，一个非常重要的原因，就是在落后的技术条件下，使用者难以从庞杂的会计记录中快速地获得总括性的会计信息。当信息技术的发展使得数据储存、数据传输、数据分类和数据汇总变得唾手可得时，流水记录式这一最为古老的会计报告形式，因其能够提供更为详尽的会计元数据而重获新生。今天，互联网用户利用客户端软件实时下载的各种交易流水，本质上就是针对特定使用者的流水记录式会计报告。相对于数千年前的流水记录式会计报告而言，基于信息技术应用的流水记录式会计报告，正是REA会计模型所倡导的能够满足不同使用者个性化会计需求的会计报告形式。

当我们基于现代信息技术创建了多维复式会计，并在会计报告环节对涉及“商业秘密”的会计元数据进行必要的屏蔽之后，会计系统所能提供的会计报告形式，除了内容更加丰富、结构更加完美的会计报表以及解释更为详尽的财务情况说明之外，还可以是描述更为充分、传递更为快捷和内容更为全面的实时流水记录。随着使用者数据处理能力的不断提高，基于互联网实时发布流水记录式会计报告，将无可辩驳地具有广阔的前景。由此，有关会计报告的研究，不仅应当加快通用会计报表的完善，而且还应基于现代信息技术探索多维流水记录式会计报告的实时发布。

## 二、通用会计报表及其列报冲突

会计报表是一种结构化表式会计报告。按其承载内容和服务对象的不同，会计报表可分为通用会计报表和专用会计报表。通用会计报表，或称通用目的会计报表，是指为满足不特定多数人的共同信息需要而编制的会计报表，如人们熟知的资产负债表、损益表和现金流量表；专用会计报表，是为满足特定利益相关者的特殊信息需求而编制的会计报表，如向政府税务部门报送的纳税申报表，向管理层报送的制造成本表、销售情况表和管理费用表等内部报表。由于通用会计报表是外部使用者的主要信息来源，并且其内容和形式决定着会计信息的总体供给水平，所以下面以企业会计实务为例，探讨与通用会计报表编制相关的列报冲突。

1. 资产负债观与收入费用观的冲突

资产负债表和损益表是基于权责发生制确认基础的两大会计报表，其中前者反映会计主体在特定时点的财务状况，而后者则反映会计主体在特定时期的经营成果。由于“存量”是“流量”的累积，所以关注“存量”的资产负债表，与关注“流量”的损益表，就从不同的视角反映会计主体的财富变化过程及其结果。如果不考虑所有者投资和向所有者分配引起的资产和负债变化，那么按照“资产－负债－所有者权益＝收入－费用”这一动态会计等式，收入的增加若没有资产增加就必有负债减少；费用的增加若没有资产减少就必有负债增加。由此，假如我们不考虑收入和费用的跨期归属问题，那么按照等式左边——即按照净资产变化所得到的经营成果，与按照等式右边——即按照收入减去费用所得到的经营成果，就不会有任何差异。然而，若是基于会计分期假设和权责发生制确认基础，把收入和费用严格地限定为已实现的收入和应配比的费用，那么收入和费用的确认就不可能与资产和负债的增减变化保持同步。具体来说，当收入被区分为应归属于本期的已实现收入和不能归属于本期的递延收入，当费用被区分为应归属于本期的应配比费用和不能归属于本期的递延费用后，前述会计等式就可转化为“资产＋递延费用－负债－递延收入－所有者权益＝本期收入－本期费用”和“资产－负债－所有者权益＝本期收入－本期费用＋递延收入－递延费用”这两种具体形式。若是基于前一会计等式的左、右两边分别构建资产负债表和损益表，即按照收入费用观计量收益并先行构建损益表，那么资产负债表就必然包含递延费用和递延收入性质的报表项目；但若是基于后一会计等式的左、右两边分别构建资产负债表和损益表，即按资产负债观计量损益并先行构建资产负债表，那么损益表就必须容纳不满足实现原则的递延收入和不符合配比原则的递延费用。不难看出，正是权责发生制确认基础及其与之相关的收入和费用的时间归属性，才使传统会计范式在损益计量和会计报表编制方面出现了资产负债观与收入费用观的列报冲突。

2. 一维会计确认与二重会计报告的冲突

由于资产负债表只能反映不同时点的财务状况却不能反映特定期间的财务状况变化，损益表只能反映特定期间的经营成果却不能反映特定期间的资金流转，所以实务中便出现了专门用以反映资金流转状况的资金流量表。当资金流量表日益为人们所关注，并且以营运资金为基础的“资金来源和运用表”在实务中逐步占据主导地位之后，美国会计原则委员会（1971）便通过发表第19号意见书，要求企业编制“财务状况变动表”以总括反映损益表编报期间的财务状况变动，此后，财务状况变动表便一度成为与资产负债表和损益表同时呈报的第三大会计报表。随着人们对会计目标研究的不断深入和使用者对以“现金及现金等价物”为编制基础的现金流量信息的日益关注，美国财务会计准则委员会（1987）便在第95号财务会计准则公告中，要求编制现金流量表取代财务状况变动表。受其影响，国际会计准则委员会、英国会计准则委员会等准则制定机构，也相继要求以现金流量表取代财务状况变动表，从而使现金流量表成为第三大会计报表并在更大范围内得以确立。现金流量表的出现，使传统会计范式出现了一维会计确认与二重会计报告间的冲突，即基于权责发生制确认基础的会计记录与基于现金收付制确认基础的现金流量列报的冲突。在会计记录并未对现金的流入和流出做出专门标识的背景下，人们依据权责发生制与现金收付制之间的内在联系，通过创建所谓的工作底稿和T型账户，将权责发生制确认基础下的经营成果，转化成了现金收付制确认基础下的现金流量。由于这种转化必须等到资产负债表和损益表编制完成之后才可进行，并且转化过程中还涉及大量的分析、调整工作，所以现金流量表的编制也就显得格外费时耗力，并且其正确性也总让人心存疑虑。一维会计确认与二重会计报告之间的这种冲突，使现金流量表及其补充资料的实时编制问题，至今未能得到彻底解决。

## 三、企业通用会计报表重构

在通过互联网实时发布多维流水记录式会计报告广为接受之前，通用会计报表仍将是最基本的会计报告形式。当我们基于现代信息技术创建了以多元主体、二重确认和二重计价为基本组成内容的多维复式会计之后，通用会计报表的列报，就会因有详尽的会计记录为其提供数据支撑而可变得更加丰富。下面探讨基于多维复式会计记录的企业通用会计报表的重构。

1. 资产负债表重构

资产负债表是反映组织在特定时点财务状况的一张通用报表。由财产目录演化而来的这一会计报表，早期主要用以总括反映业主的财富构成。从业主的视角来看，知晓了资产和负债，也就明确了财富的构成及其变化，因该表侧重于展现“资产”和“负债”信息，故被称之为资产负债表（statement of assets and liabilities）；又因该表是期末账户余额的汇总结果，故而又有余额表（balance sheet）之称。

企业是以营利为目的的社会组织，为全面反映企业在特定时点的财富构成及其权益归属，该表可从以下三个方面加以完善：（1）在报表名称方面，因“资产”和“负债”并不能概括这一报表的全部内涵，并且现代社会多把企业看作是独立于其出资者而存在的经济组织，故可借鉴国际会计准则理事会和美国财务会计准则委员会协调项目组的建议，将其改称为“财务状况表”（statement of financial position）。（2）在列报内容方面，因人力资源是企业的一项重要资源，并且劳动者权益也不应被企业所忽视，故而应将人力资源及其权益方面的内容纳入该表中；为揭示存量资源的价值变化，应就每一报表项目，分别按“历史成本”和“价值变动”进行列示；为反映企业总体估值与各单项资产现时价值之间的差额，还应单独设置“管理溢值”报表项目。(3) 在报表结构方面，为充分展现企业拥有或控制的资源性态、收益获取方式和资源提供者享有的权益形式，该表应基于“资产 = 权益”这一会计等式，在左半部分依次列示财产、权利、投资和人力资源等报表项目，在右半部分依次列示资益、债益、劳益和共益等报表项目。综上，重构后的财务状况表格式见表 6 – 13 和表 6 – 14。

**表 6 – 13　　　　财务状况表**

会企 01 表第 1 页

编制单位：　　　　____年___月___日　　　　单位：元

| 项目 | 行次 | 年初数 | | 期末数 | |
|---|---|---|---|---|---|
| | | 历史成本 | 价值变动 | 历史成本 | 价值变动 |
| 一、资产 | | | | | |
| （一）流动资产 | | | | | |
| 货币资金 | | | | | |
| 库存物资 | | | | | |
| （二）非流动资产 | | | | | |
| 固定资产 | | | | | |
| 工程物资 | | | | | |
| 在建工程 | | | | | |
| 研发成本 | | | | | |
| （三）其他资产 | | | | | |
| 二、权利 | | | | | |
| （一）应收款项 | | | | | |
| 应收票据 | | | | | |
| 应收账款 | | | | | |
| 应收利息 | | | | | |

续表

| 项目 | 行次 | 年初数 | | 期末数 | |
|---|---|---|---|---|---|
| | | 历史成本 | 价值变动 | 历史成本 | 价值变动 |
| 应收股利 | | | | | |
| 其他应收款 | | | | | |
| （二）预付款项 | | | | | |
| 预付账款 | | | | | |
| 预付工程款 | | | | | |
| 长期预付款 | | | | | |
| （三）其他权利 | | | | | |
| 三、投资 | | | | | |
| （一）短期投资 | | | | | |
| （二）长期投资 | | | | | |
| 其中：股权投资 | | | | | |
| 债权投资 | | | | | |
| （三）其他投资 | | | | | |
| 四、人力资源 | | | | | |
| 五、管理溢值 | | × | | × | |
| 资源总计 | | | | | |

**表 6 – 14　　　　财务状况表**

会企 01 表第 2 页

编制单位：　　　　______年____月____日　　　　单位：元

| 项目 | 行次 | 年初数 | | 期末数 | |
|---|---|---|---|---|---|
| | | 历史成本 | 价值变动 | 历史成本 | 价值变动 |
| 一、债益 | | | | | |
| （一）经营负债 | | | | | |
| 应付票据 | | | | | |
| 应付账款 | | | | | |

续表

| 项目 | 行次 | 年初数 | | 期末数 | |
|---|---|---|---|---|---|
| | | 历史成本 | 价值变动 | 历史成本 | 价值变动 |
| 预收账款 | | | | | |
| 应付薪酬 | | | | | |
| 应交税费 | | | | | |
| 其他应交款 | | | | | |
| 其他应付款 | | | | | |
| （二）融资负债 | | | | | |
| 短期借款 | | | | | |
| 应付利息 | | | | | |
| 长期借款 | | | | | |
| 应付债券 | | | | | |
| 长期应付款 | | | | | |
| （三）其他负债 | | | | | |
| 受托负债 | | | | | |
| 预计负债 | | | | | |
| 其他负债 | | | | | |
| 二、资益 | | | | | |
| 实收资本 | | | | | |
| 资本公积 | | | | | |
| 三、劳益 | | | | | |
| 劳动者权益 | | | | | |
| 劳动者公积 | | | | | |
| 四、共益 | | | | | |
| 盈余公积 | | | | | |
| 未分配利润 | | | × | | × |
| 未实现损益 | | | | | |
| 权益总计 | | | | | |

2. 损益表重构

损益表是反映组织在特定时期经营成果的一张通用报表。为使该表能够全面展示企业在特定期间的财富变动过程及其结果，该表应按资产负债观将包括递延损益和重计价损益在内的所有损益事项均纳入其中。另外，为使该表所反映的财富变动能与财务状况表的净资产列报项目建立勾稽，该表还应列示利润分配方面的内容。这样，该表就应改称为“运营成果与利润分配表”（statement of operating performance & profit distribution）。

该表可从以下三个方面进行完善：（1）损益部分应按“资源 - 权益 = 收入 - 费用 + 利得 - 损失”的右半部分，将两个报告日之间所有形式的财富变化，即不管是已实现损益，还是未实现损益，抑或是重计价损益，均纳入其中，从而使财务状况表得到彻底净化，即将“待摊费用”“长期待摊费用”“递延收益”和“其他综合收益”等报表项目从财务状况表中移除。（2）为使该表能够全面展示不同形式、不同性质的财富增减及其归属期间、确定性程度，并使其中的“未实现损益”能够与财务状况表保持勾稽，其中的损益部分应按“已实现损益”“递延损益”和“重计价损益”进行分别列示。其中：“已实现损益”应严格遵从权责发生制确认基础、收入实现和费用配比等会计原则，列报内容应涵盖企业正常经营活动中的各项收入、费用以及因非流动资产处置、非货币性交易（不含存货互换交易）、债务重组、政府补助、自然灾害、捐赠等非正常活动所产生的利得和损失；“递延损益”列报性质上属于收入和费用但因不满足收入实现和费用配比原则而应予以递延的跨期损益事项，具体包括递延收入、待摊费用、长期待摊费用、递延所得税费用，该列报项目应与财务状况表中“未实现损益”报表项目的期初、期末“历史成本”计价栏保持勾稽关系；“重计价损益”列报因对某些资源或权益项目进行重计价而产生的包括调汇损益和其他重计价损益在内的利得或损失，该列报项目应与财务状况表中“未实现损益”列报项目的期初、期末“价值变动”计价栏保持勾稽关系。（3）为使该表的累积未分配利润能与财务状况表保持勾稽关系，“全面收益”之下应列报利润分配方面的内容。综上，重构后的“运营成果与利润分配表”格式见表 6 - 15。

表 6-15　　运营成果与利润分配表

会企 02 表

编制单位：　　　　　　　　　　＿＿＿年＿＿月　　　　　　　　　　单位：元

| 项目 | 行次 | 本月发生 | 本年累计 |
|---|---|---|---|
| 一、主营业务收入 | | | |
| 减：主营业务成本 | | | |
| 主营业务税费 | | | |
| 二、主营业务利润 | | | |
| 加：其他业务收入 | | | |
| 减：其他业务成本 | | | |
| 营业费用 | | | |
| 管理费用 | | | |
| 财务费用 | | | |
| 三、营业活动利润 | | | |
| 加：投资收益 | | | |
| 减：投资损失 | | | |
| 四、经营活动利润 | | | |
| 加：长期资产处置损益 | | | |
| 非货币性交易损益 | | | |
| 债务重组损益 | | | |
| 政府补助收益 | | | |
| 其他非经营活动收益 | | | |
| 五、利润总额 | | | |
| 减：所得税费用 | | | |
| 六、本年利润 | | | |
| 加：递延收益 | | | |
| 减：待摊费用 | | | |
| 长期待摊费用 | | | |
| 递延所得税费用 | | | |
| 加：重计价收益 | | | |

续表

| 项目 | 行次 | 本月发生 | 本年累计 |
|---|---|---|---|
| 减：重计价损失 | | | |
| 七、全面损益 | | | |
| 加：期初未分配利润 | | × | |
| 减：提取盈余公积 | | × | |
| 已分配利润 | | × | |
| 八、未分配利润 | | × | |

3. 现金流量表重构

现金流量表是反映组织在特定期间现金流转状况的一张通用报表。为使该表既反映现金流转状况，又成为联结财务状况表和运营成果与利润分配表的桥梁，该表应在加入财务状况变动方面的内容后，改称为“现金流转与财务状况变动表”（statement of cash flow and financial position change）。

在列报内容和结构设计方面，该表应从以下六个方面加以完善：（1）应由“资源 - 权益 = 收入 - 费用 + 利得 - 损失”引申出“现金资产 = 收益 - 耗费 - 非现金资源 + 负债 + 资益”，并基于历史成本计价基础全面揭示特定期间的现金流转及其财务状况变动。这是因为，若是把该表的列报内容仅仅局限于以现金为编制基础的现金流入流出，该表充其量只能看作是对财务状况表中的“货币资金”列报项目的进一步解释；若是仅以补充资料形式列报“将净利润调节为经营活动现金流量”“不涉及现金收支的投资和筹资活动”和“现金及现金等价物变动”，所揭示的财务状况变动信息就会所缺失，内容上的缺失必将破坏报表之间的勾稽关系，进而使其难以担负起沟通财务状况表和运营成果与利润分配表的重任。（2）该表的现金流转部分，应基于纯粹的“现金”基础而非“现金及现金等价物”。这是因为，现金与现金等价物不仅存在质的不同，而且存在量的差异，并且量的差异会使以现金及现金等价物为基础的现金流量表出现无中生有的现金净流量。如企业将闲置资金用于购买可归为现金等价物的流通债券并在该年度内出售时，按照“现金及现金等价物”这一编制基础，购买债券所支付的现金和出售债券所收到的现金就均得不到反映，这将使与投资收益所对应的期末货币资金净增加额成为无中生有的现金净流量。退一步讲，即使将与投资收益所对应的货币资金净增加额确认为“取得投资收益所收到的现金”，也会因现金转换为现金等价物这一投资活动和现金等价物转化为现金这一收回投资活动均未得到反映而显得无中生有。(3) 该表的现金流转部分，应按重要性原则分类列报经营活动、投资活动、筹资活动和特殊活动流量。之所以要把特殊业务事项的现金流量进行单独列报，原因在于特殊业务事项的发生不仅具有高度的偶然性，而且所涉及的现金流量也难以归入单一的现金流量类别，由此决定了此类现金流量信息只具较低的预测价值。既然如此，将它们从正常业务活动现金流量类别中剔除，并通过设置“债务重组现金净流量”“非货币性交易现金净流量”(同类非货币性资产交换相关现金流量依其性质分别归入经营活动或投资活动)“灾害损失赔偿现金净流量”“货币兑换现金净流量”“捐赠及罚没现金净流量”和“其他特殊业务现金净流量”进行单独归类列报的做法，无疑更能增强现金流量信息的明晰性和预测价值。(4) 该表的本期损益与财务状况变动部分，应基于前述引申会计等式的右边，以“净利润”为起点，通过对投资净收益、非经营活动净收益、非经营活动财务费用、折旧及摊销费用、递延收入、经营性存货、经营性应收及预付和经营性应付及预收等项目的调整，得到间接法下的经营活动现金净流量，并与主表的经营活动现金净流量实现勾稽；在此基础上，将等式右边除作为净利润调整项目以外的相关科目的余额变动，归类为非经营活动资源变动、非经营性负债变动和权益资本变动进行列报，以全面揭示财务状况表相关列报项目的变动。(5) 该表净利润调整项目的具体列报内容如下：“投资净损益”列报本期投资活动产生的净损益；“非经营活动净收益”列报包括盘盈、盘亏及毁损在内的非流动资产处置损益、非货币性资产交换损益（不含存货互换业务产生的损益)、债务重组损益、政府补助收益和捐赠等非经营活动产生的净损益；“非经营活动财务费用”列报除银行存款利息、带息票据利息、票据贴现利息和商业折扣等经营活动以外的财务费用发生额；“折旧及摊销费用”列报本期计提或冲销的固定资产折旧费和商标权、土地使用权等其他权利的摊销费；"递延收入"列报因不符合实现原则而应递延至以后会计期间的收入；"经营性存货增加"列报由经营活动引起的存货增加；"经营性应收预付增加"列报由经营活动引起的应收票据、应收账款、其他应收款和预付账款的增加；"经营性应付预收增加"反映由经营活动引起的应付票据、应付账款、应付薪酬、应交税费、其他应交款、其他应付款、预收账款和经营性预计负债的增加。(6) 该表的现金及现金等价物的变动部分，应列示现金及现金等价物的期末、期初余额。综上，重构后的"现金流转与财务状况变动表"格式见表 6-16。

**表 6-16　　现金流转与财务状况变动表**

会企 03 表

编制单位：　　　　＿＿年＿＿月　　　　单位：元

| 项目 | 行次 | 本月发生 | 本年累计 | 项目 | 行次 | 本月发生 | 本年累计 |
|---|---|---|---|---|---|---|---|
| 一、经营活动现金流量 | | | | 一、经营现金净流量调整 | | | |
| 销售商品劳务收现 | | | | 1. 利润总额 | | | |
| 各种税费返还收现 | | | | 减：投资净收益 | | | |
| 其他经营活动收现 | | | | 非经营活动收益 | | | |
| 现金流入小计 | | | | 非经营财务费用 | | | |
| 购买商品劳务付现 | | | | 折旧及摊销费用 | | | |
| 使用人力资源付现 | | | | 加：递延收益增加 | | | |
| 支付各种税费付现 | | | | 递延费用减少 | | | |
| 其他经营活动付现 | | | | 经营性存货减少 | | | |
| 现金流出小计 | | | | 经营性应收预付减少 | | | |
| 经营活动现金净流量 | | | | 经营性预收应付增加 | | | |
| 二、投资活动现金流量 | | | | 其他 | | | |
| 处置对外投资收现 | | | | 2. 经营现金净流量 | | | |
| 取得投资收益收现 | | | | 二、非经营性资源变动 | | | |

续表

| 项目 | 行次 | 本月发生 | 本年累计 | 项目 | 行次 | 本月发生 | 本年累计 |
|---|---|---|---|---|---|---|---|
| 长期资产处置收现 | | | | 1. 非经营性存货变动 | | | |
| 其他投资活动收现 | | | | 2. 非经营性应收预付变动 | | | |
| 现金流入小计 | | | | 3. 预付工程款变动 | | | |
| 购建长期资产付现 | | | | 4. 长期应付款变动 | | | |
| 对外各种投资付现 | | | | 5. 短期投资变动 | | | |
| 其他投资活动付现 | | | | 6. 长期投资变动 | | | |
| 现金流出小计 | | | | 7. 其他投资变动 | | | |
| 投资活动现金净流量 | | | | 三、非经营性负债变动 | | | |
| 三、筹资活动现金流量 | | | | 1. 非经营性应付预收变动 | | | |
| 吸收权益投资收现 | | | | 2. 短期借款变动 | | | |
| 取得债务资金收现 | | | | 3. 长期借款变动 | | | |
| 其他筹资活动收现 | | | | 4. 应付债券变动 | | | |
| 现金流入小计 | | | | 5. 长期应付款变动 | | | |
| 偿还债务本金付现 | | | | 7. 其他融资负债变动 | | | |
| 支付资金成本付现 | | | | 四、权益资本变动 | | | |
| 其他筹资活动付现 | | | | 五、现金余额变动 | | | |
| 现金流出小计 | | | | 1. 期末现金余额 | | | |
| 筹资活动现金净流量 | | | | 2. 期初现金余额 | | | |
| 四、特殊活动现金净流量 | | | | 现金净增加额 | | | |
| 债务重组现金净流量 | | | | 六、现金等价物余额变动 | | | |
| 非货币性交易现金净流量 | | | | 1. 期末现金等价物余额 | | | |
| 灾害赔偿现金净流量 | | | | 2. 期初现金等价物余额 | | | |
| 捐赠及罚没现金净流量 | | | | 现金等价物净增加额 | | | |
| 货币兑换现金净流量 | | | | | | | |
| 其他特殊活动现金净流量 | | | | | | | |
| 五、现金净增加额 | | | | | | | |

## 四、公共部门通用会计报表重构

二重确认会计的创建，将使公共部门组织也能像企业那样，分别基于权责发生制和现金收付制确认基础的会计科目，列报公共部门组织在特定时点的财务状况、特定期间的财务成果和预算收支。下面结合《政府会计制度》实施，探讨二重确认会计模式下的公共部门通用会计报表设计。

1. 财务状况表

鉴于公共部门组织不以盈利为目的，日常运作又常常需要持续不断地财政拨款支持，因而公共部门组织基于权责发生制确认基础的财务状况表，可按下述思路进行重构：

（1）因公共部门组织一般不涉及损益计量、人力资源业绩评价和与之相关的收益分配等问题，故公共部门组织应基于成本效益原则仅列报传统意义上的财务状况信息。

（2）因零余额账户用款额度有别于一般意义上的货币资金，并且结转以后年度使用的用款额度完全没有必要先注销后恢复，因而应将“财政应返还额度”改称为“国库额度”并列报于“货币资金”之下。

（3）为突出固定资产、无形资产、公共基础设施和保障性住房等折耗类资产的净值信息并减少财务状况表左侧的列报行数，应将集原值、折旧（摊销）和净值于一体的列报方式改为仅按净值列报。

（4）因受托代理资产与单位自有资产要么无须区分，要么通过其他方式就能明确区分，并且其增减变动和存量规模均可通过“受托代理负债”报表项目予以揭示，故无须专设“受托代理资产”这一报表项目。

（5）为将长期挂账资产、冻结资产和处置资产与正常使用的资产相区分，应单设“冻结资产”“待处置资产”和“在处置资产”等报表项目。

（6）为净化资产和负债，应将“待摊费用”“长期待摊费用”和“预提费用”等列报项目从资产和负债中移出，并通过“运行情况表”汇集后进入该表净资产中的“递延盈余”列报项目。

(7) 因“权益法调整”“无偿调拨净资产”和“本期盈余”应由“运行情况表”转入“财务状况表”，故应删除这三个列报项目。

综上，重构后的公共部门财务状况表格式见表6－17。

**表6－17　　　　财务状况表**

会政01表

编制单位：　　　　______年____月____日　　　　单位：元

| 资产 | 行次 | 年初数 | 期末数 | 负债和净资产 | 年初数 | 期末数 |
|---|---|---|---|---|---|---|
| 一、流动资产 | | | | 三、流动负债 | | |
| 货币资金 | | | | 短期借款 | | |
| 国库额度 | | | | 应交税费 | | |
| 短期投资 | | | | 应缴财政款 | | |
| 应收财政款 | | | | 应付补贴款 | | |
| 应收票据 | | | | 应付转拨款 | | |
| 应收账款 | | | | 应付薪酬款 | | |
| 预付账款 | | | | 应付票据 | | |
| 应收股利 | | | | 应付账款 | | |
| 应收利息 | | | | 应付利息 | | |
| 其他应收款 | | | | 预收财政款 | | |
| 存货 | | | | 其他预收款 | | |
| 其他流动资产 | | | | 其他应付款 | | |
| 流动资产合计 | | | | 其他流动负债 | | |
| 二、非流动资产 | | | | 流动负债合计 | | |
| 长期股权投资 | | | | 四、非流动负债 | | |
| 长期债权投资 | | | | 长期借款 | | |
| 对外出资 | | | | 长期应付款 | | |
| 工程物资 | | | | 非流动负债合计 | | |
| 在建工程 | | | | 五、其他负债 | | |
| 研发支出 | | | | 预计负债 | | |
| 固定资产 | | | | 受托负债 | | |

续表

| 资产 | 行次 | 年初数 | 期末数 | 负债和净资产 | 年初数 | 期末数 |
|---|---|---|---|---|---|---|
| 无形资产 | | | | 待处置应付款 | | |
| 公共设施 | | | | 其他负债合计 | | |
| 保障住房 | | | | 负债合计 | | |
| 文物文化资产 | | | | 六、净资产 | | |
| 非流动资产合计 | | | | 累计盈余 | | |
| 三、其他资产 | | | | 专用基金 | | |
| 政府储备物资 | | | | 递延盈余 | | |
| 冻结资产 | | | | 净资产合计 | | |
| 待处置资产 | | | | | | |
| 在处置资产 | | | | | | |
| 其他资产合计 | | | | | | |
| 资产总计 | | | | 负债和净资产总计 | | |

2. 运行情况表

运行情况表是反映公共部门组织在特定期间的财富变动过程及其结果的一张通用会计报表。该表应基于“收益 - 费用 = 盈余”这一会计等式，并按照损益满计观进行列报。结合“财务状况表”的完善思路并考虑公共部门组织的收益来源和费用构成，该表应按下述思路进行重构。

（1）通过增设“资产调拨收入”和“资产调拨支出”列报项目，以揭示无偿调拨净资产的对本期盈余影响。

（2）通过增设“预算调剂收入”“预算调剂支出”和“结余返还支出”列报项目，以揭示预算调剂和资金返还对本期盈余的影响。

（3）通过增设“上缴财政支出”列报项目，以解决收支两条线预算管理模式对支出确认的影响。

（4）通过增设“计提专用基金”“转增专用基金”和“设置专用基金”等列报项目，以全面揭示专业基金的增减变动。

(5) 通过增设"权益调整损益""短期待摊费用"和"长期待摊费用"列报项目，以揭示不满足收益实现和费用配比原则的跨期盈余。

综上，重构后的"公共部门运营情况表"格式见表6-18。

**表6-18** **运行情况表**

会政02表

编制单位：　　　　　　　　　　_____年___月　　　　　　　　　　单位：元

| 项目 | 行次 | 本月发生 | 本年累计 |
|---|---|---|---|
| 一、本期收入 | | | |
| 1. 财政拨款收入 | | | |
| 2. 上级补助收入 | | | |
| 3. 资产调拨收入 | | | |
| 4. 预算调剂收入 | | | |
| 5. 附属单位上缴收入 | | | |
| 6. 事业收入 | | | |
| 减：计提专用基金 | | | |
| 7. 经营收入 | | | |
| 8. 投资收益 | | | |
| 减：转增专用基金 | | | |
| 9. 资产处置收益 | | | |
| 10. 捐赠收入 | | | |
| 减：设置专用基金 | | | |
| 11. 利息收入 | | | |
| 12. 租金收入 | | | |
| 13. 其他收入 | | | |
| 二、本期费用 | | | |
| 1. 业务费用 | | | |
| 2. 管理费用 | | | |
| 3. 离退费用 | | | |
| 4. 经营费用 | | | |

续表

| 项目 | 行次 | 本月发生 | 本年累计 |
|---|---|---|---|
| 5. 上交财政支出 | | | |
| 6. 上缴上级支出 | | | |
| 7. 资产调拨支出 | | | |
| 8. 预算调剂支出 | | | |
| 9. 结余返还支出 | | | |
| 10. 对附属单位补助支出 | | | |
| 11. 资产处置损失 | | | |
| 12. 捐赠支出 | | | |
| 13. 其他费用 | | | |
| 三、收入费用差额 | | | |
| 减：提取专用基金 | | | |
| 加：专用基金转入 | | | |
| 四、本年盈余 | | | |
| 1. 非限定性盈余 | | | |
| 2. 专用基金盈余 | | | |
| 五、以前年度盈余调整 | | | |
| 六、递延盈余 | | | |
| 1. 权益调整损益 | | | |
| 2. 短期待摊费用 | | | |
| 3. 长期待摊费用 | | | |

3. 收支结余表

收支结余表是反映公共部门组织在特定期间的收入、支出及结余情况的一张通用会计报表。该表应基于“收入 - 支出 = 结余”这一会计等式进行列报。为全面展示公共部门组织的收入来源和支出去向，该表可采用表 6 - 19 所示的格式。

表 6-19　　收支结余表

会政 03 表

编制单位：　　　　　　______年____月　　　　　　单位：元

| 项目 | 行次 | 本月发生 | 本年累计 |
|---|---|---|---|
| 一、本期收入 | | | |
| 财政拨款收入 | | | |
| 上级补助收入 | | | |
| 预算调剂收入 | | | |
| 附属上缴收入 | | | |
| 事业活动收入 | | | |
| 经营活动收入 | | | |
| 投资活动收入 | | | |
| 拨款暂存收入 | | | |
| 举借债务收入 | | | |
| 资产处置收入 | | | |
| 捐赠收入 | | | |
| 利息收入 | | | |
| 租金收入 | | | |
| 其他收入 | | | |
| 二、本期支出 | | | |
| 行政支出 | | | |
| 事业支出 | | | |
| 经营支出 | | | |
| 上交财政支出 | | | |
| 上缴上级支出 | | | |
| 预算调剂支出 | | | |
| 结余返还支出 | | | |
| 对附属单位补助支出 | | | |
| 转拨支出 | | | |
| 投资支出 | | | |

续表

| 项目 | 行次 | 本月发生 | 本年累计 |
|---|---|---|---|
| 债务还本支出 | | | |
| 债务付息支出 | | | |
| 捐赠支出 | | | |
| 其他支出 | | | |
| 三、本期结余 | | | |
| 财政基本结余 | | | |
| 其中：人员经费 | | | |
| 公用经费 | | | |
| 财政专项结余 | | | |
| 非财政专项结余 | | | |
| 非财政其他结余 | | | |

4. 结余变动表

结余变动表是反映公共部门组织在特定期间结余变动情况的一张通用会计报表。该表应基于“期初结存 + 本期结存 = 期末结存”这一会计等式进行列报。为全面展示结存资金的性质和用途，该表应区分“财政基本结余”“财政专项结余”“非财政专项结余”和“非财政其他结余”，并在“财政基本结余”下按“人员经费”和“公用经费”进行列报。该表可采用表 6 – 20 所示的格式。

**表 6 – 20　　　　结余变动表**

会政 04 表

编制单位：　　　　______年____月　　　　单位：元

| 项目 | 行次 | 金额 |
|---|---|---|
| 一、年初数 | | |
| 财政基本结余 | | |
| 其中：人员经费 | | |

续表

| 项目 | 行次 | 金额 |
| --- | --- | --- |
| 公用经费 | | |
| 财政专项结余 | | |
| 非财政专项结余 | | |
| 非财政其他结余 | | |
| 二、本年累数 | | |
| 财政基本结余 | | |
| 其中：人员经费 | | |
| 公用经费 | | |
| 财政专项结余 | | |
| 非财政专项结余 | | |
| 非财政其他结余 | | |
| 三、年末数 | | |
| 财政基本结余 | | |
| 其中：人员经费 | | |
| 公用经费 | | |
| 财政专项结余 | | |
| 其中：已完工 | | |
| 未完工 | | |
| 非财政专项结余 | | |
| 其中：已完工 | | |
| 未完工 | | |
| 非财政其他结余 | | |

5. 财政拨款预算执行情况表

财政拨款预算执行情况表是反映公共部门组织在特定会计期间的财政资金流转及预算执行情况的一张行业通用报表。该表应基于财政拨款资金收付进行列报。为全面展现财政拨款的预算级次、预算类型和功能分类，该表横向上应按预算级次分“同级财政”和“非同级财政”，并在其下按预算类型分“基本”和“项目”、按支出功能分“教育”和“科学事业”进行列报；该表在纵向上应分“前期结余”“本期收入”“本期支出”和“期末结余”四个基本组成部分，并在“前期结余”和“期末结余”下单独列示“未完工专项结余”，在“本期支出”下按支出性质分“工资福利支出”“商品服务支出”“对个人和家庭补助支出”和“资本性支出”。就高校而言，该表的参考格式见表6－21。

**表6－21　　　　财政拨款预算执行情况表**

会政（高校）05表

编制单位：　　　　　　______年____月　　　　　　单位：元

| 项目 | 行次 | 同级财政拨款收支 | | | | 非同级财政拨款收支 | | | | 合计 |
|---|---|---|---|---|---|---|---|---|---|---|
| | | 教育事业 | | 科学事业 | | 教育事业 | | 科学事业 | | |
| | | 基本 | 项目 | 基本 | 项目 | 基本 | 项目 | 基本 | 项目 | |
| 一、前期结余 | | | | | | | | | | |
| 其中：未完工专项 | | | | | | | | | | |
| 二、本期收入 | | | | | | | | | | |
| 三、本期支出 | | | | | | | | | | |
| 1. 工资福利支出 | | | | | | | | | | |
| 基本工资 | | | | | | | | | | |
| 绩效工资 | | | | | | | | | | |
| 社保缴费 | | | | | | | | | | |
| 津贴补贴 | | | | | | | | | | |
| 工会经费 | | | | | | | | | | |
| 福利经费 | | | | | | | | | | |
| 其他福利支出 | | | | | | | | | | |
| 2. 商品服务支出 | | | | | | | | | | |
| 办公费 | | | | | | | | | | |
| 印刷费 | | | | | | | | | | |

续表

| 项目 | 行次 | 同级财政拨款收支 | | | | 非同级财政拨款收支 | | | | 合计 |
|---|---|---|---|---|---|---|---|---|---|---|
| | | 教育事业 | | 科学事业 | | 教育事业 | | 科学事业 | | |
| | | 基本 | 项目 | 基本 | 项目 | 基本 | 项目 | 基本 | 项目 | |
| 咨询费 | | | | | | | | | | |
| 水电费 | | | | | | | | | | |
| 邮寄费 | | | | | | | | | | |
| 取暖费 | | | | | | | | | | |
| 物业费 | | | | | | | | | | |
| 交通费 | | | | | | | | | | |
| 差旅费 | | | | | | | | | | |
| 出国出境费 | | | | | | | | | | |
| 维修维护费 | | | | | | | | | | |
| 租赁费 | | | | | | | | | | |
| 会议费 | | | | | | | | | | |
| 培训费 | | | | | | | | | | |
| 接待费 | | | | | | | | | | |
| 材料费 | | | | | | | | | | |
| 燃料费 | | | | | | | | | | |
| 劳务费 | | | | | | | | | | |
| 委托业务费 | | | | | | | | | | |
| 公车运行费 | | | | | | | | | | |
| 税金及附加费 | | | | | | | | | | |
| 其他商品服务费 | | | | | | | | | | |
| 3. 对个人和家庭补助 | | | | | | | | | | |
| 离休费 | | | | | | | | | | |
| 退休费 | | | | | | | | | | |
| 退职费 | | | | | | | | | | |
| 抚恤金 | | | | | | | | | | |

续表

| 项目 | 行次 | 同级财政拨款收支 | | | | 非同级财政拨款收支 | | | | 合计 |
|---|---|---|---|---|---|---|---|---|---|---|
| | | 教育事业 | | 科学事业 | | 教育事业 | | 科学事业 | | |
| | | 基本 | 项目 | 基本 | 项目 | 基本 | 项目 | 基本 | 项目 | |
| 补助费 | | | | | | | | | | |
| 医疗费 | | | | | | | | | | |
| 奖励金 | | | | | | | | | | |
| 住房公积金 | | | | | | | | | | |
| 住房补贴 | | | | | | | | | | |
| 其他补助支出 | | | | | | | | | | |
| 4. 资本性支出 | | | | | | | | | | |
| 房屋建筑物购建 | | | | | | | | | | |
| 办公设备购置 | | | | | | | | | | |
| 专用设备购置 | | | | | | | | | | |
| 公务用车购置 | | | | | | | | | | |
| 信息系统购建 | | | | | | | | | | |
| 大型修缮 | | | | | | | | | | |
| 其他资本性支出 | | | | | | | | | | |
| 四、期末结余 | | | | | | | | | | |
| 其中：未完工专项 | | | | | | | | | | |

第七章

# 多维复式会计系统的开发应用

以多元主体、二重确认、二重计价和实时控制为基本组织内容的多维复式会计，在会计元数据组织方面更多地表现为会计分类和会计计量的维度扩张。本章基于前文创建的多维复式会计应用理论，探讨多维复式会计系统的开发和应用。

## 第一节　多维复式会计系统开发

### 一、REA 会计模型扩展与多维复式会计模型的创建

REA 会计模型是运用 E－R（实体—关系）图对组织中的资源、事件和参与者及其相互关系进行建模而形成的一种数据结构图。一个典型的 REA 会计模型，包括资源、事件和参与者三类实体和资源—事件、事件—事件、事件—参与者、内部参与者—外部参与者四种关系。就获取/支付过程而言，其 REA 模型如图 7－1 所示。

图 7－1 中，资源是受组织控制的稀缺并有用的资产，事件是组织运作过程中能够引起资源变动的经济活动，参与者是参与经济事件的部门和个人；“资源—事件”关系描述事件与资源的增减变化，即事件引起资源的流入和

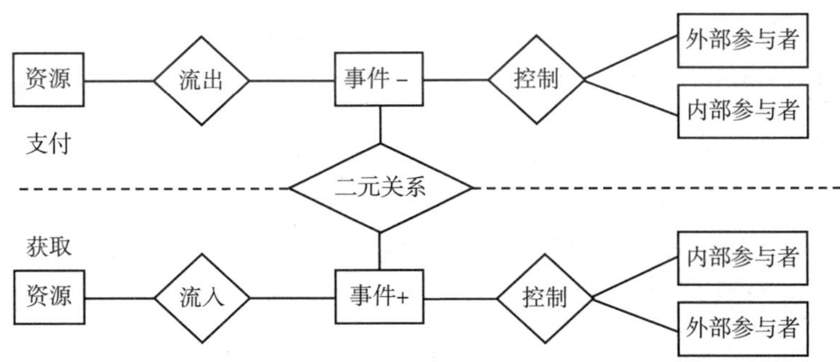


**图 7－1　获取/支付循环 REA 会计模型**

资料来源：韦沛文．信息化与会计模式革命［M］．北京：中国财政经济出版社，2003：65。

流出；"事件—事件"关系（也称二元关系），描述组成一个业务循环并导致两组资源此增彼减的两组事件的关联关系，如在销售与收款业务循环中，销售事件引起存货减少而收款事件引起现金增加，并且存货的减少与现金的增加彼此关联；"事件—参与者"关系是内部参与者、外部参与者和事件之间的三重关系，为便于理解和应用，这种三重关系通常被分解为"事件—内部参与者"和"事件—外部参与者"两个二重关系。

尽管 REA 会计模型并不强调复式记录形式，但其中却蕴含着复式记录思想。如就物资采购这一获取/支付过程而言，采购事件引起存货增加而支付事件导致货币资金减少。若不考虑由商业信用产生的延迟付款问题，采购事件与支付事件之间的这种二元关系，用借贷复式语言描述就是"借：库存材料，贷：银行存款"。由于 REA 会计着眼于记录事件本身及其所引起的资源增减，并认为传统借贷复式会计中的债权、债务源于二元关系的不平衡性而无须专门存储，所以当商业信用使二元关系中的两个事件并非同步发生时，基于 REA 会计模型的会计记录结果，便表现为不同时点的两个单式记录而非同一时点的一个复式记录。如为上述"采购/支付过程"的 REA 会计模型添加一个称为"信用"的过渡性事件，并将它分为"受信"和"清偿"两个具体环节，同时将与该事件相联结的资源称为"信用额度"（该资源因"受信"减少并因"清偿"而恢复），那么，"获取/支付"循环中两个并非同步发生的事件，就可转化为“采购/受信”和“清偿/支付”两个业务过程。这样，就赊购及其支付购货款而言，REA 会计模型中的采购事件就可扩展为采购事件发生引起存货增加和受信事件发生引起“信用额度”减少，而支付事件则可扩展为清偿事件发生引起“信用额度”增加和支付事件引起货币资金减少。如果用“应付账款”替代上文的“信用额度”，那么由“采购/支付”过程的 REA 会计模型所描述的发生于不同时点的两个单式记录，就可转化为借贷复式会计模式下的两个复式记录。

进一步，若把组织运作过程中的“事件”依次界定为采购、受信、清偿、付款、入库、领料、生产、出库、销售、发货、授信、清欠和收款，将 REA 会计模型中的“获取/支付”“生产转换”和“销售/收款”扩展为“采购/受信”“清偿/付款”“入库/采购”“生产/出库”“入库/生产”“发货/出库”“授信/销售”和“收款/清欠”等业务循环，将组织运作过程中受事件影响的“资源”转化为揭示组织财富形态、权益构成及其增减变化的会计账户，那么 REA 会计模型就可与传统借贷复式会计完美对接。

在对 REA 会计模型中的“事件”“资源”和“参与者”进行上述扩展后，若是进一步将多元主体、二重确认、二重计价和实时控制等多维会计思想融入其中，同时考虑其与采购、仓储、生产、设备、销售和人事等其他管理子系统的数据交换，便可得到图 7 -2 所示的多维复式会计模型。

## 二、多维复式会计的数据模型

在电算化会计系统中，会计元数据的组织主要表现为数据表结构及表表关联设计。由图 7 -2 所示的多维复式会计模型，可导出多维复式会计的数据模型。具体来说，当把描述经济活动性质的经济事件名称、基于权责发生制确认基础的会计科目、基于现金收付制确认基础的现金流向、限定财富及变动范围的不同形式的会计主体等，均看作是用以进行会计分类的维属性；而把基于投入视角度的历史成本计价数值和基于产出视角的现时价值计价数值，均看作是与各维属性对应的事实，那么凭证数据表文件就变成了一个由多个

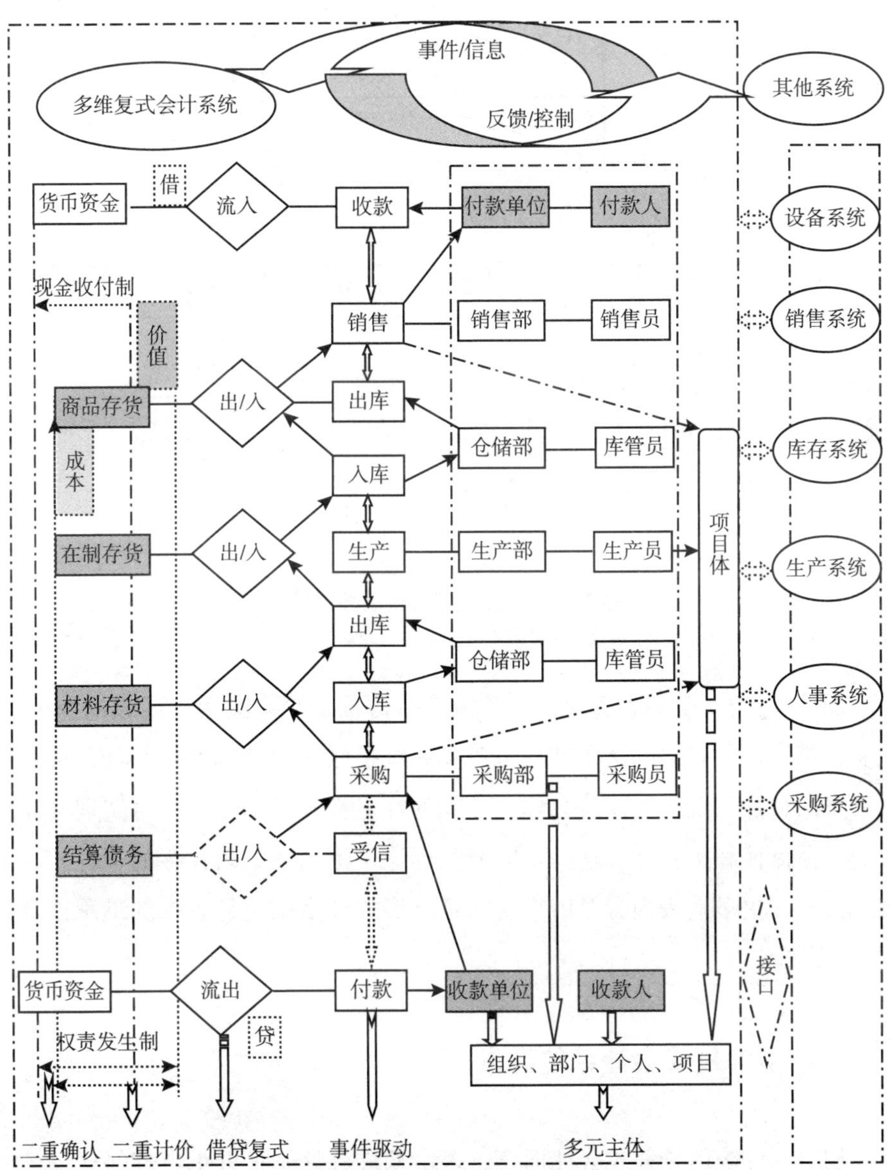


**图 7－2　多维复式会计模型**

维属性和多个度量值组成的事实表。由此，便可得到图 7－3 所示的用以描述多维复式会计元数据组织方式的数据模型。

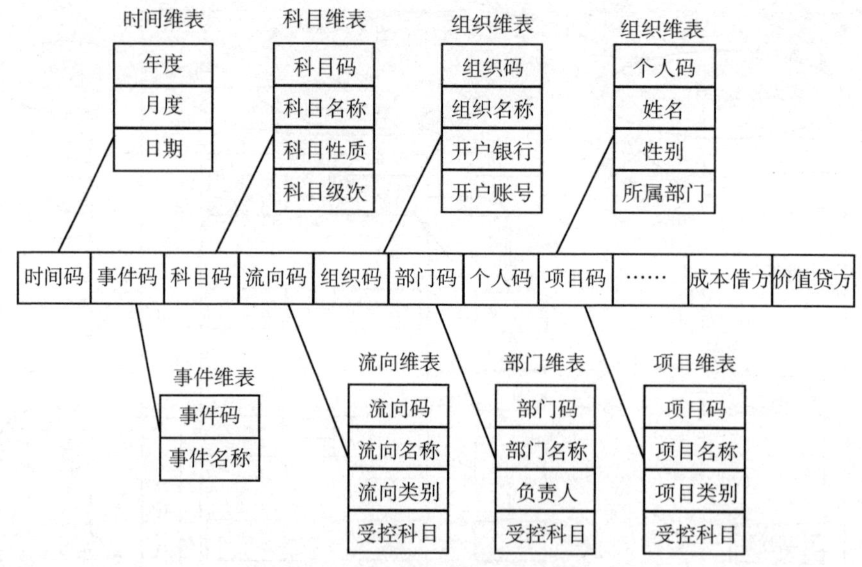


**图7-3 多维复式会计的数据模型**

图7-3中，事实表各列之间的关系结构可方便地实现数据的多重分类、汇总，维表保留必要的层次结构可避免因维扩张所浪费的存储空间，进而使所开发的会计系统既能保持会计主分类的稳定性和简洁性，又可实现会计次分类的灵活性和扩展性。这一不同分类标识、不同度量值并存的会计元数据组织方式，更多地表现为对借贷复式记录形式和多维会计思想的继承以及对"维"的扩张。

## 三、多维复式会计系统开发

相对于传统借贷复式会计而言，多维复式会计是在继承借贷复式记录形式和多维会计元数据组织思想的基础上，为满足多元化会计需求而从会计分类和会计计量等方面所进行的维度扩张。鉴于公共部门会计需要采集的会计元数据范围更加广泛，并且其组织方式对于优化账务系统设置、提高系统运行效率有着非常重要的影响，因而下面仅从满足高校会计核算和实时预算控制需要出发，从数据表文件、账务函数和实时控制原理等方便探讨多维复式会计系统的开发。

1. 多维复式会计的凭证数据表文件设计

由图 7 – 3 所示的多维复式会计的数据模型，可得到多维复式会计的凭证数据表文件结构。其中，“时间码”用以存储凭证所属的会计年度、月份和日期；“事件码”及其相应的“事件名称”，分别用以存储驱动会计事项发生的事件代码和事件名称，以使用户能够通过预定义凭证模板提高制单效率并减少会计差错；“科目码”和“流向码”及其相应的“科目名称”和“流向名称”，分别用以存储基于权责发生制确认基础的会计科目（可简称“权责科目”）代码、基于现金收付确认基础的现金流向（可简称“收付科目”）代码及其对应名称，以满足二重会计确认需要；“组织码”“部门码”“个人码”“项目码”及其相应的“组织名称”“部门名称”“姓名”“项目名称”，分别用以存储外部关联单位和包括组织自身在内的不同层次、不同形态的会计主体代码及其名称，以便用户能够根据管理上的不同需要进行多层次的会计核算和会计控制；“成本借方”“成本贷方”“价值借方”和“价值贷方”（因篇幅所限，数据模型图中只列出“成本借方”和“价值贷方”），分别用以存储基于投入视角和产出视角的会计计价结果，以满足二重会计计价需要。由于凭证数据表文件中的维属性多少直接关系到数据检索和系统的运行效率，因而满足于公共部门会计核算和预算控制需要的多维复式会计系统，还应将项目代码、项目属性代码、项目类别代码、资金来源代码、预算类型代码、国库代码和受控项目代码、预算收支科目代码等与预算管理相关的核算属性代码及其名称，以及与损益和收支结转相关的字段（专设“盈余结转”和“收支结转”字段可省去期末结转工作），纳入凭证数据表文件之中。综上所述，公共部门多维复式会计系统的凭证数据表文件，可参照表 7 – 1 进行设计。

表 7-1 公共部门多维复式会计凭证数据表文件结构

| 序号 | 字段代码 | 字段名称 | 类型 | 长度 | 输入方式 | 说明 |
|---|---|---|---|---|---|---|
| 1 | pzrq | 凭证日期 | 日期型 | 8 | 系统自动产生 | |
| 2 | pzlx | 凭证类型 | 字符型 | 2 | 系统预定义产生 | 收款/付款/转账等 |
| 3 | pzbh | 凭证编号 | 字符型 | 6 | 系统自动产生 | |
| 4 | ywzy | 业务摘要 | 字符型 | 50 | 人工输入/系统选择 | |
| 5 | sjdm | 事件代码 | 字符型 | 6 | 人工输入/系统选择 | |
| 6 | sjmc | 事件名称 | 字符型 | 20 | 随事件代码引入 | |
| 7 | qzkmdm | 权责科目代码 | 字符型 | 11 | 人工输入/系统选择 | |
| 8 | qzkmmc | 权责科目名称 | 字符型 | 50 | 随权责科目代码引入 | |
| 9 | qzkmjz | 权责科目结转 | 字符型 | 11 | 人工输入/系统选择 | 预定义损益转入科目 |
| 10 | sfkmdm | 收付科目代码 | 字符型 | 11 | 人工输入/系统选择 | |
| 11 | sfkmmc | 收付科目名称 | 字符型 | 50 | 随收付科目代码引入 | |
| 12 | zzdm | 组织代码 | 字符型 | 10 | 人工输入/系统选择 | |
| 13 | zzmc | 组织名称 | 字符型 | 40 | 随组织代码引入 | |
| 14 | bmdm | 部门代码 | 字符型 | 10 | 人工输入/系统选择 | |
| 15 | bmmc | 部门名称 | 字符型 | 10 | 随部门代码引入 | |
| 16 | rydm | 人员代码 | 字符型 | 8 | 人工输入/系统选择 | |
| 17 | ryxm | 姓名 | 字符型 | 20 | 随人员代码引入 | |
| 18 | xmdm | 项目代码 | 字符型 | 8 | 人工输入/系统选择 | |
| 19 | xmmc | 项目名称 | 字符型 | 50 | 随项目代码引入 | |
| 20 | xmsxdm | 项目属性代码 | 字符型 | 2 | 随项目代码引入 | |
| 21 | xmsxmc | 项目属性名称 | 字符型 | 20 | 随项目代码引入 | 教学/科研/后勤等 |
| 22 | yslbdm | 预算类别代码 | 字符型 | 2 | 随项目代码引入 | |
| 23 | yslbmc | 预算类别名称 | 字符型 | 20 | 随项目代码引入 | 基本/项目 |
| 24 | zjlydm | 资金来源代码 | 字符型 | 2 | 随项目代码引入 | |
| 25 | zjlymc | 资金来源名称 | 字符型 | 20 | 随项目代码引入 | 同级财政/非同级财政等 |
| 26 | gkdm | 国库代码 | 字符型 | 20 | 随项目代码引入 | 相关代码合并产生 |
| 27 | kzdm | 受控项目代码 | 字符型 | 16 | 系统预定义产生 | |

续表

| 序号 | 字段代码 | 字段名称 | 类型 | 长度 | 输入方式 | 说明 |
|---|---|---|---|---|---|---|
| 28 | yskmdm | 预算科目代码 | 字符型 | 8 | 按收付科目预定义产生 | |
| 29 | yskmmc | 预算科目名称 | 字符型 | 20 | 按项目控制预定义产生 | |
| 30 | jfje | 借方金额 | 数值型 | 12 | 人工输入 | |
| 31 | dfje | 贷方金额 | 数值型 | 12 | 人工输入/系统计算 | |

2. 多维复式会计的项目数据表文件设计

作为凭证数据表文件的一个关联数据表文件，项目数据表文件中的字段多少及其与凭证数据表文件的关联方式，对优化账务系统设置、提高系统运行效率有着决定性影响。因公共部门会计中的“项目”，是涵盖所有专项和非专项在内的经费项目而非一般工商企业仅仅作为成本计算对象的工程项目或产品的种类、批别，并且在赋予项目更多的核算属性后，与财政预算管理相关的诸多会计次分类均可从传统会计科目中移出，因而在开发适用于公共部门会计核算和预算控制的多维复式会计时，其项目数据表文件所包含的字段，就不能仅仅局限于项目代码、项目名称、开工日期、完工日期和负责人等通常意义上的项目属性，而是还要将项目类别、项目属性、经费来源、国库代码、受控科目和预算金额等与财政预算管理相关的项目属性以及与盈余和结余计算有关的盈余科目、结余科目纳入其中。由此，公共部门多维复式会计可参照表 7 – 2 进行项目数据表文件设计。

**表 7 – 2　　公共部门多维复式会计项目数据表文件结构**

| 序号 | 字段代码 | 字段名称 | 类型 | 长度 | 输入方式 | 内容及应用举例 |
|---|---|---|---|---|---|---|
| 1 | xmdm | 项目代码 | 字符型 | 10 | 人工输入/系统产生 | 项目 + 部门/个人产生子码 |
| 2 | xmmc | 项目名称 | 字符型 | 60 | 人工输入 | |
| 3 | xmlbm | 项目类别 | 字符型 | 2 | 系统自动产生 | 01 教育/02 科研/… |

续表

| 序号 | 字段代码 | 字段名称 | 类型 | 长度 | 输入方式 | 内容及应用举例 |
|---|---|---|---|---|---|---|
| 4 | yslbm | 预算类别 | 字符型 | 2 | 系统自动产生 | 01 基本/02 项目… |
| 5 | xmxlm | 项目细类 | 字符型 | 6 | 系统自动产生 | |
| 6 | jflym | 经费来源 | 字符型 | 6 | 系统自动产生 | |
| 7 | zrbmm | 责任部门 | 字符型 | 5 | | |
| 8 | gkdm | 国库代码 | 字符型 | 10 | 人工输入/系统选择 | 高等教育 2050205/… |
| 9 | lxdm | 立项代码 | 字符型 | 60 | 人工输入 | 立项单位（部门）编码 |
| 10 | sfmx | 是否明细 | 逻辑型 | 2 | 人工输入 | 非明细应增加下级 |
| 11 | sfyskz | 预算控制 | 逻辑型 | 2 | 人工输入 | 调用预算控制功能 |
| 12 | zfzrm | 总项目负责人 | 字符型 | 10 | 人工输入/系统选择 | 总项目负责人代码 |
| 13 | ffzrm | 子项目负责人 | 字符型 | 10 | 人工输入/系统选择 | 子项目负责人代码 |
| 14 | sfkm | 收付科目 | 字符型 | 10 | 人工输入/系统选择 | 关联收付科目 |
| 15 | szjz | 收支结转 | 字符型 | 10 | 人工输入/系统选择 | |
| 16 | kgrq | 开工日期 | 日期型 | 8 | 人工输入/系统选择 | |
| 17 | wgrq | 完工日期 | 日期型 | 8 | 人工输入 | |
| 18 | sffc | 是否封存 | 逻辑型 | 2 | | 封存后限制使用 |

3. 多维复式会计的账务函数

为满足会计报表编制需要，多维复式会计系统需预置如下账务函数：

（1）“年初历史成本借方余额”取数函数，标记为 ncljy( )，用以满足财务状况表“历史成本年初数”栏中资源类项目的取数需要。

（2）“年初历史成本贷方余额”取数函数，标记为 ncldy( )，用以满足财务状况表“历史成本年初数”栏中权益类项目的取数需要。

（3）“年初现时价值借方余额”取数函数，标记为 ncxjy( )，用以满足财务状况表“现时价值年初数”栏中资源类项目的取数需要。

（4）“年初现时价值贷方余额”取数函数，标记为 ncxdy( )，用以满足财务状况表“现时价值年初数”栏中权益类项目的取数需要。

（5）“期末历史成本借方余额”取数函数，标记为 qmljy( )，用以满足财务状况表“历史成本期末数”栏中资源类项目的取数需要。

（6）“期末历史成本贷方余额”取数函数，标记为 qmldy( )，用以满足财务状况表“历史成本期末数”栏中权益类项目的取数需要。

（7）“期末现时价值借方余额”取数函数，标记为 qmxjy( )，用以满足财务状况表“现时价值期末数”栏中资源类项目的取数需要。

（8）“期末现时价值贷方余额”取数函数，标记为 qmxdy( )，用以满足财务状况表“现时价值期末数”栏中权益类项目的取数需要。

（9）“本月历史成本借方发生额”取数函数，标记为 byljf( )，用以满足财务成果表中以历史成本计价的费用类报表项目本月发生额的取数需要。

（10）“本年历史成本累计借方发生额”取数函数，标记为 bnlljf( )，用以满足财务成果表中以历史成本计价的费用类报表项目本年累计发生额的取数需要。

（11）“本月历史成本贷方发生额”取数函数，标记为 byldf( )，用以满足财务成果表中以历史成本计价的收入类报表项目本月发生额的取数需要。

（12）“本年历史成本累计贷方发生额”取数函数，标记为 bnlldf( )，用以满足财务成果表中以历史成本计价的收入类报表项目本年累计发生额的取数需要。

（13）“本月现时价值借方发生额”取数函数，标记为 byxjf( )，用以满足财务成果表中以现时价值计价的损失类报表项目本月发生额的取数需要。

（14）“本年现时价值累计借方发生额”取数函数，标记为 bnxljf( )，用以满足财务成果表中以现时价值计价的损失类报表项目本年累计发生额的取数需要。

（15）“本月现时价值贷方发生额”取数函数，标记为 byxdf( )，用以满足财务成果表中以现时价值计价的利得类报表项目本月发生额取数需要。

（16）“本年现时价值累计贷方发生额”取数函数，标记为 bnxldf( )，用以满足财务成果表中以现时价值计价的利得类报表项目本年累计发生额的取数需要。

4. 实时预算控制会计的控制原理及其控制额度设置方法

信息技术条件下，无论是用以限定支出范围的预算支出科目，还是用以限定支出规模的预算额度，均可基于关系型数据库技术与传统会计中的会计科目实现无缝联结。由此，只要把预算控制科目及其控制额度基于关系型数据库技术融入传统会计系统之中，实时预算控制就可得以实现。其控制原理是，通过将会计科目发生额实时地转化为额度控制科目发生额并与控制额度余额进行比较，以实时判断相关支出是否已经超出控制额度余额并在允许支出时同步抵减控制额度。

为增强预算控制的灵活性，实时预算控制会计的开发还应引入弹性控制理念。所谓弹性控制理念，就是在强化预算约束的前提下赋予预算执行单位在各预算支出科目间享有一定的调剂使用权。弹性控制理念的引入，将使预算科目呈现为绝对不允许超支和在一定幅度内允许超支两种类型。为使系统既能实时获得初始预算数据，又能根据管理上的不同需要实施灵活的预算控制，作为控制阀值的控制额度，就应采用“预算额 + 超支额”的开发思路，即用“预算额”字段储存预算数值，用“超支额”字段存储超支限额。因“超支额”只是各预算科目的超支上限而非可追加的预算，因而“超支额”字段之合计应为零。由此，在技术上还应允许该字段出现“负数”。这样，通过增设预算值为 0 且超支额为负的额度控制科目，就可对各预算科目的超支额进行抵减，从而使控制额度与预算余额实时保持一致。

## 第二节　多元主体会计的应用

往来单位、部门、个人和项目等会计主体的确立以及“往来核算”“部门核算”“个人核算”和“项目核算”与会计科目的并行组织，将使“往来核算”不仅可取代通用软件的“应收管理”和“应付管理”对往来款项和客户信用实施管理，而且应用于公共部门领域还可为探索政府合并会计报表的编制提供新的思路[①]；使“部门核算”和“个人核算”超出费用控制、暂付与暂存款管理而扩展为可满足不同形式的责任核算；使“项目核算”由收支归集扩展为与“部门”或“个人”联结后进行实时预算控制，并且通过为“项目”赋以更多的核算属性以优化账务系统设置。本节仅以高校会计实务为例，讨论“项目核算”在优化账务系统设置方面的应用，而将多元主体会计在责任会计核算和预算控制方面的应用，与后文的二重计价和实时预算控制会计的应用一起讨论。

## 一、明细核算科目化会计元数据组织思路及其缺陷

明细核算科目化，是通过增设会计科目以满足多元化会计需求的一种会计元数据组织思路。通过增设会计科目以满足管理上的不同需要，是传统会计范式下最为常见的做法。仅就高校会计核算的相关变迁而言，为满足部门预算管理需要，财政部于 2002 年下发通知，要求在“事业支出”科目下分设“基本支出”和“项目支出”两个明细科目，其结果便是“事业支出”所属的各级明细科目数量翻了一番；为满足国库管理需要，事业支出又被进一步区分为“国库支出”和“非国库支出”，进而使“事业支出”下的明细科目数量又再次翻番；在《高等学校会计制度（2014)》等分行业会计制度之中，“本科目应当按照‘基本支出’和‘项目支出’，‘财政补助支出’‘非财政补助支出’和‘其他资金支出’等层级进行核算，并按照《政府收支分类科目》中‘支出功能分类’相关科目进行明细核算；‘基本支出’和‘项目支出’明细科目下应当按照《政府收支分类科目》中‘支出经济分类’的款级科目进行明细核算；同时在‘项目支出’明细科目下按照具体项目进行明细核算”，这一囊括之前所有明细核算要求的规定，不仅多次出现在相关

① 如果预算体系内的所有成员单位均通过“往来核算”记录预算单位之间的资金拨付，那么财政部门在编制政府整体层面上的合并报表时，就能很方便地剔除发生在预算单位之间应予抵销的经济事项，这将为探索合并报表的编制提供新的思路。本书存而不论。

支出科目的使用说明中，而且类似表述还出现在相关收入科目的使用说明中。如今，相关明细核算要求又出现在《政府会计制度》有关“事业支出”的使用说明中，如第二款规定“单位发生教育、科研、医疗、行政管理、后勤保障等活动的，可在本科目下设置相应的明细科目进行核算，或单设‘7201 教育支出’‘7202 科研支出’‘7203 医疗支出’‘7204 行政管理支出’‘7205 后勤保障支出’等一级会计科目进行核算”；第三款规定“本科目应当分别按照‘财政拨款支出’‘非财政专项资金支出’和‘其他资金支出’，‘基本支出’和‘项目支出’等进行明细核算，并按照《政府收支分类科目》中‘支出功能分类科目’的项级科目进行明细核算；‘基本支出’和‘项目支出’明细科目下应当按照《政府收支分类科目》中‘部门预算支出经济分类科目’的款级科目进行明细核算，同时在‘项目支出’明细科目下按照具体项目进行明细核算。”

若高校采用一级科目设“教育支出”“科研支出”“行政管理支出”和“后勤保障支出”，并依次按照预算类型、资金来源、功能分类（唯有“科研支出”涉及“高等教育”和“科学技术”两种功能分类）和经济分类的顺序设置明细科目，同时为论述的方便将可能涉及的支出经济分类限定为“工资福利支出”“商品和服务支出”和“对个人和家庭的补助”及其下的 12、26 和 9 个常用经济分类款级科目，那么为核算事业支出中的基本支出，需要设置的预算支出科目就将多达［$4+4\times1+4\times1\times2+4\times1\times2\times1+4\times1\times2\times1\times(3+12+26+9)+1\times2\times1+1\times2\times1\times(3+12+26+9)$］计 526 个，其中处于二级的“基本支出”将重复出现（$4\times1+4\times1\times2+4\times1\times2\times1+4\times1\times2\times1\times50+1\times2\times1+1\times2\times1\times50$）计 522 次，处于三级的“财政拨款支出”和“其他资金支出”将分别重复出现（$4\times1+4\times1\times1+4\times1\times1\times50+1\times1\times1+1\times1\times1\times50$）计 259 次，处于四级的“高等教育”和“科学技术”将分别重复出现（$3\times2\times1+3\times2\times1\times50+1\times2\times1+1\times2\times1\times50$）和（$1\times2\times1+1\times2\times1\times50$）计 408 次和 102 次，处于五级的“工资福利支出”“商品和服务支出”和“对个人和家庭的补助”将分别重复出现［$4\times2\times1\times(1+12)+1\times2\times1\times(1+12)$］、［$4\times2\times1\times(1+26)+1\times2\times1\times(1+26)$］

和［4×2×1×(1+9)+1×2×1×(1+9)］计130次、270次和100次，处于六级的47个经济分类款级科目将重复出现（4×2×1+1×2×1）计10次；而要核算事业支出中的项目支出，同时假定功能分类为“高等教育”和“科学技术”的项目总数分别为M(M≥9）和N(N≥6）个，就还需增设［(3+3×3+3×3×1+M+M×50)+(1+1×3+1×3×2+N+N×50)］计(31+51M+51N）个预算支出科目，此时会计科目级次将由六级升至为七级，并且处于一级的“教育支出”“行政管理支出”和“后勤保障支出”将再合计重复出现（4+4×3+4×3×1+M+M×50）计（28+51M）次、处于一级的“科研支出”将再重复出现（1×3×1+N+N×50）计（3+51N）次，处于二级的“项目支出”将重复出现（31+51M+51N）次，处于三级的“财政拨款支出”“非财政专项资金支出”和“其他资金支出”将再分别重复出现(4×3+4×3×1+M+M×50)+1×3×1+N+N×50)计(27+51M+51N)次，处于四级的“高等教育”和“科学技术”将再分别重复出现（4×3×1+M+M×50）和（1×3×1+N+N×50）计（12+51M）和（3+51N）次，处于五级的（M+N）个项目各重复出现（1+1+12+1+26+1+9）共51次，处于六级的3个经济分类类级科目和其下47个常用经济分类款级科目将分别重复出现（M+N）次。如此庞大且随项目数量呈几何级数增加的会计科目体系，必将加大系统运行和维护的工作量及其操作成本。

## 二、明细核算项目化会计元数据组织思路及其比较优势

明细核算项目化，是通过确立“项目”的会计主体地位并为其赋予不同的核算属性以满足多元化会计需求的一种会计元数据组织思路。不同经济组织对项目有不同的理解，如施工企业承建的道路桥梁，印刷企业承印的书画期刊，制造企业承揽的加工订单、科研院所承接的科研课题、政府机构经管的各类经费等，均可称之为“项目”。从会计核算的角度来看，项目具有核算时效性和耗费相似性两个显著特点。核算时效性，是指某一项目完工后对该项目的核算即行终止；而耗费相似性，则是指同类项目通常具有相同或类

似的费用（支出）构成。上述特点决定了手工会计可通过在多栏式成本费用明细账中开设专页的方式实现对项目的核算和控制。然而在电算化会计系统中，项目常常作为一种特殊形式的会计主体，并通过建立与相关会计科目的关联就可达到成本计算或费用控制的目的。按照明细核算项目化会计元数据组织思路，高校的“教育支出”“科研支出”“行政管理支出”和“后勤保障支出”中的项目支出，就可从会计科目体系中移出，从而使前述针对项目支出的明细科目设置，将由七级降为六级并与“基本支出”所属的明细科目设置方法保持一致。由于“基本支出”和“项目支出”，不过是对支出按预算类型所做的分类；“财政拨款支出”“非财政专项资金支出”和“其他资金支出”，不过是对支出按照资金性质及来源所做的分类，并且“基本支出”亦可项目化为“经费项目”，因而当把前述基于预算管理所做的不同分类，分别看作是项目的不同核算属性并可随项目代码转记入凭证数据库文件之后，前述七级数千个会计科目就可锐减至三级共 200 个（4 × [3 + (12 + 26 + 9)]）。进一步，因“教育支出”“科研支出”“行政管理支出”和“后勤保障支出”是在单位层面上对支出按用途所做的分类，因而当把它们合并为“事业支出”并把“教育事业”“科研事业”“行政管理”和“后勤保障”也看作是“项目”的属性值后，所需的会计科目数量还可减至 51 个 [1 + 3 + (12 + 26 + 9)]。

## 三、明细核算项目化账务系统设置思路下的项目分类

明细核算项目化账务系统设置思路下，与多元化会计需求相关的会计次分类，将由传统的明细科目转化为项目的核算属性。出于系统化的项目编码需要，下面以高校会计实务为例，探讨公共部门组织的项目分类问题。

1. 按资金性质及来源渠道分类

因资金性质和来源渠道决定着财务报告的编制要求和接收主体，因而公共部门组织应当首先按照资金性质和来源渠道对项目进行分类。鉴于高校的资金来源依其性质可分为“财政资金”和“非财政资金”，财政资金按照预

算级次可分为“同级财政”和“非同级财政”、按照来源渠道可分为“财政部门直拨”“行政主管部门转拨”和“预算单位转拨”，所以高校会计核算上的项目，可分为“同级财政直拨”“同级部门转拨”“同级其他转拨”“非同级财政直拨”“非同级财政转拨”和“其他”共六类。其中：“同级财政直拨”是指同级财政部门给予高校的财政拨款，如财政部拨付中央高校的基本运行经费；“同级部门转拨”是指纳入同级预算的政府主管部门给予高校的拨款，如国家部委向中央高校转拨的科研经费；“同级其他转拨”是指纳入同级预算的其他单位给予高校的拨款，如中央高校相互转拨的中央科研经费；“非同级财政直拨”是指无预算关系的政府财政部门给予高校的财政拨款，如地方财政部门拨付中央高校的共建经费；“非同级财政转拨”是指无预算关系的政府主管部门或相关单位给予高校的拨款，如地方政府行政主管部门、科研院所给予中央高校的科研经费拨款；“其他”是指除以上五种情况以外的其他资金来源，如来自企业的横向科研经费等。

2. 按预算类型分类

预算管理及经费监管方式的不同，使财政预算资金有了“基本”和“项目”之分。其中，“基本”是为保障预算单位正常运转和为完成日常工作任务而安排的预算；“项目”是为完成特定工作任务和发展目标而安排的预算。因公共部门组织中的“项目”是项目化管理的产物，所以“项目”在财政部门和不同级次的预算单位就有不同的内涵。一般来说，纳入财政或主管部门项目库管理的所谓“财政专项”，如教育部立项的“985”工程，科技部立项的“973”计划，国家自然基金委立项的自然基金等，预算单位均应按项目方式进行经费管理并按“专款专用”原则组织会计核算；但不纳入财政或主管部门项目库管理的所谓“基本”，预算单位亦可能按照项目化管理分割为不同的项目，如财政部门按照基本预算方式拨付高校的基本运行经费，在高校层面上常常按照归口管理切块为日常业务费、本科教学业务费、学科建设费、科研支持费、人才引进费等不同的组成部分；而高校从其他来源渠道获得的非财政性资金，虽在会计核算上也被视作项目，但却并无财政预算管理意义上的所谓“基本”和“项目”之分。

由此，高校会计核算上的项目，就可分为“基本”“专项”和“其他”共三类。其中：“基本”是指财政预算管理上纳入基本预算管理的财政性资金，“专项”是指财政预算管理上按照项目管理的财政性资金，“其他”是指除财政性资金以外的其他资金。

3. 按政府支出功能分类

支出功能分类的依据是政府的职能。为提供专业化的公共管理和公共服务，政府需要按照专业化分工设置不同的职能部门，并按所承担的具体公共事务为各职能部门提供必要的运行和发展经费。按政府职能对预算支出进行分类，可系统、全面地反映政府花钱的具体去向。因支出功能分类只涉及预算资金，并且就高校而言只涉及“教育”和“科学技术”，因而高校会计核算上的项目，按政府支出功能就应分为“教育”“科技”和“其他”共三类。其中，“教育”是指与公共教育职能相关的财政资金收付活动，“科技”是指与公共研究或技术开发相关的财政资金收付活动，“其他”是指除“教育”和“科技”之外的其他资金收付活动。

4. 按支出用途分类

按照《政府会计制度》的规定，高校的支出可分为“教育支出”“科研支出”“行政管理支出”“后勤保障支出”“经营支出”（本书不作讨论）“上缴上级支出”“对附属单位补助支出”“投资支出”“债务还本支出”和“其他支出”共十类。因“教育支出”“科研支出”“行政管理支出”和“后勤保障支出”均是“事业支出”的一个具体类别，并且“上缴上级支出”“对附属单位补助支出”“投资支出”“债务还本支出”和“其他支出”在核算内容上与前述四类支出有着很大的不同，因而在明细核算项目化账务系统设置思路下，高校会计核算上的项目，就可分为“教育”“科研”“行政管理”“后勤保障”和“其他”共五类。其中：“教育”是指与高校教学及教学辅助活动相关的支出；“科研”是指与高校科研及科研辅助活动相关的支出；“行政管理”是指与高校行政管理相关的支出；“后勤保障”是指高校后勤部门为教学、科研和行政管理提供后勤保障服务而发生的支出；“其他”是指除以上四种情形之外的支出。

5. 按其他核算要求分类

除以上分类之外，高校会计核算上的项目，还可按财政预算管理、政府收支分类及其他核算要求进一步分类。如“基本”可进一步分为“人员”和“公用”，“公用”可进一步分为“日常业务费”“本科教学业务费”和“常规专项”等，纵向科研类项目可进一步分为“基础研究”“应用研究”“技术研究与开发”“社会公益”，等等。

## 四、明细核算项目化会计元数据组织思路下的项目编码

电算化会计系统中，科学的代码设置及其通过代码所能检索的核算属性，对于简化报表定义、提高系统运行效率有着至关重要的影响。综合考虑高校实务中的项目类别、各类别项目的容量多少以及内部管理需要，高校可采用“3－2－3－2－2”结构的项目代码设置方案。

第一级的三位编码分别标识资金来源、预算类型和支出功能分类。其中，首位代码分别用“1”“2”“3”“4”“5”和“9”标识“同级财政直拨”“同级部门转拨”“同级其他转拨”“非同级财政直拨”“非同级财政转拨”和“其他”；第二位分别用“1”“2”和“9”标识“基本”“专项”和“其他”；第三位分别用“1”“2”“9”标识“教育”“科技”和“其他”。据此编码方案，财政直拨基本教育经费的起始编码就应为“111”，教育部转拨科研专项经费的起始编码就应为“222”，包括办班创收、横向课题和捐赠在内的其他经费的起始编码就应为“999”。

第二级的两位编码标识项目大类。如用“111”之下的“01”和“02”分别标识“财政直拨基本教育费”下的“人员费”和“公用费”，用“221”之下的“12”标识“教育部基本科研业务费”，用“222”之下的“01”和“02”分别标识“科技部转拨973专项经费”和“科技部转拨863专项经费”，用“999”之下的“01”“02”和“03”分别标识“自主办学经费”“横向课题经费”和“捐赠”，等等。

第三级的三位编码标识项目顺序码。如用“11102”之下的“001”和

“002”顺次标识“财政直拨基本教育公用费”之下的“日常办公费”和“本科教学业务费”，用“22201”之下的“001”和“002”顺次标识“973专项经费”下的第一和第二项课题经费，等等。

第四级和第五级的两位编码分别标识一级和二级子项目顺序码。如用“11102001”之下的“01”和“31”分别标识“财政直拨基本教育校办公室日常办公费”和“财政直拨基本教育管理学院日常办公费”，用“22201001”之下的“01”“02”和“99”分别标识“第1项973科研专项”下的第一、第二子课题专项经费和“课题组科研间接费”；用“1110200131”之下的“01”和“02”分别标识“财政直拨基本教育管理学院办公室日常办公费”和“财政直拨基本教育会计系日常办公费”，等等。

## 第三节　二重确认会计的应用

创建二重确认会计的目的，在于兼顾权责发生制和现金收付制两种确认基础的各自优势。因企业会计和公共部门会计在核算和列报内容方面各有侧重，所以下面分别探讨二重确认会计在这两大领域的具体应用。

### 一、二重确认会计在企业组织中的应用

对于以营利为目的的企业组织来说，创建二重确认会计的目的，在于解决“现金流转及财务状况变动表”的实时编制问题，具体到现行会计实务，就是解决“现金流量表及其补充资料”的实时编制问题。下面从收付科目设置、经济业务对现金流量表及补充资料编制的影响、现金流量表定义和二重确认会计处理四个方面，探讨二重确认会计在企业组织中的应用。

#### （一）二重会计确认下的企业收付科目设置

按照第六章第二节所创建的“‘现金资产’/‘现金流向’=‘收入－费用＋

负债－非现金资产＋所有者权益'/'净利润调节项目或空值占位'" 这一二重确认会计等式，二重确认会计系统中将有两套并行的会计科目体系。其中，基于等式两边第一个引号所设置的会计科目，为权责会计科目，主要用以满足基于权责发生制确认基础的财务状况表和损益表的编制；基于等式两边第二个引号所设置的会计科目，为收付会计科目，主要用以满足基于现金收付制确认基础的现金流量表及基于权责发生制的现金流量表补充资料的编制。需要说明的是，这里之所以将基于等式两边第二个引号所设置的会计科目称之为收付会计科目，目的是为了与权责科目相区别而非为了表明该套科目体系仅用于现金收付业务的会计确认。事实上，因我国企业会计实务中不仅要按直接法列示各项现金的流入、流出，而且还要按间接法列示对净利润的调整，所以就满足我国现行的现金流量表编制而言，出于二重会计确认需要所进行的收付科目设置，就不仅包括为编制现金流量表主表而用以确认现金流入、流出的会计科目，而且还包括为编制现金流量表补充资料而用以确认对净利润各调节项目影响的非现金收付制会计科目，具体设置（同类调节项目进行合并）参见表7－3。

**表7－3　　企业收付科目设置**

| 序号 | 科目代码 | 科目名称 | 类别 | 核算内容及记载方式 |
|---|---|---|---|---|
| 1 | 101 | 销售收现 | 流入 | 销售商品、提供劳务收到的现金，借增贷减 |
| 2 | 102 | 税费收现 | 流入 | 收到的税费返还，借增贷减 |
| 3 | 109 | 其他经营收现 | 流入 | 收到其他与经营活动有关的现金，借增贷减 |
| 4 | 111 | 采购付现 | 流出 | 购买商品、接受劳务支付的现金，贷增借减 |
| 5 | 112 | 薪酬付现 | 流出 | 支付给职工及为职工支付的现金，贷增借减 |
| 6 | 113 | 税费付现 | 流出 | 支付的各项税费，贷增借减 |
| 7 | 119 | 其他经营付现 | 流出 | 支付其他与经营活动有关的现金，贷增借减 |
| 8 | 201 | 收回投资收现 | 流入 | 收回投资收到的现金，借增贷减 |
| 9 | 202 | 投资收益收现 | 流入 | 取得投资收益收到的现金，借增贷减 |
| 10 | 203 | 处置资产收现 | 流入 | 处置非流动资产收到的现金，借增贷减 |

续表

| 序号 | 科目代码 | 科目名称 | 类别 | 核算内容及记载方式 |
|---|---|---|---|---|
| 11 | 204 | 处置分部收现 | 流入 | 处置子公司及其他营业单位收到的现金，借增贷减 |
| 12 | 209 | 其他投资收现 | 流入 | 收到其他与投资活动有关的现金，借增贷减 |
| 13 | 211 | 购建资产付现 | 流出 | 购建非流动资产支付的现金，贷增借减 |
| 14 | 212 | 对外投资付现 | 流出 | 对外投资支付的现金，贷增借减 |
| 15 | 213 | 购买分部付现 | 流出 | 取得子公司及其他营业单位支到的现金，贷增借减 |
| 16 | 219 | 其他投资付现 | 流出 | 支付其他与投资活动有关的现金，贷增借减 |
| 17 | 301 | 权益融资收现 | 流入 | 吸收投资收到的现金，借增贷减 |
| 18 | 302 | 债务融资收现 | 流入 | 取得借款收到的现金，借增贷减 |
| 19 | 309 | 其他筹资收现 | 流入 | 收到其他与筹资活动有关的现金，借增贷减 |
| 20 | 311 | 偿还债务付现 | 流出 | 偿还债务本金支付的现金，贷增借减 |
| 21 | 312 | 融资成本付现 | 流出 | 分配股利、利润或偿付利息支付的现金，贷增借减 |
| 22 | 319 | 其他筹资付现 | 流出 | 支付其他与筹资活动有关的现金，贷增借减 |
| 23 | 401 | 汇率变动收现 | 出入 | 外币汇率变动增加本币现金，借增贷减 |
| 24 | 501 | 资产减值 | 调节 | 资产减值，贷增借减 |
| 25 | 502 | 资产旧耗 | 调节 | 资产折旧、折耗，贷增借减 |
| 26 | 503 | 资产摊销 | 调节 | 无形资产摊销，贷增借减 |
| 27 | 504 | 费用摊销 | 调节 | 长期待摊费用摊销，贷增借减 |
| 28 | 511 | 资产处置损益 | 调节 | 处置固定无形等非流动资产的损益，借损失贷收益 |
| 29 | 512 | 资产报废损失 | 调节 | 固定资产报废损失，借损失 |
| 30 | 513 | 价值变动损益 | 调节 | 公允价值变动损益，借损失贷收益 |
| 31 | 514 | 财务费用 | 调节 | 财务费用，借费用贷收入 |
| 32 | 515 | 投资损益 | 调节 | 投资损益，借损失贷收益 |
| 33 | 516 | 递延所得税资产 | 调节 | 递延所得税资产变动，借增贷减 |
| 34 | 517 | 递延所得税负债 | 调节 | 递延所得税负债变动，贷增借减 |
| 35 | 521 | 经营存货 | 调节 | 经营性存货变动，借增贷减 |
| 36 | 522 | 经营应收 | 调节 | 经营性应收项目变动，借增贷减 |
| 37 | 523 | 经营应付 | 调节 | 经营性应付项目变动，贷增借减 |
| 38 | 531 | 其他 | 调节 | 其他损益调整事项，借增贷减 |
| 39 | 999 | 空值占位 | 无关 | 无具体核算内容，仅用于空值占位 |

### （二）经济业务分类及其对现金流量表编制的影响

从经济业务对经营活动现金流量和净利润（除所得税业务外为利润总额）的影响来看，经营活动现金净流量与净利润或利润总额的差异，主要源于经营活动现金净流量中不包括非经营活动损益、非现付费用和非收现收入的财务影响。由此，可按“是否属于经营活动”“是否影响当期损益”和“是否有现金收付”三个标准，对企业所有可能发生的经济业务进行分类；同时，为考察不同业务的会计处理对现金流量表及其补充资料编制的影响，权责发生制下的会计科目，还应进一步分为现金类、损益类、流动类和其他类。这样，企业所有可能发生的经济业务，便可归结为如下八大基本类别共24种典型业务及其组合。

1. 属于经营活动、影响当期损益并有现金收付的业务

本类业务对利润总额和经营活动现金净流量具有一致性影响。具体分为以下两种情形：（1）诸如以即时收款方式销售商品、取得固定资产租金收入等，利润总额与经营活动现金净流量同步增加；（2）诸如支付日常经营费用、支付退货款及退货运杂费、支付小额印花税等，利润总额与经营活动现金净流量同步减少。综上，本类业务对现金流量表及其补充资料编制的影响，可概括为“收现销售”和“现付经营费用”两种典型业务。

2. 属于经营活动、影响当期损益且无现金收付的业务

本类业务将使利润总额与经营活动现金净流量出现差异。具体分为以下五种情形：（1）诸如确认赊销收入等，将使利润总额增加但并不影响经营活动现金净流量，并因两者之差正好表现为经营性应收科目的余额变动，因而要通过“经营性应收项目的减少”这一流动类调节项目予以调节；（2）诸如确认产品质量保证负债等，将使利润总额减少但并不影响经营活动现金净流量，并因两者之差正好表现为经营性应付科目的余额变动，因而要通过“经营性应付项目的增加”这一流动类调节项目予以调节；（3）诸如冲销坏账准备等，将使利润总额增加但并不影响经营活动活动现金净流量，并因两者之差正好表现为资产减值准备类科目的余额变动，因而要通过“资产减值准

备”这一非现付费用类调节项目予以调节；（4）诸如结转销货成本等，将使利润总额减少但并不影响经营活动现金净流量，并因两者之差正好表现为存货类科目的余额变动，因而要通过“存货的减少”这一流动类调节项目予以调节；（5）诸如计提管理用固定资产折旧等，将使利润总额减少但并不影响经营活动现金净流量，并因两者之差正好表现为“累计折旧”科目的余额变动，因而要通过“固定资产折旧”这一非现付费用类调节项目予以调节。综上，本类业务对现金流量表编制的影响，可概括为“确认赊销收入”“确认产品质量保证负债”“冲销坏账准备”“结转销货成本”和“计提管理用固定资产折旧”五种典型业务。

3. 属于经营活动、不影响当期损益且有现金收付的业务

除从银行提取现金、将现金存入银行等不涉及现金流量表编制的现金类科目相互转化业务之外，本类业务对现金流量表及补充资料编制的影响，还有以下三种情形：（1）诸如收取赊销款等，虽不影响利润总额但却使经营活动现金净流量增加，并且两者之差正好表现为经营性应收科目的余额变动，因而要通过“经营性应收项目的减少”这一流动类调节项目予以调节；（2）诸如支付赊欠购货款等，虽不影响利润总额但却使经营活动现金净流量减少，并且两者之差正好表现为经营性应付类科目的余额变动，因而要通过“经营性应付项目的增加”这一流动类调节项目予以调节；（3）诸如现购存货等，虽不影响利润总额但却使经营活动现金净流量减少，并因两者之差正好表现为存货科目的余额变动，因而要通过“存货的减少”这一流动类调节项目予以调节。综上，本类业务对现金流量表编制的影响，可概括为“提现”“收取赊销款”“支付赊购款”和“现购存货”四种典型业务。

4. 属于经营活动、不影响当期损益且无现金收付的业务

本类业务虽对利润总额和经营活动现金净流量均不产生影响，但因其会计处理可能引起包含于净利润调节项目的相关科目余额变动而可能涉及现金流量表补充资料的编制。具体分为以下三种情形：（1）诸如结转产品生产成本等，虽对利润总额和经营活动现金净流量均不产生影响，但因其会计处理涉及存货类科目而涉及现金流量表补充资料的编制，又因此类业务对存货类

科目余额的影响会自行抵销，故而对“存货的减少”这一净利润调节项目的影响最终归为0；（2）诸如赊购原材料等，虽对利润总额和经营活动现金净流量均不产生影响，但因其会计处理会引起存货及应付票据、应付账款等科目的余额变动而涉及现金流量表补充资料的编制，因此类业务所引起的相关科目的余额变动分属于净利润的两个调节项目，并且对利润总额的影响正好可以相互抵销，故而应将相关科目的余额变动分别列示于“存货的减少”和“经营性应付项目的增加”这两个流动类调节项目之中，以使其对利润总额的影响最终归为0；（3）诸如计提生产用固定资产折旧费等，虽对利润总额和经营活动现金净流量均不产生影响，但因其会计处理涉及属于存货类的“制造费用”和非现付费用性质的“累计折旧”而涉及现金流量表补充资料的编制，因此类业务所引起的相关科目的余额变动分属于净利润的两个调节项目，并且对利润总额的影响正好可以相互抵销，故而应将相关科目的余额变动分别列示于“存货的减少”和“固定资产折旧”这两个调节项目之中，以使其对利润总额的影响最终归为0。综上，本类业务对现金流量表编制的影响，可概括为“结转产品生产成本”“赊购存货”和“计提生产用固定资产折旧”三种典型业务。

5. 不属于经营活动、影响当期损益并有现金收付的业务

因本类业务只影响利润总额而使利润总额与经营活动现金净流量出现差异。具体分为以下两种情形：（1）诸如收取债券投资利息等，增加利润总额但并不影响经营活动现金净流量，并且两者之差正好是“投资收益”科目的发生额变动，故而应将其作为利润总额的调节因素列示于“投资损失”这一非经营活动损益类调节项目之中，以使经营活动利润总额与经营活动现金净流量保持一致；（2）诸如以现金对外捐赠等，减少利润总额但并影响经营活动现金净流量，并且两者之差正好是“营业外支出”科目的发生额变动，故而应将其作为利润总额的调节因素列示于“其他”这一调节项目之中，以使经营活动利润总额与经营活动现金净流量保持一致。综上，本类业务对现金流量表编制的影响，可概括为“现收债权投资收益”和“现金捐赠支出”两种典型业务。

6. 不属于经营活动、影响当期利润且无现金收付的业务

因本类业务只影响利润总额而使利润总额与经营活动现金净流量出现差异。具体分为以下三种情形：（1）诸如计提计入当期损益的长期借款利息等，减少利润总额但并不影响经营活动现金净流量，并且两者之差正好是“财务费用”科目的发生额变动，故而应将其作为利润总额的调节因素列示于“财务费用”这一非经营活动损益类调节项目，以使经营活动利润总额与经营活动现金净流量保持一致；（2）诸如权益法下确认投资收益等，增加利润总额但并影响经营活动现金净流量，并且两者之差正好是“投资收益”科目的发生额变动，故而应将其作为利润总额的调节因素列示于“投资损失”这一非经营活动损益类调节项目，以使经营活动利润总额与经营活动现金净流量保持一致；（3）诸如延期收款方式处置无形资产等，增加利润总额但并不影响经营活动现金净流量，并且两者之差既表现为“其他应收款”科目的余额变动，又表现为“营业外收入”科目的发生额变动，为避免二者同时作为利润总额的调节因素反映时所出现的重复调节问题，此类业务所引起的利润总额与经营活动现金净流量的差异，应通过属于非经营活动损益类的“投资收益”这一净利润调节项目予以调节。综上，本类业务对现金流量表编制的影响，可概括为“计提计入损益的长期借款利息”“确认投资收益”和“延期收款方式处置无形资产”三种典型业务。

7. 不属于经营活动、不影响当期利润但有现金收付的业务

本类业务虽对利润总额和经营活动现金净流量不产生影响，但因其会计处理可能涉及相关流动类科目的余额变动而涉及现金流量表补充资料的编制。具体分为以下三种情形：（1）诸如收取固定资产处置款等，虽不影响经营活动现金净流量和利润总额，但因其会计处理涉及“其他应收款”科目的余额变动而涉及“经营性应收项目的减少”的编制，因该业务不属于经营活动，故而“其他应收款”科目的余额变动也就不应作为经营活动利润的调节因素列示于“经营性应收项目的减少”这一流动类调节项目之中；（2）诸如支付工程人员工资等，虽不影响经营活动现金净流量和利润总额，但因其会计处理涉及“应付职工薪酬”科目的余额变动而涉及现金流量表补充资料“经营

性应付项目的增加”的编制，因该业务不属于经营活动，故而“应付职工薪酬”科目的余额变动也就不应作为经营活动利润的调节因素列示于“经营性应付项目的增加”这一流动类调节项目之中；（3）诸如以货币资金对外投资等，因其对利润总额和经营活动现金净流量均不产生影响，并且也不引起包含于净利润各调节项目在内的相关科目的发生额或余额变动，因而不涉及现金流量表补充资料的编制。综上，本类业务对现金流量表编制的影响，可概括为“收固定资产处置款”“支付工程人员工资”和“以货币资金对外投资”三种典型业务。

8. 不属于经营活动、不影响当期损益也没有现金收付的业务

本类业务对利润总额和经营活动现金净流量均不产生影响，但因其会计处理可能引起相关流动类科目的余额变动而涉及现金流量表补充资料的编制。具体分为以下两种情形：（1）诸如分配工程负担的职工薪酬等，虽不影响利润总额和经营活动现金净流量，但因其会计处理会引起“应付职工薪酬”科目的余额变动而涉及现金流量表补充资料的编制，因该业务不属于经营活动，因而“应付职工薪酬”科目的余额变动也就不应作为经营活动利润的调节因素列示于“经营性应付项目的增加”这一流动类调节项目之中；（2）诸如结转固定资产建造成本等，由于既没有现金流入、流出，也不引起利润总额与经营活动现金净流量出现差异，亦不涉及包含于净利润各调节项目在内的相关科目的发生额或余额变动，因而不涉及现金流量表的编制。综上，本类业务对现金流量表编制的影响，可概括为“分配工程人员负担的职工薪酬”和“结转固定资产完工成本”两种典型业务。

### （三）二重会计确认下的现金流量表取数公式定义

按照我国现行的现金流量表结构，二重会计确认下的现金流量表取数公式，具体可分为以下三种基本形式。

1. 现金流量表主表各非加计报表项目的定义

与现金流量表主表编制相关的各收付科目，因借方反映现金流入而贷方反映现金流出，故现金流量表主表中的所有流入类报表项目，其“本月数”

和“本年数”就应分别定义为“‘收付科目’月借方发生额 - 月贷方发生额”和“‘收付科目’年累计借方发生额 - 年累计贷方发生额”；而所有流出类报表项目，其“本月数”和“本年累计数”则应分别定义为“‘收付科目’月贷方发生额 - 月借方发生额”和“‘收付科目’年累计贷方发生额 - 年累计借方发生额”。

2. 现金流量表补充资料中“净利润”报表项目的定义

因权责发生制下损益类科目的贷方发生额增加利润而借方发生额减少利润（或净利润），故在各表独立取数的思路下，该报表项目的“本月数”和“本年数”，就应分别定义为“‘损益类科目’月贷方发生额 - 月借方发生额”和“‘损益类科目’年累计贷方发生额 - 年累计借方发生额”。

3. 现金流量表补充资料净利润各调节项目的定义

与现金流量表补充资料净利润调节项目编制相关的收付科目，既可能是借方反映增加也可能是贷方反映增加，并且对净利润的调节方式既可能表现为对净增加额的剔除，也可能表现为对净减少额的剔除，故而“净利润”各调节项目的取数公式，就应依其性质分别定义为“‘收付科目’借方发生额 - 贷方发生额”或“‘收付科目’贷方发生额 - 借方发生额”。具体而言：(1)“资产减值准备”“固定资产折旧和油气资产折耗”“无形资产摊销”“长期待摊费用摊销”“递延所得税资产减少”“递延所得税负债增加”“存货的减少”“经营性应收项目的减少”“经营性应付项目的增加”等报表项目，因相关收付科目的贷方反映调增数而借方反映调减数，故而上述报表项目的“本月数”和“本年数”，就应分别定义为“‘收付科目’月贷方发生额 - 月借方发生额”和“‘收付科目’年累计贷方发生额 - 年累计借方发生额”；(2)“处置固定资产、无形资产等非流动资产的损益”“固定资产报废损失”“公允价值变动损益”“财务费用”和“投资损益”等非流动损益类调节项目，因相关收付科目的借方反映调增数而贷方反映调减数，故而上述报表项目的“本月数”和“本年数”，就应分别定义为“‘收付科目’月借方发生额 - 月贷方发生额”和“‘收付科目’年累计借方发生额 - 年累计贷方发生额”；(3)“其他”这一净利润调节项目，可在明细科目层面上依其发生额的方向，分别定义为"'其他—借方调增'借方发生额－贷方发生额"和"'其他—贷方调增'贷方发生额－借方发生额"。

（四）二重确认会计处理及现金流量表编制

按照前文创建的二重确认会计等式和现金流量表定义方法，适用于企业组织的二重确认会计处理，可概括为以下三种基本情形：

（1）凡涉及权责科目中的"库存现金""银行存款"和"其他货币资金"的，应在现金类科目记录行中输入用以标识现金流向的收付科目。

（2）当涉及的非现金类权责科目影响现金流量表补充资料"净利润"调节项目的编制时，应在非现金类科目记录行中输入用以标识净利润调节项目的收付科目。

（3）当涉及的非现金类权责科目与现金流量表编制无关时，应在非现金类科目记录行中输入用以进行空值占位的收付科目。

以前述24种典型业务为例，二重确认会计处理及现金流量表编制如下：

（1）"收现销收入款"的会计处理：

借：银行存款/销售收现

　　贷：主营业务收入/空值占位

　　　　应交税费/经营性应付增加

据此处理可实时得到现金流量表主表"销售商品、提供劳务收到的现金"和补充资料"净利润"及其调节项目"经营性应付项目增加"的数值。

（2）"现付经营费用"的会计处理：

借：管理费用/空值占位

　　贷：银行存款/其他经营付现

据此处理可实时得到现金流量表主表"支付其他与经营活动有关的现金"和补充资料"净利润"的数值。

（3）"确认赊销收入"的会计处理（增值税业务略）：

借：应收账款/经营应收

　　贷：主营业务收入/空值占位

据此处理可实时得到现金流量表补充资料“净利润”及其调节项目“经营性应收项目的减少”的数值，并因两者可相互抵消而使补充资料中的“经营活动产生的现金流量净额”为0。

（4）“确认产品质量保证负债”的会计处理：

借：销售费用/空值占位

贷：预计负债/经营应付

据此处理可实时得到现金流量表补充资料“净利润”及其调节项目“经营性应付项目的增加”的数值，并因两者可相互抵消而使补充资料中的“经营活动产生的现金流量净额”为0。

（5）“冲销坏账准备”的会计处理：

借：坏账准备/资产减值

贷：资产减值损失/空值占位

据此处理可实时得到现金流量表补充资料“净利润”及其调节项目“资产减值准备”的数值，并因两者可相互抵消而使补充资料中的“经营活动产生的现金流量净额”为0。

（6）“结转销货成本”的会计处理：

借：主营业务成本/空值占位

贷：库存商品/经营存货

据此处理可实时得到现金流量表补充资料“净利润”及其调节项目“存货的减少”的数值，并因两者可相互抵消而使补充资料中的“经营活动产生的现金流量净额”为0。

（7）“计提管理用固定资产折旧”的会计处理：

借：管理费用/空值占位

贷：累计折旧/资产旧耗

据此处理可实时得到现金流量表补充资料“净利润”及其调节项目“固定资产折旧、油气资产折耗、生产性生物资产折旧”的数值，并因两者可相互抵消而使补充资料中的“经营活动产生的现金流量净额”为0。

（8）“收取赊销款”的会计处理：

借：银行存款/销售收现

贷：应收账款/经营应收

据此处理可实时得到现金流量表主表“销售商品、提供劳务收到的现金”和补充资料净利润调节项目“经营性应收项目的减少”的数值。

（9）“支付赊购款”的会计处理：

借：应付账款/经营应付

贷：银行存款/采购付现

据此处理可实时得到现金流量表主表“购买商品、接受劳务支付的现金”和补充资料净利润调节项目“经营性应付项目的增加”的数值。

（10）“现购存货”的会计处理：

借：库存材料/经营存货

贷：银行存款/采购付现

据此处理可实时得到现金流量表主表“购买商品、接受劳务支付的现金”和补充资料净利润调节项目“存货的减少”的数值。

（11）“提现”的会计处理：

借：库存现金/空值占位

贷：银行存款/空值占位

上述会计处理对现金流量表主表及补充资料的编制不产生任何影响。

（12）“结转产品生产成本”的会计处理：

借：库存商品/经营存货

贷：生产成本/经营存货

上述会计处理对现金流量表主表及补充资料的编制不产生任何影响。

（13）“赊购”的会计处理：

借：原材料/经营存货

贷：应付账款/经营应付

据此处理可实时得到现金流量表补充资料净利润调节项目“存货的减少”和“经营性应付项目的增加”的数值。

（14）“计提生产设备折旧”的会计处理：

借：制造费用/经营存货

　　贷：累计折旧/资产旧耗

据此处理可实时得到现金流量表补充资料净利润调节项目“存货的减少”和“固定资产折旧、油气资产折耗、生产性生物资产折旧”的数值。

（15）“现收债权投资收益”的会计处理：

借：银行存款/投资收益收现

　　贷：投资收益/投资损益

据此处理可实时得到现金流量表主表“取得投资收益收到的现金”和补充资料中“净利润”及其调节项目“投资损失”的数值，并因“净利润”与其调节项目“投资损失”可相互抵销而使补充资料中的“经营活动产生的现金流量净额”的数值为0。

（16）“现金捐赠”的会计处理：

借：营业外支出/其他借项

　　贷：银行存款/其他投资付现

据此处理可实时得到现金流量表主表“支付其他与投资活动有关的现金”和补充资料中“净利润”及其调节项目“其他”的数值，并因“净利润”与其调节项目“其他”可相互抵销而使补充资料中的“经营活动产生的现金流量净额”的数值为0。

（17）“计提长期借款利息”的会计处理：

借：财务费用/财务费用

　　贷：长期借款——利息/空值占位

据此处理可实时得到现金流量表补充资料“净利润”及其调节项目“财务费用”的数值，并因两者可相互抵销而使补充资料中的“经营活动产生的现金流量净额”的数值为0。

（18）“确认投资收益”的会计处理：

借：应收股利/空值占位

　　贷：投资收益/投资损益

据此处理可实时得到现金流量表补充资料中“净利润”及其调节项目“投资损失”的数值，并因两者可相互抵销而使补充资料中的“经营活动产生的现金流量净额”的数值为0。

(19)“延期收款方式处置无形资产”的会计处理：

借：其他应收款/空值占位

　　贷：营业外收入/资产处置损益

　　　　无形资产/空值占位

据此处理可实时得到现金流量表补充资料中“净利润”及其调节项目“处置固定资产、无形资产和其他长期资产的损失”的数值，并因两者可相互抵销而使补充资料中的“经营活动产生的现金流量净额”的数值为0。

(20)“收固定资产处置款”的会计处理：

借：银行存款/处置资产收现

　　贷：其他应收款/空值占位

据此处理可实时得到现金流量表主表“处置固定资产、无形资产和其他长期资产收回的现金净额”的数值。本业务所涉及的“其他应收款”科目余额变动不作为净利润的调节因素反映。

(21)“支付工程人员工资”的会计处理：

借：应付职工薪酬/空值占位

　　贷：银行存款/购建资产付现

据此处理可实时得到现金流量表主表“购建固定资产、无形资产和其他长期资产支付的现金”的数值。本业务所涉及的“应付职工薪酬”科目余额变动不作为净利润的调节因素反映。

(22)“以货币资金对外投资”的会计处理：

借：长期股权投资/空值占位

　　贷：银行存款/对外投资付现

据此处理可实时得到现金流量表主表“投资支付的现金”的数值。

(23)“工程领用生产用材料”的会计处理：

借：在建工程/空值占位

贷：应付职工薪酬/空值占位

因本业务所涉及的“应付职工薪酬”科目余额变动不作为净利润的调节因素反映，故上述会计处理对现金流量表主表及补充资料的编制不产生任何影响。

（24）“结转固定资产完工成本”的二重确认会计处理：

借：固定资产/空值占位

贷：在建工程/空值占位

上述会计处理对现金流量表主表及补充资料的编制不产生任何影响。

从上述24种典型业务的会计处理中不难看出，因二重确认会计可对编制现金流量表所需的源数据进行专门采集，所以现金流量表及其补充资料完全能够像财务状况表和财务成果与盈余分配表那样，按照“确认—计量—记录—报告”的数据处理逻辑得以实时编制。

## 二、二重确认会计在公共部门组织中的应用

就公共部门组织而言，创建二重确认会计的目的，是为了兼顾基于权责发生制确认基础的财务状况和财务成果信息与基于现金收付制确认基础的预算收支信息的列报。下面从会计科目设置和业务处理两个方面，说明二重确认会计在公共部门组织中的应用。

### （一）公共部门组织的二重确认会计科目设置

二重确认会计模式下，会计系统中将有两套并行的会计分类标识：一是权责发生制确认基础下用以编制财务状况表和运营情况表的权责会计科目；二是现金收付制确认基础下用以编制预算执行情况表的收付会计科目。

1. 公共部门组织权责科目设置。

公共部门组织中的权责会计科目，可借鉴企业会计实务并考虑财政预算管理需要进行设置。以高校会计核算为例，权责会计科目的设置见表7－4。

表 7-4 高校权责会计科目设置

| 序号 | 科目代码 | 科目名称 | 科目性质 | 核算内容及明细科目设置 |
|---|---|---|---|---|
| 1 | 101 | 库存现金 | 资产 | |
| 2 | 102 | 银行存款 | 资产 | |
| 3 | 103 | 国库额度 | 资产 | 用于授权支付，设本年额度和上年返还 |
| 4 | 109 | 其他货币资金 | 资产 | |
| 5 | 111 | 应收票据 | 资产 | |
| 6 | 112 | 应收账款 | 资产 | |
| 7 | 113 | 应收财政款 | 资产 | 设同级、非同级等明细 |
| 8 | 114 | 应收上级款 | 资产 | |
| 9 | 115 | 预付账款 | 资产 | |
| 10 | 119 | 其他应收款 | 资产 | 设个人往来、单位往来等明细 |
| 11 | 121 | 库存物资 | 资产 | 设实验耗材、办公耗材等明细 |
| 12 | 131 | 长期股权投资 | 资产 | |
| 13 | 132 | 长期债权投资 | 资产 | |
| 14 | 141 | 固定资产 | 资产 | |
| 15 | 142 | 累计折旧 | 资产 | |
| 16 | 143 | 文物文化资产 | 资产 | |
| 17 | 145 | 在建工程 | 资产 | 设建筑、安装、改造等明细 |
| 18 | 146 | 在研设备 | 资产 | 设设备开发、设备改造等明细 |
| 19 | 147 | 工程物资 | 资产 | |
| 20 | 159 | 固定资产清理 | 资产 | |
| 21 | 161 | 无形资产 | 资产 | |
| 22 | 162 | 累计摊销 | 资产 | |
| 23 | 171 | 待处理财产损溢 | 资产 | |
| 24 | 201 | 短期借款 | 负债 | |
| 25 | 202 | 应交财政款 | 负债 | 应上交的非税收入和应返还的结余经费 |
| 26 | 203 | 应付转拨款 | 负债 | |
| 27 | 204 | 应付职工薪酬 | 负债 | 设工资、津补贴、绩效等明细 |

续表

| 序号 | 科目代码 | 科目名称 | 科目性质 | 核算内容及明细科目设置 |
|---|---|---|---|---|
| 28 | 205 | 应交税费 | 负债 | 设个税、增值税等明细 |
| 29 | 206 | 应付票据 | 负债 | |
| 30 | 207 | 应付账款 | 负债 | |
| 31 | 208 | 预收账款 | 负债 | |
| 32 | 209 | 其他应付款 | 负债 | 设个人往来、单位往来等明细 |
| 33 | 231 | 长期借款 | 负债 | 设基建、其他等明细 |
| 34 | 232 | 长期应付款 | 负债 | |
| 35 | 233 | 受托负债 | 负债 | |
| 36 | 301 | 出资者权益 | 权益 | 仅反映非财政投资主体所享有的权益 |
| 37 | 302 | 事业基金 | 权益 | |
| 38 | 303 | 专用基金 | 权益 | |
| 39 | 304 | 未分配盈余 | 权益 | |
| 40 | 306 | 本年盈余 | 权益 | 设基本、专项、其他等明细科目 |
| 41 | 311 | 盈余分配 | 权益 | |
| 42 | 401 | 生产成本 | 成本 | 设材料、人工、间接费等明细 |
| 43 | 402 | 制造费用 | 成本 | |
| 44 | 501 | 事业收入 | 收入 | 设教学、科研和业务辅助等明细 |
| 45 | 502 | 财政补助收入 | 收入 | 设教育、科研和其他等明细 |
| 46 | 503 | 上级补助收入 | 收入 | 设教育、科研和其他等明细 |
| 47 | 504 | 下级上交收入 | 收入 | |
| 48 | 509 | 其他收入 | 收入 | 设租金、捐赠、资产处置等明细 |
| 49 | 511 | 财政返还收入 | 收入 | |
| 50 | 512 | 递延收入 | 收入 | |
| 51 | 551 | 事业耗费 | 费用 | 设工资福利、商品服务、资产损耗等明细 |
| 52 | 55101 | 工资福利费 | 费用 | 设工资、福利费、工会经费等明细 |
| 53 | 55102 | 商品服务费 | 费用 | 按支出经济分类设明细 |
| 54 | 55103 | 资产损耗费 | 费用 | 反映固定资产折旧、无形资产摊销等 |

续表

| 序号 | 科目代码 | 科目名称 | 科目性质 | 核算内容及明细科目设置 |
|---|---|---|---|---|
| 55 | 55104 | 社会补助费 | 费用 | 设离退休、抚恤金、奖助学金等明细 |
| 56 | 552 | 上交财政支出 | 费用 | |
| 57 | 553 | 上交上级支出 | 费用 | |
| 58 | 554 | 补助下级支出 | 费用 | |
| 59 | 559 | 其他耗费 | 费用 | 非事业活动支出和损失，如捐赠支出等 |
| 60 | 999 | 空值占位 | 协调 | |

2. 公共部门组织收付科目设置。

公共部门组织中的收付科目，应基于预算管理需要进行设置。以高校会计核算为例，收付科目的设置见表 7－5。

**表 7－5　　高校收付会计科目设置**

| 序号 | 科目编码 | 科目名称 | 类别 | 核算说明 |
|---|---|---|---|---|
| 1 | 101 | 财政拨款收入 | 收入 | |
| 2 | 102 | 上级补助收入 | 收入 | |
| 3 | 103 | 预算调剂收入 | 收入 | |
| 4 | 104 | 附属上缴收入 | 收入 | |
| 5 | 111 | 事业活动收入 | 收入 | 设教学、科研和业务辅助等明细 |
| 6 | 112 | 经营活动收入 | 收入 | |
| 7 | 113 | 投资活动收入 | 收入 | |
| 8 | 121 | 拨款暂存收入 | 收入 | |
| 9 | 122 | 举借债务收入 | 收入 | 设短期、长期等明细 |
| 10 | 131 | 资产处置收入 | 收入 | |
| 11 | 141 | 捐赠收入 | 收入 | |
| 12 | 142 | 利息收入 | 收入 | |
| 13 | 143 | 租金收入 | 收入 | |

续表

| 序号 | 科目编码 | 科目名称 | 类别 | 核算说明 |
|---|---|---|---|---|
| 14 | 149 | 其他收入 | 收入 | |
| 15 | 201 | 行政支出 | 支出 | |
| 16 | 202 | 事业支出 | 支出 | |
| 17 | 203 | 经营支出 | 支出 | |
| 18 | 211 | 上交财政支出 | 支出 | |
| 19 | 212 | 上缴上级支出 | 支出 | |
| 20 | 213 | 预算调剂支出 | 支出 | |
| 21 | 214 | 结余返还支出 | 支出 | |
| 22 | 215 | 对附属单位补助支出 | 支出 | |
| 23 | 216 | 转拨支出 | 支出 | |
| 24 | 221 | 投资支出 | 支出 | |
| 25 | 231 | 债务还本支出 | 支出 | |
| 26 | 232 | 债务付息支出 | 支出 | |
| 27 | 241 | 捐赠支出 | 支出 | |
| 28 | 249 | 其他支出 | 支出 | |
| 29 | 301 | 资金结存 | 结存 | 按资金性质及预算类型设明细 |

### （二）公共部门组织二重确认会计处理

考虑到公共部门组织会计处理的复杂性，下面将公共部门组织的日常业务分为普通业务和特殊业务两类，并结合高校会计实务说明其二重确认会计处理方法。

1. 普通业务的二重确认会计处理

公共部门组织中的普通业务，按照有无现金收付以及现金余额的增减变动，可分为普通收款业务、普通付款业务和普通非现金业务三大类别。

（1）普通收款业务的会计处理。

对该类业务按权责发生制进行会计确认时，必涉及“库存现金”“银行存款”“国库额度”和“其他货币资金”等现金类科目，并且现金类科目借方的增加必有现金余额的同步增加；而对该类业务按现金收付制进行会计确认时，必涉及“预算收入”和“预算结余”类科目，并且预算收入的增加必有预算结余的同步增加。该类业务应进行如下会计处理：

借：现金类科目/预算收入类科目

贷：非现金科目/预算结余类科目

如就取得短期借款而言，具体会计处理如下：

借：银行存款/借债收入

贷：短期借款/资金结存

需要说明的是，完整的会计分录中还应包括“经费项目”以及标明“资金来源”“预算类型”“支出功能”“支出用途”“盈余结转”“结余结转”等方面的核算属性值。因篇幅所限，本处从略。

（2）普通付款业务的二重确认会计处理。

对该类业务按权责发生制进行会计确认时，必涉及“库存现金”“银行存款”“国库额度”和“其他货币资金”等现金类科目，并且现金类科目贷方的增加必有现金余额的同步减少；而对该类业务按现金收付制进行会计确认时，必涉及“预算支出”和“预算结余”类科目，并且预算支出的增加必有预算结余的同步减少。该类业务应进行如下会计处理：

借：非现金科目/预算结余类科目

贷：现金类科目/预算支出类科目

如就用基本预算经费支付印刷费而言，具体会计处理如下：

借：事业耗费——商品服务费——印刷费/资金结存

贷：银行存款/商品服务支出——印刷费

（3）普通非现金业务的会计处理。

因该类业务没有资金的流入、流出而不涉及预算收支的会计确认，所以需使用收付科目体系中的“空值占位”科目进行空值占位。该类业务应进行如下会计处理：

借：非现金科目/空值占位

贷：非现金科目/空值占位

如就计提固定资产折旧而言，具体会计处理如下：

借：事业耗费——资产损耗费/空值占位

贷：累计折旧/空值占位

2. 特殊业务的会计处理

国库直接支付、“收支两条线”预算管理、转拨款以及计提项目间接费等，使公共部门会计实务中出现了一些特殊的会计处理。分述如下：

（1）国库直接支付业务的会计处理。

国库直接支付，是由财政部门将预算单位应予支付的款项直接支付于收款单位或个人的一种预算资金支付方式。从资金流的角度来看，国库直接支付对预算单位的资金流转不产生任何影响；但从预算执行的角度来看，国库直接支付却与预算单位通过其开户银行收支预算资金无任何差异。由此，国库直接支付可虚拟为预算资金的一进一出，并比照前述普通收付款业务进行二重会计处理。具体分为两种情形：

当支出应确认为权责发生制下的当期耗费时，其会计处理应为：

借：事业耗费类科目/财政补助收入科目

贷：财政补助收入科目/预算支出类科目

如就国库直接支付方式支付职员工资福利费而言，就应做：

借：事业耗费——工资福利费/财政补助收入——教育

贷：财政补助收入——教育/事业支出——工资福利费支出

当支出应确认为权责发生制下的库存材料、固定资产、在建工程等非现金资产时，其会计处理应为：

借：非现金资产类科目/财政补助收入科目

贷：财政补助收入科目/预算支出类科目

如就国库直接支付方式购置教学用仪器设备而言，就应做：

借：固定资产/财政补助收入——教育

贷：财政补助收入——教育/事业支出——资产购建支出——仪器设备

（2）“收支两条线”相关业务的会计处理。

对于各预算单位在业务活动中取得的非税收入，我国目前采用的是“收支两条线”预算管理模式，即在收到时全额上缴财政，在收到财政返还时确认为预算收入。从《政府会计制度》给出的会计处理来看，目前就非税收入的确认，既非以取得收款权利为标志的权责发生制，亦非以收妥现金为标志的现金收付制，而是以收到财政拨返还为标志的预算制。为使二重确认会计既满足“收支两条线”预算管理需要，又不改变非税收入的确认时点，本书认为可通过在权责科目体系中增设“上缴财政支出”和“财政返还收入”，在收付科目体系中增设“上缴财政支出”（返还时通过“财政拨款收入”核算）的方式，完善该类业务的会计处理。以高校非税收入的核算为例，相关会计处理如下：

①收学费、住宿费等教育事业收入。

借：银行存款/事业收入——教育

　　贷：事业收入——教育/资金结存

借：上交财政支出/空值占位

　　贷：应交财政款/空值占位

②收房屋租金收入。

借：银行存款/其他收入——租金收入

　　贷：其他收入——租金收入/资金结存

借：上交财政支出/空值占位

　　贷：应交财政款/空值占位

③收提前处置固定资产变价收入。

借：银行存款/其他收入——固定资产处置收入

　　贷：固定资产清理/资金结存

借：上交财政支出/空值占位

　　贷：应交财政款/空值占位

④付固定资产清理费，同时冲转应交财政专户款。

借：固定资产清理/资金结存

贷：银行存款/其他支出——固定资产处置支出

借：上交财政支出/空值占位（红字）

贷：应交财政款/空值占位（红字）

⑤上交非税收入。

借：应交财政款/资金结存

贷：银行存款/上交财政支出

⑥收财政返还事业收入。

借：银行存款/财政拨款收入

贷：财政返还收入/资金结存

（3）转拨款业务的会计处理。

转拨款，是指因承担共同任务而发生于关联经济组织之间的一种款项拨付业务。对于转拨款的会计处理，我国公共部门组织一直采用的是全额收支法，即项目主持单位将收到的包括转拨款在内的全部经费确认为收入，并将拨出的转拨款确认为支出。因转拨款不仅有明确的任务所指，而且相关耗费也发生于转拨单位之外，所以对照《政府会计基本准则》中的会计要素定义，本书认为，应将收到的转拨款确认为转拨单位的一项负债而非收入，并将拨出的转拨款确认为负债减少而非耗费增加，更能揭示转拨款的经济实质；再从预算会计的角度来看，与转拨款业务相关的资金收付，就拨出单位而言，只是过境意义的资金收付而非预算意义上的资金收付，故而拨出单位亦应从预算管理的角度对其进行区分。基于上述分析，本书认为可通过增设相关权责科目和收付科目的方式，将对转拨款业务的会计处理，由全额收支法改为差额收支法，即主持单位仅按扣除转拨款后的差额确认收入。结合前文的会计科目设置，收到的转拨款业务应做如下会计处理：

借：现金类科目/事业收入——科研（不含转拨款）

现金类科目/拨款暂存收入（转拨款）

贷：事业收入——科研/资金结存

应付转拨款/资金结存

（4）项目间接费的会计处理。

项目间接费，是指项目承担单位在组织开展专项业务活动过程中发生的无法在直接费用中列支的相关费用，就科研专项而言，主要包括项目承担单位为课题研究提供现有仪器设备、房屋及其水、电、气、暖消耗，科研管理部门及课题组日常办公消耗，专职科研管理人员及课题组成员科研绩效工资等。从上述组成内容不难看出，允许在专项经费中以间接费名义列示的，均是在会计核算上或不能遵从现金收付制确认基础，或不能按“专款专用”组织会计核算的科研耗费。如就科研项目使用承担单位现有仪器设备及房屋设施而言，按成本补偿原则对课题承担单位之前已经发生的仪器设备及房屋设施购置支出和未来可能发生的维修维护支出的补偿，因项目执行期间不再有现金流出而无法按照现金收付制确认为专项经费的支出；再就科研活动中的水、电、气、暖消耗而言，因相关仪器设备及房屋设施通常为教学、科研活动所共用，并且无法针对每一受益对象单独计量其实际消耗量，因而也就无法按照“专款专用”原则归集应由专项经费负担的水电气暖消耗支出。涵盖内容之多和会计核算之难，使项目间接费成了科研专项经费预算中唯一需要按照权责发生制进行计列的预算支出项目。

计提项目间接费虽无“实体”意义上的资金流动，但却有“基金”意义上的资金流动，并且“基金”意义上的资金流动有时还必须通过资金在不同开户银行间的调转才能实现。也就是说，计提项目间接费在单位层面上没有现金的流入和流出，但在经费层面上却有资金的收入和付出，并且经费层面上的资金收付有时还涉及资金性质及存储银行间的转换。由此，计提项目间接费就不能越过预算收支科目而直接在结存类科目间进行对转，也不能遗漏必要的资金调户分录。

鉴于项目间接费既可看作是项目委托单位按照成本补偿原则对项目承担单位发生的不能直接计入项目支出的增量耗费的补偿，亦可看作是项目委托单位按照成本加成方法给予项目承担单位的项目毛利，故计提项目间接费的会计处理，就有“冲减费用法”和“收入转存法”可供选择。在利用“项目核算”组织明细核算的前提下，假定计提项目间接费所涉及的专项经费和非专项经费的项目代码分别为 A 和 B，同时假定这两种经费分别存储于国库零余额账户和单位基本账户，那么“冲减费用法”和“收入转存法”下的会计处理，分别由以下①②和③④会计分录构成。

①借：事业耗费——其他耗费——计提间接法/资金结存——国库额度（A）
　　贷：事业耗费——其他耗费——计提间接费/资金结存——货币资金（B）

②借：银行存款/事业支出——行政管理/后勤保障支出（B）
　　贷：国库额度/事业支出——科研支出（A）

③借：事业耗费—其他耗费——计提间接法/资金结存——国库额度（A）
　　贷：其他收入——项目间接费/资金结存——货币资金（B）

④借：银行存款/其他收入——项目间接费（B）
　　贷：国库额度/事业支出——科研支出——商品服务——间接费（A）

3. 二重确认会计应用举例

若某高校科研人员李某联合外单位科研人员王某，于 2018 年 3 月成功申报国家专项科研课题“A”，项目总经费 480 万元，其中李某和王某分别获得资助 384 万元和 96 万元，项目经费按 60% 和 40% 分年度拨付，该年度累计发生如下业务：

（1）收到年度专项经费拨款 288 万元。

（2）按子项目 A－1 实到经费比例计提科研管理费 129 600 元（按“收入转存法”进行会计处理）。

（3）发生差旅费支出 121 400 元，其中：直接报销 32 400 元，借款 89 000 元（其中未销借款 6 300 元）。

（4）发生材料费支出 560 000 元。

（5）发生大型仪器设备用水费支出 56 000 元。

（6）发生大型仪器设备用电费支出 98 000 元。

（7）发生出海调查用燃油费支出 138 000 元。

（8）发生设备购置支出 340 000 元，该支出全部为借款。

（9）外拨合作单位课题经费 576 000 元

（10）发生专用通信费支出 18 000 元。

（11）发生咨询费支出 32 000 元。

（12）发生出国费支出 12 000 元。

（13）发生外宾接待费支出 36 000 元。

（14）发放研究生助研劳务支出 32 000 元。

（15）发生测试加工费支出 298 000 元。

（16）发生文献检索费支出 15 000 元。

如将同类收支业务视为一笔发生，那么其二重确认会计处理如下：

（1）借：国库额度/事业收入——科研（A） 2 304 000
　　国库额度/拨款暂存收入（A） 576 000
　　贷：事业收入——科研/资金结存（A） 2 304 000
　　　应付转拨款/资金结存（A） 576 000

（2）借：事业耗费——计提间接法/资金结存（A） 129 600
　　贷：其他收入——项目间接费/资金结存（B） 129 600

借：银行存款/其他收入——项目间接费（B） 129 600
　贷：国库额度/商品服务——间接费（A） 129 600

本会计处理贷方科目全名应为“事业支出——科研支出——商品服务——间接费”，为方便说明，自本业务开始，凡涉及科研支出中的商品服务支出的，均使用三级及以下科目名称。

（3）借：其他应收款/结存资金（A） 89 000
　　贷：国库额度/商品服务——差旅费（A） 89 000

借：事业耗费/结存资金（A） 32 400
　贷：国库额度/商品服务——差旅费（A） 32 400

借：事业耗费/空值占位（A） 82 700
　贷：其他应收款/空值占位（A） 82 700

（4）借：事业耗费/结存资金（A） 560 000
　　贷：国库额度/商品服务——材料费 560 000

（5）借：事业耗费/结存资金（A）　　56 000
　　贷：国库额度/商品服务——大型设备水费（A）　　56 000
（6）借：事业耗费/资金结存（A）　　98 000
　　贷：国库额度/商品服务——大型设备电费（A）　　98 000
（7）借：事业耗费/资金结存（A）　　138 000
　　贷：国库额度/商品服务——大型设备燃料费（A）
　　138 000
（8）借：预付账款/资金结存（A）　　340 000
　　贷：国库额度/资产购建——设备购置（A）　　340 000
（9）借：应付转拨款/结存资金（A）　　576 000
　　贷：国库额度/转拨支出（A）　　576 000
（10）借：事业耗费/资金结存（A）　　18 000
　　贷：国库额度/商品服务——通信费（A）　　18 000
（11）借：事业耗费/资金结存（A）　　32 000
　　贷：国库额度/商品服务——咨询费（A）　　32 000
（12）借：事业耗费/资金结存（A）　　12 000
　　贷：国库额度/商品服务——出国费（A）　　12 000
（13）借：事业耗费/资金结存（A）　　36 000
　　贷：国库额度/商品服务——外宾接待费（A）　　36 000
（14）借：事业耗费/资金结存（A）　　32 000
　　贷：国库额度/商品服务——劳务费（A）　　32 000
（15）借：事业耗费/资金结存（A）　　298 000
　　贷：国库额度/商品服务——委托业务费（A）　　298 000
（16）借：事业耗费/资金结存（A）　　15 000
　　贷：国库额度/商品服务——文献检索费（A）　　15 000

基于上述会计处理，可得到表7－6所示的收付科目发生额汇总表。

**表 7-6　　收付科目发生额汇总表**　　单位：元

| 序号 | 科目名称 | 借方发生额 | 贷方发生额 |
|---|---|---|---|
| 1 | 商品服务——咨询费 | 32 000 | |
| 2 | 商品服务——水费——大型仪器设备水费 | 56 000 | |
| 3 | 商品服务——电费——大型仪器设备电费 | 98 000 | |
| 4 | 商品服务——邮电费——专用通信费 | 18 000 | |
| 5 | 商品服务——差旅费 | 121 400 | |
| 6 | 商品服务——出国出境费 | 12 000 | |
| 7 | 商品服务——接待费——外宾接待费 | 36 000 | |
| 8 | 商品服务——专用材料费——实验耗材 | 560 000 | |
| 9 | 商品服务——燃料费——仪器设备燃料费 | 138 000 | |
| 10 | 商品服务——劳务费 | 32 000 | |
| 11 | 商品服务——委托业务费 | 298 000 | |
| 12 | 商品服务——间接费 | 129 600 | |
| 13 | 商品服务——其他商品服务——文献检索费 | 15 000 | |
| 14 | 资产购建——设备购置 | 340 000 | |
| 15 | 转拨支出 | 576 000 | |
| 16 | 事业收入——科研 | | 2 304 000 |
| 17 | 拨款暂存收入——科研 | | 576 000 |
| 18 | 其他收入——项目间接费 | | 129 600 |
| 19 | 合计 | 2 462 000 | 3 009 600 |

## 第四节　二重计价会计的应用

创建二重计价会计的目的，在于全面展示资产的历史成本和现时价值。因现时价值是基于报告日名义货币的计量结果，因而它同时也反映物价和币值的变动，并且就外币资产而言还反映汇率的变动，这也就决定了二重计价会计可用于物价变动和外币业务等方面的会计处理。另外，因现时价值既可是基于对外报告需要的外部交换价值，也可能是出于内部业绩计量的内部转移价值，因而二重计价会计还可用于内部责任核算。

## 一、二重计价会计在揭示物价变动方面的应用

在币值不变的假设前提下，由供求变化所导致的资产价值变动，在资产持有的每一会计期间，均表现为以名义货币计量的期末现时价值与初始购置成本的差额。由此，二重计价会计就可动态地揭示资产持有期间的价值变动。为简化会计处理并突出由会计重计价所引起的财富变动，实际应用时，可将会计账户和报表项目中的“现时价值”改为“现时价值调整”。下面以存货为例，说明二重计价会计在揭示物价变动方面的应用。

### （一）实际成本法下的二重计价会计处理

实际成本法下，存货的入库成本以取得成本计量，存货的发出成本可按具体辨认法、先进先出法、加权平均法和移动加权平均法确定。举例来说，若某存货的采购成本为100万元，期末现时价值为120万元，于次年销售3/5，销售价格为65万元，剩余存货的期末现时价值跌至35万元，那么相关业务的二重计价会计处理如下（不考虑增值税）：

（1）购买日确认入库存货成本。

借：库存物资　　1 000 000/0

　　贷：银行存款　　1 000 000/0

（2）期末确认存货增值。

借：库存物资　　0/200 000

　　贷：持产利得　　0/200 000

（3）销售日确认收入。

借：银行存款　　650 000/0

　　贷：主营业务收入　　650 000/0

（4）结转销售成本。

借：主营业务成本　　600 000/0

　　贷：库存物资　　600 000/0

（5）次年末确认存货贬值（先冲销已确认的未实现持产利得）。

借：库存物资　　0/－250 000

　　持产损失　　0/5 000

　　贷：持产利得　　0/－200 000

基于上述会计处理，存货购置当年，财务状况表中存货的“历史成本”和“现时价值调整”栏应分别列示100万元和20万元，财务状况表中“未实现损益”的“现时价值调整”栏和财务业绩表的“重计价收益”，应分别列示20万；存货购置次年，财务状况表中存货的“历史成本”和“现时价值调整”栏应分别列示40万元和－5万元，财务状况表中“未实现损益”的“现时价值调整”栏和财务业绩表的“重计价损失”应分别列示－5万元。

### （二）计划成本法下的二重计价会计处理

计划成本法下，存货的收发均以计划成本计量，实际成本与计划成本的差额通过“存货成本差异”科目核算。举例来说，若某存货的采购成本为100万元，计划成本为90万元，期末现时价值为120万元，于次年销售3/5，销售价格为65万元，剩余存货的期末现时价值跌至35万元，那么相关业务的二重计价会计处理如下（不考虑增值税）：

（1）购买日确认存货的采购成本和入库成本。

借：物资采购　　1 000 000　/0

　　贷：银行存款　　1 000 000/0

借：库存物资　　900 000/0

　　存货成本差异　　100 000/0

　　贷：物资采购　　1 000 000/0

（2）期末确认存货增值。

借：库存物资　　0/200 000

贷：持产利得　　0/200 000

（3）销售日确认收入。

借：银行存款　　650 000/0

贷：主营业务收入　　650 000/0

（4）结转销售成本。

借：主营业务成本　　600 000/0

贷：库存物资　　5400 000/0

存货成本差异　　60 000/0

（5）次年末确认存货贬值。

借：库存物资　　0/ –250 000

持产损失　　0/5 000

贷：持产利得　　0/ –200 000

基于上述会计处理，可得到与实际成本法相同的会计报表列示内容。

## 二、二重计价会计在揭示币值变动方面的应用

币值不变只是一个理论上的假定。实际上，作为一般等价物的货币，不仅总是处于变动之中，而且在特定的政治、经济环境下还会出现较大幅度的变动。币值变动不仅使组织的正常运营活动受到影响，而且对于以名义货币计价的会计来说，还使会计报表难以真实地反映组织的财务状况和运营成果。一般来说，在通货膨胀时期，持有较多的货币性资产将使组织受损而持有较多的货币性负债和非货币性资产则使组织受益，并且即使损益表所列示的利润数额相当可观，也可能因资本已被侵蚀而使组织的运营活动难以为继；相反，在通货紧缩时期，持有较多的货币性资产将使组织受益而持有较多的货币性负债和非货币性资产将使组织受损。由此，在币值发生较大幅度的变动时，会计报表就应按币值变动幅度进行必要的修正。

无论是货币购买力变化，还是商品供求失衡，其会计表现均为以名义货币计价的物品价值的变化。由此，在按照前述方法确认非货币性资产的价值

变动时，币值变动的影响也就得到了同步修正。因货币性项目本身就以名义货币计价，资本维持又是利润计算的前提，因而在需要考虑币值变动的影响时，还需对资本性项目进行额外修正。由于资本的自然形态是资产，资产的价值变动已被确认为未实现损益，因而对资本性项目的修正就应调整已确认的未实现损益。

举例来说，若某企业某年末基于历史成本计价的“实收资本”“盈余公积”和“未分配利润”账户的余额分别为200 000元、30 000元和34 000元，年末较年初的一般物价指数为115，那么在编制年度财务状况表之前，首先应按下述方法对资本性项目进行修正。

借：持产损失　　0/39 600

　　贷：实收资本　　0/30 000

　　　　资本公积　　0/4 500

　　　　未分配利润　　0/5 100

因二重计价会计模式下的期末“现时价值”栏均以报告日的名义货币为计价基础，所以在恶性通货膨胀时期需要对会计报表中的可比数据进行修正时，便可直接按一般物价指数进行折算。

举例来说，若某企业某报告年度的财务状况表如表7-7，该年度的一般物价指数为115，那么按一般物价指数对期初可比数据进行修正后，可得到表7-8所示的修正后财务状况报表。

**表7-7　　修正前财务状况表**　　单位：元

| 项目 | 期初数 | | 期末数 | |
|---|---|---|---|---|
| | 历史成本 | 现时价值 | 历史成本 | 现时价值 |
| 货币资金 | 48 000 | 48 000 | 32 000 | 32 000 |
| 应收款项 | 120 000 | 120 000 | 108 000 | 108 000 |
| 存货 | 96 000 | 118 000 | 150 000 | 192 000 |
| 固定资产 | 260 000 | 290 000 | 310 000 | 360 000 |
| 资产总计 | 524 000 | 576 000 | 600 000 | 692 000 |

续表

| 项目 | 期初数 | | 期末数 | |
|---|---|---|---|---|
| | 历史成本 | 现时价值 | 历史成本 | 现时价值 |
| 短期负债 | 100 000 | 100 000 | 80 000 | 80 000 |
| 长期负债 | 160 000 | 160 000 | 160 000 | 160 000 |
| 实收资本 | 200 000 | 200 000 | 200 000 | 230 000 |
| 盈余公积 | 30 000 | 30 000 | 30 000 | 34 500 |
| 未分配利润 | 34 000 | 34 000 | 130 000 | 135 100 |
| 未实现损益 | | 52 000 | | 52 400 |
| 权益总计 | 524 000 | 576 000 | 600 000 | 692 000 |

**表 7 – 8　　修正后财务状况表**　　单位：元

| 项目 | 期初数 | | | 期末数 | |
|---|---|---|---|---|---|
| | 历史成本 | 现时价值 | 物价修正 | 历史成本 | 现时价值 |
| 货币资金 | 48 000 | 48 000 | 55 200 | 32 000 | 32 000 |
| 应收款项 | 120 000 | 120 000 | 138 000 | 108 000 | 108 000 |
| 存货 | 96 000 | 118 000 | 135 700 | 150 000 | 192 000 |
| 固定资产 | 260 000 | 290 000 | 333 500 | 310 000 | 360 000 |
| 资产总计 | 524 000 | 576 000 | 662 400 | 600 000 | 692 000 |
| 短期负债 | 100 000 | 100 000 | 115 000 | 80 000 | 80 000 |
| 长期负债 | 160 000 | 160 000 | 184 000 | 160 000 | 160 000 |
| 实收资本 | 200 000 | 200 000 | 230 000 | 200 000 | 230 000 |
| 盈余公积 | 30 000 | 30 000 | 34 500 | 30 000 | 34 500 |
| 未分配利润 | 34 000 | 34 000 | 39 100 | 130 000 | 135 100 |
| 未实现损益 | | 52 000 | 59 800 | | 52 400 |
| 权益总计 | 524 000 | 576 000 | 662 400 | 600 000 | 692 000 |

从表 7 – 8 可以看出，基于历史成本计价的利润为 96 000 元；基于现时价值计价的全面业绩为 136 000 元，其中利润 96 0000 元，未实现持产利得

40 000 元（92 000 - 52 000）；按一般物价指数对期初资本进行保全后的全面业绩为 88 600 元（136 000 - 316 000 × 0.15）。不难看出，相对于现行实务中针对不同项目采用不同计量基础的单一混合计价会计模式而言，历史成本和现时价值并重的二重计价会计，更能真实、全面地揭示物价和币值变动对企业财务状况和运营成果的影响。

## 三、二重计价会计在外币业务方面的应用

外币业务分外币交易和会计报表折算。外币交易是指以外币计价或结算的交易，而外币报表折算则是将以外币计价的会计报表折算为以本位币计价的会计报表。与本币业务不同，外币业务的会计处理涉及汇率的选择。

### （一）二重计价会计在外币交易方面的应用

货币的本质是一种商品，即从一般商品中分离出来专门充当一般等价物的商品。在有多种货币并存的情况下，当把一种货币确定为记账本位币时，其他货币就可看成是以这种货币计价的特殊商品。由此，外币交易就可比照存货业务进行处理。二重计价会计模式下的具体处理如下：

（1）货币兑换业务中，应以对价本位币或本位币换算额计量外币的本位币折算额。其中，卖出外币应以银行买入价计量本位币折算额，买入外币应以银行卖出价计量本位币折算额。因外币账户的本位币折算额均按本位币交易额计量，因而货币兑换业务不产生汇兑损益。

（2）非外币兑换业务中，应以当日即期汇率（挂牌中间价）计量外币的本位币折算额。因对应账户也按该汇率计量本位币金额，因而此类业务也不产生汇兑损益。

（3）期末，所有外币账户应按汇率中间价重新计算外币余额的本位币折算额，并将该折算额与账面本位币余额的差额确认为未实现汇兑损益。

（4）当外币账户中的外币金额清零时，累积本位币折算额应由未实现汇兑损益转为已实现汇兑损益。

举例来说，若某外贸企业某年度3～6月份发生如下外币业务：

(1) 3月10日赊购物资计10 000美元；

(2) 3月15日取得外汇借款12 000美元；

(3) 4月12日偿还赊购款10 000美元；

(4) 5月8日赊销商品计8 000美元；

(5) 6月10日收赊销款8 000美元；

(6) 6月12日卖出外币9 000美元。

各交易发生日及各月末汇率如表7－9。

**表7－9　　汇率表**

| 日期 | 买入价 | 卖出价 | 中间价 |
|---|---|---|---|
| 3月10日 | 6.84 | 6.86 | 6.85 |
| 3月15日 | 6.82 | 6.84 | 6.83 |
| 3月31日 | 6.81 | 6.83 | 6.82 |
| 4月12日 | 6.81 | 6.83 | 6.82 |
| 4月30日 | 6.82 | 6.84 | 6.83 |
| 5月8日 | 6.83 | 6.85 | 6.84 |
| 5月31日 | 6.84 | 6.86 | 6.85 |
| 6月10日 | 6.84 | 6.86 | 6.85 |
| 6月12日 | 6.85 | 6.87 | 6.86 |
| 6月30日 | 6.83 | 6.85 | 6.84 |

那么，在二重计价会计模式下，该外贸企业应做如下会计处理：

(1) 3月10日，按汇率中间价计算确定库存商品和外币应付账款的本位币入账金额。

借：库存商品　　68 500/0

　　贷：应付账款（10 000×6.85）　　68 500/0

（2）3 月 15 日，按汇率中间价计算确定外币银行存款和短期借款的本位币折算额。

借：银行存款（12 000 ×6.83）　　81 960/0

　贷：短期借款（12 000 ×6.83）　　81 960/0

（3）3 月 31 日，确认外币银行存款的汇兑损益。

借：汇兑损失　　0/120

　贷：银行存款［12 000 ×(6.82 －6.83)］　　0/120

（4）3 月 31 日，确认外币应付账款的汇兑损益。

借：应付账款［10 000 ×(6.82 －6.85)］　　0/300

　贷：汇兑收益　　0/300

（5）3 月 31 日，确认外币短期借款的汇兑损益。

借：短期借款［12 000 ×(6.82 －6.83)］　　0/120

　贷：汇兑收益　　0/120

（6）4 月 12 日，偿还赊购款。

借：应付账款（10 000 ×6.82）　　68 200/0

　贷：银行存款（10 000 ×6.82）　　68 200/0

（7）4 月 12 日，转销外币应付账款的未实现汇兑损益。

借：应付账款［10 000 ×(6.82 －6.85)］　　300/ －300

　贷：汇兑收益　　300/ －300

（8）4 月 30 日，确认外币银行存款的汇兑损益。

借：银行存款［2 000 ×6.83 －(13 760 －100)］　　0/20

　贷：汇兑收益　　0/20

（9）4 月 30 日，确认外币短期借款的汇兑损益。

借：汇兑损失　　0/120

　贷：短期借款［12 000 ×6.83 －(81 960 －120)］　　0/120

（10）5 月 8 日，按汇率中间价计算确定外币应收账款的本位币金额。

借：应收账款（8 000 ×6.84）　　54 720/0

　贷：主营业务收入（8 000 ×6.84）　　54 720/0

(11) 5月31日，确认外币银行存款的汇兑损益。

借：银行存款［2 000 ×6.85 -(13 760 -100)］　　0/40

　　贷：汇兑收益　　0/40

(12) 5月31日，确认外币应收账款的汇兑损益。

借：应收账款（8 000 ×6.85 -54 720）　　0/80

　　贷：汇兑收益　　0/80

(13) 5月31日，确认外币短期借款的汇兑损益。

借：汇兑损失　　0/240

　　贷：短期借款（12 000 ×6.85 -81 960）　　0/240

(14) 6月10日，按汇率中间价计算确定外币银行存款和应收账款的本位币折算额。

借：银行存款（8 000 ×6.85）　　54 800/0

　　贷：应收账款（8 000 ×6.85）　　54 800/0

(15) 6月10日，转销外币应收账款的未实现汇兑损益。

借：应收账款（8 000 ×6.85 -54 720）　　80/ -80

　　贷：汇兑收益　　80/ -80

(16) 6月12日，按银行买入价计算确定兑出外币的本位币折算额。

借：银行存款（人民币户）　　61 650/0

　　贷：银行存款（9 000 ×6.85）　　61 650/0

(17) 6月30日，确认外币短期借款的汇兑损益。

借：短期借款［12 000 ×6.84 -(81 960 +240)］　　0/120

　　贷：汇兑收益　　0/120

(18) 6月30日，确认外币银行存款的汇兑损益。

借：汇兑损失　　0/10

　　贷：银行存款［1 000 ×6.85 -(6 910 -60)］　　0/10

基于上述会计处理，可得到各期末外币账户余额及调整前后的本位币折算额，见表7 -10。

**表 7－10　期末外币账户余额及调整前后的本位币折算额表**

| 日期 | 会计科目 | 余额方向 | 外币余额（美元） | 本币余额（元） | 本币调整额（元） | 调整后金额（元） |
|---|---|---|---|---|---|---|
| 3 月 31 日 | 银行存款 | 借 | 12 000 | 81 960 | －120 | 81 840 |
| | 短期借款 | 贷 | 12 000 | 81 960 | －120 | 81 840 |
| | 应付账款 | 贷 | 10 000 | 68 500 | －300 | 68 200 |
| 4 月 30 日 | 银行存款 | 借 | 2 000 | 13 760 | －100 | 13 660 |
| | 短期借款 | 贷 | 12 000 | 81 960 | 0 | 81 960 |
| 5 月 31 日 | 银行存款 | 借 | 2 000 | 13 760 | －60 | 13 700 |
| | 应收账款 | 借 | 8 000 | 54 720 | 80 | 54 800 |
| | 短期借款 | 贷 | 12 000 | 81 960 | 240 | 82 200 |
| 6 月 30 日 | 银行存款 | 借 | 1 000 | 6 910 | －70 | 6 840 |
| | 短期借款 | 贷 | 12 000 | 81 960 | 120 | 82 080 |

### （二）二重计价会计在外币报表折算方面的应用

外币报表折算是指将以外币表示的财务报表换算为以本位币表示的财务报表的过程。为编制合并会计报表，母公司要把所有以外币表示的财务报表按照母公司的报告货币进行重新表述。由于折算汇率选择的不同，实务中出现了流动与非流动法、货币与非货币法、时态法和现行汇率法四种折算方法。其中，流动与非流动法是将资产负债表项目按其流动性分为流动性项目和非流动项目，并对流动性项目按报表编制日现行汇率、对非流动性项目按资产取得或负债发生时的历史汇率进行折算的一种外币报表折算方法；货币与非货币法是将资产负债表项目划分为货币性项目和非货币性项目，并对货币性项目按报表编制日现行汇率、对非货币性项目按资产取得或负债发生时的历史汇率进行折算的一种外币报表折算方法；时态法是依据资产负债表项目的不同计价基础和计价时点选择不同折算汇率的一种外币报表折算方法；现行汇率法是对所有资产、负债项目均按现行汇率折算的一种外币报表折算方法。由于每一种折算方法都有其难以克服的局限性，所以外币报表折算也就被看作是一大会计难题。

既然二重计价会计模式下的“现时价值”能够把不同报表项目的计价时点和计价货币统一到报表编制日，也就是所有的资产和负债项目都将用报告日的名义货币进行统一计价，那么在对外币报表进行折算时，就自然应选择报告日的现行汇率。不难看出，基于二重计价会计所进行的这种外币报表折算方法，可以说是既合理又简单。

## 四、二重计价会计在内部业绩计量方面的应用

二重计价会计模式下，因“现时价值”金额栏只有在期末重计价时才会用到，故而在日常处理时便可用以存储基于内部转移价格的会计计量结果，这样就可把责任会计纳入到传统会计系统之中。具体来说，当把组织内部的供、产、销等部门以及所属成员看成是一个个相对独立的责任主体并用“部门核算”和“个人核算”进行专门存储；用内部转移价格计量各责任主体的收入和成本并用“现时价值”金额栏进行专门存储，那么，各责任主体的收入和成本就会被系统、完整地记录于会计系统之中。不过需要说明的是，当按照上述思路把责任会计融入传统会计系统之后，基于对外报告所进行的会计重计价，与基于内业绩计量所进行的责任核算，就可能因使用相同会计科目和相同金额栏而出现冲突。对此，可通过在“部门核算”中增设一个全局性核算标识予以解决。举例说明如下：

假定某企业用原材料 A 生产产品 B，预计 20×8 年生产 10 个单位，原材料 A 的采购价格为每单位 10 万元，产品 B 的销售价格为 23 万元，各部门追加费用、内部转移价格和预计业绩见表 7－11。

**表 7-11　　20×8 年经营预算及部门业绩测算表**　　金额：万元

| 序号 | 部门 | 追加费用 | | | 累积成本 | 转出价格 | 转移单价 | 预计绩效 | |
|---|---|---|---|---|---|---|---|---|---|
| | | 人工费 | 其他费 | 小计 | | | | 部门 | 平均 |
| 1 | 采购部门 | 8 | 2 | 10 | 110 | 115 | 11.5 | 5 | 62.50% |
| 2 | 仓储部门 | 5 | 5 | 10 | 120 | 128 | 12.8 | 3 | 60.00% |
| 3 | 生产部门 | 15 | 10 | 25 | 145 | 160 | 16 | 7 | 46.67% |
| 4 | 销售部门 | 8 | 7 | 15 | 160 | 180 | 18 | 5 | 62.50% |
| 5 | 管理层 | 20 | 10 | 30 | 190 | 230 | 23 | 20 | 100.00% |
| 6 | 合计 | 56 | 34 | 90 | 190 | 230 | | 40 | |

另有如下事项：（1）因外部环境变化，原材料 A 和产品 B 的价格均大幅上升，为确保正常投产并享受批量采购优惠，管理层批准采购部提出的超计划采购申请，实际以每单位 11 万元的价格采购了 12 个单位；（2）因库存量增加，仓储部新租库房使年租金增加 3 万元；（3）为降低生产成本，管理层决定进行设备改造，由此导致生产部折旧费用增加 3 万元；（4）因市场前景看好，管理层决定增产 1 个单位，并将产品 B 的售价由每单位 23 万元调高为每单位 26 万元，由此导致实际销售量为 9 个单位，其中现销 6 个单位，赊销 3 个单位；（5）年末材料 A 的市价升至每单位 12.5 万元，产成品 B 的市价维持每单位 26 万元不变。（6）各部门实际耗费见表 7-12：

**表 7-12　　20×8 年实际运行情况表**　　单位：万元

| 序号 | 部门 | 追加费用 | | | 累积成本 | 转入价格 | 转出价格 | 备注 |
|---|---|---|---|---|---|---|---|---|
| | | 人工费 | 其他费 | 小计 | | | | |
| 1 | 采购部 | 7 | 4 | 11 | 143 | 132 | 138 | 差旅 4 万元 |
| 2 | 仓储部 | 6 | 7 | 13 | 156 | 138 | 140.8 | 租金 7 万元 |
| 3 | 生产部 | 10 | 13 | 23 | 179 | 140.8 | 176 | 折旧 5 其他 8 万元 |
| 4 | 销售部 | 8 | 7 | 15 | 194 | 176 | 162 | 差旅 7 万元 |
| 5 | 管理层 | 16 | 12 | 28 | 222 | 162 | 234 | 折旧 8 其他 4 万元 |
| 6 | 组织整体 | | | | | | 64.5 | 未售商品价值 |
| 7 | 合计 | 47 | 43 | 90 | 222 | | 298.5 | |

在二重计价会计模式下，企业应按各部门实际发生的耗费以及报告日的存货价值变化做如下会计处理（假定不考虑增值税）：

（1）采购部门购买原材料。

借：物资采购（采购部）　　1 320 000/1 320 000

　　贷：银行存款（财务部）　　1 320 000/1 320 000

（2）所购物资到货验收入库。

借：库存材料（仓储部）　　1 320 000/1 380 000

　　贷：物资采购（采购部）　　1 320 000/1 380 000

（3）采购员李某报差旅费。

借：管理费用（采购部）　　40 000/40 000

　　贷：银行存款（财务部）　　40 000/40 000

（4）仓管员报库房租金。

借：管理费用（仓储部）　　70 000/70 000

　　贷：银行存款（财务部）　　70 000/70 000

（5）生产部领料。

借：生产成本——材料费（生产部）　　1 210 000/1 408 000

　　贷：库存材料（仓储部）　　1 210 000/1 408 000

（6）生产部报车间消耗费。

借：生产成本——制造费用（生产部）　　80 000/80 000

　　贷：银行存款（财务部）　　80 000/80 000

（7）计提固定资产折旧。

借：生产成本——制造费用（生产部）　　50 000/50 000

　　管理费用（管理部）　　80 000/80 000

　　贷：累计折旧（财务部）　　130 000/130 000

（8）管理部张某报销其他费用。

借：管理费用（管理部）　　40 000/40 000

　　贷：银行存款（财务部）　　40 000/40 000

（9）支付各部门人工费。

借：管理费用（采购部） 70 000/70 000

管理费用（仓储部） 60 000/60 000

生产成本——制造费用（生产部） 100 000/100 000

销售费用（销售部） 80 000/80 000

管理费用（管理部） 160 000/160 000

贷：银行存款（财务部） 470 000/470 000

（10）产成品入库。

借：库存商品（仓储部） 1440 000/1 760 000

贷：生产成本（生产部） 1 440 000/1 760 000

（11）产成品责任成本调整。

借：库存商品（仓储部） –1 760 000/0

借：库存商品（销售部） 1 760 000/0

（12）确认销售收入。

借：银行存款（财务部） 1560 000/1 560 000

应收账款（财务部） 780 000/780 000

贷：主营业务收入（管理层） 2 340 000/2 340 000

（13）责任收入调整。

贷：主营业务收入（管理层） 0/ –1 620 000

贷：主营业务收入（销售部） 0/1 620 000

（14）结转产品销售成本。

借：主营业务成本（销售部） 1 178 200/0

贷：库存商品（管理层） 1 178 200/0

（15）销售员张某报差旅费。

借：销售费用（销售部） 70 000/70 000

贷：银行存款（财务部） 70 000/70 000

（16）期末确认库存材料增值。

借：库存材料（企业整体） 0/15 000

贷：持产利得（企业整体） 0/15 000

（17）期末确认库存商品增值。

借：库存商品（企业整体） 0/258 200

贷：持产利得（企业整体） 0/258 200

依据上述处理中的“现时价值”栏，可得到各部门的业绩，见表7-13。

**表7-13** **20×8年部门业绩表** 单位：万元

| 序号 | 部门 | 追加费用 | | | 累积成本 | 转入价格 | 转出价格 | 实际绩效 | |
|---|---|---|---|---|---|---|---|---|---|
| | | 人工费 | 其他费 | 小计 | | | | 部门 | 平均 |
| 1 | 采购部门 | 7 | 4 | 11 | 143 | 132 | 138 | -5 | -71.43% |
| 2 | 仓储部门 | 6 | 7 | 13 | 156 | 138 | 140.8 | -10.2 | -170.00% |
| 3 | 生产部门 | 10 | 13 | 23 | 179 | 140.8 | 176 | 12.2 | 122.00% |
| 4 | 销售部门 | 8 | 7 | 15 | 194 | 176 | 162 | -29 | -362.50% |
| 5 | 管理层 | 16 | 12 | 28 | 222 | 162 | 234 | 44 | 275.00% |
| 6 | 存货价值 | | | | | | 64.5 | 64.5 | |
| 7 | 合计 | 47 | 43 | 90 | 222 | | 298.5 | 76.5 | |

基于表7-13和各部门报送的内部业绩调整申请，业绩考评委员会做出如下业绩调整决定：

（1）将采购部因原材料价格上涨和采购量增加所导致的采购成本超支额12万元，调为管理层的责任成本；

（2）将超库存1单位原材料增值部分的40%计0.6万元，调为采购部的责任收入；

（3）将超库存1单位的原材料，按内部转移价格12.8调增仓储部的责任收入；

（4）将因库存增加所导致的库房租金超支额3万元，调为管理层的责任成本；

（5）将因设备改造所导致的人工费节约额5万元，调由管理层享有；

（6）将因设备改造所导致的维修费节约额1万元，调由管理层享有；

（7）将因设备改造所导致的折旧费增加额5万元，调由管理层负担；

（8）将库存2单位产成品，按内部转移价格3.6万元调增销售部责任收入；

（9）将库存2单位产成品增值部分的40%计2.4万元，增加销售部责任收入。

按照以上考评决定，企业应作如下会计处理：

（1）超预算采购责任成本调整。

借：内部业绩（采购部） 0/ -120 000

借：内部业绩（管理层） 0/120 000

（2）超预算库存材料增值收入分配。

贷：内部业绩（管理层） 0/ -6 000

贷：内部业绩（采购部） 0/6 000

（3）超预算库存材料责任收入调整。

贷：内部业绩（管理层） 0/ -128 000

贷：内部业绩（仓储部） 0/128 000

（4）超预算库房租金责任成本调整。

借：内部业绩（仓储部） 0/ -30 000

借：内部业绩（管理层） 0/30 000

（5）生产部责任成本（人工费）调整。

借：内部业绩（生产部） 0/50 000

借：内部业绩（管理层） 0/ -50 000

（6）生产部责任成本（维修费）调整。

借：内部业绩（生产部） 0/10 000

借：内部业绩（管理层） 0/ -10 000

（7）生产部责任成本（折旧费）调整。

借：内部业绩（生产部） 0/ -30 000

借：内部业绩（管理层） 0/30 000

（8）确认销售部未售库存商品的责任收入。

贷：内部业绩（管理层） 0/ -360 000

贷：内部业绩（销售部）　　0/360 000

（9）未售商品责任收入分配。

贷：内部业绩（管理层）　　0/ -24 000

贷：内部业绩（销售部）　　0/24 000

基于上述会计处理，可得到表 7 - 14 所示的调整后部门业绩表。

**表 7 - 14　　20 ×8 年调整后部门业绩表**　　单位：万元

| 序号 | 部门 | 人工费 | 部门绩效 | 绩效调整 | 调整后绩效 | 平均绩效 |
|---|---|---|---|---|---|---|
| 1 | 采购部门 | 7 | -5 | 12.6 | 7.6 | 108.57% |
| 2 | 仓储部门 | 6 | -10.2 | 15.8 | 5.6 | 93.33% |
| 3 | 生产部门 | 10 | 12.2 | -3 | 9.2 | 92.00% |
| 4 | 销售部门 | 8 | -29 | 38.4 | 9.4 | 117.50% |
| 5 | 管理层 | 16 | 44 | 0.7 | 44.7 | 279.38% |
| 6 | 未实现业绩 | | 64.5 | | | |
| 7 | 合计 | 47 | 76.5 | 64.5 | 76.5 | |

## 第五节　实时预算控制会计的应用

与实时预算控制会计应用相关的系统设置，主要包括额度控制科目设置、受控支出科目设置、额度控制科目与受控支出科目的关联设置和控制额度设置四个方面。下面结合高校会计核算与预算管理实务，探讨预算经费全覆盖视角下的实时预算控制会计的应用。

### 一、额度控制科目设置

实时预算控制全覆盖视角下的额度控制科目，将由针对不同经费项目的额度控制科目组成。不同用途的项目经费并存以及不同项目经费具有不同的支出口径，决定了额度控制科目应当采用分类设置思路。分类设置额度控制科目，就是将具有相同核算或控制要求的受控项目归为一类进行额度控制科目设置，如将863计划、科技支撑计划和社会公益项目等具有类似预算支出科目的科研项目归为一类，将横向课题归为一类，将日常业务费归为一类，等等。而在每一类额度控制科目中，都可能包括专属额度控制科目和通用额度控制科目两种性质。

1. 专属额度控制科目设置

专属额度控制科目，是指专门用于满足某类控制要求的额度控制科目。因建立在会计记录之上的会计报告与会计控制，既能相互分离又能有机融合，因而在利用系统软件进行实时预算控制时，就会有两种不同的账务系统设置思路：一是报告与控制一体化账务系统设置思路。此种思路下的专属额度控制科目，既用于实时预算控制，又用于专题报表编制，因而要按照相关专项经费管理办法所列明的最明细级预算支出科目进行设置，如针对863项目而言，就应设置“设备购置费”“设备试制费”“设备改造与租赁费”“材料费”“测试化验加工费”“燃料动力费”“差旅费”“会议费”“国际合作与交流费”“出版/文献/信息传播/知识产权事务费”“劳务费”“专家咨询费”和“管理费”这13个专属额度控制科目。二是报告与控制分离式账务系统设置思路。此种思路下的专属额度控制科目，仅用于实时预算控制，因不考虑专题报表的编制需要，故而专属额度控制科目的设置，就应确保赋予预算执行单位最大限度的预算调剂权，如按照中央办公厅、国务院办公厅联合发布的《关于进一步完善中央财政科研项目资金管理等政策的若干意见》的文件精神，针对863项目所进行的额度控制科目设置，就可简化为将前述的“设备购置费”“设备试制费”“设备改造与租赁费”合并为“设备费”，将“差旅费”“会议费”“国际合作与交流费”合并为“会议差旅国际合作交流费”。

2. 通用额度控制科目设置

通用额度控制科目，是指为各类受控经费所共有的额度控制科目。从高校会计实务来看，一般可设置“外拨经费”“未到账经费”“零额度”和“超额度抵销”四个通用额度控制科目。其中，“外拨经费”用于解决由外拨经费所产生的控制问题；“未到账经费”用于解决经费分批到账情况下因未到账经费所产生的“虚”额度问题（当按实际到账经费设置控制额度时无须设置这一额度控制科目）；“零额度”用于解决由限制或非常规性支出所产生的控制问题；而“超额度抵销”则用于解决因采用弹性控制策略所产生的“虚”额度问题。设置“未到账经费”这一额度控制科目的目的，在于使项目负责人在不同预算支出科目和不同预算年度间享有充分的自主调剂使用权，也就是在首批经费到账时便按照全预算口径设置各额度控制科目的控制额度。因与未到账经费对应的控制额度是一种没有资金支持的“虚”额度，因而需要通过增设“负”值抵销额度控制科目以使控制额度与实有经费保持实时一致。之所以还要设置一个“零额度”额度控制项目，是因为符合政府收支分类要求的支出科目设置，单就某类或特定用途的经费项目而言，总会存在一些因不允许使用而无法与任何额度控制项目相联结的支出科目。如果对此类科目不做技术性限制，那么游离于控制之外的这些支出科目一旦被误用，就会因其发生额无法抵减控制额度而导致控制失败。为此，需要增设一个能够把所有无关支出科目转化为受控支出科目的“零额度”控制科目，并通过为其赋以“0”值将与该额度控制科目相关联的所有支出科目转化为限制性支出科目。由于该额度控制科目也可被赋之以大于“0”的控制值，并且在被赋之以大于“0”的控制值之后，与该额度控制科目相关联的所有支出科目就会转化为非限制性支出科目，因而据此便可解决某些经费预算中的非常规性预算支出的实时控制问题。具体来说，就是通过对“零额度”控制科目赋以非常规性预算支出科目的预算值，将非常规性预算支出科目转化为结构化的“准常规性”预算支出科目，并比照常规性预算支出科目进行实时控制。需要说明的是，因与“零额度”控制科目相联结的支出科目中包含有限制性支出科目，所以此法有可能因支出科目误用而弱化控制效果（误用科目发生额挤占非常规性支出预算额）。

## 二、受控支出科目设置

除项目间接费以外，各预算支出科目的核算基础可以说均为现金收付制，由此决定了与额度控制科目相联结的，就应是现金收付制会计科目。不同用途的项目经费有着不同的支出口径和不同用途经费并存的现实，决定了仅仅按照政府经济分类要求所进行的支出科目设置，并不能满足预算经费全覆盖视角下的实时控制需要。为了能够把所有支出依据不同的管理需要正确地归集到不同的额度控制科目，受控支出科目的设置就应当在满足政府预算管理的前提下，通盘考虑不同经费管理办法对经费支出的具体限定，并通过增设明细科目的方式，将满足于报告需要的支出科目与满足于预算控制需要的额度控制科目之间可能存在的“一对多”关系，转化为多个“一对一”关系，以确保所有的额度控制科目都有明确的受控支出科目。如就 863 项目的“材料费”和“燃料动力费”这两个预算支出科目而言，因会计核算上均对应于“商品服务支出——专用材料费”这一支出科目，并且同一项目经费的同一受控支出科目在技术上又不可能同时对应两个额度控制科目，故而需通过为“商品服务支出——专用材料费”增设“材料费”和“燃料费”明细科目的方式，将“商品服务支出——专用材料费”与“材料费”和“燃料动力费”这两个额度控制科目之间的“一对多”关系，转化为“商品服务支出——专用材料费——材料费”与“材料费”和“商品服务支出——专用材料费——专用设备燃料费”与“燃料动力费”这两个“一对一”关系，从而使“商品服务支出——专用材料费”的发生额，能够在明细科目层面上分别抵减“材料费”和“燃料动力费”的控制额度。另外，因“未到账经费”和“超额度抵销”两个额度控制科目并无对应的受控支出科目，因而还需在收付科目体系中增设一个仅仅用于预算控制的非核算科目。

## 三、额度控制科目与受控支出科目的关联设置

以863项目为例，在报告与控制一体化账务系统设置思路下，高校应按表7－15进行额度控制科目与受控支出科目的关联设置。

**表7－15　　额度控制科目及其受控支出科目**

| 序号 | 控制代码 | 控制项目 | 关联会计科目 |
| --- | --- | --- | --- |
| 1 | 2010101 | 购置设备费 | 资产购建——设备购置 |
| 2 | 2010102 | 试制设备费 | 资产购建——设备试制 |
| 3 | 2010103 | 设备改造与租赁费 | 商品服务——租赁费——设备租赁 |
|  |  |  | 资产购建——设备改造 |
| 4 | 20102 | 材料费 | 商品服务——材料费——实验耗材 |
| 5 | 20103 | 测试化验加工费 | 商品服务——委托业务费 |
| 6 | 20104 | 燃料动力费 | 商品服务——水费——大型仪器设备水费<br>科研事业支出——商品服务支出——电费<br>科研事业支出——商品服务支出——专用材料费——燃料费 |
|  |  |  | 商品服务——电费——大型仪器设备电费 |
|  |  |  | 商品服务——材料费——大型仪器设备燃料费 |
| 7 | 20105 | 差旅费 | 商品服务——差旅费 |
| 8 | 20106 | 会议费 | 商品服务——会议费 |
| 9 | 20107 | 国际合作与交流费 | 商品服务——出国出境费 |
|  |  |  | 商品服务——接待费——外宾接待费 |
| 10 | 20108 | 出版/文献/信息传播/知识产权事务费 | 商品服务——办公费——书报杂志费 |
|  |  |  | 商品服务——邮电费——专用通信费<br>科研事业支出——商品服务支出——其他商品服务支出——专利事务费<br>科研事业支出——商品服务支出——其他商品服务支出——检索费 |
|  |  |  | 商品服务——其他——出版费 |

续表

| 序号 | 控制代码 | 控制项目 | 关联会计科目 |
|---|---|---|---|
| 10 | 20108 | 出版/文献/信息传播/知识产权事务费 | 商品服务——其他——文献检索费 |
| | | | 商品服务——其他——专利事务费 |
| | | | 资产购建——信息网络及软件购置——软件购置费 |
| 11 | 20109 | 劳务费 | 商品服务——劳务费 |
| 12 | 20110 | 专家咨询费 | 商品服务——咨询费 |
| 13 | 20111 | 管理费 | 转存支出——计付间接费 |
| 14 | 20117 | 外拨经费 | 转付支出——外拨经费 |
| 15 | 20118 | 未到账经费 | 预算管理——未到账经费 |
| | | | 科研事业收入 |
| 16 | 20119 | 超额度抵销 | 预算管理——超额度抵销 |
| 17 | 20120 | 零额度 | 除上述科目之外的其他受控支出科目 |

而在报告与控制分离式账务系统设置思路下，该高校则应按表 7 - 16 进行额度控制科目与受控支出科目的关联设置。

**表 7 - 16　　额度控制科目及其受控支出科目**

| 序号 | 控制代码 | 控制项目 | 关联会计科目 |
|---|---|---|---|
| 1 | 2010101 | 购置设备费 | 商品服务支出——租赁费——设备租赁 |
| | | | 资产购建支出——设备购置 |
| | | | 资产购建支出——设备试制 |
| | | | 资产购建支出——设备改造 |
| 2 | 20102 | 材料费 | 商品服务支出——专用材料费——实验耗材 |
| 3 | 20103 | 测试化验加工费 | 商品服务支出——委托业务费 |
| 4 | 20104 | 燃料动力费 | 商品服务支出——水费——仪器设备水费<br>科研事业支出——商品服务支出——电费<br>科研事业支出——商品服务支出——专用材料费——燃料费 |
| | | | 商品服务支出——电费——仪器设备电费 |
| | | | 商品服务支出——燃料费——仪器设备燃料费 |

续表

| 序号 | 控制代码 | 控制项目 | 关联会计科目 |
|---|---|---|---|
| 5 | 20105 | 差旅会议合作交流费 | 商品服务支出——差旅费 |
| | | | 商品服务支出——会议费 |
| | | | 商品服务支出——出国出境费 |
| | | | 商品服务支出——接待费——外宾接待费 |
| 6 | 20108 | 出版/文献/信息传播/知识产权事务费 | 商品服务支出——办公费——书报杂志费 |
| | | | 商品服务支出——邮电费——专用通信费<br>科研事业支出——商品服务支出——其他商品服务支出——专利事务费<br>科研事业支出——商品服务支出——其他商品服务支出——检索费 |
| | | | 商品服务支出——其他——出版费 |
| | | | 商品服务支出——其他——文献检索费 |
| | | | 商品服务支出——其他——专利事务费 |
| | | | 资产购建支出——信息网络及软件购置——软件购置费 |
| 7 | 20109 | 劳务费 | 商品服务支出——劳务费 |
| 8 | 20110 | 专家咨询费 | 商品服务支出——咨询费 |
| 9 | 20111 | 管理费 | 预算管理————计提间接费 |
| 10 | 20117 | 外拨经费 | 转移支出——外拨经费 |
| 11 | 20118 | 未到账经费 | 预算管理——未到账经费 |
| | | | 科研事业收入 |
| 12 | 20119 | 超额度抵销 | 预算管理——超额度抵销 |
| 13 | 20120 | 零额度 | 除上述科目之外的其他受控支出科目 |

## 四、控制额度设置

作为额度控制科目的支出上限，控制额度的设置取决于所采用的控制策略。如在经费分批到账的情况下，控制额度就既可按实际到账经费分次设置，也可在首批经费到账时按预算一次设置；再如在赋予项目执行单位调剂使用权的情况下，该调剂使用权既可在需要时通过追加控制额度的方式赋予预算执行单位，也可通过扩大预算额度的方式直接赋予预算执行。为增强预算控制的灵活性并减少额度调整工作量，也就是在赋予预算执行单位在不同预算支出科目和不同预算支出年度间自主调剂使用的前提下最大限度地避免因控制额度不足所引发的额度调整工作，一般可采用将预算调剂使用权直接赋予预算执行单位——即在首批经费到账时一次性全口径设置控制额度的控制策略。在此策略下，各额度控制科目的超支额，应基于已批复预算并按经费管理办法所允许的最大超支额进行设置。如就 863 项目而言，就是将“劳务费”“专家咨询费”和“管理费”的超支额设置为 0；将其他额度控制科目按照超支 10% 和 5 万元孰低的原则进行设置，也就是凡预算值的 10% 不超过 5 万元的，按预算值 ×（1 +10%）进行设置；凡预算值的 10% 超过 5 万元的，按预算值 +5 万元进行设置。再就横向课题经费而言，“横向控制项”应按所控支出的上限进行设置，而“横向非控制项”则应按经费总额进行设置。

## 五、实时预算控制会计应用举例

下面以高校科研经费管理为例，说明实时预算控制会计的具体应用。

若某高校对所有经费均通过“项目核算”这一辅助核算功能进行专项核算，同时按照专项经费管理办法的要求，在赋予项目负责人最大限度地调剂使用权的前提下实施严格的预算控制；额度控制科目的编码方案为“项目类别码 + 控制类别码 + 控制项目顺序码 + 控制项目明细码”，其中第一级用“1”表示教学、用“2”表示科研，第二级用“01”表示类 863 项目、用“09”表示横向项目。2017 年 3 月，若该高校科研人员李某作为项目负责人，与外单位科研人员王某，共同申报一项 863 项目 A，项目总预算为 480 万元，项目执行期为两年，专项经费按 60% 和 40% 比例分年度拨付，专项经费预算支出明细见表 7 - 17。

表 7-17　　A项目已批复预算　　单位：元

| 序号 | 预算科目 | 项目预算 | 子项目预算 | |
|---|---|---|---|---|
| | | | A-1 | A-2 |
| 1 | 设备费 | 400 000 | 400 000 | |
| 2 | 购置设备费 | 400 000 | 400 000 | |
| 3 | 试制设备费 | | | |
| 4 | 设备改造与租赁费 | | | |
| 5 | 材料费 | 1 300 000 | 1 164 000 | 136 000 |
| 6 | 测试化验加工费 | 960 000 | 820 000 | 140 000 |
| 7 | 燃料动力费 | 780 000 | 480 000 | 300 000 |
| 8 | 差旅费 | 260 000 | 200 000 | 60 000 |
| 9 | 会议费 | 180 000 | 10 000 | 170 000 |
| 10 | 国际合作与交流费 | 150 000 | 150 000 | |
| 11 | 出版/文献/信息传播/知识产权事务费 | 160 000 | 120 000 | 40 000 |
| 12 | 劳务费 | 220 000 | 180 000 | 40 000 |
| 13 | 专家咨询费 | 120 000 | 100 000 | 20 000 |
| 14 | 管理费 | 270 000 | 216 000 | 54 000 |
| 15 | 合计 | 4 800 000 | 3 840 000 | 960 000 |

那么，在报告与控制一体化系统设置思路下，该高校应按照表7-18对李某经费卡中的“预算额”和“超支额”进行设置。

表 7-18　　报告与控制一体化思路下李某经费卡的控制额设置　　单位：元

| 序号 | 控制代码 | 控制项目 | 超支额 | 子项目超支额 | | 李某经费卡控制额度 | |
|---|---|---|---|---|---|---|---|
| | | | | A-1 | A-2 | 预算额 | 超支额 |
| 1 | 2010101 | 购置设备费 | 40 000 | 32 000 | 8 000 | 400 000 | 32 000 |
| 2 | 2010102 | 试制设备费 | 0 | 0 | 0 | | 0 |
| 3 | 2010103 | 设备改造与租赁费 | 0 | 0 | 0 | | 0 |

续表

| 序号 | 控制代码 | 控制项目 | 超支额 | 子项目超支额 | | 李某经费卡控制额度 | |
|---|---|---|---|---|---|---|---|
| | | | | A－1 | A－2 | 预算额 | 超支额 |
| 4 | 20102 | 材料费 | 50 000 | 40 000 | 10 000 | 1 164 000 | 40 000 |
| 5 | 20103 | 测试化验加工费 | 50 000 | 40 000 | 10 000 | 820 000 | 40 000 |
| 6 | 20104 | 燃料动力费 | 50 000 | 40 000 | 10 000 | 480 000 | 40 000 |
| 7 | 20105 | 差旅费 | 26 000 | 20 800 | 5 200 | 200 000 | 20 800 |
| 8 | 20106 | 会议费 | 18 000 | 14 400 | 3 600 | 10 000 | 14 400 |
| 9 | 20107 | 国际合作与交流费 | 15 000 | 12 000 | 3 000 | 150 000 | 12 000 |
| 10 | 20108 | 出版/文献/信息传播等 | 16 000 | 12 800 | 3 200 | 120 000 | 12 800 |
| 11 | 20109 | 劳务费 | 0 | 0 | 0 | 180 000 | 0 |
| 12 | 20110 | 专家咨询费 | 0 | 0 | 0 | 100 000 | 0 |
| 13 | 20111 | 管理费 | 0 | 0 | 0 | 216 000 | 0 |
| 14 | 20117 | 外拨经费 | | | | 960 000 | 0 |
| 15 | 20118 | 未到经费 | | | | | －1 920 000 |
| 16 | 20119 | 超额度抵销 | | | | | －212 000 |
| 17 | 20120 | 零额度 | | | | 0 | 0 |
| 18 | | 合计 | 265 000 | 212 000 | 53 000 | 4 800 000 | －1 920 000 |

而在报告与控制相分离的账务系统设置思路下，该高校应按照表 7－19 对李某经费卡中的“预算额”和“超支额”进行设置。

**表 7－19　　报告与控制分离思路下李某经费卡的控制额设置**　　单位：元

| 序号 | 控制代码 | 控制项目 | 超支额 | 子项目超支额 | | 李某经费卡控制额度 | |
|---|---|---|---|---|---|---|---|
| | | | | A－1 | A－2 | 预算额 | 超支额 |
| 1 | 20101 | 设备费 | 40 000 | 32 000 | 8 000 | 400 000 | 32 000 |
| 2 | 20102 | 材料费 | 50 000 | 40 000 | 10 000 | 1 164 000 | 40 000 |
| 3 | 20103 | 测试化验加工费 | 50 000 | 40 000 | 10 000 | 820 000 | 40 000 |
| 4 | 20104 | 燃料动力费 | 50 000 | 40 000 | 10 000 | 480 000 | 40 000 |

续表

| 序号 | 控制代码 | 控制项目 | 超支额 | 子项目超支额 | | 李某经费卡控制额度 | |
|---|---|---|---|---|---|---|---|
| | | | | A-1 | A-2 | 预算额 | 超支额 |
| 5 | 20105 | 差旅会议国际合作交流费 | 59 000 | 47 200 | 11 800 | 360 000 | 47 200 |
| 6 | 20106 | 出版/文献/信息传播等 | 16 000 | 12 800 | 3 200 | 120 000 | 12 800 |
| 7 | 20107 | 劳务费 | 0 | 0 | 0 | 180 000 | 0 |
| 8 | 20108 | 专家咨询费 | 0 | 0 | 0 | 100 000 | 0 |
| 9 | 20109 | 管理费 | 0 | 0 | 0 | 216 000 | 0 |
| 10 | 20110 | 外拨经费 | | | | 960 000 | 0 |
| 11 | 20118 | 未到经费 | | | | | -1 920 000 |
| 12 | 20119 | 超额度抵销 | | | | | -212 000 |
| 13 | 20120 | 零额度 | | | | 0 | 0 |
| 14 | | 合计 | 265 000 | 212 000 | 53 000 | 4 800 000 | -1 920 000 |

若该863项目在第一个执行年度所发生的经济业务及其二重确认会计处理如本章第三节所示，那么依据表7-6所示的收付科目汇总表，便可得到表7-20或表7-21所示的额度发生及其余额。

**表7-20　　报告与控制一体化思路下李某经费卡的额度发生及其余额**　　单位：元

| 序号 | 控制代码 | 额度控制名称 | 本年增加 | 本年减少度 | 结余额度 |
|---|---|---|---|---|---|
| 1 | 2010101 | 购置设备费 | 432 000 | 340 000 | 92 000 |
| 2 | 2010102 | 试制设备费 | 0 | 0 | 0 |
| 3 | 2010103 | 设备改造与租赁费 | 0 | 0 | 0 |
| 4 | 20102 | 材料费 | 1 204 000 | 560 000 | 644 000 |
| 5 | 20103 | 测试化验加工费 | 860 000 | 298 000 | 562 000 |
| 6 | 20104 | 燃料动力费 | 520 000 | 292 000 | 228 000 |
| 7 | 20105 | 差旅费 | 220 800 | 121 400 | 99 400 |
| 8 | 20106 | 会议费 | 24 400 | 0 | 24 400 |

续表

| 序号 | 控制代码 | 额度控制名称 | 本年增加 | 本年减少度 | 结余额度 |
| --- | --- | --- | --- | --- | --- |
| 9 | 20107 | 国际合作与交流费 | 162 000 | 48 000 | 114 000 |
| 10 | 20108 | 出版/文献/信息传播…… | 132 800 | 30 000 | 102 800 |
| 11 | 20109 | 劳务费 | 180 000 | 32 000 | 148 000 |
| 12 | 20110 | 专家咨询费 | 100 000 | 32 000 | 68 000 |
| 13 | 20111 | 管理费 | 216 000 | 129 600 | 86 400 |
| 14 | 20117 | 外拨经费 | 960 000 | 576 000 | 384 000 |
| 15 | 20118 | 未到经费 | -1 920 000 |  | -1 920 000 |
| 16 | 20119 | 超额度抵销 | -212 000 |  | -212 000 |
| 17 |  | 合计 | 2 880 000 | 2 459 000 | 421 000 |

**表 7-21　　报告与控制分离思路下李某经费卡的额度发生及其余额**　　单位：元

| 序号 | 控制代码 | 额度控制名称 | 本年额度增加 | 本年额度减少 | 结余额度 |
| --- | --- | --- | --- | --- | --- |
| 1 | 20101 | 设备费 | 432 000 | 340 000 | 92 000 |
| 2 | 20102 | 材料费 | 1 204 000 | 560 000 | 644 000 |
| 3 | 20103 | 测试化验加工费 | 860 000 | 298 000 | 562 000 |
| 4 | 20104 | 燃料动力费 | 520 000 | 292 000 | 228 000 |
| 5 | 20105 | 差旅会议国际合作交流费 | 407 200 | 169 400 | 237 800 |
| 6 | 20106 | 出版/文献/信息传播…… | 132 800 | 30 000 | 102 800 |
| 7 | 20107 | 劳务费 | 180 000 | 32 000 | 148 000 |
| 8 | 20108 | 专家咨询费 | 100 000 | 32 000 | 68 000 |
| 9 | 20109 | 管理费 | 216 000 | 129 600 | 86 400 |
| 10 | 20117 | 外拨经费 | 960 000 | 576 000 | 384 000 |
| 11 | 20118 | 未到经费 | -1 920 000 |  | -1 920 000 |
| 12 | 20119 | 超额度抵销 | -212 000 |  | -212 000 |
| 13 |  | 合计 | 2 880 000 | 2 459 000 | 421 000 |

# 结 束 语

会计应财富管理需要而产生，随社会制度变迁和技术变革而发展。当人类早期的财富观念还仅仅停留在生存所需之自然物品时，能为会计所记录的也就只能是那些偶尔才会出现的所谓剩余产品，会计记录的形式也就只能局限于一些简单的图腾符号。当私有财产观念因剩余产品出现而萌发、随社会组织分化而被强化之后，系统、连续地会计记录也就成了人们管理其财富的重要工具。在财富内涵还仅仅局限于各种自然和人造之物、并且几乎所有的经济活动都表现为实物的收付时，以收付为记账符号、以物名账户为会计分类标识的单式会计便首先在官厅、寺院之类具有一定规模的社会组织中出现并不断发展；当财富内涵因信用的出现而从有形实物扩展至无形权利之后，以借贷为记账符号、以人名账户为会计分类标识的单式会计便在经营银钱借贷业务的金融组织中出现并不断发展。随着金融业与商业的融合发展、并且实物的增减并不必然地表现为货币的增减或收款权利与付款义务的增减时，借贷记账法也就因账户的增加和账户体系的形成而由单式记录发展为复式记录，从而使人们可以借助实账户把握财富的构成和归属、借助虚账户度量财富的变化。当借贷复式记账法应用于工业组织并随着与成本计算、损益计量和对外报告相关的一系列会计程序和会计方法的产生和发展，以历史成本为计价基础、以权责发生制为确认基础、以收入实现和费用配比为损益计量原则的传统会计范式便得以确立并日趋发展成熟。由于历史成本难以反映存量财富价值变化、权责发生制难以揭示现金流转状况、收入实现与费用配比原则难以揭示财富变动全貌，所以传统会计范式也就不时地遭到质疑和批评。尽管会计界已就会计确认、会计计量和会计报告做了很多改进，但诸多的会计理论纷争和实务难题还是让人们对会计的未来发展感到一片茫然。既然以会计科目为唯一分类标识的一维复式会计范式有着难以克服的局限性，而现代信息技术又为多重会计分类标识并存提供了技术支撑，那么会计发展的正确道路就应当是重构会计范式。基于这一认识，本书围绕会计确认、会计计量和会计报告等方面的理论纷争和实务难题，结合会计信息化应用实践对借贷复式会计范式的冲击，以满足日益增长的多元化会计需求为导向，以现代信息技术为手段，以变革会计记录为切入点，在继承复式记录科学性的基础上，通过汲取事项会计、REA 会计模型的会计元数据组织思想，创建了一个以多元主体、二重确认、二重计价和实时预算控制为基本组成内容并可进一步扩展的多维复式会计范式。由于开发这样的会计系统并不存在任何技术上的障碍，所以笔者坚信，随着传统会计范式内在矛盾的不断加剧和会计信息化应用水平的普遍提升，多维复式会计必将成为信息技术条件下的一种主导会计范式。

# 参考文献

一、中文部分

[1] 阿妮塔·S. 霍兰德，埃里克·L. 德纳，J. 欧文·彻林顿. 现代会计信息系统[M]. 杨周南，等译. 北京：经济科学出版社，1999.

[2] 北京大学、CGA-CANADA 和财政部会计司的世界银行贷款课程开发项目. 企业内部控制（上册）[R].

[3] COSO.，企业风险管理——整合框架[M]. 方红星，王宏，译. 大连：东北财经大学出版社，2005.1.

[4] 财政部会计司编写组. 企业会计准则讲解（2006）[M]. 北京：人民出版社，2006.

[5] 财政部预算司. 绩效预算和支出绩效考评研究[M]. 北京：中国财政经济出版社，2007.

[6] 常勋. 公允价值计量研究[J]. 财会月刊，2004（A1）：3-4.

[7] 钞天虎，李文倩. 运用天财高校财务软件进行科研经费管理[J]. 财会月刊（综合），2009（6）：93-94.

[8] 钞天虎，邢福治. 财务软件项目核算功能的开发应用[J]. 中国管理信息化，2009（17）：12-14.

[9] 钞天虎. 从双分录的差异化应用看政府会计改革的出路[J]. 会计之友，2016（20）：86-89.

[10] 陈国辉. 会计理论研究[M]. 大连：东北财经大学出版社，2007.

［11］陈今池．现代会计理论［M］．上海：立信会计出版社，1998.

［12］陈良华，李志华，孙健．会计理论［M］．北京：科学出版社，2009.

［13］陈良华，张昉，李东．会计范式革命［M］．大连：大连出版社，2011.

［14］陈敏．财务报表革命［M］．北京：中国财政经济出版社，2009.

［15］杜兴强，章永奎．财务会计理论［M］．厦门：厦门大学出版社，2005.

［16］葛家澍，陈朝琳．财务报告概念框架的新篇章——评美国 FASB 第 8 号概念公告（2010 年 9 月）［J］．会计研究，2011（3）：3－8.

［17］葛家澍，等．会计基本假设［M］//财政部会计准则委员会．会计基本假设与会计目标．大连：大连出版社．2005.

［18］葛家澍，等．会计要素及其确认与计量［M］//财政部会计准则委员会．会计要素与财务报告．大连：大连出版社，2005.

［19］葛家澍，杜兴强．IASB 和 FASB 的联合概念框架与基本会计准则研究［M］//中国会计学会．联合概念框架与公允价值研究．大连：大连出版社，2010.

［20］葛家澍，杜兴强．会计理论［M］．上海：复旦大学出版社，2005.

［21］葛家澍，林志军．现代西方会计理论［M］．厦门：厦门大学出版社，2001.

［22］葛家澍，刘峰．会计学导论［M］．上海：立信会计出版社，1999.

［23］葛家澍，叶丰滢．论财务报表的改进——着眼于正确处理双重计量模式的矛盾［J］．审计研究，2009（5）：3－8.

［24］葛家澍，余绪缨．会计学［M］．北京：高等教育出版社，2000.

［25］葛家澍．财务会计理论方法准则探讨［M］．北京：中国财政经济出版社，2002.

［26］葛家澍．公允价值会计研究［M］．大连：大连出版社，2011.

［27］葛家澍．关于会计基本理论与方法问题［M］．北京：经济科学出版社，2004.

［28］龚杰，方时雄．企业内部控制——理论、方法与案例［M］．浙江：浙江大学出版社，2006.

［29］郭道扬．会计控制论［M］．财会通讯，1989（7）.

［30］郭道扬．会计史研究：历史·现时·未来（第三卷）［M］．北京：中国财政经济出版社，2008.

［31］郭道扬．论产权会计观与产权会计变革［J］．会计研究，2004（2）：12.

［32］郭咸纲．西方管理思想史［M］．北京：经济管理出版社，2004.

[33] 国际内部控制协会．国际注册内部控制师通用知识与技能指南 [M]. 邱健庭，徐莉莉，译．北京：中国财政经济出版社，2009.

[34] 哈利·L. 沃尔克，詹姆斯·L. 多德，约翰·J. 罗佐基．会计理论：政治和经济环境方面的概念性议题 [M]. 陈艳，杨洁，主译．大连：东北财经大学出版社，2010.

[35] 韩东京．中国会计思想史 [M]. 上海：上海财经大学出版社，2009.

[36] 亨得里克森．会计理论 [M]. 王澹如，等译．上海：立信会计图书用品社，1987.

[37] 侯光明．组织系统科学概论 [M]. 北京：科学出版社．2006.

[38] 胡代光．西方经济学说的演变及其影响 [M]. 北京：北京大学出版社，1998.

[39] 胡河宁．组织传播 [M]. 北京：科学出版社．2006.

[40] 黄世忠．公允价值会计的顺周期效应及其应对策略 [J]. 会计研究，2009 (11)：23-29.

[41] 黄晓波．广义资本会计理论研究 [M]. 上海：立信会计出版社，2008.

[42] 加里·约翰·普雷维茨，巴巴拉·达比斯·莫里诺．美国会计史：会计的文化意义 [M]. 杜兴强，于竹丽，等译．北京：中国人民大学出版社，2007.

[43] 金观涛，华国凡．控制论与科学方法论 [M]. 北京：新星出版社，2005.

[44] 荆新：非营利组织会计准则理论框架 [M]. 北京：清华大学出版社，1997.

[45] 靖继鹏，吴正荆．信息社会学 [M]. 北京：科学出版社．2004.

[46] 克雷格·迪根．财务会计理论 [M]. 方红星，等译．大连：东北财经大学出版社，2010.

[47] 劳秦汉．会计理论方法体系概论 [M]. 北京：中国财政经济出版社，2002.

[48] 李端生．会计理论研究 [M]. 北京：中国财政经济出版社．2007.

[49] 李建华．科学哲学 [M]. 北京：中共中央党校出版社，2004.

[50] 李建珊．科学方法概览 [M]. 北京：科学出版社，2002.

[51] 李松青．论现代会计信息系统的发展方向 [J]. 财会通讯，2010 (3)：7-9.

[52] 李孝林，等．会计基本理论比较研究 [M]. 北京：科学技术文献出版社，1997.

[53] 林宝玉．基于业务流程的企业会计系统重构研究 [D]. 厦门：厦门大学. 2006. 122-128.

[54] 林志军．会计的假定、原则、准则 [M]. 北京：经济科学出版社，1992.

[55] 林志军. 试论会计确认 [J]. 厦门大学学报，1998 (1).

[56] 刘常青. 中国会计思想发展史 [M]. 成都：西南财经大学出版社. 2005.

[57] 刘峰. 收付实现制·现金流动制·现金流动会计 [J]. 会计研究. 1995 (2)：17－21.

[58] 刘国常. 审计理论与实务 [M]. 北京：经济科学出版社，2007.

[59] 娄尔行. 中级财务会计 [M]. 上海：上海三联书店. 1994.

[60] 路军伟. 双轨制政府会计模式研究 [M]. 厦门：厦门大学出版社，2010.

[61] 马骏，刘亚平. 美国进步时代的政府改革及其对中国的启示 [M]. 上海：格致出版社. 2009.

[62] 孟凡利，周经昌. 会计信息论 [M]. 北京：中国物价出版社，1996.

[63] 帕乔利. 簿记论 [M]. 林志军，等译. 上海：立信会计出版社，2009.

[64] 潘序伦. 高级商业簿记教科书 [M]. 上海：立信会计出版社，2009.

[65] 戚艳霞，张娟，赵建勇. 我国政府会计准则体系的构建——基于我国政府环境和国际经验借鉴的研究 [J]. 会计研究，2010 (8)：75.

[66] 裘宗舜. 财务会计概念研究 [M]. 上海：立信会计出版社，2001.

[67] 孙宝成. 复合制——会计确认时间界定的新构想 [J]. 财务与会计，1992 (12)：43－45.

[68] 孙铮. 财务会计理论 [M]. 北京：中国财政经济出版社，2007.

[69] 汤云为，等. 财务报告的列报 [M]//财政部会计准则委员会. 会计要素与财务报告. 大连：大连出版社，2005.

[70] 汤云为，钱逢胜. 会计理论 [M]. 上海：上海财经大学出版社，1997.

[71] 田昆儒. 企业产权会计论 [M]. 北京：经济科学出版社，2000.

[72] 汪祥耀，邵毅平. 美国会计准则研究：从经济大萧条到全球金融危机 [M]. 上海：立信会计出版社，2010.

[73] 汪一凡. 改良现代会计方案：科学化的探索 [M]. 北京：中国财政经济出版社，2009.

[74] 王建忠，等. 会计基本假设 [M]//财政部会计准则委员会. 会计基本假设与会计目标. 大连：大连出版社，2005.

[75] 王军. 振奋精神潜心研究大力推进会计理论研究的繁荣与发展 [J]. 会计研究，2005 (7)：4－12.

[76] 王亮申，孙峰华，等．TRIZ 创新理论与应用原理［M］．北京：科学出版社，2010.

[77] 韦沛文．信息化与会计模式革命［M］．北京：中国财政经济出版社，2003.

[78] 文硕．西方会计史——会计发展的五次浪潮（上）［M］．北京：经济科学出版社，2012.

[79] 吴江涛．会计确认研究［M］．北京：经济科学出版社，2012.

[80] 吴水澎．中国会计理论研究［M］．北京：中国财政经济出版社，2000.

[81] 谢荣．论会计计量和报告的二元模式［J］．会计之友，2008（12）：4－8.

[82] 徐国君．劳动者权益会计［M］．北京：中国财政经济出版社，1997.

[83] 徐国君．三维会计研究［M］．北京：中国财政经济出版社，2003.

[84] 英汉双解微软计算机辞典（第 3 版）［M］．章鸿猷，主译．北京：清华大学出版社，1999.

[85] 于玉林．现代会计专题研究［M］．北京：中央广播电视大学出版社，1997.

[86] 袁树民，吴旺盛．知识经济时代的会计模式与实现策略［J］．财务与会计，1999（11）：13－14.

[87] 张俊瑞．重新认识收付实现制［J］．会计研究．1992（2）：36－38.

[88] 张琦，王森林，李琳娜．我国政府会计改革重大理论问题研究［J］．会计研究，2010（8）：80.

[89] 张蕊，等．财务报告的列报［M］//财政部会计准则委员会．会计要素与财务报告．大连：大连出版社，2005.

[90] 张天西，等．网络财务报告——论 XBRL 的理论框架及技术［M］．上海：复旦大学出版社，2006.

[91] 张为国，等．会计准则制定：原则导向或规则导向［M］//财政部会计准则委员会．会计基本假设与会计目标［M］．大连：大连出版社，2005.

[92] 赵德武．会计计量理论研究［M］．成都：西南财经大学出版社，1997.

[93] 中国（双法）项目管理研究委员会．中国项目管理知识体系（C－PMBOK2006）（修订版）［M］．北京：电子工业出版社，2008.

[94] 中国会计学会．中国会计研究文献摘编（1979～1999）：财务会计卷［M］．大连：东北财经大学出版社，2002.

[95] 庄明来，林宝玉．会计信息化教程［M］．北京：北京师范大学出版社，2007.

二、英文部分

[1] AAA. A statement of Basic Accounting Theory. 1966.

[2] AICPA. Improving Business Reporting – A Customer Focus. 1994.

[3] APB. Statement No. 4. Basic Concepts and Accounting Principles Underling Financial Statements of Business Enterprises. 1970.

[4] FASB. Conceptual Framework for Financial Accounting and reporting: Elements of Financial Statements and Their Measurement. 1976. http://www.fasb.org.

[5] FASB. FAS 157: Fair Value Measurements. 2006. http://www.fasb.org.

[6] FASB. FAS 159: The Fair Value Option for Financial Assets and Financial Liabilities. 2007. http://www.fasb.org.

[7] FASB. Preliminary Views. The Reporting Entity: Comments are Requested by September 29. 2008.

[8] FASB. Statements of Financial Accounting Concepts No. 5: Recognition and Measurement in Financial statements of Business Enterprises. 1984. par. 6 – 8. http://www.fasb.org.

[9] FASB. Statements of Financial Accounting Concepts No. 7: Using Cash Flow Information and Present Value in Accounting Measurements. 2000. http://www.fasb.org.

[10] IASB/FASB. The objective of Financial Reporting and qualitative characteristics and constraints of Decision-useful Financial Reporting Information (ED). 2008.

[11] IASB. Financial Instruments: Recognition and Measurement. 2007. http://www.ifrs.org.

[12] IASC. Framework for the Preparation and Presentation of Financial Statements. 1989. http://www.ifrs.org.

[13] Report of the Committee on Foundations of Accounting Measurement, Accounting Review, Supplement to Vol. 46.